Beck'sche Reihe
BsR 1010

Im Zeitalter der Spezialisten ist eine große, zusammenhängende Darstellung der deutschen Geschichte von ihren römisch-germanischen Anfängen bis zu den dramatischen Monaten der Wiedervereinigung Deutschlands im Jahr 1990 zweifellos ein Wagnis. Der Historiker Michael Salewski stellt sich dieser Herausforderung und legt eine politische Geschichte Deutschlands vor, die sozusagen in einem Atemzug geschrieben ist. Sein Buch wendet sich vor allem an den historisch interessierten Laien, der nach einer gut lesbaren und sachlich kompetenten Einführung in die deutsche Geschichte sucht.

Schwerpunkt der Darstellung Salewskis ist die politische Geschichte, die insbesondere in ihren europäischen Dimensionen zur Sprache kommt: Deutschland war quer durch die Epochen seiner Geschichte mit den allgemeinen Geschicken seiner europäischen Nachbarn verbunden, und seine Geschichte läßt sich als Nationalgeschichte allein nicht mehr angemessen verstehen.

Salewski zeigt deshalb, daß die deutsche Geschichte nicht nur – im Guten wie im Bösen – ein Teilaspekt der europäischen Geschichte war und ist, sondern sich wesentlich aus dem Geist ganz Europas bestimmt – den des Ostens eingeschlossen. Wenn Deutschland heute einen großen, vielleicht entscheidenden Schritt hin auf die Europäische Union tut, dann möchte dieses Buch Perspektiven bieten, die aus der deutschen Vergangenheit in eine europäische Zukunft weisen. Band 2 behandelt den Zeitraum vom Wiener Kongreß bis zur Gegenwart.

Michael Salewski, geb. 1938, ist Professor für mittelalterliche und neuere Geschichte an der Universität Kiel. Er ist Vorsitzender der Rankegesellschaft und Herausgeber der Zeitschrift „Das historisch-politische Buch". Zahlreiche Veröffentlichungen zur neueren deutschen Geschichte.

MICHAEL SALEWSKI

Deutschland
Eine politische Geschichte

Von den Anfängen
bis zur Gegenwart

Band 2
1815–1990

VERLAG C.H.BECK MÜNCHEN

Mit 4 Karten im Text

Die Deutsche Bibliothek – CIP-Einheitsaufnahme

Salewski, Michael:
Deutschland : eine politische Geschichte ; von den Anfängen bis zur Gegenwart / Michael Salewski. – Orig.-Ausg. – München : Beck.

Orig.-Ausg.
Bd. 2. 1815 – 1990. – 1993
(Beck'sche Reihe ; 1010)
ISBN 3 406 37400 X

NE: GT

Originalausgabe
ISBN 3 406 37400 X

Umschlagentwurf von Uwe Göbel, München

Satz: Appl, Wemding
Druck und Bindung: C. H. Beck'sche Buchdruckerei, Nördlingen
Gedruckt auf säurefreiem, aus chlorfrei gebleichtem Zellstoff hergestelltem Papier
Printed in Germany

Inhalt

I. Die „Deutsche Frage" und Europa 1815–1871

II. Das Deutsche Reich in Europa 1871–1945

III. Die Teile und das Ganze 1945–1990

I. Die „Deutsche Frage" und Europa 1815–1871

1. Bangen und Hoffen: Restauration und Vormärz

Das „Jahrhundert des Dampfes", das „Jahrhundert des Lichts": So haben die Zeitgenossen von 1900 die vergangenen hundert Jahre einzuordnen gesucht. Andere sprachen vom Jahrhundert des Nationalstaates, dem Jahrhundert des Liberalismus. Es gab Deuter der Geschichte, die sahen im Kommunistischen Manifest des Karl Marx aus dem Jahr 1848 das eigentliche Symbol der Zeit und das Zeichen der Zukunft. Das 19. Jahrhundert war das Säkulum der „Industriellen Revolution", der Apotheose der Technik. Es war das Jahrhundert des Wiener Friedens, es war das Jahrhundert einer unablässigen Kette von Kriegen. Mit Mord, so Friedrich Schiller, hatte es sich geöffnet, mit einem beispiellosen Völkermorden sollte es enden – 1914.

Das 19. Jahrhundert war das Jahrhundert der europäischen Pentarchie. Es war aber auch das Jahrhundert des „reifen" Imperialismus, das der kolonialen Ausbreitung Europas über die Welt. Das 19. Jahrhundert war das der großen Geistesgebäude von Kant, Hegel, Marx. Es war das Jahrhundert der Klassik und des Klassizismus, der Romantik und des Biedermeier, der Eisenbahn und des Dampfschiffes, von Chemie, Biologie und Physik. Es war das Jahrhundert der Arbeiter, des Proletariats, das Jahrhundert der Handelsherren, der Junker, Ostelbier, der Schlotbarone von Ruhr, Saar und Oberschlesien. Das 19. Jahrhundert war das pädagogische, das der Schulen, Hochschulen, Universitäten. Nicht zuletzt war das 19. Jahrhundert das der Historiker, des Historismus. Ein romantisches Jahrhundert, ein realistisches, als es zu Ende ging. Es reichte von Schiller und Goethe bis zu Gerhart Hauptmann und Thomas Mann. Von Beethoven,

Schubert und Mendelssohn bis Gustav Mahler, Richard Strauss und Igor Strawinsky. Von Napoleon I. im Kostüm des Kaisers bis zu den Kostümen Wilhelms II., des Kaisers.

„Das deutsche Jahrhundert" nannten es einige Publikumszeitschriften nach 1871, noch schienen sich Tocquevilles Prophezeiungen nicht zu erfüllen. Rußland und Amerika, so hatte er 1830 erklärt, würden die kommenden Weltmächte sein, zunächst war nur England ein wahrhaftes Empire, Rußland erlitt 1856 einen ernsthaften Rückschlag, was aus den deutschen Großstaaten werden sollte, was aus dem Deutschen Bund, war bis zur Mitte des Jahrhunderts völlig im Dunklen. Soviel ist sicher: Deutschland verfolgte einen besonderen Weg quer durch das Jahrhundert, alle anderen europäischen Mächte nicht weniger. Ihre Politik verschränkte sich auf immer zahlreicheren Feldern der materiellen und immateriellen Kultur, auch wenn sie das gar nicht wollten: Europa wuchs zusammen, ohne es recht zu merken, das führte ins Unglück des Ersten Weltkrieges.

Sicher, es war ein „langer Weg in die Katastrophe" (I. Geiß), aber er war nicht folgerichtig. Wie in all den Jahrhunderten zuvor, bedurfte es auch zwischen 1815 und 1914 sehr konkreter Weichenstellungen, bewußter Entscheidungen über klar erkennbare Alternativen, um am Ende in Sarajewo anzukommen: der Weg hätte auch ganz anders verlaufen können, die finale Katastrophe war kein Naturgesetz, auch wenn kein Bild beliebter werden sollte als das des „Gewitters", des „reinigenden", wenn es denn ging. Die Frage lautet: Welche Rolle spielte Deutschland dabei? Wo handelte es, wo wurde es von anderen Mächten, europäischen zumeist, bestimmt? Wo ging es in die Irre? Und: Wer war schuld? Kann man überhaupt von „Schuld" sprechen? Und: Haben die Menschen daraus gelernt, kann man überhaupt aus der Geschichte lernen?

Die Komplexität der historischen Phänomene erreicht im 19. Jahrhundert einen Grad, der seitdem nicht mehr überschritten worden ist. Die Zeiten, da Könige Bataillen verlieren konnten und Ruhe erste Bürgerpflicht blieb, waren endgültig vorbei. Vorbei auch waren jene idyllischen Epochen, in denen die einzelnen Stände, nun „Klassen" genannt, in ihrem eigenen, autochthonen

Lebenskreis sich bewegen konnten. Die Überschneidungen zwischen den einzelnen Gliedern der Gesellschaft wurden immer größer, dadurch veränderte sich das gesamte Muster. Gewiß, die sozialen Unterschiede wurden nicht eingeebnet, sie verschärften sich mancherorts sogar. Dennoch wurde die Abhängigkeit des einzelnen und seiner Klasse von den anderen Teilen der Gesellschaft, ihren Triumphen, ihren Irrtümern, ihrem Versagen immer größer. Fehler im System schlugen auf alle zurück, längst war es mit dem Bild von der harmonischen Staatsmaschine vorbei, die Politik, der Staat selbst wurden undurchsichtig, das förderte den Irrationalismus, den Mystizismus, völlig unbeeindruckt von irgendwelchen Modernisierungsschüben, die ganz im Gegenteil oft ausschlaggebend für den Sieg der Unvernunft, der Ideologien wurden.

Man kann im 19. Jahrhundert die „äußere" von der „inneren" Politik noch scheiden – aber allein der Umstand, daß es unter den Fachleuten zu heißen Diskussionen um den „Primat der Außenpolitik" oder den der Innenpolitik kommen konnte, verweist schon auf die Brüchigkeit solcher Klassifikation. War die Innenpolitik der Staaten bis zur Französischen Revolution im Kontext von Absolutismus und Aufklärung umschreibbar, so verschränkten sich nun Probleme wie die der Verfassung, der Verwaltung, der sozialen Fragen mit den „klassischen" Faktoren der Innenpolitik. Das säkularisierte 19. Jahrhundert hatte den politischen Einfluß der Kirchen und der Religion gewiß eingehegt – in anderem Gewand brach er immer wieder hervor; sei es im christlichen Welt- und Menschenbild eines Chateaubriand und seiner auch politischen Klientel (Le Génie du Christianisme), sei es im desperaten Kampf zwischen Staat und Kirche in Italien oder auch im Preußen Bismarcks. Dabei liefen die Fronten oft quer zu den traditionellen Verwerfungen: Konservative konnten gegen die Ultramontanen aufstehen, der Liberalismus sich dem Chauvinismus verschreiben; „bürgerlich" war das meiste; dann, in der zweiten Hälfte des Jahrhunderts, wuchs das „Sozialistische" scheinbar unaufhaltsam empor; neue, bisher unbekannte, gleichsam traditionslose gesellschaftliche Spannungen waren die Folge. Sie zerstörten, sie bauten auf, das Bürgertum kam in der Abwehr des „Proletariats“ zu sich selbst, dieses hätte sich ohne das verhaßte und zugleich bewunderte Bürgertum niemals zu jener Macht entwickeln können, die ein entscheidendes Erbe des ganzen Jahrhunderts antreten sollte.

Das 19. Jahrhundert war ein Jahrhundert der Gegensätze und der Harmonien. Sein Bild wirkt in der Rückschau geschlossen und seltsam disparat. Es gab sie noch, die „bürgerliche Gesellschaft“ als Grundsubstrat der Nation, aber ob, wann und wie aus dem „bourgeois“ ein „citoyen“ wurde: das blieb ein ungelöstes, säkulares Problem. Deutschland stand inmitten all dieser Entwicklungen, so wie es immer noch und niemals bewußter als im 19. Jahrhundert in der Mitte Europas lag. Was auch immer in allen vier Himmelsrichtungen geschah: wie in einem Hohlspiegel bündelten sich die von außen kommenden Strahlen, und wie ein Stern strahlte Deutschland nach ganz Europa, über Europa hinaus. Was schon seit dem Mittelalter, seit der frühen Neuzeit angekündigt war, erfüllte sich im 19. Jahrhundert: Deutschland war eine dem Genius Europas verpflichtete Macht, die „Deutsche Frage“ entpuppt sich somit als bloßes Fallbeispiel des europäischen Problems im 19. Jahrhundert.

Nun aber ist die „Deutsche Frage“ gelöst. Seit dem 3. Oktober 1990 leben die Deutschen wieder vereinigt; die Siegermächte des Zweiten Weltkrieges haben sie in die Souveränität, die volle Freiheit entlassen. Am 21. Juni 1991 beschlossen die gewählten Vertreter der ganzen Nation die Verlegung von Parlament und Regierung in die Hauptstadt Berlin, die Geschichte der „Rheinischen Republik“ Konrad Adenauers geht zu Ende. Die Menschen hoffen, daß das neue Deutschland in der traditionellen Mittellage Europas fortan zum Kristallisationskern für ein neues vereintes Europa werden wird, geographischer Mittelpunkt jenes „Europäischen Hauses“, das von einer bloßen Vision sich langsam in historische Wirklichkeit wandelt. War mit der deutschen auch die europäische Frage bis zu den Revolutionen von 1989 immer offen, so schließt sich nun, gegen Ende des Jahrhunderts und des Milleniums zugleich, ein großer historischer Bogen, dessen Anfang in das Jahr 1815 zurückreicht.

Es war das Jahr des Wiener Kongresses und des „Deutschen

Bundes", der am 8. Juni feierlich geschlossen wurde. Der Kongreß wollte nichts weniger als eine dauerhafte, friedliche Ordnung Gesamteuropas zustande bringen, die Bundesakte das Herz dieses Kontinents neu schaffen – denn eine bloße Restauration, eine simple Rückkehr zu jenen Zuständen, die in Deutschland vor 1803 und 1806 geherrscht hatten, war nicht nur unmöglich, sondern von niemandem gewollt. So sicher das Heilige Römische Reich tot war, so spurlos der Napoleonische „Rheinbund" mit dem Sturz des Korsen von der europäischen Landkarte verschwand, so unbestritten waren doch Wunsch und Wille, an deren Stelle etwas Besseres zu setzen als das morsche alte Reich. Dabei galt es, möglichst keine Anleihen bei den verhaßten Prinzipien von 1789 zu machen. Man hatte schließlich nicht zwanzig Jahre Krieg gegen die Revolution und die bonapartistische Diktatur geführt, um sich am Ende dem Geist der Revolution zu öffnen – es war aber gerade dieser Geist gewesen, den die Alliierten dennoch indirekt hatten beschwören müssen, um dem revolutionären und nationalen Pathos der Franzosen mit dem nationalen Enthusiasmus der eigenen Untertanen begegnen zu können.

Hieraus ergab sich ein politisches und weltanschauliches Dilemma, das zur entscheidenden Signatur des ganzen Jahrhunderts werden sollte. Frankreich war der Störenfried Europas gewesen. Es war aber zugleich das Land, das allen anderen den Weg in die Moderne wies. Auch die erbittertsten Gegner Napoleons wußten genau, daß jede neue Ordnung daran gemessen werden würde, ob sie als „Antwort" auf „1789" taugte. In den zahlreichen theoretischen Verfassungsentwürfen von Ernst Moritz Arndt, Johann Gottlieb Fichte, Wilhelm von Humboldt, vor allem aber des Freiherrn vom Stein spiegelt sich dieses Problem: Immer gedacht als Alternative zur europäischen Ordnung von französischen Gnaden, kamen sie doch nicht umhin, die Ideen der Französischen Revolution mit zu berücksichtigen, selbst wenn man nach außen hin mit Emphase die Ansicht vertrat, es gehe nur um die Wiederherstellung des guten alten Rechts, eine Restauration eben.

Restauration contra Revolution, darauf lief am Ende alles hinaus, und so gliedert sich das 19. Jahrhundert recht zwanglos in einander jeweils ablösende Phasen von „Restauration" und „Revolution". So sehr die „Restaurateure" das bloße Wort „Revolution" haßten, so sehr wurde es gerade ihnen zum Schicksal: in Spanien schon 1820, in den Vereinigten Niederlanden und Frankreich 1830, dann nahezu in ganz Europa 1848. Dieses Sturmjahr der europäischen Revolution erschien den Zeitgenossen wie die Rückkehr zur revolutionären Geschichte seit 1789. Aber auch nach 1848 wurden die restaurativen oder „realpolitischen" Phasen immer wieder durch revolutionäre Um- und Ausbrüche unterbrochen oder gestoppt; neben „kleinen", eher lokalen Revolutionen wie der von 1871 in Frankreich stehen welterschütternde wie die von 1905 und 1917 in Rußland; denkt man an Disraelis Wort von der „German Revolution", womit er die Reichsgründung von 1871 meinte, so wird die ganze schillernde Fragwürdigkeit des neuzeitlichen Revolutionsbegriffs deutlich. Die Ereignisse der jüngsten Vergangenheit haben in ungeahnter Weise die Vermutung bestätigt, daß sich unser altes Europa sogar über zwei Weltkriege hinweg den revolutionären Geist erhalten hat, sein größter Triumph war gerade der letzte, und niemand weiß, wohin der Geist der osteuropäischen Revolutionen von 1989 noch wehen wird.

Mit diesem Geist hatten die Diplomaten schon in Wien 1815 ein für allemal Schluß machen wollen; in der Persönlichkeit des österreichischen Staatskanzlers Fürst Metternich fanden sie den mächtigsten, elegantesten, wenn es sein mußte, skrupellosesten Befürworter der Restauration, ein ganzes Zeitalter trug schließlich seinen Namen. Denkt man daran, daß das voraufgegangene mit dem Namen Napoleons verknüpft war, des „Erben" der Französischen Revolution, so werden die Dimensionen des Werkes von Wien, aber auch die ungeheuren Spannungen deutlich, die an der Nahtlinie zwischen dem napoleonischen und dem metternichschen Zeitalter entstehen mußten.

Napoleon selbst war es, der hier eine politische „Sollbruchstelle" zu erkennen und nutzen zu können hoffte – mit der fürstlichen Solidarität nämlich, die gegen den nationalrevolutionären Chauvinismus des bonapartistischen Frankreich ins Feld geführt worden war, ging es schon unmittelbar nach dem Zusammentritt der Diplomaten in Wien anscheinend sichtbar zu Ende. Der peinliche Rückfall in kleinliche Streitereien zwischen den Großen, vor allem aber auch die unmittelbar nach dem Frieden erneut aufbrechenden „querelles allemandes" – diesmal ging es um das Schicksal Sachsens, eines der letzten getreuen Verbündeten Napoleons auf deutschem Boden – ermunterten den nach Elba verbannten ehemaligen Kaiser der Franzosen zur Rückkehr nach Frankreich. Was kaum jemand für möglich gehalten, trat dennoch ein: In einem wahren Triumphzug flogen des Korsen Adler wieder auf die Kirchturmspitze von Saint Denis. Die „hundert Tage", mit dem Finale furioso von Waterloo, illustrierten wie nichts sonst das ungelöste Kernproblem der europäischen politischen Kultur jener Epoche: Selbst bittere Niederlagen, selbst der furchtbare Blutzoll, der ihnen abverlangt worden war, hatte die Masse der Franzosen nicht gegen das nationale Pathos des Korsen zu immunisieren vermocht. Was sich 1815 zum ersten Mal zeigte: der Irrationalismus des zu politischem Selbstbewußtsein erwachten Volkes, wurde fortan, zum Unglück für Europa und die Welt, für mehr als ein Jahrhundert konstitutiv. Es war eben ein zweischneidiges Schwert, das Selbstbestimmungsrecht der Völker, es war ein gefährliches Instrument, das demokratische Prinzip. Es bedurfte eines langen und schmerzlichen Lernprozesses, um zu erkennen, daß die hehren Prinzipien von 1789 nicht nur zur Freiheit, zur Gleichheit, zur Brüderlichkeit führen konnten, sondern in ideologische Besessenheit, neues Klassendenken, zutiefst unvernünftige Vorurteile wie jenes von der ‚Erbfeindschaft' zwischen Nachbarvölkern oder der Behauptung, es gäbe „minderwertige Rassen".

Die napoleonische Herausforderung der „hundert Tage" fuhr den in Wien versammelten Diplomaten wie ein heilsamer Schrecken in die Glieder, eine rasch nach bekanntem Muster zusammengeschmiedete Viermächtekoalition bot dem Korsen erneut Paroli. Auch ohne Belle-Alliance hätte sich gezeigt, daß es für eine einzelne Großmacht in Europa auf Dauer unmöglich war, die Hegemonie zu behaupten. Während die übrigen Großmächte nach dem Pariser Frieden von 1814, nicht zuletzt durch die geschickte Taktik Talleyrands, des vielen Herren zu voller Zufriedenheit dienenden französischen Außenministers, überzeugt, durchaus bereit waren, Frankreich wieder in das „Konzert" der europäischen Mächte als gleichberechtigten Partner aufzunehmen, überwogen fortan Mißtrauen und Vorsicht: Gewiß wurde Frankreich auch nach Waterloo unter die potentiellen Großmächte gezählt, aber es stand doch fortan für nahezu ein halbes Jahrhundert unter einer Art Kuratel der übrigen Mächte; hieraus aber entwickelte sich ein französischer Revisionismus, der auch in der vermeintlichen Epoche eines international garantierten Friedens für ständige untergründige Spannungen sorgte. Infolgedessen durften die Bemühungen der Garantiemächte von 1815, die tatsächlichen oder nur vermuteten Ambitionen Frankreichs zu kontrollieren, notfalls zurückzuweisen, nie nachlassen.

Die Staatsmänner von Wien waren sich ihrer Aufgabe voll bewußt. Die spielerische Eleganz, mit der sie die Welt 1815 in Europa neu ordneten („Der Kongreß tanzt"), täuscht doch nicht über die Ernsthaftigkeit des Anliegens und die Gründlichkeit der schließlich geleisteten Arbeit hinweg. Nicht zuletzt weil das Werk von Wien, die Idee einer friedlichen Koexistenz etwa hundert Jahre Bestand haben sollte, konnte es für spätere Epochen und Staatsmänner – etwa den amerikanischen Außenminister Henry Kissinger – zum Vorbild werden, freilich nur in zweierlei Hinsicht: Zum einen ging es um die Etablierung einer soliden europäischen Friedensordnung, zum anderen, damit durchaus zusammenhängend, um zwei Prinzipien, die mit den Schlagworten „Legitimität" und „Intervention" umschrieben wurden.

„Legitimität" war der Gegenbegriff zu „Revolution". Es war legitim, altes revolutionäres Unrecht zu beseitigen, es war legitim, die illegitimen Usurpatoren der Macht und der Throne in die Schranken zu weisen; es war legitim, zu den dynastischen Traditionen aus der Zeit vor 1789 zurückzukehren. Denkt man nun jedoch daran, wie die Herren von Wien mit den doch auch „legitimen" Interessen der Depossedierten von 1803 und 1806 umgingen, erinnert man an das Schicksal, das man einigen gar nicht so kleinen Staaten bereitet hatte und bereiten wollte – etwa Sachsen und Polen –, so wird deutlich, wie fragwürdig dieses vermeintliche „Legitimitätsprinzip“ war. Denn endlich sollte „legitim“ nur sein, was die Mächtigen für „legitim“ hielten; das Recht der Sieger, der Stärkeren, Motor aller historischen Entwicklungen seit Jahrtausenden, lenkte auch das Legitimitätsprinzip. Da nun aber jedes völkerrechtliche Prinzip nur so viel wert ist wie die Fähigkeit, es durchzusetzen, wurde auch der Begriff der „Intervention“ zu einem Teilaspekt der „Legitimität“. Indem vor allem Metternich postulierte, daß die Staatengemeinschaft das Recht besitze, gegen revolutionäre, das heißt „illegitime“ Angriffe, wo immer auch in Europa, zu intervenieren, kollidierte das Legitimitätsprinzip frontal mit einem der hehrsten Prinzipien der revolutionären Periode: dem der Volkssouveränität. Seit den Tagen von Pillnitz war nämlich klar, daß die Nationen in jeder „fremden“ Intervention einen Angriff auf die ureigensten inneren Angelegenheiten des Volkes sehen mußten. Schließlich war die Zurückweisung des fürstlichen Interventionsanspruchs 1792 zu einem durchschlagenden politischen Argument bei der Rechtfertigung des Revolutionskrieges geworden.

Metternich, aber auch Alexander I. wußten, wie brisant das System war, das sie den Nationen Europas überzustülpen hofften. So schön und harmonisch die Idee eines europäischen Areopags, der über die „Legitimität“ von Herrschaft, wo auch immer, wachen sollte, auch sein mochte – war jemals zu erwarten, daß die Völker, zu neuem Selbstbewußtsein erwacht, das akzeptieren würden?

Freilich, Metternich verfügte über ein starkes, verführerisches Argument: Die neue „Kongreßdiplomatie“ sollte den Frieden sichern. War der aber nicht wirklich der Güter höchstes? War es nicht legitim, für seine Wahrung auf bestimmte Souveränitätsrechte zu verzichten? Mußte die Solidarität der europäischen Völkerfamilie nicht höher stehen als der ehrgeizige Egoismus einer einzelnen Nation, die Europa wenn nicht besiegen, so doch in Not und Elend stürzen konnte? Die Wertschätzung, die der Wiener Kongreß vor allem nach 1945 in der historischen und politischen Wissenschaft gewonnen hat, läßt sich allein auf diese Idee kollektiver Friedenssicherung zurückführen. Denn vermeintlich gelang den Wiener Diplomaten etwas, das weder 1918 in Paris noch 1945 in Potsdam gelungen war: der Welt einen dauerhaften säkularen Frieden zu schenken.

1993 weiß man, daß diese Vergleiche mehr als hinken. Wir leben schon seit 1988 in der längsten Friedensperiode der neueren Geschichte, der Glanz und Ruhm von Wien verblaßt zusehends – die düsteren Seiten der Wiener Lösungen rücken demgegenüber viel stärker erneut in den Vordergrund.

Aber Wien war auch Verheißung, keineswegs bloß Rückkehr zum Alten, und nur um den Frieden ging es zumindest dem russischen Zaren Alexander I. auch nicht. Wien, das war auch die „Heilige Allianz", jenes merkwürdige Bündnis der drei „östlichen" Großmächte Rußland, Österreich, Preußen. Wie von selbst ergab es sich, daß dieser Allianz, die in Wahrheit doch gar keine war, die beiden „westlichen" Großstaaten gegenüberstanden. Freilich hat nur das aufgeklärte, schon freiheitlich-demokratischen Ideen halbwegs verpflichtete England Lord Castlereaghs der Versuchung aus St. Petersburg ganz widerstanden; Frankreich, in die Enge getrieben, verhielt sich auch in diesem Punkt opportunistisch, obschon keine Rede davon sein kann, daß Talleyrand oder der träge Ludwig XVIII. dem Mystizismus Alexanders I. zugeneigt hätten.

Eigentliche politische Bedeutung hat die „Heilige Allianz" nicht gewonnen, sie gehört aber zu den ersten Produkten des heraufziehenden Zeitalters des Fanatismus, der Ideologien, das jenes der Aufklärung ablöste. Der Bezug auf das Christlich-Göttliche als sinnstiftenden Moments der Weltgeschichte, auf das das russische Manifest abzielte, schien sogar noch weiter in die Geschichte zurückzulenken, in die Epochen jenseits der Säkularisierung, und tatsächlich gab es in der Folgezeit wie in Rußland so auch in allen anderen europäischen Staaten eine starke christliche Partei, die es dem Liberalismus, dann dem Marxismus schwer machen sollte; fataler freilich wirkte der Umstand, daß diese geistige Regression sich unschwer mit Tendenzen zu einem pseudoreligiös verbrämten Neoabsolutismus verknüpfen konnte. So steht die „Heilige Allianz" am Anfang einer Entwicklung, die Rußland im Verlauf der nächsten Jahrzehnte in tiefe Rückständigkeit versinken ließ, und wenn auch die beiden deutschen

Großstaaten Österreich und Preußen mit der neuen Zeit kaum zurechtkamen, so daß man geradezu von einem deutschen „Sonderweg“ hat sprechen können, so lag auch das an der bedenklichen Grundidee, den irdischen Erfordernissen eines ins industrielle Zeitalter eintretenden Gemeinwesens mit irrationalen, religiösen, vor allem aber undemokratischen Methoden gerecht werden zu können.

England hat all dem 1815 mißtrauisch zugesehen, und so zeichnen sich schon in der Kongreßstadt Wien die groben Linien einer politischen wie auch ideologischen Spaltung des Kontinents ab – und das just in dem Moment, in dem die Diplomaten zumindest die Fundamente für eine neue europäische Solidarität legen wollten. Vom Ergebnis her ist ihnen dies auch annähernd gelungen. Der Phase der Hegemonie einer Großmacht folgte jene des Gleichgewichts der Mächte. Zwar hatte es schon seit dem 17. Jahrhundert der Sache nach die „Pentarchie“ gegeben, aber jetzt erst wurde daraus ein auch theoretisches Prinzip. Die Alternative einer „Universalmonarchie“, wie sie zuletzt Napoleon I. zu realisieren versucht hatte, sollte fortan unmöglich werden, gerade deswegen wurde auch das revisionsbedürftige Frankreich schon 1818 anläßlich des Aachener Kongresses in den Kreis der das Gleichgewicht herstellenden und zugleich garantierenden Mächte wieder aufgenommen.

Das Schema schien harmonisch und vernünftig. Betrachtet man es jedoch mit den Augen deutscher Patrioten, so enthüllte sich sofort seine ganze Fragwürdigkeit: Der seit den Tagen Friedrichs des Großen schwelende deutsche Dualismus widersprach dem Bedürfnis des internationalen Systems. In Wien war dieser deutsche Dualismus jedoch nur notdürftig überbrückt worden. Die in der Quadrupelallianz miteinander verbündeten Preußen und Österreich waren es doch nur in gleichsam negativer Form. Sobald die von Frankreich ausgehenden Gefahren gebannt waren, mußten die säkularen Interessengegensätze wieder aufbrechen. Es sei denn, beide Staaten hätten zum Prinzip der Selbstbeschränkung gefunden, sich als „saturiert“ betrachtet.

Das konnten sie nicht, solange das Machtvakuum in Zentraldeutschland fortbestand. Dieses hatte sich sogar vertieft, denn neben Preußen und Österreich spielten alle anderen deutschen Staaten gar keine machtpolitische Rolle mehr. Zuletzt war Sachsen auf das Maß eines deutschen Kleinstaates herabgebracht worden, und die Zeiten, als sich Bayern Hoffnungen ausrechnen konnte, den lachenden Dritten zu spielen, waren längst vorbei. Die Masse der deutschen Staaten zusammengenommen aber war wiederum zu groß, zu wertvoll, als daß sie nicht Begehrlichkeiten bei den Großen geweckt hätte.

Zumal das Thema der deutschen Einheit auch nach dem Wiener Kongreß keineswegs ad acta gelegt worden war, ganz im Gegenteil.

Die Patrioten von Arndt bis Stein und Görres waren ebenso wie die wohl meisten „vaterländisch" gesonnenen Deutschen mit den Lösungen von Wien nicht oder nur zähneknirschend einverstanden. Noch bis 1989 gab es zahlreiche deutsche Historiker, die die Deutsche Bundesakte vom 9. Juni 1815 als Modell für die Lösung der deutschen Frage nach 1945 anpriesen. Tatsächlich war der Grad der Einheit, den diese Akte schuf, ungleich höher als alle „Grundlagenverträge" zwischen der Bundesrepublik und der DDR. Diese Einheit war auch größer als es die des alten Römischen Reiches gewesen war. Vor dem Hintergrund des stetigen Zerfalls der deutschen Einheit seit 1648 war das, was man 1815 schuf, gewiß ein „Fortschritt". Verglichen freilich mit den hochgemuten Verfassungsideen der preußischen Patrioten war der Deutsche Bund, wie das Gebilde heißen sollte, nur ein Hohn. Ganz folgerichtig spottete Heinrich Heine: „Bund, du Hund, Du bist nicht gesund", und tatsächlich vermochten es die in Frankfurt tagenden Bundesorgane niemals, sich in die patriotischen Herzen der Deutschen zu verankern. Der Bund galt als blutleere Reißbrettkonstruktion, als Schlag ins Gesicht all derer, die mit ihrem Herzblut nicht nur für die Befreiung, sondern eben auch die Freiheit des Vaterlandes, das einige, freie Deutschland gefochten hatten. Schon der Untergang des Heiligen Römischen Reiches deutscher Nation hatte nur wenig Sentimentalitäten ausgelöst; der klägliche Fastuntergang des Bundes 1848, dann die Sprengung des Bundes 1866 rührte erst recht niemanden. Nein, der Deutsche Bund war nur der – wieder einmal in der deutschen Geschichte – Bund der Fürsten und der wenigen freien Städte. Die Bürger hatten an ihm keinen Anteil, sie blieben Untertanen in allen 39 bzw. 43 Einzelstaaten des Zusammenschlusses.

Sicherlich war die Reduzierung der Anzahl der deutschen Staaten auf 43 ein Gewinn. Aber in dem Maße, in dem vor allem mit der Eisenbahn die Entfernungen schrumpften und die Grenzen näher aneinanderrückten, wurden die allermeisten dieser Staaten als wahre Karikaturen empfunden, die Duodezfürsten mit ihrem immer – oder schon wieder – gravitätischen Gehabe als lächerliche Figuren. Gewiß, in den kleinen Residenzen sollte im Verlauf der nächsten Jahrzehnte auch ein gewisses Ministaatsbewußtsein keimen, viele liebten ihre kleinen Fürsten auch, vor allem wenn diese vor den mächtigen Wogen des Liberalismus, der Industrialisierung, der Umformung der Gesellschaft resignierten und kapitulierten – daß die Konstruktion des Deutschen Bundes mit der Frankfurter Bundesversammlung, dem Bundesheer, der Bundesregierung unter Vorsitz Österreichs anachronistisch wirkten, ständig nach Ersatz gefahndet wurde, war doch kennzeichnend für die Lage in der Epoche der Restauration – und der des Liberalismus.

Dieser nämlich trat an, das „gute" Erbe der Aufklärung und der Revolution unter Einbeziehung der modernen Entwicklungen auf nahezu allen Feldern von Gesellschaft, Wirtschaft und Staat zu verwalten und fortzutreiben. Der Liberalismus war das tertium comparationis zwischen Restauration und Revolution, er sollte zum eigentlichen Kernpunkt des politischen Gefüges im Deutschland der nachnapoleonischen Ära werden – selbst da, wo er versagte, sich nicht durchsetzen konnte, ja pervertierte. Der Liberalismus bereitete den Boden für die Idee der Verfassung. Verfassung nicht als bloße Konstitution eines Staatswesens, sondern als Ausdruck des freiheitlichen Bürgertums selbst. Das konnte niemals aus der „Restauration der Staatswissenschaften" eines C. L. von Haller entstehen, und wenn der Titel dieses Werkes auch einer ganzen Epoche den Namen lieh, so kamen doch selbst die striktesten Restaurateure nicht umhin, sich mit dem Verfassungsproblem auseinanderzusetzen. Das Versprechen der

Fürsten, ihren Untertanen Verfassungen zu gewähren, um sie eben damit zu Bürgern zu machen: Das war denn doch der Preis gewesen, den die gekrönten Häupter für die Mithilfe des Volkes bei der Vertreibung Napoleons hatten versprechen müssen. Das war auch das große Thema in der Staatsrechtsdiskussion des frühen 19. Jahrhunderts. An ihren Verfassungsversprechen wurden die Fürsten gemessen. Einige, vorwiegend in Süd- und Südwestdeutschland, schnitten dabei nicht schlecht ab; Baden, Württemberg, mit Einschränkungen auch Bayern entwickelten sich zu geradezu vorbildlichen konstitutionellen Systemen, auch in den meisten norddeutschen Staaten kam es zu landständischen Verfassungen. Andere taten sich schwer. Das galt für so kleine Gebilde wie Kurhessen oder Mecklenburg, es galt vor allem aber für den allermächtigsten Staat des Deutschen Bundes, für Preußen.

Auch das war eine Art von deutschem Dualismus: Während sich südlich der Mainlinie die Einflüsse des napoleonischen Zeitalters immer noch geltend machten, selbst die verschrobensten politischen Experimente – man denke an die Mainzer Republik – nicht wirkungslos geblieben waren, triumphierte in Preußen die Restauration.

Das war verwunderlich und erklärlich. Verwunderlich, weil die westlichen Provinzen des Königreiches, vor allem die neu gewonnene und neu geschnittene Rheinprovinz ja gerade Zentrum aller liberalrevolutionären Ansätze in Deutschland gewesen war, verwunderlich auch, weil doch die preußischen Reformen unter Stein, Hardenberg, Humboldt die ernsthafteste und bedeutsamste „Antwort" auf die Ideen von 1789 gewesen waren – keineswegs eine bloße Restauration. Es war aber gerade der partielle Erfolg der Reformen, der die nach 1815 geradezu galoppierende Restauration in Preußen erklärlich machte: 1813 bis 1815 war das alte monarchische System siegreich aus den Stürmen der Revolution und Napoleons hervorgegangen. Es war nicht zuletzt gerade wegen des Erfolgs der Reformen siegreich gewesen. Nichts aber ist erfolgreicher als der Erfolg: Es ist erklärlich, daß die den Reformministerien folgenden Kabinette schon alles getan, alles Notwendige geregelt wähnten und Hardenberg 1822 sang- und klanglos abtreten mußte. Der preußische Nationalismus hatte sich anscheinend bewährt, an der Spitze seines Volkes stand der König, der glaubte mehr denn je, es von Gottes Gnaden zu sein – denn daß Gott sichtbarlich seine Hand im Spiel gehabt hatte, davon waren die preußischen Könige von Friedrich Wilhelm II. über Friedrich Wilhelm III., Friedrich Wilhelm IV. und Wilhelm I. immer überzeugt. Jenes bekannte Transparent am Brandenburger Tor von 1895: „Welch eine Wendung durch Gottes Führung" hätte auch schon 1815 in Berlin aufgehängt werden können.

Und der König durfte sich auf die Staatsrechtler und Philosophen, vor allem „seiner", der Friedrich-Wilhelms-Universität zu Berlin, berufen. Georg Wilhelm Friedrich Hegel gewann rasch eine schier unangreifbare Position, wurde zur alleinigen Autorität in der Frage nach Charakter und Gestalt der preußischen Monarchie. Dieser Mann, von dem seine Anhänger und die ihn Verspottenden annahmen, er sei die Inkarnation des Weltgeistes persönlich, schuf mit seinem Werk eine ganz unangreifbare Legitimation für die monarchische Herrschaft in Preußen; Historiker wie etwa Droysen, Ranke oder Treitschke lieferten dann die empirischen Grundlagen und Beweise gleichsam nach, Preußen entwickelte sich sowohl im Selbstverständnis des pietistischen Konservativismus als des nationalen Liberalismus zum Abbild des Staates schlechthin, seitdem war der Vergottung des Staates Tür und Tor geöffnet.

Dennoch blieb auch das nach 1815 total verarmte Preußen, mehr als den führenden Eliten lieb sein konnte, den tristen ökonomischen und finanziellen Folgen der Befreiungskriege unterworfen. Das neue politische Gewicht des enorm gewachsenen Staates stand in krassem Mißverhältnis zu seinen finanziellen Möglichkeiten. Dieses Dilemma war es auch, das den König nolens volens zu jenem ominösen Staatsschuldengesetz vom 17. Januar 1820 gezwungen hatte, nach dem die Staatsschuld geschlossen, jede weitere Aufnahme neuer Schulden von „der Zuziehung und der Mitgarantie der künftigen reichsständischen Versammlung abhängig gemacht und die Verwaltung der Staatsschulden zu jährlicher Rechnungsablegung vor den Ständen verpflichtet" werden sollte (Hartung).

Damit war eine Verfassung geboten. Aber weil die Krone sich dazu förmlich genötigt sah, ging sie das Verfassungsproblem mit lächerlicher Langsamkeit und empörendem Desinteresse an. Später zählte man: nicht weniger als fünf Mal habe der König eine Verfassung versprochen – und fünf Mal habe er sein Wort gebrochen.

Der Keim des Konflikts, der 1847/48 schnurstracks in die Revolution führte, war damit gelegt. Aus der späteren Begründung Friedrich Wilhelms IV. für die Ablehnung der Kaiserkrone ergibt sich auch schon der Grund für dieses zögernde Verhalten des Monarchen: der König wollte keine Verfassung, kein geschriebenes Blatt – besser „Fetzen" – Papier zwischen sich und seinen Untertanen. Das, so meinte er, säe nur Mißtrauen, entspräche nicht der Idee des göttlichen Rechts. Im Grunde fürchtete er in einer modernen Verfassung das trojanische Pferd: Es war die traditionelle Revolutionsfurcht, gepaart mit der anscheinend philosophisch begründeten Hypertrophierung der Staatsidee, die das preußische Verfassungsdilemma entstehen ließ. Daß das Verfassungsproblem aber, gerade weil es ungelöst blieb, die Revolution schier unvermeidlich machte, erkannten die Verfassungsfeinde in Preußen nicht; sie waren eher verwundert, daß selbst die oktroyierte Verfassung von 1848, dem Buchstaben nach eine halbwegs respektable Leistung, das alte System nicht mehr zu retten vermochte. Diese Erfahrung hat die Herrschenden in Preußen freilich nichts gelehrt; fast genau 70 Jahre später kam eine andere preußische Verfassungsreform ebenfalls zu spät.

War Preußen deswegen ein rückständiges Staatsgebilde? Die liberale Opposition behauptete dies, viele spätere Historiker ebenfalls. Eine „Verspätung der deutschen Nation" hat man aus dem Verfassungsstreit sogar ableiten wollen, und Preußen ist bis zum Ende seiner historischen Tage den Geruch des Dreiklassenwahlrechts nicht mehr losgeworden. Welche Folgen das für Deutschland als Ganzes hatte, wird sich noch zeigen; betrachtet man die preußische Geschichte von 1815 bis 1871, so läßt sich nicht leugnen, daß sich dieser Staat trotz seiner verfassungspolitischen „Verspätung" dennoch zu einem modernen, in mancherlei Hinsicht sogar führenden Großstaat entwickelte, der am

Ende alle notwendigen Kräfte zu entfalten vermochte, um das neue Deutsche Reich nach seinem Bilde zu formen – und dies keineswegs bloß auf dem Wege „moralischer Eroberungen". Es zeigte sich, daß konstitutionelle Rückständigkeit, ja peinliche Rückfälle in autokratische Manieren der staatlichen Selbstbehauptung und Fortentwicklung nicht schädlich sein mußten – freilich wäre es voreilig, daraus zu schließen, daß die Verfassungsfrage für die Staatengeschichte doch von untergeordneter Bedeutung sei. Denn so sicher Preußen bis zur Reichsgründung von 1871 zum potentesten deutschen Staat aufgestiegen ist, so sicher haben doch die verfassungspolitischen Defizite dieses Staates mit zu den unglücklichen Entwicklungen des nachfolgenden $^3/_4$ Jahrhunderts beigetragen. Die historischen „Inkubationszeiten" mögen lang sein, vom traurigen Ende her gesehen – etwa vom Kontrollratsgesetz Nr. 46 aus dem Jahr 1947 – läßt sich jedoch feststellen, daß Preußen am Untergang Preußens zumindest nicht unschuldig gewesen ist.

Nach 1815 freilich schien die preußische Staatsräson ungebrochen und selbstbewußt – nach außen hin. Im Innern wuchsen die Probleme und Spannungen, und vor allem Metternich beschlichen bald Zweifel, ob Preußen dauerhaft in der Lage sein würde, den Geist von Wien, den Geist des Systems Metternich zu garantieren.

Dieser bezog sich wesentlich auf das Gleichgewichtssystem der großen Mächte. Wenn Metternich auf den Kongressen von Aachen, Troppau, Laibach und Verona zwischen 1815 und 1822 das Interventionsprinzip auch praktisch durchsetzte – gegen Italien und Spanien –, so war dies ja prinzipiell nur möglich, weil die Interventionsstaaten ihrerseits gegen alle revolutionären und „illegitimen" Bestrebungen resistent waren. An diesem Punkt verknüpften sich innen- und außenpolitische Grundsätze mit ideologischen Prinzipien: die Staatengeschichte Europas glitt nach 1820 in eine Phase europäischer Innenpolitik als Funktion einer als Sicherheitspolitik verstandenen europäischen Außenpolitik. Es ist nicht ohne Interesse, dieses „System Metternich" mit den aktuellen Bemühungen um gemeinschaftliches außenpolitisches Handeln der Europäischen Gemeinschaft zu vergleichen: Die Diskussion um Möglichkeiten und Grenzen einer Intervention in die vermeintlich „inneren Angelegenheiten" eines Staates, wie sie im Zusammenhang mit dem Bürgerkrieg im ehemaligen Jugoslawien geführt wird, könnte sich auf die Debatten dieser frühen „europäischen Kongresse" berufen; wie heute, so bildeten aber auch schon damals die weltanschaulichen und verfassungspolitischen Unterschiede in den einzelnen europäischen Staaten das entscheidende Hindernis für zielgerichtete, effektive Interventionen, zumal das Problem einer supranationalen Exekutivgewalt damals ebensowenig gelöst war wie heutzutage. Da aber die Interessen der fünf europäischen Großmächte auch nach 1815 keineswegs immer konvergierten – eben das war ein Grundelement der „Gleichgewichts"-Politik –, mußten die „revolutionären" Probleme in der Schwebe bleiben. Wenn es Metternich dennoch gelang, die Anwendung auch von „Waffengewalt" gegen „durch Aufruhr bewirkte Regierungsveränderungen" durchzusetzen, so nur gegen den Protest der Westmächte, und damit drohte das gesamte Wiener Sicherheitssystem kontraproduktiv zu werden, war es doch leicht absehbar, daß die von Intervention bedrohten Staaten, vor allem wenn sich der „Aufruhr" als durchschlagend erweisen sollte, Verbündete in England und Frankreich suchen würden, womit es mit der europäischen Solidarität schon wieder aus gewesen wäre.

Zu diesen tristen Folgen kam es bis zur Mitte des 19. Jahrhunderts jedoch noch nicht. Die machtpolitischen Verschiebungen auf dem Kontinent hielten sich bis 1830 einigermaßen in Grenzen, aber auch die von 1829/30 ließen sich noch in das Wiener System, wenn auch ein wenig künstlich, einordnen. Der „Fall Griechenland" gehorchte darüber hinaus noch ganz anderen Gesetzen: Wenn Rußland seine Expansion unter der Flagge der Befreiung der Christen Griechenlands vom türkischen Joch vorantrieb, konnte es mit den Sympathien des gesamten gebildeten Europa rechnen. Die Begeisterung, mit der überall – vom sicheren Porte aus, man denke an Fausts „Osterspaziergang" – der griechische Unabhängigkeitskampf verfolgte wurde, hatte mit nüchternem, gleichgewichtspolitischem Kalkül nichts zu tun: eben das nutzte Rußland, eben dem sah das nüchterne „amtliche“ England zähneknirschend zu. Mit dem Frieden von Adrianopel (1829) bekam Rußland die Donaumündung in die Hand und bescherte ganz Europa die „Orientalische Frage“ im Gewand des 19. Jahrhunderts. Natürlich ahnte damals niemand, wohin sie dermaleinst führen würde – nämlich zur Katastrophe des Ersten Weltkrieges –, aber dem Wiener System war damit der erste Stoß versetzt. Rußlands Macht war auf dem Balkan und im vorderen Orient auf Kosten der Macht Englands gewachsen, das europäische Gleichgewicht verschoben, da aber die Russen „nur“ gegen die Türken gekämpft und gesiegt hatten, griffen die vermeintlich so christlichen Prinzipien von Wien nicht. Sie erwiesen sich 1829 als das, was sie waren: durchsichtige diplomatisch-politische Schleier zur Camouflage des staatlichen Eigennutzes.

Schon im Jahr darauf fiel auch der letzte Schleier. In Frankreich gelangte mit der Julirevolution von 1830 ein „revolutionäres“, auf alle Fälle „illegitimes“ Regime an die Macht – und Europa schwieg. Nur die uralt gewordenen Reformer aus den heroischen preußischen Zeiten waren entsetzt. „Ich wollte, ich wäre tot“, äußerte sich der Freiherr vom Stein Bodelschwingh gegenüber, als dieser ihm die Meldung von den Pariser Juliereignissen überbrachte, zutiefst davon überzeugt, daß nun alles wieder von vorne beginnen, ein neuer europäischer Krieg gegen Frankreich notwendig werden würde. Als sich wenig später von den Vereinigten Niederlanden (einem Kunstprodukt des Wiener Kongresses) ein neuer liberaler Staat Belgien abspaltete, war das der endgültige Bankrott des Legitimitätsprinzips. Zum ersten Mal nach 1815 triumphierte wieder die Revolution, halb nur in Frankreich, ganz in Belgien. Ohnmächtig verfolgte Metternich eine Entwicklung, die seinen Händen entglitt; als die Londoner Konferenz 1831 auch formell die Unabhängigkeit Belgiens und eine dauernde Neutralität des Landes anerkannte und verfügte, war das Prinzip der Legitimität tot, das des Selbstbestimmungsrechts der Nationen triumphierte.

Dennoch blieben die Grundkonstellationen zwischen den großen Fünf erhalten. Und Belgien wurde zum Seismometer, das Bewegungen in der politischen Tektonik Europas höchst sensibel anzeigte, genauer: es war das Prinzip der belgischen Neutralität.

England vor allem hatte es durchgesetzt, und dies im Hinblick auf Frankreich. Die Geschichte der beiden vergangenen Jahrhunderte hatte erwiesen, daß die Ruhe und das Gleichgewichtssystem Europas immer dann aufs höchste gefährdet waren, wenn es der französischen Großmacht gelungen war, ihre Machtprojektion in Richtung Niederlande auszuweiten. Schickte Frankreich sich wie unter Ludwig XIV. oder Napoleon an, diese Region zu kontrollieren, so begriff England dies als Angriff auf seine „Gegenküste". Diese aber durfte englischer Überzeugung nach niemals in den Machtbereich nur einer Kontinentalmacht geraten. Das wurde schon seit Utrecht (1713) zum ehernen Grundgesetz der britischen Gleichgewichtspolitik.

Die 1830 formell eingerichtete belgische Neutralität unterstrich dieses Prinzip und damit das von Wien selbst. Tatsächlich hüteten sich die Großmächte in Zukunft, an diesem fait accompli zu rühren; als das Deutsche Reich es 1914 wider besseres Wissen und gewiß schlechten Gewissens dennoch tat, waren die Folgen ebenso absehbar wie verhängnisvoll: noch wenige Tage vor der englischen Kriegserklärung nämlich war sich die französische Diplomatie keineswegs sicher gewesen, daß England zu seinen Verpflichtungen stehen und zugunsten Frankreichs in den Krieg gegen Deutschland eintreten würde. Erst der deutsche Einfall in das neutrale Belgien behob den Quai d'Orsay dieser Sorgen.

Es gab im Zeitalter der Restauration neben den geschriebenen auch ungeschriebene Gesetze, die europäische Solidarität setzte das Bewußtsein von einer europäischen Schicksalsgemeinschaft voraus, Frankreich glaubte nach 1830 mit einiger Berechtigung, daß es sich zumindest analog zu Rußland verhalten durfte, wenn es um die Peripherie Europas, genauer: die Rolle der europäischen Mächte im vorderen Orient ging. Deswegen engagierte sich das nach- (oder schon wieder vor-) revolutionäre Frankreich unter Louis Philippe zugunsten eines abtrünnigen türkischen Satrapen, der in Ägypten eine eigene Herrschaft errichten und die Gegensätze der europäischen Großmächte im Orient für seine Zwecke nutzen wollte. Weil Mehmet Ali gute Erfolgsaussichten besaß, wenn Rußland und England abseits standen, Frankreich Hilfe leistete, war diese zweite orientalische Krise von 1840 schon ungleich gefährlicher als jene, die nach Adrianopel geführt hatte. Aber natürlich konnte keine Rede davon sein, daß „Bär" und „Walfisch", also Rußland und England, untätig zusahen, wenn Frankreich sich gleichsam zum lachenden Dritten auf Kosten aller anderen aufschwang; tatsächlich war die französische Politik auch wohl weniger außen- und machtpolitisch als innenpolitisch motiviert: zum ersten Mal nach 1815 schien sich eine Chance zu bieten, im Spiel der Großen um das Erbe des zunehmend als schwächer eingestuften „kranken Mannes am Bosporus" mitzumischen. Nach den Frustrationen der vergangenen Jahrzehnte hoffte Frankreich, mit dem orientalischen Engagement auch etwas für das angeschlagene Selbstbewußtsein, für das nationale Prestige tun zu können.

Die Rechnung ging nicht auf, sie beschwor vielmehr die große Krise herauf. Die alte Quadrupelallianz stellte sich nämlich noch einmal her, was in Paris niemand für möglich gehalten, trat dennoch ein: Beim ersten Versuch freierer außenpolitischer Betätigung wurde über das Land wieder die Quarantäne verhängt. Der Gesichtsverlust wog schwerer als der eigentliche politische Schaden – und er schlug, zum ersten Mal eigentlich, in blanke chauvinistische Aggression um. Diese richtete sich gegen die „unschuldigste" Allianzmacht, gegen Preußen und den Deutschen Bund.

Denn Deutschlands Grenze lag jenseits des Rheins, der Rhein war „Deutschlands Strom, nicht Deutschlands Grenze". Plötzlich entsannen sich die Demagogen in Paris des alten revolutionären Rheinprogramms, der alten vermeintlich „natürlichen" Grenzen Frankreichs am Rhein. Schon rüstete man. Schon traf man diesseits und jenseits des „Schicksalsstromes" die Vorbereitungen zur Mobilisation. Im August standen Deutschland und Frankreich am Rande eines Krieges, short of war.

Das war ein Schock, der bis zum heutigen Tage nachwirkt – zumindest in jenen patriotischen Gesängen, die für Generationen von Deutschen und Franzosen die nun entstehende „Erbfeindschaft" musikalisch zum Ausdruck bringen sollten: „Deutsch ist der Rhein". Und: Die Deutschen werden sie halten, die „Wacht am Rhein“. Nein, „sie sollen ihn nicht haben, den freien deutschen Rhein“, nicht vom Rhein zur Weichsel, nein, von „der Maas bis an die Memel“ sollte Deutschland reichen. Hoffmann von Fallersleben dichtete 1841 auf Helgoland, der britischen Insel, die spätere Nationalhymne: ganz noch unter dem Eindruck der Orientkrise des vergangenen Jahres. Man braucht nicht die endlos lange Geschichte der gewollten und unfreiwilligen Mißverständnisse zu erzählen, die sich aus dem „Deutschland, Deutschland über alles“ ergaben – ihr unheilvoller Einfluß reichte bis 1945, teilweise darüber hinaus, die deutsch-französische Geschichte war nach 1840 nie mehr das, was sie zuvor gewesen. Im Jahr 1840 wurden beide Völker mit einer unheilvollen Hypothek belastet, Hekatomben von Toten haben sie vergeblich zu tilgen versucht.

Und wozu das alles? Warum? Es fällt heute selbst Fachleuten schwer, die Räson der Orientkrise und ihrer Folgen zu begreifen. Selten haben nichtigere Anlässe zu größeren Folgen geführt, selten auch wurde die Geschichtsmächtigkeit von Ideologien und Chauvinismen drastischer unter Beweis gestellt: 1840 ist auf diese Weise zu einem Menetekel geworden, auch heute noch sollte man es sorgsam studieren und darüber nachdenken, wie aus kleinen Anlässen unkalkulierbare Folgen entstehen können. Nicht immer geht es um bloß materielle Dinge, die Rheinkrise von 1840 hatte nichts mit Kapitalismus und Sozialismus, nichts mit Industrieller Revolution und Welthandel zu tun – und doch hat sie all dies unabsehbar beeinflußt. Es ist der Geist, der die Geschichte vorantreibt – aber genau das war ja die große These Hegels, ihr fühlten sich auch die Politiker der Wiener Prinzipien verpflichtet. Noch war die Epoche der „Realpolitik“ nicht angebrochen, aber indem die großen Mächte die Krise schließlich unter Kontrolle bekamen, bereiteten sie sie schon vor. Das Jahr 1840 liegt ziemlich in der Mitte zwischen dem Zeitalter der Restauration und jenem des „Vormärz“; es bildete, den Zeitgenossen kaum bewußt, die Wasserscheide zwischen der Bewältigung der revolutionär-napoleonischen und der Vorbereitung der liberal-revolutionären Ära. 1830, 1840 und 1848: das sollten die entscheidenden Knotenpunkte in der Geschichte Deutschlands und Europas sein, alle drei Daten gehörten zusammen, dennoch standen alle drei auch für höchst unterschiedliche, gegensätzliche Prinzipien. Sie gliedern die erste Hälfte des 19. Jahrhunderts, das aber war bis 1840 noch nicht zu dem geworden, was man im Rückblick, als das Jahrhundert sich neigte, als das Signum dieses Säkulums ansah.

2. Der „Kühne Griff“: Die Revolution von 1848

Im nachhinein ist die Zäsur des Revolutionsjahres 1848 höchst einleuchtend. Wer in den Jahrzehnten der „Restauration“ und des „Vormärz“ die eher bürgerlich-biedermeierlichen Tendenzen zu erblicken meint, wird in den beunruhigenden Ausbrüchen halbrevolutionärer Ideen in diesen Jahren nur das leichte Kräuseln auf der ruhigen Wasserfläche sehen. Aber auch der viel rigorosere Umgang mit den „Kräften der Bewegung“ (Schieder) in Frankreich, Rußland, Österreich, selbst England täuscht darüber hinweg, daß auch im Deutschen Bund das Ringen zwischen Bewegung und Beharrung immer zäher wurde und immer neue, immer schwieriger zu bewältigende Probleme aufwarf. Die Wiener Schlußakte vom 15. Mai 1820 gab dem Bund sein äußeres verfassungspolitisches Gesicht – zu diesem Zeitpunkt aber hatten die Kräfte der Restauration schon die ersten Gefechte mit dem Geist des Liberalismus und der Revolution hinter sich. Der Deutsche Bund begann also nicht mit einer „Stunde Null“, sondern war der hastige Versuch, die innenpolitischen Entwicklungen in den Bundesstaaten im Sinne der Beharrung zu steuern. Metternich fühlte sich nicht nur für die große europäische Ordnung, sondern auch für die innerhalb des Bundes zuständig; auf sein persönliches Engagement gingen auch jene berüchtigten „Karlsbader Beschlüsse“ vom 20. September 1819 zurück, die die Bundesversammlung billigte. Diese hatte sich damit für alle liberal und freiheitlich gesonnenen Menschen im Bund schon endgültig diskreditiert. Die Unterdrückung der Meinungs- und Pressefreiheit, die nun mögliche „Demagogenverfolgung“, der so glühende Patrioten wie E. M. Arndt oder der Turnvater Jahn zum Opfer fielen, hatte in der Praxis der nachfolgenden Jahre vielleicht gar keine so große Auswirkung, vor allem im Vergleich mit späteren totalitären Systemen in Deutschland, denn Menschen, die die Freiheit lieben, haben sich noch immer als erfinderisch erwiesen, wenn es dem System der Unterdrückung ein Schnippchen zu schlagen galt, entscheidend war das nicht. Ausschlaggebend war die Erkenntnis, daß jene Kräfte, die anscheinend bereit gewesen waren, der napoleonischen Herausforderung auch mit freiheitlichen Mitteln zu begegnen, sich als finstere Reaktionäre entpuppt hatten. Seitdem ging ein Riß durch die Nation. Die Jahre nach 1815 hätten eine Sternstunde der Gesellschaftsgeschichte werden können – in Wirklichkeit wurden sie zum Ausgangspunkt jener inneren „Zerrissenheit" des deutschen Volkes, die zu heilen zwar viele Politiker sich bemühten – man denke an Wilhelms II. „Ich kenne keine Parteien mehr, ich kenne nur noch Deutsche" oder an Hitlers viele faszinierende Idee der „Volksgemeinschaft" –, die aber niemals geheilt werden konnte. Denn das Mißtrauen der Herrschenden dem Freiheitswillen der Beherrschten gegenüber führte nicht zu fruchtbarer demokratischer Entwicklung, wie schon seit 1832 in England, später doch auch in Frankreich und zahlreichen kleineren Staaten des europäischen Kontinents, sondern zu einer ständig sich verschärfenden innergesellschaftlichen Spannung. Es kam nicht von ungefähr, daß die Herolde des Klassenkampfes und des Kommunismus als „Überwindung" des Staates Deutsche waren. Was Marx und Engels lehrten, war aus der Anschauung ihrer Zeit gewonnen – und es war, ungeachtet des vermeintlich supranationalen Charakters, in seiner weltanschaulichen Systematik typisch deutsch.

Metternich und Komplizen (wenn man es so sagen darf) ahnten von solchen Folgen 1819 gewiß noch nichts, ungute Vorahnungen aber hatte es gegeben: Bedenklich erschien beispielsweise die Inszenierung eines großen Festes auf der Wartburg, 1817. Die Initiatoren waren genau jene Studenten, die am leidenschaftlichsten den „Freiheits"- und nicht bloß den „Befreiungs"-Krieg mitgefochten hatten. Daß sich die akademische Jugend politisch artikulierte, war Folge der Zeitläufe von 1813 bis 1815 gewesen, mit der Gründung der Jenaer Burschenschaft unter den Farben Schwarz-Rot-Gold (es waren die Farben der Lützowschen Freikorps) sollten die Ideen von Freiheit und Einheit in den Wiener Frieden gerettet werden. Die Wartburg, schon damals eines der bedeutendsten nationalen Symbole, gab den Rahmen für das erste einer ganzen Reihe von nationalen Festen ab. Man gedachte der Völkerschlacht von Leipzig, Luthers Thesenanschlag (1517) und beschwor den „deutschen Geist". Ihm zu Ehren verbrannten damals einige Studenten einige ihnen mißliebige Bücher. War das die Freiheit, die sie meinten? Das Wartburgfest entsprach in seiner komplexen Mischung aus national-chauvinistischen, ideal-freiheitlichen, religiös-dumpfen, weltanschaulich bornierten Elementen schon ganz jener Mixtur, die für Politik, Gesellschaft und Geist der nachfolgenden eineinhalb Jahrhunderte charakteristisch werden sollte. Es zeigt jedoch auch, daß es verfehlt wäre, das Zeitalter von Restauration und Vormärz nur als Kampf zwischen den „guten" Kräften der „Freiheit" und den „bösen" der „Unterdrückung" zu sehen. Im Schoß der vormärzlichen Bewegung war viel Intoleranz verborgen, Gewalttätiges, das sich schon vor 1848 immer wieder gelegentlich Luft machte. Politik läßt sich eben nicht sauber sezieren, und alle politische Meinung bedarf der Deutung und Rechtfertigung.

Das Ringen zwischen Restauration und Liberalismus in den Staaten des Deutschen Bundes entstand nicht nur aus binnenpolitischen Ursachen. Die gewollte enge Verflechtung des Bundes mit den übrigen Mächten der Pentarchie ließ den Diskurs zwischen Freiheit und Unterdrückung, Nationalismus und internationalem System immer auch auf Deutschland zurückschlagen. Deutschland war nicht hermetisch abgeschlossen, ein ständiger Strom von Reisenden trug alle in Europa, selbst Amerika entstandenen Ideen über alle Grenzen hinweg. Der Buch- und Zeitschriftenmarkt war international, die Flugschriften der Befreiungsbewegungen – etwa in Polen oder Italien – fanden unschwer den Weg nach Deutschland, Heinrich Heine und Ludwig Börne lebten in Paris und waren mit ihrem Spott, ihrem Pathos, ihrer Wehmut, ihren Aggressionen doch mitten in Deutschland, ähnliches galt auch für den „Londoner“ Karl Marx. Schon von seiner bloßen geographischen Lage her war der Einfluß der Revolutionen in West- und Südeuropa, der polnischen Aufstände im Osten auf Deutschland ganz unvermeidlich. Glaubt man der veröffentlichten Meinung der Zeit, aber auch zahlreichen Poeten und Romanciers, so waren die Wirkungen, die von der französischen Julirevolution und dem polnischen Aufstand von 1830 ausgingen, ganz ungeheuerlich. Der erste ernsthafte Revolutionsversuch der Deutschen wäre 1848 ganz gewiß nicht so imponierend ausgefallen, wenn es diese Lehr- und Lernbeispiele nicht gegeben hätte. Die Revolution von 1848 ist gerade deswegen auch für die Deutschen ein internationales, europäisches Ereignis. Und gerade deswegen auch ein machtpolitisches Phänomen. Das zeigte sich 1830/31 schon in aller Schärfe, als Preußen bewußt wurde, daß ein Erfolg der polnischen Freiheitsbewegung ganz unmittelbar die Existenz des Königreiches Preußen in seinen Grenzen von 1815 gefährdet hätte. Die Mischung aus nationalen und liberalen Bestrebungen, die schon der großen Französischen Revolution die entscheidende Durchschlagskraft verliehen hatte, wurde nun in Polen erneut virulent. Der schon 1830 als Anachronismus empfundene, erzwungene Verzicht der polnischen Nation auf einen eigenen Nationalstaat konnte auch von nachdenklichen Zeitgenossen immer nur als temporär angesehen werden, war es doch ganz undenkbar, daß sich in Südosteuropa im Gefolge des Zerfalls des Osmanischen Reiches neue Nationalstaaten bildeten, während die seit jeher besonders national- und freiheitsliebende Nation der Polen mit dem „Kongreß“polen von 1815 abgespeist bleiben sollte. Jetzt rächten sich die Sünden der Vergangenheit: Die polnischen Teilungen waren zu einem Zeitpunkt vollzogen worden, als die Brisanz des nationalen Moments noch nicht so groß war wie nun, und da die Teilungsmächte auch 1815 an ihrer Beute festgehalten hatten, hatten sie sich nunmehr allesamt ein Minderheiten- und Nationalitätenproblem eingehandelt, das um so gefährlicher sein mußte, je größer einst die Beute und deren Bedeutung für das Staatsganze gewesen war.

Und der polnische Brocken wog in der preußischen Monarchie schwer. Die Provinz Posen war rund 20000 km² groß und umfaßte mit etwa 820 000 Einwohnern acht Prozent der Gesamtvolkszahl des preußischen Staates. Es war nun aber gerade die prinzipiell realistische und pessimistische Grundannahme von der Unkontrollierbarkeit des polnischen Freiheitswillens, welche die preußische Politik bewog, den Stier gleichsam bei den Hörnern zu packen: Wenn das Nationalbewußtsein in Zukunft das entscheidende Kriterium für die Staatsloyalität der Untertanen sein sollte – so mußte dafür gesorgt werden, daß der polnische Bevölkerungsteil in der Provinz Posen zugunsten des „germanischen" geschwächt wurde, oder positiv ausgedrückt: die seit 1831 einsetzende preußische „Germanisierungspolitik" in Posen war logische Konsequenz aus vermeintlich eisernen Notwendigkeiten der Staatsräson. Diese war nicht auf Expansion aus – etwa im Sinne eines späteren „Dranges nach Osten" –, sondern wollte nur bewahren, was man nun einmal – zu Recht oder zu Unrecht – besaß. Die Folgen freilich waren nicht weniger fatal, die Mittel nicht weniger verwerflich; wenn der Freiheitswille der anderen als Bedrohung der eigenen Existenz begriffen wird, ist das Unglück schon programmiert. Hinzu kam, daß die „wahren" Polenfreunde, durchweg Anhänger der liberalen Ideen, in einen unlösbaren Gewissenskonflikt gerieten: Wer der Freiheit im eigenen Land zum Durchbruch verhelfen wollte, mußte die der anderen respektieren, womöglich fördern. Wenn die Freiheit aber mit einem Verlust der historisch gewachsenen Identität des eigenen Staates bezahlt werden mußte – war dann nicht der Vorwurf berechtigt, „vaterlandsloser Geselle" zu sein, fehlte dann nicht viel, um sich plötzlich in der Gesellschaft der „Reichsfeinde", wie Bismarck das nennen sollte, wiederzufinden? Das eben war das große Dilemma des erwachten Nationalbewußtseins, daß es mit den liberalen Ideen und jenen der bürgerlichen Freiheit in Widerspruch geraten konnte, solange geraten mußte, bis es neue verläßliche und wirksame Alternativen zum schrankenlos souveränen Nationalstaat gab. Im 19. Jahrhundert war davon lange keine Rede – wie hätte man eine solche Diskussion auch erwarten wollen, wo die meisten der „Nationalstaaten" noch jung, unerfahren, unsicher, mit sich selbst beschäftigt waren? Daß das Wiener wie das Karlsbader System „eigentlich" systemfremd waren, ließ sich leicht erkennen – aber dadurch rückten noch lange keine Lösungen in den Gesichtskreis der Völker, zumindest keine friedlichen.

Krieg aber gab es zunächst ja nicht, auch der von 1848 sollte gleichsam im Keim erstickt, von den Großen, diesmal den Flügelmächten Rußland und England, schlicht verboten werden. Die Auseinandersetzungen zwischen Reaktion und liberalem Gedankengut vollzogen sich daher trotz der Wirrnisse von 1830 wesentlich auf der Ebene staatsrechtlicher und philosophischer Diskussion. Wie einst die große Enzyklopädie von Diderot und d'Alembert, so sollte nun das „Staatslexikon" der beiden liberalen Badener Staatsrechtslehrer Karl Rotteck und Karl Theodor Welcker zur Summe und zum Programm des politischen Liberalismus, zum Leuchtturm in der Finsternis der Reaktion werden. Was die hochangesehenen Gelehrten der Gesellschaft ihrer Tage präsentierten, besaß sicherlich ungleich mehr Gewicht als die Produkte solcher jugendlicher Heißsporne, wie sie sich im – nomen est omen – „Jungen Deutschland" organisierten. Denn deren Freiheitsbegriff ging weit über jene bürgerlich-liberale Wohlanständigkeit hinaus, die dem etablierten nationalen Liberalismus von Anfang an zu eigen war; das Verbot der Schriften des „Jungen Deutschland" war nicht verwunderlich, denn ähnlich wie das anarchistische und kommunistische Gedankengut war auch das des „Jungen Deutschland" kaum geeignet, die doch von der Mehrheit angestrebte Versöhnung zwischen Liberalismus, Staat und Nation zu befördern. Ganz in diesem Zeichen stand auch das zweite spektakuläre Nationalfest auf Schloß Hambach in der Pfalz. Hier versammelten sich 1832 nicht mehr allein Studenten, eine akademisch gebildete Elite, diesmal nahmen die Bewohner der Pfalz selbst lebhaften Anteil; der schier endlose Zug der Teilnehmer, das Meer schwarz-rot-goldener Fahnen roch schon sehr nach Massenprotest, den Herrschenden wurde unwohl, Hambach blieb Verheißung auf Einheit und Freiheit. Es war von tiefer symbolischer Bedeutung, daß die Ruine des Hambacher Schlosses, von der Bundesrepublik Deutschland übernommen, zum Ort eines kleinen mahnenden Museums werden konnte, in dem des Jahres 1832, des Revolutionsjahres

1848 – und der deutschen Teilung nach 1945 sowie des Wiedervereinigungsgebotes des Grundgesetzes gedacht wurde. Protest äußerte sich auch 1833 im Frankfurter Wachensturm – keine große Sache, gewiß nicht, aber in Frankfurt tagte die doch noch nicht ohnmächtige Bundesversammlung. Die wurde nun zum Instrument einer verschärften Repression. Das steigerte sich, wurde jenseits der deutschen Grenzen publik – und rief England auf den Plan. Peinlich berührt wies Metternich die Einmischung der englischen Garantiemacht in die inneren Angelegenheiten des Bundes zurück – aber war es nicht Metternich selbst gewesen, der mit der Erfindung des Interventionsprinzips eben dies möglich gemacht hatte? Das schlug nun auf ihn zurück und unterstrich eindrucksvoll, wohin es mit den Prinzipien von 1815 inzwischen gekommen war. Es war eine Trotzreaktion, wenn der Staatskanzler in den Beschlüssen der Wiener Ministerpräsidentenkonferenz 1834 eine noch schärfere Gangart durchzusetzen und den Frankfurter Bundestag noch enger an seine reaktionäre Staats- und Weltanschauung zu binden suchte; daß die Frankfurter Delegierten nun erst recht verächtlich wirkten, leitete nur Wasser auf die Mühlen der Opposition.

Die Dinge schaukelten sich hoch. 1837 kam es zu einem weit über Deutschland hinaus hallenden Fanal, auch dabei war, wenn man will, England im Spiel. Nach dem Ende der Personalunion zwischen England und Hannover 1837 mit dem Tod Wilhelms IV. – im Königreich Hannover galt die männliche Erbfolge, in England aber gelangte Victoria auf den Thron – trennten sich die Wege dieser beiden Staaten ein für allemal, schlimmer: Ernst August von Hannover glaubte in fürstlicher Unbekümmertheit, sich durch die erst 1833 gewährte Verfassung nicht binden lassen zu müssen und schien die ihm lästige Konstitution mit einem Federstrich beseitigen zu wollen, fest davon überzeugt, daß die braven Untertanen nicht den geringsten Wert auf die Details eines „Fetzen" Papiers legen würden. Er täuschte sich gründlich. Der höfliche, aber deutliche Protest der „Göttinger Sieben", unter ihnen Persönlichkeiten wie Dahlmann, die Gebrüder Grimm und Gervinus, gegen den Bruch der Verfassung kam dem König und seiner Kamarilla gänzlich unerwartet, sie reagierten mit Repression und Landesverweisung. Die ausgewiesenen Professoren wurden an der Grenze von jubelnden Menschenmengen im Triumphzug begrüßt und empfangen. Derweil wurde die Protestation – jedermann dachte an die Zeiten der Reformation – in Windeseile immer und immer wieder abgeschrieben und verteilt, von nahezu sämtlichen Studenten der Göttinger Universität gelesen. Das Göttinger Ereignis machte eines ganz klar: Die liberale Opposition wuchs, die Verfechter der Bundesprinzipien gerieten in die Defensive, es war seitdem nur noch eine Frage der Zeit, bis Deutschland vor der Alternative Reform oder Revolution stand. So wie es Metternich wünschte, gingen die Dinge nicht mehr weiter. Und als der Staat in Köln nun auch noch mit dem rheinischen Katholizismus kollidierte („Kölner Ereignis"), stellte sich die Frage, wer überhaupt noch den Prinzipien von Wien Folge zu leisten gewillt war. Die „vormärzliche" Zeit war eine Epoche der Zersetzung, der Gärung, die Peitsche wirkte kaum noch – das Zuckerbrot fehlte.

Es fehlte sogar mancherorts und zu manchen Zeiten das Brot. So sehr das Interesse der Nachgeborenen auch um die hehren Gedankengebäude der Berliner Geistesheroen, die klassischen, romantischen und phantastischen Produkte der Literatur, um Kunst, Kultur und politischen Diskurs kreisen mag – all dies vollzog sich vor dem Hintergrund einer ökonomischen, industriellen, verkehrstechnischen, demographischen Entwicklung, die in diesen Jahren das Wort „Revolution" eigentlich ganz schon verdiente.

Auch hier merkwürdiger Kontrast: Während die bürgerliche Gesellschaft bewußt der Politik entwöhnt und mit den Geschäften abgelenkt werden sollte, wuchs die Politik gleichsam von unten, aus wilder Wurzel empor. Karl Marx konnte ja nur deswegen von einem „Überbau" sprechen, weil der „Unterbau", das Fundament, real existierte. Das Fundament einer sich entbürgerlichenden Klasse, auf dem das Gebäude der Schwerindustrie errichtet wurde.

Deutschland verwandelte sich in atemberaubendem Tempo. Innerhalb von 35 Jahren, also in der Zeitspanne, die gemeinhin mit „einer Generation" umschrieben wird, wuchs die Bevölkerung um 50%, von 23 auf 34 Millionen. Damals setzte jene demographische Entwicklung ein, die von manchen Historikern überhaupt als Urgrund für alle nachfolgenden historischen Ereignisse angesehen wird. Jahrhunderte hindurch hatten sich die demographischen Basisdaten kaum verändert: Hungersnöte, Seuchen, Kriege, das gewöhnliche Elend auf dem Land hatte auf „natürliche" Weise für eine Begrenzung des Bevölkerungszuwachses gesorgt, gerade die beiden verflossenen Jahrhunderte hatten in Europa nicht zu einem Bevölkerungsdruck, sondern gelegentlich sogar zu einer regionalen Entvölkerung geführt, der gegenzusteuern sich die absoluten Herren redliche, oft vergebliche Mühe gemacht hatten.

Auch nach 1815 blieb der Hunger zunächst eine ganz gewöhnliche Erscheinung. Mit Schrecken dachte man in Preußen an das Hungerjahr 1817 zurück, dem in den nächsten Jahrzehnten weitere folgten. Ganz schlimm wurde es dann wieder 1846/47, da genügten einige Kartoffelmißernten. In manchen Elendsgebieten, im Erzgebirge, in Oberschlesien beispielsweise, führte die Not zu schierer Verzweiflung, zu Hungerrevolution, Aufständen, wie dem der Weber. Der Staat reagierte paternalistisch und hilflos, diese Erfahrung trug viel zur Verwandlung der Mentalitäten auch auf dem Land bei.

Aber der Hunger tötete nur noch selten, so zynisch das klingen mag. Denn anders als früher setzte nun ein Prozeß ein, der es den Ärmsten erlaubte, auf die Suche nach Brot zu gehen. Fand man es nicht mehr in der engeren Heimat, so doch in Amerika oder in jenen Regionen, in denen sich seit den dreißiger Jahren des 19. Jahrhunderts die ersten Ansätze zu einem Phänomen zeigten, das sehr pauschal und mißverständlich mit „industrieller Revolution" umschrieben wird.

Eigentlich erst in der zweiten Hälfte des Säkulums kam es zum richtigen Aufschwung, die Jahre des Vormärz bis hin zur Revolution werden eher durch erste Ansätze und Pionierleistungen bestimmt. Auslösender Faktor war die Eisenbahn. Die kam von England herüber, dort begann die Entwicklung deswegen auch schon früher, aber immerhin: Mit den ersten deutschen Eisenbahnen zwischen Nürnberg und Fürth 1835, Berlin-Potsdam

1838, Leipzig-Dresden 1839, schließlich der Köln-Mindener Bahn setzte auch in Deutschland eine ungeheuere Verkehrsrevolution ein. Schon unmittelbar vor dem Anbruch des Eisenbahnzeitalters war viel für den Verkehr getan worden, neben einem systematischen Chausseebau gewannen auch künstliche Wasserwege ständig an Gewicht, die Erfindung des Dampfschiffes machte Rhein, Elbe, Weser, Oder und Donau zu leistungsfähigen Wasserstraßen. Mit Schnellposten gelangte man schon vor der Ära des Dampfes relativ rasch und bequem von einem Ort zum anderen, es waren weniger technische, als vielmehr bürokratische Hemmnisse, die einen freien Personen- und Güterverkehr in Deutschland bis in die dreißiger Jahre hinein arg einschränkten. Die Menschen wurden mit der Eisenbahn mobil, paradoxerweise zuerst, um die Eisenbahnen zu bauen. Der Eisenbahnbau erwies sich von der Mitte des 19. Jahrhunderts an bis fast zu dessen Ende als einer der mächtigsten Antriebe für die Gesellschaft überhaupt, sei es, daß sich in den Camps der Eisenbahner zum ersten Mal Massen von meist schlecht bezahlten, unterprivilegierten Arbeitern versammelten, die für politische Parolen ein offenes Ohr besaßen, sei es, daß große Handelsunternehmen Produktion und Warenverteilung auf völlig neue Grundlagen stellen konnten, sei es, daß Wirtschaftsfachleute, Gelehrte, Realisten und Idealisten aller Couleur in der Eisenbahn das Sesam-Öffne-Dich für die Zukunft sahen – negativ, wenn vor den unkalkulierbaren Gefahren der Geschwindigkeit, des Rußes, der Landschaftszerstörung, der unvermeidlichen technischen Unglücke gewarnt wurde (auch das gab es schon), sei es, daß die Eisenbahn zum strahlendsten Symbol für Fortschritt, Frieden und Freiheit hochstilisiert wurde. Namen wie Harkort, Camphausen, Mevissen, Friedrich List sind dermaßen eng mit dem Phänomen Eisenbahn verbunden, daß man geradezu von einem „Eisenbahnliberalismus“ sprechen könnte.

Tatsächlich war die Eisenbahn cum grano salis ein „liberales“ Instrument. Anfänglich zeigten sich die Staaten auch ziemlich desinteressiert, der Prozeß der Eisenbahnverstaatlichung setzte erst ein, als auch für Laien erkennbar Vorteile und Profite alle Nachteile und Kredite deutlich überwogen. Dann freilich ging es rasch: In nahezu allen Staaten wurden Eisenbahngesetze erlassen, die dem Staat fortan den entscheidenden Zugriff auf die Bahnen erlaubten – zu ökonomischen und dann auch schon zu militärischen Zwecken. Die Eisenbahnpioniere selbst hatten die Bürokratien darauf gestoßen, man denke an die ebenso phantastischen wie realistischen Utopien eines Friedrich List, der in der Eisenbahn das Allheilmittel der Zukunft sah. Selbst Kriege, so meinte er, könnten durch das „Kriegsverhütungsmittel" Eisenbahn der Vergangenheit angehören.

Der Eisenbahnbau wäre ohne einen enormen Aufschwung derjenigen Industrien, die ihm zuliefern mußten, nicht möglich gewesen. Oberflächlich und laienhaft betrachtet, gewinnt man in den Hoch-Zeiten des Bahnbaues den Eindruck, als habe sich eine Art von Perpetuum mobile in Gang gesetzt: Weil die Eisenbahnen bisher unerhörte Quantitäten an Eisen brauchten, mußte die Hüttenindustrie gewaltig expandieren. Das war nur möglich, wenn die dafür benötigten Kohlenmengen zur Verfügung standen: Der Bergbau erfuhr einen ungeahnten Aufschwung. Um Erz und Kohle zusammenzubringen aber bedurfte es der Eisenbahnen: Mehr und ökonomisch wichtigere Strecken mußten gebaut werden. So vereinfacht das Schema auch erscheinen mag: es war das Kerndreieck der Industriellen Revolution, nahezu alle anderen Entwicklungen, etwa im gewerblichen Bereich, lassen sich unschwer darauf beziehen. Die Industrialisierung konnte aber nur deswegen – wenigstens vorübergehend – zu einer Art „Selbstläufer" werden, weil die dafür notwendigen Arbeitskräfte dem Markt fast unbeschränkt zur Verfügung standen: Das aber war auch Folge des finanziellen Landelends im Gefolge der verunglückten Bauernbefreiung. Vielleicht konnte, nicht zuletzt dank der Fortschritte in der Agrartechnik und in der Chemie, das Land seine Leute zunehmend ernähren – die Industrie, die Bosse der Eisenbahngesellschaften zahlten dennoch immer noch besser, wenn auch schlecht genug. Wer bei der Bahn war, brauchte nicht zu hungern, selbst wenn er nur einen Hungerlohn erhielt. Die Aufgeweckteren unter den Arbeitern merkten natürlich bald, daß die Gesellschaften märchenhafte Gewinne erwirtschafteten, von denen diejenigen, die sie durch ihren Schweiß ermöglichten, nichts hatten: auch das wurde zum Ferment der sozialen Unruhen, wie sie seit 1845/46 aufbrechen sollten.

Mit „Frühkapitalismus" mag man die Entstehung der deutschen Industrie- und Handelslandschaften (vor allem an den nun ökonomisch nutzbaren großen Strömen) allerdings kaum bezeichnen, denn an Kapital mangelte es eben allerorten. Auch das war ein Grund dafür, daß die Entwicklung eines sozialen Netzes mit dem Bau des Eisenbahnnetzes nirgendwo Schritt hielt. So eindringlich, erschütternd und überzeugend wie kaum ein anderer hat Friedrich Engels das elende Los der „Arbeiterklasse" in England 1846 beschrieben. Das Buch wurde zur großen europäischen Anklageschrift gegen den „Kapitalismus", zusammen mit dem „Kommunistischen Manifest" des Weggefährten von Engels zu einem der Grundpfeiler des Sozialismus im 19. Jahrhundert. Engels entging freilich ebenso wie Karl Marx vollkommen, daß das von ihnen ganz richtig beschriebene Elend keineswegs größer war als in der vorindustriellen Zeit. Schwerwiegender war die mangelhafte Erkenntnis der Ursachen der Not: der frühe Kapitalismus war schlechterdings noch nicht in der Lage, mit seinem „Menschenmaterial" so umzugehen, wie es ökonomischem Denken angemessen war: ökonomisch. Es war ja kein böser Wille, es waren eher Unvermögen und Hilflosigkeit, die das soziale System anfänglich so schwer kontrollierbar und optimierbar machten. Freilich ist auch der Umkehrschluß berechtigt: Die Fortschritte in der „sozialen Frage", die Zugeständnisse des Kapitals an die Arbeit, selbst die Bismarcksche Sozialgesetzgebung – das waren keine ethischen Taten, keine sittlichen Leistungen, das waren schlichte Optimierungsstrategien. Die Arbeiter und die SPD sollten das später – sehr zur Enttäuschung der „Wohltäter" – durchaus begreifen und artikulieren.

Die sozialen Verwerfungen, die man im vorrevolutionären Deutschland beobachten kann, waren natürlich nicht singulär, andernorts, etwa in Frankreich, waren sie schon viel deutlicher ausgeprägt. Hier entstand schon so etwas wie der „4. Stand", ein „Lumpenproletariat". Dergleichen gab es im Deutschen Bund vor 1848 nur ansatzweise, dennoch kann man die Revolution von 1848 nicht nur eine „bürgerliche" nennen. Es gab auch schon – so in Berlin, Wien, Dresden – ein zu politischem Bewußtsein erwachendes Proletariat, die Barrikaden bauten auch schon die deklassierten Bauern, Handwerker, Gesellen, ungelernte Arbeiter. So sehr es in der Revolution um die Fragen der Freiheit, der Demokratie, der deutschen Einheit ging: es ging auch um die soziale Frage, inzwischen verringert sich der Abstand zwischen der französischen Februarrevolution von 1848 und der deutschen Revolution des gleichen Jahres.

Auch das verweist auf den europäischen Charakter dieser Revolution. 1848 war viel stärker als 1789 oder auch 1830 ein europäisches Revolutionsjahr, vielleicht nur noch vergleichbar mit dem Jahr der osteuropäischen Revolution von 1989. Die Verflechtung zwischen innen-, sozial-, verfassungs- und außenpolitischen, ja auch schon sicherheitspolitischen Motiven ist dermaßen eng, daß es verfehlt wäre, wollte man dem Jahr 1848 das Etikett „Revolution" nur im traditionellen Sinne eines gesellschaftlichen Umsturzes anheften. Der europäische Charakter der Märzrevolution ergab sich aber fast automatisch auch aus dem gesamteuropäischen Charakter des Wiener Kongreßsystems: 1815 und 1848 hängen unmittelbarer miteinander zusammen, als man zunächst meinen möchte. Es sollte sich zeigen, daß die Prinzipien von 1815 mit denen von 1848 sehr wohl in einen höchst merkwürdigen Dialog treten konnten. Selbst auf dem Höhepunkt der Revolution, als diese vermeintlich schon gesiegt hatte, existierte das Wiener System fort, etwas Vergleichbares hatte es bisher noch nicht gegeben. Gerade das läßt die Ereignisse von 1848 unter dem Gesichtspunkt der Idee Europa so spannend erscheinen.

Als die Revolution im Februar 1848 in Paris ihr Haupt erhebt – wieder einmal, wie die Zeitgenossen in ganz Europa seufzen oder jubeln –, da scheint „Revolution" eine Kategorie französischer Politik zu sein. Kein anderes Land in Europa hatte mit Revolutionen so reichhaltige Erfahrungen gesammelt wie Frankreich; nirgendwo deutlicher war die Geschichte eines Staates durch revolutionäre Daten bestimmt: 1789–1830–1848. Für die Februarrevolution von 1848 und deren unmittelbare Folgen war es charakteristisch, daß das prominenteste Opfer der Revolution,

Louis Philippe, selbst ein Produkt der Revolution gewesen war – der von 1830. Um so weniger war es verwunderlich, daß diesmal die Revolution nur gleichsam mit dem Säbel zu rasseln brauchte, um den Monarchen zu vertreiben, eine zweite Republik zu installieren. Freilich hatte diese sehr wenig mit dem alten revolutionären Geist der Jakobiner und Sansculotten zu tun, es war eine eher restaurativ-reaktionäre, von ökonomisch-bürgerlichen Interessen gelenkte Bewegung. Es war vielmehr ein Putsch denn eine Revolution. Deren Signatur wurde erst erkennbar, nachdem die Grundentscheidung schon gefallen war, denn jetzt erst wurde dem 4. Stand – den gab es in Paris in schon ausgeprägter Form – voll bewußt, was sich am 24. Februar 1848 eigentlich abgespielt hatte: die Machtergreifung des Besitzbürgertums unter dem Mäntelchen revolutionärer und republikanischer Ideale. Die Antwort war ein blutiger Arbeiteraufstand, der im Juni 1848 mit äußerster Brutalität von der Regierung zusammengeschossen wurde, 3000 Tote blieben in den Straßenschlachten.

Damit war der proletarische Widerstand gebrochen. Er war es auch deswegen, weil die herrschende bürgerliche Schicht es hervorragend verstand, das aggressive Potential der Straße mit ökonomischen und sozialen Mitteln und Methoden zu zähmen. Die sinnlosen „Nationalwerkstätten" machten „die Arbeit" zum Palliativ gegen aufmüpfige Proletarier, soziale Zusagen wirkten beruhigend, „Familie", „Arbeit", „Eigentum": diese Grundsätze der neuen Verfassung dienten der Versöhnung zwischen den Klassen; wer wollte, konnte auch von Korrumpierung sprechen. Mit der Wahl Louis Napoleon Bonapartes zum Präsidenten der Republik schien diese Politik der Konvergenz zu gelingen, der „Bonapartismus" wurde in den nächsten beiden Jahrzehnten zu einer ganz eigentümlichen Antwort auf die Ideale der Revolution und die Interessen des Bürgertums. Die Februarrevolution von 1848 hatte anscheinend wie die von 1789 am Ende zur Diktatur eines Napoleon geführt, diese merkwürdige Wiederholung der Geschichte hat schon Karl Marx zu scharfsinnigen und ironischen Kommentaren angeregt.

Die Februarrevolution in Paris wirkte im übrigen Europa wie ein Fanal, besser wohl: wie eine Art Katalysator im Prozeß der gesellschaftlichen Auseinandersetzungen, wie sie seit 1815, verschärft seit 1840 geführt wurden. Nicht das Ergebnis – Erfolg oder Mißerfolg – der französischen Revolution sollte stilbildend wirken, sondern der bloße Umstand, daß man Verfassungen und Staaten per Revolution gründlich verändern konnte. War das Instrument „Revolution“ inzwischen nicht selbst schon zu einer Art Verfassungsinstrument geworden?

Um eine Verfassung für die Deutschen ging es 1848 in erster Linie, Verfassung freilich im umfassendsten Sinne des Begriffs. Untrennbar nämlich waren von Anfang an verfassungspolitische und nationale Fragen miteinander verknüpft. Auch das soziale Element spielte eine, wenn durchaus auch noch untergeordnete Rolle. Die Revolution suchte die Antwort auf die ungelösten Kernfragen des Jahrhunderts: Die Frage nach der Freiheit und die Frage nach der deutschen Einheit.

Es waren die Fragen von 1813. Von den Patrioten aus jenen Tagen lebten 1848 nicht mehr allzuviele, in der Persönlichkeit von Ernst Moritz Arndt wird die Kontinuität jedoch sichtbar: Herold der Freiheitskriege, Opfer der Demagogenverfolgung, wurde er 1848 Abgeordneter in der Deutschen Nationalversammlung. Viele haben in den schönen Tagen des Mai 1848 geglaubt, daß die Geschichte sich am Ende doch noch hatte beschwören lassen, doch noch jener Weg geöffnet blieb, der 1815 anscheinend auf unabsehbare Zeit verschüttet worden war.

Die Revolution war also auch Tradition. Sie kam nicht aus dem Nichts, sie war auch kein Erbteil der Großen Französischen Revolution von 1789. Sie knüpfte auch an die preußischen Reformzeiten an, an die Verfassungsentwürfe eines Stein, sie war mit Geschichte förmlich durchtränkt, nichts war der Masse der „Frankfurter“ suspekter als eine Politik, die das Alte bloß überwinden, nicht aber im Sinne Hegels „aufheben“ wollte.

Eine Revolution als Rückgriff in die Vergangenheit, genauer: in die Alternative einer Vergangenheit, die nicht so verlaufen war, wie es sich die Patrioten von 1813 vorgestellt hatten: war das überhaupt eine Revolution? Aber es war genau dieser innere, dialektische Widerspruch, der für 1848 typisch war, typisch schließlich auch für das Urteil der Geschichte über diese Revolution: Sie sollte scheitern und war doch erfolgreich, sie führte in die Reaktion und zugleich entschieden über sie hinaus. Es war eine typisch deutsche Revolution, aber sie war ganz fest im Koordinatennetz des europäischen Geistes und der europäischen Politik verankert. Daß die Deutschen 1848 überhaupt eine Revolution zustande brachten, hat im nachhinein oft verwundert; daß deutsche Revolutionen am Ende scheitern, schien zumindest nach 1918 ausgemacht, dennoch handelt es sich um einen Trugschluß, auch hier haben die Ereignisse von 1989 den Beobachtern der deutschen Szene die Augen geöffnet.

Bis 1989 wurde die Revolution von 1848 immer im Vergleich zu der von 1918 gesehen: Es waren die beiden einzigen Ereignisse in der deutschen Geschichte, die den Begriff „Revolution" überhaupt zu verdienen schienen – obgleich Hitler 1933 nicht zu Unrecht von seiner, der „braunen Revolution" sprechen sollte. Inzwischen muß man das Ereignis von 1848 auch mit dem von 1989 vergleichen. Ein weiterer Zugang zur Deutung von 1848 liegt im gesamteuropäischen Rahmen: Frankreich, Italien, die Schweiz sind 1848 Zentren revolutionärer Erschütterung. An der Peripherie der Revolution kommt es auch schon zu Kriegen, aber sie wurden eingegrenzt, keinen besseren Beweis gibt es für den auch auf dem Höhepunkt der revolutionären Bewegung fortwirkenden Konsens des Kongresses von Wien.

Die Revolution von 1848 ist für das nationale Selbstverständnis der Deutschen von so ausschlaggebender Bedeutung geworden, daß die gesamte nachfolgende Geschichte Deutschlands von ihren Maximen positiv oder negativ bestimmt wird. Die Paulskirche hat sich als nationales Symbol tief eingeprägt – bis heute stellt sie das vielleicht unumstrittenste Symbol der deutschen Geschichte dar, da muß man nur an das Brandenburger Tor, das Niederwalddenkmal, vielleicht auch an Bergen-Belsen und Buchenwald denken. Alles, was an der deutschen Geschichte gut und traditionswürdig war, schien sich in der Paulskirche zu spiegeln, selbst in der Ära des Nationalsozialismus wurde die Paulskirche nicht entehrt und entweiht. Woher kommt diese ungeheure integrative Macht dieses Symbols? Und: War das Jahr 1848, für das es steht, ein „goldener Moment" der deutschen Geschichte, eine Chance zur Überbrückung der inneren Zerrissenheit der Nation, wie sie sich nach 1815 entwickelt hatte? Und: War „1848" erfolgreich? Wenigstens erfolgreich in dem Sinne, daß die Deutschen sich bis heute als eine Nation empfinden – obwohl es die Schweizer, die Niederländer, die Österreicher gibt? Wo also ist der historische Ort von „1848"?

Etwa im Südwesten des Deutschen Bundes, genauer: in jenen schon verfaßten Staaten Süddeutschlands, deren Selbstbewußtsein der Kleingeisterei des Bundestages, vor allem aber den (ja berechtigten) Ängsten eines Metternich überlegen war. In der badischen Kammer formulierte Friedrich Daniel Bassermann am 12. Februar 1848 erstmals freiheitlich-demokratische Positionen, eine badische Volksversammlung forderte in dem „Offenbacher Programm" all jene Rechte zurück, die in der Restaurationszeit verlorengegangen waren – und ein deutsches Parlament.

Das „Offenbacher Programm", dem bald zahlreiche andere aus allen Ecken des Bundes folgen sollten, enthüllte schon ein Grundanliegen der Märzbewegung: die Forderung nach Verwirklichung der Menschenrechte, wie sie nunmehr seit mehr als einem halben Jahrhundert in Amerika gültig waren. Die Nationalrepräsentation war eher Mittel zu diesem Zweck. Am Anfang stand der Schrei nach Freiheit und Menschenwürde, die Einheit konnte warten – aber nicht lange. Heutzutage läßt sich leichter als jemals verstehen, warum dies so war, es hat aber in der deutschen Vergangenheit Zeiten gegeben, in denen darüber diskutiert worden ist, ob Freiheit und Einheit tatsächlich zusammengehören.

Der Anstoß kam also wieder einmal aus Frankreich und erreichte die politisch schon hochsensiblen süddeutschen Staaten zunächst. Wie ein Sturmwind freilich breiteten sich die Märzforderungen nun über ganz Deutschland aus, die etablierten Mächte standen dem wie einem Naturereignis vollkommen hilflos und gelähmt gegenüber. Binnen weniger Wochen verschwand das System der Restauration wie ein Spuk, allenthalben kam es zur Bildung von „Märzministerien", von Angst und Bangen geschüttelt, wagten die alten Gewalten keinen Widerstand, zunächst wenigstens.

Es war ein erstaunliches Frühjahr, die Revolution fegte über das Land, es schien, als habe es nur dieses einen Anstoßes bedurft, um den Gravamina der deutschen Nation Genüge zu tun.

Denn das war erstaunlich: Die Revolution zerstörte nicht, stürzte nicht um, sie schob nur beiseite. Die alten Gewalten verschwanden nicht, keinem gekrönten Haupt wurde ein Haar gekrümmt, selbst Ludwig I. von Bayern nicht, den nicht die Revolution, sondern Lola Montez den Thron kostete. Es gab keine Guillotinen und keine Erschießungspelotons. Die Revolution, so schien es Ende März 1848, hatte triumphal und im wesentlichen unblutig auf der ganzen Linie gesiegt.

So war es auch einst in Frankreich gewesen, dann in Belgien. Aber 1848 gehorchte nur anfangs dem bekannten Muster. Vielleicht war es ein Fehler der Liberalen, daß sie allzu rasch und allzu willig an ihren eigenen Erfolg glaubten, ohne sich klarzumachen, für wen denn was „Erfolg" bedeutete. Man hatte im März nicht kämpfen müssen – gerade noch nicht kämpfen müssen, sollte man besser sagen, denn hart an den Rand des Bürgerkrieges gediehen die Dinge in Wien und Berlin doch schon: Dorthin verlagerte sich die Entscheidung, hier mußte das System Metternich, dort das System der „neuen Ära" unter dem mit so großen Hoffnungen erwarteten und dann so enttäuschenden Friedrich Wilhelm IV. beweisen, ob sie noch in die neue Zeit paßten.

Wien war innerhalb von drei Tagen in den Händen der Aufständischen. Studenten und Bürgerwehren beherrschten die Stadt, was blieb Metternich übrig, als Hals über Kopf zu fliehen, wollte er seinen Kopf behalten. Er galt als der große Buhmann der Revolution, der große Verhinderer, der Verweigerer der Freiheit, der Hüter der Reaktion – daß er ein großer europäischer Staatsmann gewesen war, interessierte 1848 niemanden mehr. Er floh folgerichtig: nach England. Auch in Berlin überstürzten sich die Ereignisse. Der König, dem viele immer noch Sympathien entgegenbrachten, versuchte den Tiger der Revolution zu reiten, aber er bot nur ein klägliches Bild. Weniger Einsicht als Angst war es, die ihn im kritischsten Moment des 18. März vor den gefallenen Barrikadenkämpfern im Schloßhof sich verneigen ließ; eher peinlich denn erhaben wirkte sein Umritt mit der schwarz-rot-goldenen Armbinde drei Tage später. Standhalten oder flüchten: in seinen Entscheidungen war Friedrich Wilhelm IV. gar nicht mehr frei, ihn rettete die Unentschlossenheit der Revolutionäre, die kein Danton oder Robespierre führte, das Gejammer des Hofes und die schiere Unmöglichkeit, sein Varennes in Potsdam zu erreichen. In diesen Märztagen stand alles auf des Messers Schneide, die Peripetie war erreicht, als der König am 29. März das einzig Richtige veranlaßte: die Berufung eines liberalen Ministeriums unter dem Rheinländer Ludolf Camphausen. Der rheinische Liberalismus, von dem die revolutionäre Bewegung in Preußen ausgegangen war, triumphierte in der Hauptstadt der Monarchie, genau das aber brach hier der Revolution die Spitze ab und erwies sich später als ungemeines Glück für die Reaktion. Deren Einfluß stieg nämlich in dem Maße, in dem es dem liberalen Ministerium nicht gelang, eine parlamentarische Basis im Vereinigten Landtag zu gewinnen. Die Konservativen witterten Morgenluft, unter ihnen ein junger Junker mit besonders wildem Gebaren: Otto von Bismarck.

Das preußische Experiment scheiterte schon im Ansatz, obwohl es anscheinend bereits gelungen war. Des Königs „Aufruf an Mein Volk" ließ sich mit gutem Willen zwar als Reverenz an den neuen Geist des Liberalismus deuten, entscheidender war die Vision eines Preußens und einer hohenzollernschen Dynastie, die sich an die Spitze von Deutschland setzten: Es war die erste vage Blaupause für die spätere Konstruktion der deutschen Einheit „von oben".

Daran dachten diejenigen, für die Demokratie und Freiheit höher standen als das Ideal der Einheit, zu diesem Zeitpunkt nicht, wenngleich der deutsche Dualismus von Anfang an als Kernproblem der Revolution gelten mußte. Auch die Besetzung des Frankfurter Bundestages mit Vertretern der neuen liberalen Ministerien änderte nichts daran, daß in diesem Gremium immer noch Österreich und Preußen den Ton angaben, über das Votum aus Berlin und Wien nicht hinwegzukommen war. Ja gerade dadurch, daß die liberalen Ministerien liberale, teilweise sogar revolutionär gesonnene Delegierte nach Frankfurt entsandten, wurde das von vielen doch nur noch als blutleeres Gespenst verspottete Gremium aufgewertet. Ein „17er-Ausschuß“ sollte die Verfassung des Bundes reformieren, unter Leitung einer so bedeutsamen Persönlichkeit wie Friedrich Christoph Dahlmann, dem liberalen Historiker. Zunächst jedoch setzten sich nicht die „Siebzehner“, sondern die „Fünfziger“ durch: Diese wurden von einem höchst seltsamen Gremium bestellt, dem „Vorparlament“. Es bildete in der Revolution von 1848 eine Art „missing link“ zwischen Bundestag und der späteren Nationalversammlung. Weder ernannt noch gewählt, war der Zusammenschluß von 500 aufrechten Männern, vorwiegend aus den gebildeten Schichten der Bevölkerung, alles andere als formal „legitim“ oder durch welche Verfassung auch immer begründet. Aber es genügte in diesen hochgestimmten Wochen, daß diese Versammlung erklärte, sie wolle als „Vorparlament“ die Wahlen zu einer deutschen Nationalversammlung vorbereiten – eben dies zu organisieren war Aufgabe des Fünfziger-Ausschusses –, um ihr Gewicht und Autorität, besser: auctoritas zu verleihen. Ohne daß der alte Bund förmlich beseitigt wurde, schien sich die Einheit der deutschen Nation in Friede und Freiheit auf geradezu phantastische Weise zu vollenden, die Wahlen zur Nationalversammlung fanden überall nicht nur ohne Widerstand der alten Gewalten statt, sondern oft mit deren Unterstützung, abgesichert durch entsprechende Beschlüsse des Bundes selbst, obwohl diesem mit einer repräsentativen parlamentarischen Demokratie doch gleichsam automatisch das Ende bereitet werden mußte.

Der März 1848, das war der heroische Augenblick der deutschen Revolution. Der 18. Mai war ihr erhabenster Tag: In der Frankfurter Paulskirche trat die erste deutsche Nationalversammlung zusammen. Von diesem Tag an war die freiheitlich-parlamentarische Demokratie in Deutschland begründet, und so sehr sie nur wenig später und dann immer wieder bis 1945 bittere Niederlagen einstecken mußte: sie hat sich aus ihnen immer wieder erhoben, sie hat sich nie mehr ganz ausrotten lassen, die Erinnerung an jenen großartigen Augenblick, als die gewählten Vertreter der ganzen deutschen Nation in die Paulskirche einzogen, unter den Farben Schwarz-Rot-Gold, blieb das Leuchtfeuer auch in den dichtesten Finsternissen der nachfolgenden eineinhalb Jahrhunderte. Als man 1948 in Bonn daran ging, das Grundgesetz zu schaffen, da haben nahezu alle Väter dieser Verfassung auf diesen Moment aus dem Jahr 1848 verwiesen, er ist in der deutschen, ja europäischen Geschichte lebendig geblieben – bis auf den heutigen Tag.

Daß eine Nationalversammlung frei und geheim gewählt werden konnte; daß es das Volk, nicht seine Herrscher, selbst war, das dies zustande brachte – allein das läßt die Paulskirche als großen historischen Erfolg erscheinen. Da mochte das, was nur allzu bald kam, sein, wie es wollte. Diejenigen, die in der Paulskirche bald den Ton angeben sollten, wußten, worum es ging. Die „Souveränität der Nation", wie es Heinrich von Gagern, der erste Präsident dieses Parlaments, ausdrückte, war zugleich Antithese zur „Legitimität" des Wiener Kongresses und der dynastischen Räson der „souveränen Staaten" der Bundesakte. Gewiß gab es Anleihen an das Gedankengut der großen Französischen Revolution, viel bedeutender war der Rückgriff auf die Ideale der Freiheitskriege. Man wollte weder den Franzosen noch den Engländern irgend etwas „nachmachen"; so selbstbewußt war diese Versammlung von „Honoratioren", daß sie alles aus eigener Wurzel, aus eigener Machtvollkommenheit auch entscheiden und durchsetzen zu können glaubte. Man war hochgestimmt und frohgemut, jauchzend geradezu applaudierten die Abgeordneten Heinrich von Gagerns „kühnem Griff", mit dem die provisorische Reichsgewalt geschaffen wurde.

Was sollte die zu sich selbst kommende Nation der Deutschen noch aufhalten? Wo waren die Kräfte, die es im Sommer 1848 hätten wagen wollen, sich dem nationalen Enthusiasmus, dem Pathos der Freiheit entgegenzustellen?

Später hat man das eben den Frankfurter Parlamentariern vorgeworfen: daß sie losgelöst von den Bedingungen der garstigen Wirklichkeit, eingesponnen in die Ideale der Aufklärung, der Romantik, des Liberalismus und auch des Nationalismus, das Nächstliegende versäumt hätten: die Herrschaft des Volkes zuverlässig zu verankern, gegen die Reaktion zu sichern, wenn es sein mußte mit Feuer und Schwert. Tatsächlich wurde viel Zeit verbraucht, um im Frankfurter Parlament jene Strukturen zu schaffen, die dieses Gremium überhaupt erst arbeitsfähig machten, sicherlich wäre es zweckmäßig gewesen, wenn die sich nun herausbildenden „Parteien“ im Interesse der Freiheit aller sich zusammengeschlossen, anstatt einander bekämpft hätten, und ohne Zweifel profitierte zunächst die Reaktion davon, daß man in Frankfurt endlose Wochen mit der Diskussion der Menschen- und Freiheitsrechte „vertat“, anstatt die Zentralgewalt mit jenen Machtmitteln auszustatten, die erforderlich waren, um dem zu erwartenden Druck von außen und von innen erfolgreich standhalten zu können. Ein blutleeres „Professorenparlament“ – mit dieser Charakterisierung haben die vermeintlichen „Realpolitiker“ des nachfolgenden Zeitalters Bismarcks die Paulskirche herabzusetzen gesucht, maliziös wurde immer wieder auf die soziale Zusammensetzung des Parlaments verwiesen, in dem Lehrer, Professoren, Akademiker die Mehrheit besaßen, wohingegen kein einziger Arbeiter vertreten war – aber all diese Kritik zielt ins Leere, auf all dies kam es damals, 1848, mitnichten an. Entscheidend war doch, daß es der Nation tatsächlich gelungen war, sich selbst zu artikulieren; entscheidend war, daß die Paulskirchenabgeordneten sich durchaus für das Wohl des Ganzen verantwortlich fühlten; entscheidend war, daß dieses erste deutsche freigewählte Parlament mit großem Ernst und auf hohem intellektuellen und moralischen Niveau die grundlegende Debatte führte, um die Grundrechte ein für allemal verfassungsmäßig zu verankern. Sicherlich: die Bismarcksche Reichsverfassung, auch die der Weimarer Republik waren viel „realistischer“; in der einen spielten die Grundrechte ohnehin keine Rolle, in der anderen rangierten sie am Schluß – dennoch ging nicht von diesen anscheinend „geglückten“ Verfassungen der Deutschen Zukunft aus, sondern von der gescholtenen Paulskirchenverfassung. Fast genau hundert Jahre später griffen die Väter unseres Grundgesetzes bewußt und gewollt wieder auf den Grundrechtekatalog von Frankfurt zurück; wie 1848, so wurde auch 1948, in den Beratungen des Parlamentarischen Rates, er an die Spitze der Verfassung gesetzt, ja jeglichem, selbst konstitutionell drapierten Eingriff entzogen. Die Schöpfer des Grundgesetzes hatten es 1948 freilich in einem Punkt viel leichter als die Streiter für die Menschenrechte der Frankfurter Verfassung von 1848: Ihnen mußte niemand mehr erklären, warum die Unantastbarkeit der Menschenwürde vor allen verfassungsrechtlichen Kodifikationen rangieren mußte, ihnen stand das entsetzliche Anschauungsmaterial eines ganzen Jahrhunderts vor Augen – eines Jahrhunderts, das sich bewußt von den Paulskirchenidealen ab- und den vermeintlich „realpolitischen" Staatsnotwendigkeiten zugewandt hatte.

Aber auch diese gerieten 1848 den Frankfurtern nicht aus dem Blick, und es ist einfach unzutreffend, will man Persönlichkeiten wie Heinrich von Gagern, Arndt, Dahlmann, Bassermann, Mathy, Simson, aber auch Robert von Mohl, Arnold Duckwitz – um nur einige Namen aus dem Lager der „liberalen Mitte" zu nennen – jedes Verständnis für Staatsräson, ja Machtpolitik absprechen. Es war eher so, daß diese Vertreter des nationalen Liberalismus nur deswegen am Ende scheiterten, weil sie an ihren Positionen, die von der demokratischen Linken als „konservativ" eingestuft wurden, unbeirrt festhielten, so daß es zu keinem Konsens kam – einer notwendigen Voraussetzung im Kampf mit der „Reaktion" außerhalb der Paulskirche. Und wenn das Paulskirchenexperiment scheiterte, so nicht wegen der vermeintlichen „Blauäugigkeit" seiner Vertreter, sondern wegen der Unmöglichkeit, in der gebotenen allzu kurzen Frist zu koalitionspolitischen Kompromissen zu gelangen – und dies vor dem Hintergrund der rasch wieder zu sich selbst kommenden alten Gewalten von Wien über Dresden bis Berlin. Aus der Rückschau betrachtet, erstaunen nicht so sehr das „Versagen" und die „Untätigkeit" der Paulskirche, als vielmehr der Enthusiasmus, der Fleiß, die Unbedingtheit, mit der viel mehr geschaffen wurde, als in manchem ruhig und unbeschwert tagenden Parlament späterer Zeiten. Und schließlich die Zusammensetzung des Parlaments: Gewiß, es bildete keinen arithmetischen „Querschnitt" durch die Bevölkerung – nur: welches Parlament hätte diesem Ideal je entsprochen (den deutschen Bundestag von 1990 sehr wohl eingeschlossen)? Und: Was wäre denn anders möglich gewesen in einem Zeitalter, in dem die Menschen allerorten erst einmal demokratische Spielregeln einüben mußten? Auch die Französische Nationalversammlung von 1790 war alles andere als ein Parlament der „Arbeiter und Bauern" – allein dieser heute nur noch lächerlich wirkende Begriff deutet an, wo das Problem lag – und liegt: Ein moderner Staat mit seinen immer komplexer werdenden Strukturen bedarf inzwischen weit höherer Qualifikationen, als jener, die die „Maschinisten" der aufgeklärten „Staatsmaschinen" einbrachten. Hatten schon 1789 zumeist „Intellektuelle" jene „cahiers de doléances" verfaßt, mit denen die französischen Bauern ihr Leid klagten, so hatten auch die preußischen Reformminister in der Ära Stein-Hardenberg erfahren müssen, daß Städteordnung, Bauernbefreiung, Gewerbefreiheit, Intelligenz, Erfahrung, oft auch finanzielles Vermögen der von diesen Segnungen Beglückten überforderten. Längst waren jene sagenhaften Zeiten versunken, in denen ein tüchtiger Landmann zur Regierung des Staates vom Pflug weg berufen werden konnte – selbst ein politisches Naturgenie wie der pommersche Junker Otto von Bismarck hat eine aufwendige Staats- und Verwaltungslehre, ein komplettes juristisches Studium durchlaufen müssen, um später die Hebel der Staatsmacht Preußens und Deutschlands sachgerecht bedienen zu können. Solange höhere Bildung ein Privileg von wenigen blieb, haftete aller Demokratie ein unauflösliches Manko an – gerade diese Zusammenhänge haben in späteren Phasen der europäischen Geschichte zu immer erneuten Forderungen nach Verbesserung der Volksbildung und nach Vermögensbildung auch in Arbeiterhand geführt.

Die Paulskirche spiegelte so betrachtet exakt die wirtschaftlichen und sozialen Grundstrukturen Deutschlands um die Jahrhundertmitte wider. Auch deswegen war dies kein exotisches „Professorenparlament".

Zumal die eigentlich verantwortlich handelnden Persönlichkeiten nur zum geringsten Teil dem Professorenstand entstammten. Heinrich von Gagern hatte als hessisch-darmstädtischer Minister schon Erfahrung in Staats- und Verwaltungsgeschäften, der spätere Handels- und Marineminister Duckwitz galt sogar als ganz gewiefte Persönlichkeit aus dem Wirtschafts- und Handelsstand. Daß auch der liberal gesonnene Adel ein Wort in der

Paulskirche mitzureden wünschte, war ihm nicht zu verdenken, zumal dieses Parlament mit der Zustimmung zur Ernennung des Erzherzogs Johann von Österreich zum „Reichsverweser“ deutlich und mehrheitlich unterstrich, daß es zumindest an monarchischen Elementen auch in Zukunft festhalten wollte. Nicht auf den Sturz des Prinzips der Monarchie kam es den liberalen Revolutionären an – übrigens ebensowenig wie 1918 den Mehrheitssozialdemokraten unter Friedrich Ebert – als vielmehr auf die Errichtung eines freiheitlich-demokratischen Verfassungsstaates. Nicht das Institut der Monarchie war das Problem, sondern die Monarchen, an ihrer Spitze Friedrich Wilhelm IV.

Die Paulskirchenversammlung hoffte, daß der preußische König den Wechsel, den das Volk ihm am 18. März 1848 unter so dramatischen Umständen präsentiert hatte, redlicherweise einlösen würde. Aber der redliche König hatte gerade damit schließlich unüberwindbare Probleme. Selbst nachdem die zentrale nationale Frage der Revolution: „großdeutsch“ oder „kleindeutsch“ anscheinend zugunsten des letzteren beantwortet war, mochte, ja konnte der preußische König sich nicht dazu durchringen, an die Spitze eines „kleindeutschen“ Reiches zu treten – das hatte viele Gründe, und es war nicht nur der „Geruch der Revolution“, nicht nur deren „Hundehalsband“, die zur Verweigerung des Monarchen führten.

Diese war vielmehr das nahezu zwingend logische Resultat der inneren und äußeren Entwicklungen in Zentraleuropa und in den übrigen großen Mächten der Zeit. Praktisch vom ersten Tag an nämlich erwies sich die Abhängigkeit aller inneren Politik von den Bedingungen der auswärtigen Verhältnisse. Zu keinem Zeitpunkt konnten die Deutschen – wenn man denn überhaupt hätte definieren können, was „deutsch“ in diesem Zusammenhang bedeutete – frei und unabhängig, nur auf sich und ihre eigenen Interessen gestellt, über ihre künftige Staats- und Gesellschaftsverfassung entscheiden. Die historisch interessante Frage lautet: muß man dies als ein Verhängnis, vielleicht sogar als eine Tragödie interpretieren – oder war dies nichts als ein Fingerzeig Clios, daß deutsche Politik niemals wie auf der Insel Utopia formuliert und durchgesetzt werden kann und darf?

Die Probleme kreisten zunächst um das, was man schon seit Beginn des Jahrhunderts als die „Deutsche Frage“ bezeichnet hatte. Sie erwuchsen aber ebenso aus den Konstruktionen, Kautelen und Prinzipien des Wiener Konzertes der „großen Mächte“. Beides durchdrang sich, und wo die Interessen der „Deutschen Frage“ mit denen des Wiener Kongresses am heftigsten kollidierten, flammte der Krieg auf: in Italien, in den Habsburgischen Landen, in Schleswig und Holstein.

Diese beiden „up ewig ungedeelten“ Provinzen wurden gleichsam zum Lackmustest der Revolution, aber auch zum ersten blutigen Vorspiel der deutschen Einigungsbewegung. Was 1848 bis 1850 scheiterte, erwies sich 1864 als erfolgreich, das tröstete die Kieler Patrioten 1848 freilich wenig. Als der dänische König Friedrich VII. entgegen den Stipulationen des Ripener Vertrages aus dem Jahr 1460 Schleswig dem dänischen Gesamtstaatsverband einverleiben wollte, da war dies bloß Folge des auch in Dänemark nach der Französischen Revolution wachwerdenden Nationalbewußtseins, aber natürlich war eben deswegen nun mit dem schärfsten deutschen Widerstand zu rechnen. Zu Recht haben die Mitglieder der sich in Kiel bildenden schleswig-holsteinischen Regierung deswegen auf die Unterstützung des größeren Vaterlandes gehofft, tatsächlich kamen aus Frankfurt ermunternde Parolen und imponierendes Säbelgerassel – aber schon der Umstand, daß Bundestag und Nationalversammlung in der Praxis auf die preußischen Truppen, d. h. das Wohlwollen Preußens angewiesen waren, verhieß wenig Erfolg. Tatsächlich fiel es den Preußen nicht sonderlich schwer, nach Jütland vorzudringen; es schmeichelte dem König, daß die alte wie die neue Gewalt in Frankfurt keine andere Aushilfe wußte als ihn, aber meilenweit entfernt war man in Berlin von der Idee, die bewaffnete Macht Preußens der Frankfurter Verantwortung zu überlassen. Wäre dies geschehen: Preußen wäre blitzartig in Deutschland aufgegangen. Gerade das wollte Preußen nicht, daran hatten aber auch die übrigen großen Mächte nicht das mindeste Interesse. Wollte die Großmacht Preußen das System von Wien erhalten, so blieb ihr gar nichts anderes übrig, als dem Druck aus London und St. Petersburg nachzugeben. Dort nämlich wuchsen die Sorgen vor einer unberechenbaren deutschen Zentralmacht, die das bisherige Gleichgewicht Europas gefährden konnte, vor allem dann, wenn sich die „Großdeutschen" endgültig durchsetzen sollten. Ein Machtblock von 70 Millionen Menschen im Herzen Europas: eine solche Erschütterung hätte das Wiener System nicht überstanden.

Der Waffenstillstand von Malmö war die logische Konsequenz aus alledem: Indem Preußen sich dem Machtspruch Englands und Rußlands beugte, kehrte es in den Schoß des Metternichschen Staatensystems zurück – die Revolution, die die Grundfesten Preußens im März erschüttert hatte, wurde damit automatisch zur negativen Folie der preußischen Politik. Legitimität und Intervention: in Malmö triumphierten beide, und dies nur wenige Wochen, nachdem anscheinend auch Preußen von der Revolution erobert worden war.

Preußen war vom Bundestag wie von der Nationalversammlung mit der Exekution gegen Dänemark beauftragt worden – nun riß das einigende Band. Der Bundestag akzeptierte Malmö im Interesse einer Gleichgewichtspolitik in Europa, die Nationalversammlung verwarf den Waffenstillstand, denn der war in den Augen der Patrioten wie der Liberalen blanker Hohn. Aber auf sich selbst gestellt, vermochte sie nichts, die Reichsregierung stand nach Malmö da wie der Kaiser ohne Kleider, seitdem ging es mit Parlament und Reichsregierung sichtbar bergab. Jetzt rächte es sich, daß die Paulskirche die Machtfrage zurückgestellt hatte, jetzt erwies sich, daß der Staatsegoismus Preußens über den Idealen der Revolution schwebte.

Freilich wird man diesem Land daraus kaum einen Vorwurf machen können, so wie dies, menschlich verständlich, in Schleswig und Holstein der Fall sein sollte. Die preußische Politik handelte nach den Maximen der „Realpolitik". Es mit den Flügelmächten England und Rußland gleichzeitig zu verderben, dazu hatte Preußen keine Ursache, zumal der Ausgang eines Konfliktes um Dänemark, in den sich die beiden Mächte einmischen würden, nicht zweifelhaft sein konnte. Damals zuerst wurde in Deutschland bewußt, was es bedeutete, eine Seemacht zu sein und eine Seemacht zu besitzten. Prinz Adalbert von Preußen hat in einer großen Denkschrift neben vielen anderen darum in der Errichtung einer Seemacht fortan die Voraussetzung zur Erstarkung und Einigung Deutschlands überhaupt gesehen; es stimmt nachdenklich, daß diese Vision der deutschen Einheit, ähnlich wie 1813 in bezug auf Frankreich, nun ebenfalls auf einen militärischen, genauer: einen maritimen Hintergrund projiziert wurde. Die Erfahrung der militärischen Ohnmacht hat 1848 auf alle deutsche Politik traumatisch gewirkt; der kalte Zynismus, mit dem die Nationalliberalen vom Schlage eines Treitschke später für die Macht als Kitt der Einheit plädierten, ging auf die trüben Erfahrungen von 1848 und 1849 zurück. Selbst das ehrwürdige Motto: hilf dir selbst, dann hilft dir Gott, war 1849 außer Kraft gesetzt – ganz typisch dafür war jenes in ganz Deutschland mit Begeisterung aufgenommene Gefecht von Eckernförde, in dem die Schleswig-Holsteiner einen fulminanten Sieg über ein imponierendes dänisches Geschwader errangen – bloß um wenig später via Großmächtepolitik erneut der dänischen Herrschaft ausgeliefert zu werden.

Die Ereignisse um Schleswig-Holstein rückten die Machtgewichte in Deutschland und Österreich wieder zurecht – zumindest in den Augen jener Politiker, die inzwischen aus allen revolutionären Blütenträumen erwacht waren, ganz zu schweigen von denen, die schon bislang gegen die Revolution gewesen waren – wie etwa der Abgeordnete der preußischen Kammer Otto von Bismarck. Dessen politische Weltanschauung hat sich übrigens im Jahr 1848 wesentlich geformt. Gleichsam mit vollen Zügen sog er den Brodem der Revolution ein, dabei gehörte er zu jener gar nicht so seltenen Spezies des homo politicus, der nicht nur weiß, „was an der Zeit ist", sondern aus Erfahrungen klug wird – und um so klüger, je chaotischer diese Erfahrungen sind. Und wer hätte leugnen wollen, daß es in Preußen chaotisch zuging? Der Vereinigte Landtag brachte keine Verfassung zustande – der König oktroyierte sie; die Preußen schossen in Schleswig und konnten doch kein Interesse daran haben zu schießen; der König träumte von „moralischen Eroberungen" und verhielt sich in den Augen derer, die alle Hoffnungen auf ihn setzten, eher unmoralisch. Mit eiserner Faust dreinzufahren – das war Bismarcks Wunsch schon 1848/49, aber er wußte genau, daß das nicht das Mittel war, dessen sich das zutiefst verunsicherte Preußen tatsächlich bedienen durfte.

Wie es überhaupt erstaunlich ist, daß es überall gelang, die Kriegsfackel auszutreten, nicht an die Waffen, sondern an die Politik zu appellieren. Gewiß: Die Niederwerfung der Aufstände in Wien und Prag war blutig genug, den Beinamen „Kartätschenprinz“ sollte der spätere so gute Kaiser Wilhelm I. lange nicht loswerden, und die wieder erstarkende österreichische Zentralmacht war nicht zimperlich, wenn es gegen die „Linken“ ging, nicht nur Robert Blum wurde das Opfer einer politischen Hexenjagd. Dennoch hielten sich die alten Gewalten zurück, es kam nicht zum Flächenbrand eines Bürgerkrieges, selbst im Südwesten, wo er in Erinnerung an die Bauernkriege des 16. Jahrhunderts aufflammte, wurden Ruhe und Ordnung rasch wiederhergestellt. Dazu trug das Unbehagen bei, das manchen braven Liberalen angesichts der immer radikaler sich gebärdenden demokratischen Linken beschlich. Es kam kein entschiedener Widerstand aus den Reihen der Nationalversammlung, wenn es gegen Anarchisten wie Hecker und Struve ging – hier sind manche Ähnlichkeiten mit den Vorgängen in Paris durchaus erkennbar. Das zu politischem Selbstbewußtsein erwachte Bürgertum zog eine klare Grenze nach links, sie wurde seitdem konstitutiv für die deutsche Gesellschaft. Wer sich jenseits dieser Linie bewegte, geriet in den Geruch des Kommunismus. Zwar spielte das Kommunistische Manifest von Karl Marx noch keine Rolle, die Gefahren jedoch, die von dem Weltbild des Redakteurs der „Neuen Rheinischen Zeitung“ ausgingen, begriff das Bürgertum aus Besitz und Bildung sofort.

An diesem Punkt nun verknüpften sich die Interessen der Bürger mit denen der alten Gewalten. Da das Reich von 1848 keine eigenen Machtmittel zu schaffen verstanden hatte, blieb es auch im Inneren auf die der alten Staaten angewiesen. Schon 1848 zeigten sich erste Ansätze jener Symbiose zwischen dynastischer Gewalt und bürgerlich-liberalem Gedankengut, die zum Ferment der späteren Einigungsbewegung „von oben“ werden sollte. Wenn das Zusammenwirken dieser beiden gesellschaftlichen Kräfte noch nicht so recht funktionierte, so nur aus einem einzigen Grund: Das liberale Bürgertum dachte national, es wollte die deutsche Einheit, es wollte den freiheitlichen, starken deutschen Nationalstaat, es wollte das Reich. Weil die Frankfurter Nationalversammlung dieses Reich zu schaffen versprochen hatte, konnte sie sich auf den Liberalismus stützen; als erkennbar wurde, daß das Experiment mißlang, schwenkte das Bürgertum zur alten Autorität der hergebrachten Staaten zurück – freilich erhielten diese den dezidierten „Auftrag", es nun besser zu machen als die Parlamentarier in Frankfurt. Aber schaffen mußten sie die deutsche Einheit schon: das war der Preis, den vor allem die Hofburg in Wien und die königliche Regierung in Berlin entrichten mußten.

Sie taten es nicht ungern, denn wenn irgend etwas die so unterschiedlichen, in sich zerklüfteten politischen Parteien einte, so der Wunsch nach der Einheit. Das war der größte gemeinsame Nenner, dem sich nur die äußerste Linke, die Kommunisten, entzogen. Diese blieben eine verschwindende Minderheit. Damit ergab sich ein Problem, das am Ende nur durch drei Kriege gelöst werden konnte: Auf der einen Seite beanspruchten die beiden deutschen Großstaaten Österreich und Preußen die Führung jeweils für sich, auf der anderen geriet ihre Existenz gerade dann in Gefahr, wenn diese Einheit verwirklicht wurde. Anders gewendet: Sowohl Preußen wie auch Österreich standen vor der Alternative, in Deutschland „aufzugehen" oder aber „Deutschland" zur Beute der eigenen Staatsräson zu machen.

Der Geist der Zeit favorisierte zweifellos die erstere Lösung. Mit der konnte sich Preußen eher abfinden als Österreich, denn die Deutsche Frage warf automatisch die polnische, die tschechische, die ungarische, die italienische – und welche nationale Frage auch immer – auf. Preußen gehörte bekanntlich keineswegs mit allen Provinzen zum Deutschen Bund; sollte aus ihm ein Deutsches Reich werden: was wurde aus den preußischen Ostprovinzen? Durfte, konnte das kommende Reich weit nach Osten ausgreifen, in ungleich größerem Maßstab das versuchen, was das kleine Dänemark in zwei Anläufen versuchte?

Aber Preußen war gar nicht das Problem, irgendwie ließen sich die Dinge regeln. Für Österreich, genauer: für die Habsburgische Monarchie bedeutete die deutsche Einheit praktisch das Ende des Staates, der europäischen Großmacht, wie sie sich seit dem 17. Jahrhundert im Ausgriff nach Südosten herausgebildet hatte. Jetzt kam für die österreichische Politik jener Augenblick der Wahrheit, der lange schon abzusehen gewesen war: würde Österreich ein „deutsches" Land sein – oder ein „ausländischer" Staat? Der Vielvölkerstaat war ja niemals Resultat irgendeiner Nationalitätenpolitik gewesen, sondern rein dynastisch zusammengebracht und zusammengehalten. Die Nationen aber drängten seit Beginn des Jahrhunderts immer ungestümer auf ihre nationale Selbstbestimmung, ihre Souveränität. Wie das Osmanische, so drohte auch das Habsburgische Reich darüber atomisiert zu werden.

Die Paulskirchenvertreter waren sich der Probleme voll bewußt. Die Ernennung des Erzherzogs Johann von Österreich zum Reichsverweser war ein Signal: Österreich sollte, mußte zum Deutschen Reich gehören. Aber welches Österreich? Man war sich rasch darin einig, daß es nur das Österreich der Deutschen sein konnte, auch wenn die Reichsregierung die Frage in der Schwebe zu halten wünschte und in Wien vage Hoffnungen keimten, es könne vielleicht doch noch zur größten Lösung kommen: der Einbeziehung des österreichischen Gesamtstaates in das zukünftige Deutsche Reich.

Realistisch war diese Option nicht. „Großdeutsch" bezog sich folglich nicht auf diese optimale „größte" Lösung, sondern auf die der Einbeziehung bloß Deutsch-Österreichs in das Deutsche Reich. Diese „Großdeutschen" argumentierten mit dem Deutschen Bund: Diese Konstruktion hatte Österreich den Vorsitz beschert – wäre es nicht möglich gewesen, ein Deutsches Reich zu schaffen, in dem ebenfalls Österreich den Primus inter pares spielte?

Es war eine rein theoretische Frage, denn selbst wenn alle Welt mit der „großdeutschen" Lösung einverstanden gewesen wäre – Preußen hätte sie nimmermehr akzeptiert. Der Grund war ebenso einfach wie durchschlagend: Im Königreich Preußen lebten etwa 9 Millionen deutschsprachige Untertanen, in Österreich etwa 4 Millionen. Preußen war durch zwei Jahrhunderte nach

Deutschland „hineingewachsen“, Österreich „herausgewachsen“: nun kam es zu den unvermeidlichen Konsequenzen. „Kleindeutsch“ war die einzig verbleibende Lösung, wenn die Habsburger Monarchie nicht Harakiri begehen wollte.

Es gab Österreicher, die bereit waren, einen Schlußstrich unter die vierhundertjährige Geschichte des Habsburger Reiches zu ziehen, sie setzten sich nicht durch. Mit Felix Fürst zu Schwarzenberg wurde in Wien vielmehr ein Mann in das kaiserliche Ministerium berufen, der glasklar und eindeutig die Prioritäten setzte: „Österreichs Fortbestand in staatlicher Einheit ist ein deutsches wie ein europäisches Bedürfnis.“

Nach dieser Maxime wurde fortan in Wien Politik gemacht, die Kollision mit Berlin war damit schon programmiert. Denn dort dachte niemand daran, Wien den Vortritt in Deutschland zu lassen. Die Szene zum Konflikt war damit gerichtet, auch wenn es bis dahin noch 18 Jahre dauern sollte.

„Kleindeutsch“ war natürlich ein Kompromiß. Auch die „Kleindeutschen“ hätten lieber eine „großdeutsche“ Lösung gesehen. Aber sie waren zum einen Realisten, zum anderen wußte niemand, wie die Geschichte weiter verlaufen würde. Daß die Entscheidung des Frankfurter Parlaments, ein „kleindeutsches“ Reich unter erbkaiserlicher Führung des preußischen Königs zu schaffen, nicht unbedingt schon die finale Lösung der „Deutschen Frage“ sein mußte, war jedermann klar, und tatsächlich sollte es in den kommenden Epochen immer wieder Versuche geben, das alternative „großdeutsche“ Modell doch noch zu verwirklichen – mit und gegen den Willen der Österreicher, immer aber gegen den Willen der übrigen europäischen Mächte.

Aber auch „kleindeutsch“ blieb 1849 eine Chimäre. Am 3. April lehnte der preußische König die ihm angetragene Kaiserkrone ab – damit lagen alle Hoffnungen in Trümmern, die Paulskirche war gescheitert. Nur im Einvernehmen mit den deutschen Fürsten, so meinte Friedrich Wilhelm IV., könne er die Krone annehmen – genau das sollte Wilhelm I. 22 Jahre später tun: erneut waren entscheidende Weichen gestellt.

Fast genau ein Jahr nach dem Beginn der Revolution war diese am Ende; was folgte, war der häßliche, frustrierende Abgesang, man denke an die Mairevolution von 1849, vor allem in Dresden. Namen wie Semper und Richard Wagner bleiben bis heute damit verknüpft, bewirkt haben sie – damals – nichts. Im April und Mai riefen die beiden Großstaaten ihre Abgeordneten aus der Nationalversammlung zurück – allein daß diese sich abberufen ließen, war entlarvend. Das Parlament wurde in Frankfurt, wo der Bundestag wieder zu sich kam, nicht mehr geduldet; massiv bedroht, entwich es nach Stuttgart. Dort wurde das „Rumpfparlament" am 17. Juni 1849 von der württembergischen Regierung aufgelöst per höflichen Dekrets eines Regierungsbeamten. Einer Gewaltanwendung bedurfte es nicht mehr. Die bekamen nur noch die letzten Desperados in der Pfalz und in Baden zu spüren, es war keine große Affäre – für die Regierungen.

Es war wohl dieses klägliche, ja beschämende Ende der großartigen Visionen vom März 1848, das die Revolution fortan in den Augen auch vieler liberaler Bürgerlicher verächtlich machte, und denkt man an die Groteske der Versteigerung der „Reichsflotte" von 1848 durch den oldenburgischen Beamten Hannibal Fischer, so wird das verständlich. Nein, dieses Experiment in Freiheit und Einheit endete in keiner Götterdämmerung, es gab kein Finale furioso. Fast schien es, als gingen die alten Gewalten, sei es in Wien, Berlin oder Frankfurt, wie selbstverständlich zur Tagesordnung über. Der Bundestag funktionierte wieder, die Könige und Fürsten in allen deutschen Landen regierten wieder – dennoch war nichts mehr so wie zuvor, ein neues Kapitel der deutschen Geschichte war aufgeschlagen.

3. Traum und Albtraum: Der Weg zur deutschen Einheit

Die großen europäischen Mächte hatten die dramatischen Ereignisse im Herzen des Kontinents aufmerksam verfolgt; wenn es ihnen geboten schien, mischten sie sich ein, das war das Erbe des Wiener Kongresses. Aber ihre Interessen waren nicht am europäischen Gleichgewicht orientiert. In den dreißiger und vierziger Jahren tastete Frankreich sich nach Nordafrika vor, England engagierte sich in Indien, zunehmend in China. Im Windschatten der europäischen Politik trieb derweil Rußland seine Expansionspolitik weiter nach Osten, die niemals ganz abgeklungenen Rivalitäten mit der britischen Seemacht konnten jederzeit auflodern. Vergeblich hatte sich Italien 1848 zu einigen gesucht, für Österreich wurde die italienische Frage zum Problem der Zukunft. Wenn dennoch die beiden deutschen Großstaaten um die Jahrhundertmitte ein eher außenpolitisch statisches Bild vermitteln, so war dies nur Folge der eben immer noch ungelösten Deutschen Frage, des sich unablässig verschärfenden deutschen Dualismus. Der erste Anlauf zu seiner Lösung – so oder so – war bis zum Sommer 1850 definitiv gescheitert; wenn Schwarzenberg fortan „großösterreichische" Politik machte und den Bundestag zu reaktivieren suchte, so stieß er damit auf eine sich ständig versteifende preußische Politik, der Joseph Maria von Radowitz, der preußische Außenminister, den Stempel aufdrückte. Allein der Begriff „Unionspolitik" mußte in Wien aufmerken lassen, tatsächlich wäre die Realisierung des Radowitzschen Unionsplanes einer „kleindeutschen" Lösung „von oben" schon ziemlich nahe gekommen – wie konnte Preußen aus Wien Wohlwollen erwarten?

Die Dinge trieben vielmehr seit dem Sommer 1849 rasch auf einen kaum noch kontrollierbaren Konflikt zu. Als Preußen seine Ansprüche in der kurhessischen Frage geltend machen wollte – hier ging es um einen Verfassungsstreit –, kamen aus Wien drohende Töne, schon mobilisierte man. Fast schon wäre im Oktober 1850 der deutsche „Bruderkrieg" ausgebrochen – aber noch einmal funktionierte das System von Wien: Rußland gab zu verstehen, daß es den Krieg nicht wünschte, zähneknirschend gab Preußen nach, mit der „Punktation von Olmütz" wich es vor Österreich zurück, gedemütigt, wie viele Abgeordnete der preußischen II. Kammer meinten, kroch es zu Kreuze. Olmütz: das war fortan als Schlag- und Schimpfwort fest ins preußische Selbstverständnis gebrannt. Olmütz war aber auch das „Aha-Erlebnis" Bismarcks: Dessen berühmte Olmützrede, bis in die Gegenwart immer wieder zitiert (zuletzt im Kontext des Golfkrieges von 1991), wurde Programm der künftigen preußischen, genauer: Bismarckschen Politik. Seitdem war die Frage nach Krieg oder Frieden im Zuge der deutschen Einigungspolitik unüberhörbar gestellt. 1850 blies Preußen noch nicht in die „Kriegstrompete", es ging vielmehr anscheinend bescheiden zurück zum Bund nach Frankfurt und gab das Unionsprojekt verloren. In Wirklichkeit setzte Preußen seine Politik nun ganz neu an. Das Ziel stand fest: die Einigung Deutschlands unter preußischer Führung.

Die oktroyierte preußische Verfassung mit ihrem Dreiklassenwahlrecht sollte die „staatstragenden" Schichten, vor allem Adel und Bürgertum, stärker als bislang an die Krone binden; diese war flexibel genug, um die verheißungsvollen Elemente des nationalen Liberalismus mehr als bisher zu fördern, ja selbst eine „Neue Ära" zu propagieren. Die Übernahme der Regentschaft durch Prinz Wilhelm (den „Kartätschenprinzen") leitete sie 1857 ein, Friedrich Wilhelm IV. endete in geistiger Umnachtung, als Wilhelm I. bestieg sein Nachfolger 1861 den Thron. In diesen Jahren fand Preußen nach innen und nach außen zu sich selbst; das 1850 arg angeschlagene politische Selbstbewußtsein festigte sich; glaubte Schwarzenberg nach Olmütz Preußen zuverlässig im Schlepptau zu haben, so täuschte er sich gründlich, Preußen betrieb immer klarer erkennbar eine eigenständige Außenpolitik. Sie gehorchte zwei Maximen: Absicherung der eigenen Stellung im Konzert der großen Mächte, Schaffung der innenpolitischen Voraussetzungen für den unaufhaltsamen Einigungsprozeß.

Unaufhaltsam: das war die Lehre von 1848. In den Jahren der Neuen Ära wurde wie in Preußen so allenthalben in Deutschland nicht mehr über die Frage des „Ob" einer Vereinigung gesprochen, sondern nur noch über die Fragen des „Wie" und des „Wann". Auf das „Wie" lieferten die Lehren der Revolution die erfolgversprechendsten Antworten, auf die Frage des „Wann" mußte die große Politik der übrigen europäischen Kabinette entgegnen. Mit der Gründung des Deutschen Nationalvereins aus Anlaß des 100. Geburtstages Friedrich von Schillers wurde die Tradition der großen Nationalfeste wieder aufgenommen – man denke an die Wartburg (1817), Hambach (1832) –, auf den Bamberger und Würzburger Konferenzen artikulierten sich 1854 und 1860 die deutschen Mittelstaaten, denen nach 1848 bewußt geworden war, daß sie vor der Alternative standen, im deutschen Dualismus zerrieben zu werden – oder aber das Zünglein an der Waage spielen zu können. Allein der selbstbewußte Ausdruck „deutsche Trias“ deutete es an: Deutschland mußte nicht nur preußisch oder nur österreichisch werden – es gab einen dritten Faktor, und solange die übrigen europäischen Mächte, wie zuletzt 1852 beim zweiten Londoner Protokoll, den Deutschen das Kriegführen schlicht verbieten konnten, war geschickte Politik gefragt – in Wien wie in Berlin. Wem es zuerst gelang, die „Trias“ für sich zu gewinnen, der hatte Aussicht auf Erfolg.

Hinter solchen Spekulationen stand die latente Furcht vor einer gewaltsamen deutschen Einheit. Durch blanke Eroberung der jeweils widerspenstigen Teile war nichts zu gewinnen, zumal die Wiener Mächte immer ein Wort mitzureden hatten. Nur wenn die Deutschen sich freiwillig und friedlich vereinten, bestand die Chance, daß das Ergebnis dauerhaft sein und von den übrigen Mächten anerkannt werden würde; nur wenn der Einigungsprozeß nicht zu Revisionswünschen der „Mediatisierten“ führte, ließen sich Zustände, wie sie aus den letzten Jahrhunderten bekannt waren, zuverlässig vermeiden. Die deutsche Einheit war nicht im Hau-Ruck-Verfahren zu schaffen: weder auf „demokratischem“ Weg, wie 1848, noch gar auf machtpolitischem, wie dies Schwarzenberg und seiner Klientel gelegentlich verführerisch vorschwebte.

Aus diesen Grundüberlegungen ergaben sich die Handlungsmuster fast von selbst. Dabei galt es, die Aktionsmuster im Innern mit den Reaktionsmustern von außen zu harmonisieren, anders gewendet, es genügte nicht, daß der deutsche Dualismus mit dem tertium comparationis, der deutschen „Trias“, mit dem Ziel der Reichsbildung ausgehandelt wurde, in jedem Moment mußten die außerhalb des zukünftigen projektierten Reiches bestehenden Machtverhältnisse berücksichtigt und in das eigene Kalkül vorsichtig einbezogen werden.

Das war kein leichter Lernprozeß, und es sollte sich zeigen, daß die Preußen rascher lernten als die Österreicher. Das hatte mannigfache Gründe, der Hauptgrund war individueller Natur: Mit Otto von Bismarck gelangte 1862 jene überragende, ja genialische politische Persönlichkeit an die Macht, die wie niemand sonst diese Zusammenhänge erfaßte, begriff, für die Zwecke des preußischen Staates optimal zu nutzen verstand.

Österreich widerfuhr dieses Glück der Geschichte nicht. Gewiß, es ist müßig darüber zu spekulieren, ob die so ganz anderen Verhältnisse in dem Vielvölkerstaat überhaupt die Entwicklung einer Persönlichkeit vom Zuschnitt Bismarcks ermöglicht hätten, bei aller strukturellen Betrachtungsweise darf aber doch nicht der Einfluß dieses einen Mannes gering geschätzt werden: Schon im Fall Olmütz hatte Bismarck entgegen der Meinung der Mehrheit die entscheidenden Weichen gestellt, indem er die Regierung zum Nichtstun veranlaßte; von den „Außenposten" Frankfurt (Bundestag), St. Petersburg und Paris (als preußischer Gesandter) konnte er das große Spiel der Politik samt ihren innenpolitischen Rückwirkungen wie aus der Vogelperspektive überschauen. In diesen Jahren formte sich Bismarcks politisches Weltbild, seitdem wußte er genauer als jeder andere, wie man die deutsche Einheit herstellen mußte. Sicherlich stand er immer wieder, wie es Lothar Gall so eindrucksvoll beschrieben hat, vor dem Scheitern; sein persönlicher und sein politischer Lebensweg führte von Krise zu Krise, von Risiko zu Risiko – was aber in dem einen oder anderen Fall noch als „glücklicher Zufall" durchgehen könnte, erweist sich am Ende doch als mehr als „Fortüne". Bismarck beherrschte wie keiner seiner Mitstreiter oder Rivalen die Kunst der Politik, das war letzthin ausschlaggebend. Bismarcks Karriere zeigt, daß es auch im Zeitalter des sich entfaltenden modernen Industriestaates das persönliche Charisma eines einzelnen sein konnte, das die Weltgeschichte entscheidend prägte. „Unda fert nec regitur." Dieses bekannte Bismarckwort umschreibt präzise den dialektischen Zusammenhang zwischen dem individuellen und dem allgemeinen Moment in der Geschichte Preußens und Deutschlands, eigentlich Europas und der ganzen Welt.

Denn Mitte des Jahrhunderts wuchs die Welt, ähnlich wie schon einmal während des Siebenjährigen Krieges, zu einem einzigen Aktionsfeld zusammen. Kristallisationskern dafür wurde die Insel Krim; der nach ihr benannte Krieg, später allzu rasch vergessen, markierte das Ende der Wiener Ordnung und den Auftakt zum neuen Mächtesystem des späten 19. und des frühen 20. Jahrhunderts. Daß dieser Krieg aus nichtigen Anlässen wieder einmal aus der „Orientalischen Frage" entstand, deutet auf die fortwährende Wirkungsmacht dieser säkularen Krisenregion am Ende Europas und am Anfang Asiens hin – sie ist uns, wie jedermann weiß, bis heute erhalten geblieben.

Der Krimkrieg: Das waren England und Frankreich gegen Rußland. Dann kamen, spät, allzu spät, wie sie später verbittert feststellen mußten, die Österreicher dazu – auf seiten der Westmächte, Preußen hielt sich heraus: das war die erste überragende außenpolitische Leistung dieses Landes. Bismarck stand noch nicht in der Verantwortung dafür, aber er hatte seinen Einfluß schon geltend gemacht. Vergeblich hatte der österreichische Außenminister, Graf Buol-Schauenstein, mit Drohung und Lockung Berlin zum Mitmachen aufgefordert. „Die Preußen schießen nicht": das war keineswegs Ausdruck eines besonderen Pazifismus, das war nur wohlverstandene Staatsräson. Seitdem wurde der deutsche Dualismus härter, waren die Weichen für den endlichen Erfolg Preußens schon gestellt.

Denn dies waren die Ergebnisse dieses seltsamen, fernen, und doch die Öffentlichkeit in Europa brennend interessierenden Krieges: Rußland wurde geschlagen, die Siegermacht Frankreich organisierte den Friedenskongreß in Paris und zeigte sich dem Besiegten gegenüber gönnerhaft. Die bête noire war England. Vergeblich hatte der britische Außenminister die Alliierten zu einem Vernichtungskrieg gegen Rußland verführen wollen – die Kontinentalmächte spürten genau, worum es Großbritannien eigentlich ging: die Ausschaltung des lästigen Rivalen Rußland beim Wettlauf nach Afghanistan, Indien, China und Japan. Der Weltkrieg fand also – noch – nicht statt, der Krimkrieg blieb lokalisiert, Rußland, schwer angeschlagen, aber sicherlich noch nicht vollkommen am Ende, gab rechtzeitig nach, in Paris zeichnete sich zum ersten Mal das Zusammenwirken zwischen den beiden kontinentalen Flügelmächten Rußland und Frankreich ab. England stand abseits – was war mit den Großmächten Österreich und Preußen?

Österreich hatte zu spät alles gewagt und alles verloren: Zu spät hatte es mit den Westalliierten ein Bündnis geschlossen, um noch irgendetwas am Ergebnis des Krieges ändern zu können, einen „Festlandsdegen“ Österreich, wie es London für das Jahr 1856 vorgeschwebt hatte, sollte es nicht geben. Vergeblich hatte die Hofburg gehofft, durch das halbherzige Engagement sein italienisches Problem lösen zu können – es kam genau andersherum. Piemont, das Preußen Italiens, nutzte unter seinem, ähnlich Bismarck agierenden „Realpolitiker“ Camillo Cavour die Gelegenheit, sich den Westmächten auf der Krim anzudienen, durch energisches militärisches Engagement sie sich zu verpflichten – nach Lage der Dinge konnte das nur auf Kosten des Habsburger Reiches gehen. Tatsächlich hatte Frankreich unter Napoleon III. (seit dem Staatsstreich des 2. Dezember 1852) kein Interesse daran, Österreich gegen seine aufmüpfigen italienischen Ländereien zu stärken – wieviel besser mußte es doch sein, sich diesen als Schutzmacht anzubieten. Erinnerungen an die Zeiten Franz I. wurden wach, noch war Mitte des Jahrhunderts nicht entschieden, ob Italien eher österreichisch oder eher französisch – oder unabhängig sein würde, immerhin hatte Piemont es 1848 gewagt, gegen Österreich aber dann doch verloren. Aber selbst ein unabhängiges, geeintes Italien wäre sofort in die von Frankreich und Österreich ausgehenden Kraftfelder geraten. Cavour setzte auf die französische Karte. Napoleon III. hoffte, durch die Unterstützung Piemonts gegen Österreich territoriale Kompensationen einzuhandeln; tatsächlich mußte sich Cavour, wenn auch eher zähneknirschend, mit der Abtretung Savoyens und Nizzas an Frankreich am Ende einverstanden erklären, das war der eigennützige Preis der französischen Hilfe. Frankreich und Piemont schlugen Österreich bei Magenta und Solferino, auch dieser Krieg wäre wohl rasch in Vergessenheit geraten, wäre nicht die Gründung des „Roten Kreuzes“ durch Henri Dunant unauslöschlich mit Solferino in der späteren Erinnerung verknüpft worden. Schon während des Krimkrieges war es dank des von persönlichem Ehrgeiz und allerlei Eitelkeiten nicht freien Einsatzes von Florence Nightingale zu ersten humanitären Aktionen auf den blutigen Schlachtfeldern der Krim gekommen; langsam, aber unaufhaltsam verbreitete sich im gebildeten Europa die Idee, die Leiden der doch als unvermeidlich angesehenen Kriege für die Soldaten wenigstens zu mildern. Gegen Ende des Jahrhunderts setzte sie sich allenthalben durch, fortan, so schien es, konnten die Schrecken des Krieges domestiziert werden, aber wurde er dadurch weniger führbar?

Der Vorfrieden von Villafranca entschied das Mächtespiel im Süden Europas: „König von Italien" nannte sich fortan Viktor Emanuel II. von Piemont, das war ein wenig hochgegriffen, dennoch war die Einigung Italiens seit 1861 mit Ausnahme des Kirchenstaates und dank der Horden Garibaldis, die Süditalien Piemont förmlich zutrieben, einigermaßen abgeschlossen. Anders als das Werk Bismarcks 1871 fühlte sich das Italien des „Risorgimento" freilich zu keinem Zeitpunkt „saturiert" – das war Folge der französischen Hilfe, und die italienische Dankbarkeit hielt sich in Grenzen. An diese auch „schwere Geburt" muß man sich erinnern, will man die spätere Bismarcksche Politik im Dreieck Paris-Rom-Wien richtig verstehen.

Nicht nur Bismarck verfolgte fasziniert das Werden des italienischen Nationalstaates. Graf Hellmuth von Moltke, der spätere militärische „Reichsschmied", wünschte nichts so sehr, als daß Preußen es Piemont nachmachte, der Krieg zwischen Preußen und Österreich erschien ihm fortan als der Schlüssel zur deutschen Einheit. Bismarck war damals noch nicht so weit, aber auch er sah im Weg nach Villafranca ein denkbares Modell.

Freilich, die Voraussetzungen in Zentraleuropa waren dafür doch ganz andere, zunächst galt es, die Verwerfungen des Systems des Wiener Kongresses zutreffend zu analysieren, um daraus die richtigen Handlungsmaximen ableiten zu können. Einiges lag auf der Hand: Österreich hatte seit Olmütz immer nur verloren. Der Krimkrieg hatte ihm weder die Freundschaft Englands noch Frankreichs eingebracht, Napoleons Eingreifen zugunsten Piemonts konnte nur als schnöder Undank begriffen werden, an eine Neuauflage der Politik des „renversement des alliances" war seitdem nicht mehr zu denken. Schlimmer lagen die

Verhältnisse im Osten: Obwohl Österreich keinen Schuß gegen Rußland abgegeben hatte, saß die Verstimmung in St. Petersburg tief. 1849 war der Habsburger Staat nur durch das militärische Eingreifen Rußlands gegen die aufständischen Ungarn in seinem Bestand gewahrt worden, seitdem erwartete Rußland den österreichischen Dank. Die verblendete Außenpolitik Österreichs hatte nun aber zum Umschlag der österreichisch-russischen Komplizenschaft in nur schlecht verhüllte Feindschaft geführt. Ob der Krimkrieg anders verlaufen wäre, wenn man an der Newa nicht die österreichische Armee hätte mit in Rechnung stellen müssen, läßt sich nicht entscheiden, eines war sicher: Der Krimkrieg setzte der einträchtigen Politik der beiden „schwarzen Adler" im Rahmen der „Heiligen Allianz" ein für allemal ein Ende. Es war nur eine Frage der Zeit, bis Rußland eine Revision des als demütigend empfundenen Pariser Friedens versuchen würde, es war keine Frage, wohin eine mögliche russische Aggression zuerst zielte: gegen Österreich.

Über alledem war der deutsche Dualismus nicht schwächer geworden, im Gegenteil: Preußens glückliche Hand bescherte ihm wenn nicht die Freundschaft, so doch die wohlwollende Neutralität Rußlands. Ein drittes „Londoner Protokoll" würde es nicht geben. Das hieß: Wenn Preußen sich anschicken sollte, den Sprung zur deutschen Einheit gegen den Willen Österreichs hin zu wagen, so war nicht mehr mit einem „Halt" aus St. Petersburg zu rechnen – zumindest nicht innerhalb der nächsten überschaubaren Zukunft. Das hieß aber auch: Die Gunst des historischen Moments mußte genutzt werden; wie rasch Sympathie in Haß umschlagen konnte, hatten die Ereignisse während des Krimkrieges gezeigt. Etwas anderes kam hinzu: In Rußland wurde die Niederlage ganz richtig auf die unhaltbaren, hanebüchenen inneren Zustände des Landes zurückgeführt. Mit dem Tod Nikolaus I., mitten im Krieg, und der Thronbesteigung Alexanders II. wurden daher die Weichen zu einer energischen Reformpolitik gestellt. Bismarck, der die inneren Verhältnisse von St. Petersburg aus gut überblicken konnte, wurde klar, daß es nur eine Frage der Zeit war, bis Rußland die Schwächeperiode überwunden und erneut als potentiell stärkste europäische Macht auf den Plan treten würde. Wollte man die Freundschaft, wenigstens die Neutralität Rußlands erhalten, so galt es deswegen ebenfalls rasch zu handeln. Man sieht: Der Zug zur deutschen Einheit hatte sich spätestens 1856 in Paris in Bewegung gesetzt, er gewann an Geschwindigkeit, auch hier paßte das Bild: Unda fert nec regitur.

Die Welle trug Otto von Bismarck-Schönhausen 1862 ganz empor. In diesem Jahr wurde er preußischer Ministerpräsident, die Umstände seiner Ernennung hätten dramatischer kaum sein können: „Periculum in mora, dépêchez vous". Roons Telegramm änderte das Leben Bismarcks und sehr bald das aller Deutschen. Es schien, als sei nunmehr der richtige Mann im richtigen Moment am richtigen Platz.

Seine Gegner sahen das genau umgekehrt. Das Schicksal Deutschlands war mit Bismarcks Ernennung besiegelt, fortan setzte jene verhängnisvolle Entwicklung ein, die Deutschland, Europa und die Welt in das Zeitalter der Weltkriege stürzen sollte. War Otto von Bismarck der dämonische Demiurg des 19. Jahrhunderts, insoweit nur noch mit dem großen Napoleon zu vergleichen?

An Bismarck haben sich in Deutschland und Europa schon immer die Geister geschieden. Viele wollten es sein, wenige schafften es: „Enkel" des „eisernen Kanzlers" genannt zu werden. Noch Helmut Kohl wurde 1989/90 mit diesem Etikett belegt, man weiß nicht, ob es schmeichelhaft gemeint war. Im Gedächtnis der deutschen Nation wurde Bismarck übrigens rasch verortet: er kam in eine Reihe mit Luther und Friedrich dem Großen zu stehen. Während der nationalsozialistischen Herrschaft wurde dann Hitler als „Erbe" Bismarcks stilisiert, ebenso sahen es nach 1945 die Siegermächte. Aber die Hitlerbilder sind verschwunden, die Bismarck-, Luther- und Friedrichdenkmäler stehen noch, selbst in der ehemaligen DDR wurde das Reiterstandbild Friedrichs des Großen noch vor der „Wende" wieder aufgerichtet.

Bismarck, das war ein Komplex, ein Trauma. Bismarck, das hieß für seine Gegner Gefahr, Perfidie, Haß. Den großen Staatsmann bewunderten seine Anhänger und Jünger – und wohl die meisten der ausländischen Staatsmänner, selbst wenn sie ihm

Paroli bieten mußten, wie Thiers in Frankreich, Gortschakoff in Rußland, Gladstone in England. In der Persönlichkeit des preußischen Ministerpräsidenten und deutschen Reichskanzlers bündelten sich die Probleme Europas, seine Chancen, seine Verhängnisse. Selten war Politik stärker personalisiert als im „Zeitalter Bismarcks"; tatsächlich muß man bis zu Napoleon zurückgehen, um einen ähnlich unangefochtenen Begriff einer mit dem Namen einer Persönlichkeit verbundenen Epoche zu finden. „Metternich", beispielsweise, meinte nicht das Ganze, sondern war nur Symbol für ein einseitiges, immer in Frage gestelltes System.

Weil die deutsche Geschichte sich wie nie zuvor im Namen Bismarcks mit der ganz Europas verknüpfte, muß man diesen Mann selbst als eine europäische Erscheinung ansehen. Man greift zu kurz, sieht man in ihm nur den Leiter der Regierungsgeschäfte in Preußen und Deutschland. Bismarck selbst empfand sich voll und ganz als Preuße und Europäer. Als Deutscher hat er sich, natürlich, auch empfunden, aber in die Vendée wollte er nur seinem König, nicht dem Kaiser-Präsidenten „der Deutschen" folgen. Bismarck vollendete die 1848 zuerst angelegte preußische Politik, im Interesse Deutschlands, zuerst aber im Interesse Preußens. Aus dieser preußischen Wurzel her wird auch seine Staatsräson verständlich, gerade darum aber war sie für die übrigen „großen Mächte" berechenbar, verständlich, von Traditionen geprägt. Preußen, die Großmacht, kannten die andern – was aber war von einem „Deutschen Reich" zu halten?

Bismarck hielt unbedingt an Preußen fest und schuf damit tatsächlich „Preußen-Deutschland", man kann das ganz wörtlich nehmen. Erst nach seiner Zeit ging Preußen in Deutschland auf, und dies keineswegs zum Vorteil Preußens und Deutschlands. Bismarck steht also am Ende einer seit den Tagen des Großen Kurfürsten einsetzenden preußischen Großmachtpolitik, die es zu vollenden galt. Deutschland, das war 20. Jahrhundert, eine vage Vision, Bismarck hat einmal im Gespräch mit Großadmiral Tirpitz im Anblick des Hamburger Hafens sich in diesem Sinne geäußert – da stand er schon am Ende seines Lebens.

Die innere Politik Preußens in der „Neuen Ära" muß in die

äußeren Rahmenbedingungen der 12 Jahre von 1850 bis 1862 gefügt werden, damals wurden die Weichen für alles Kommende schon gestellt. Die anscheinende Folgerichtigkeit der Bismarckschen Einigungspolitik darf nicht darüber hinwegtäuschen, daß die Grundlagen dafür schon im frühen 19. Jahrhundert gelegt worden waren; denkt man nach, gerät der Ablauf der Geschichte seit dem Westfälischen Frieden mit ins Kalkül. In der mittleren Perspektive wird sehr häufig die Zolleinigung zuerst Preußens (1819), dann des Deutschen Zollvereins (1833) als Ausgangspunkt zur deutschen Einheit genannt, daran ist zweifellos manches richtig. Freilich zeigt der Verlauf der deutschen Geschichte seit 1833, daß es völlig verfehlt wäre, wollte man aus Zolleinigungen, ja selbst aus wirtschaftlichen Vereinigungen, wie sie Europa dieser Tage anstrebt, auf die politische Einheit schließen. Die ökonomischen Vorteile und Konvergenzen konnten nämlich gerade zum Motor einer selbstbewußteren und eigenständigeren Politik der Vereinsmitglieder werden, selbst gemeinsame Märkte änderten in den Jahrzehnten zwischen 1833 und 1863 an den Rivalitäten der Großen und der Kleinen nichts. Der Deutsche Zollverein war für die deutsche Einheit möglicherweise notwendig, hinreichend war er nicht.

„Italia farà de sei“: Würde auch Deutschland von alleine eins werden? „Mir ist nicht bange, daß Deutschland eins werde“, hatte Goethe Eckermann wissen lassen, Eisenbahn und Straßennetz schienen ihm die Garantie dafür liefern zu können. Ganz ähnlich hatte ja auch Friedrich List in den Eisenbahnen das buchstäblich einigende Band gesehen, und wenn der frischgebackene preußische Generalstabschef Hellmuth von Moltke schon 1859 die Bahn in sein strategisches Kalkül zog, so vor dem Hintergrund der italienischen Erfahrungen. Die Frage war nur, ob Deutschland friedlich, wie Goethe und List hofften, oder am Ende doch nur gewaltsam, durch „Einigungskriege“ zusammengeschlossen werden konnte.

Seit Olmütz war der Krieg ein fester Faktor in der Rechnung der preußischen Politik, das heißt nicht, daß sie unbedingt auf diesen Krieg hingesteuert hätte. Der König freilich neigte zu solchen Lösungen – das war der tiefste Grund für jenen Heeres-

und Verfassungskonflikt, der unmittelbar nach der Thronbesteigung Wilhelms I. die Grundfesten des preußischen Staates erschütterte. Vordergründig ging es um eine – in der Tat dringend erforderliche – Heeresreform, in Wahrheit ging es um ein verfassungspolitisches Problem: Durfte der König, wie in dem „neoabsolutistischen" Österreich nachgerade üblich, über den Kopf des Preußischen Abgeordnetenhauses hinweg seine „Kommandogewalt" einfordern und entfalten, oder unterlag auch das Heer, zumindest über das Budgetrecht, der Kontrolle des Parlaments? Wilhelm I. konnte die Dimension des sich rasch zuspitzenden Konfliktes im Grunde überhaupt nicht verstehen: Hatte die Krone nicht durch die oktroyierte Verfassung mit ihrem famosen Dreiklassenwahlrecht Vorsorge getroffen, daß nicht die „falschen" gesellschaftlichen Kräfte mitbestimmen konnten? Und war es nicht gerade auch das nationalliberale Bürgertum gewesen, das sich als besonders militärfromm erwiesen hatte? Es wirkte in den Augen Wilhelms ja geradezu grotesk, daß einer der rigorosesten Scharfmacher, nämlich Bismarck, die Kriegsfackel 1850 gelöscht hatte, während die ach so liberalen Abgeordneten tüchtig mit dem Säbel rasselten.

Aber die Verhältnisse änderten sich dramatisch rasch. Bei Neuwahlen 1861 errangen die zuvor so tückisch ausgebooteten Liberalen eine relative Mehrheit – trotz Dreiklassenwahlrecht. Nichts unterstrich eindrucksvoller, daß die Kräfte der Bewegung, der Veränderung und die des Liberalismus weder durch absolutistische noch verfassungspolitische Mätzchen mehr gebremst werden konnten; gegen den selbstbewußten Nationalliberalismus half nichts mehr – vergeblich hatten die Ministerpräsidenten und der Kriegsminister Roon versucht, die Heeresreform mit dem Parlament durchzusetzen. Am Ende setzten sie wie der König alle Hoffnung nur noch in einen einzigen Mann. Höchste Gefahr war im Verzuge, schon trug sich der König mit Abdankungsplänen: sollte eine unkalkulierbare Staatskrise vermieden werden, mußte nun der letzte Joker gespielt werden. Roon telegraphierte an Bismarck, der von Paris aus zusah, wie seine Früchte reiften, eben jenes weltbewegende Telegramm: „Periculum in mora, dépêchez vous."

„Beeilen Sie sich": Das war wie eine Handlungsanweisung, Bismarck befolgte sie. Man rief ihn in Erinnerung an 1848 und als einen Mann der Tat; daß er für die Kammer eine Zumutung, eine Herausforderung, ja eine wahrhafte Beleidigung war, wußten er wie Wilhelm I. und Roon. Dieses Triumvirat, so könnte man es deuten, trat 1862 gegen den Geist der Zeit an, Bismarck aber wußte, was an der Zeit war, er überwand Revolution, Demokratie, „Neue Ära" und Metternichsches System zur gleichen Zeit, mit gleicher Konsequenz. Er war ein großer Abräumer der Geschichte, einen „weißen Revolutionär" nannten ihn seine Gegner, das war eine höchst zutreffende, aufs äußerste verdichtete Deutung seiner Politik.

Die Heeresreform setzte er so durch, wie der König es wollte, eine Revolution gab es nicht, die parlamentarisch Verstimmten wußte Bismarck bald aufzuheitern, am Ende wurde mit der Farce einer „Indemnitätsvorlage" über alles das Mäntelchen des Vergessens gebreitet – eine böse Niederlage für den Geist der Freiheit und der Demokratie war das, eine Hypothek, an der der deutsche Parlamentarismus in Zukunft schwer zu tragen hatte. Aber lange Zeit zum Nachdenken hatte die Preußische II. Kammer 1862 nicht, denn wie ein Katarakt kam nun die große Politik über Preußen und Deutschland, man kann darüber streiten, ob mehr ausgelöst oder mehr benutzt von Bismarck.

Zunächst galt es, den alten österreichischen Ambitionen aus den Tagen Schwarzenbergs entgegenzutreten. Ein von Österreich einberufener „Fürstentag" scheiterte am preußischen Widerstand. Der Bundesreformplan Anton von Schmerlings, der 1848 Reichsinnen- und dann Reichsministerpräsident gewesen war, hatte gegen Bismarcks Opposition keine Chance. Nach Olmütz, so äußerte er sich, würden die Preußen nicht mehr gehen.

Es blieb, wie in einem System kommunizierender Röhren, die kriegerische Alternative, die steckte ja auch in dem Symbol „Olmütz". Um so erstaunlicher mag es wirken, daß das nächste große Ereignis nicht ein Krieg gegen, sondern mit Österreich war – im nachhinein einer der genialsten Schachzüge Bismarcks.

Das erkannten 1864 weder die Österreicher noch die Dänen, um deren Schicksal es gehen sollte.

Letztere setzten, als die politische Krise sich zuspitzte, alle Hoffnungen auf die alten, anscheinend erprobten Interventionsregeln: England und Rußland würden nicht zulassen, so hofften sie, daß die beiden deutschen Großmächte, ja der Deutsche Bund selbst, in der Schleswig-Holstein-Frage gegen Dänemark entschieden, ja gewaltsam vorgingen. Freilich stellte Dänemark nach dem Tod Friedrichs VII. dieses Sicherheitsnetz selbst zur Disposition, denn mit dem Erlaß des Gesamtstaatsgesetzes vom 30. März 1863 wurde die blanke Einverleibung der beiden Herzogtümer Schleswig und Holstein praktisch verfügt. Das war ein eklatanter Bruch des 2. Londoner Protokolls.

Und Bismarcks Chance: Jetzt nämlich mußte es auch im Interesse Österreichs liegen, das europäische Recht, das die Dänen so offensichtlich brachen, wieder herzustellen; schließlich war auch Österreich ein Vielvölkerstaat, es galt also, den Anfängen nationaler Abspaltungsbewegungen gegenzusteuern. Österreich ging es ums Prinzip, und wenn Preußen sich anscheinend bereit zeigte, das verletzte Recht zusammen mit der Bundesvormacht Österreich wiederherzustellen, so mußte Österreich zustimmen, selbst wenn es die fatalen Folgen dieses Entschlusses geahnt haben sollte.

Aber das war nicht der Fall. Jener Zug zur politischen Naivität in allen Fragen der deutschen Einigungsbewegung, der die österreichische Politik seit 1815 ausgezeichnet hatte, trat wieder voll in Erscheinung; man band sich an Preußen ohne die mindeste Chance, den Gang der Ereignisse beeinflussen zu können.

Dennoch mußte Bismarck äußerst vorsichtig vorgehen. Zwar stand das Ziel: die schließliche Einverleibung der beiden Herzogtümer in den preußischen Staat, von Anfang an fest, aber es kam darauf an, die zu erwartenden Einsprüche der übrigen europäischen Großmächte schon im Vorfeld abzublocken. Glück und Geschicklichkeit kamen zusammen: Der polnische Aufstand von 1863 bot Preußen die Chance, eben das zu tun, was Wien 1853 nicht getan hatte: Rußland gegen sein „Kongreßpolen" zu unterstützen. Die berüchtigte „Alvenslebensche Konvention" etablierte die Komplizenschaft zwischen Preußen und Rußland gegen die polnische National- und Unabhängigkeitsbewegung. Das war ein uraltes Modell, jetzt stellte es sicher, daß

Rußland in der Schleswig-Holstein-Frage, anders als 1848 und 1850, nicht mehr intervenieren würde. Die Basis für das russische Wohlwollen hatte Preußen dabei schon im Krimkrieg gelegt, man erkennt die Redundanz der Bismarckschen Rußlandpolitik.

Der „Faktor Rußland" war also berechenbar, aber galt das auch für England? Der Krieg der Bundesmächte Österreich und Preußen gegen Dänemark wurde mit der Verletzung des Londoner Protokolls durch Dänemark begründet – dagegen war auch in London schwer zu argumentieren. In Wirklichkeit aber ging es Bismarck ja gerade um die Beseitigung der Londoner Lösung. Er erreichte sie in geschicktem diplomatischem Spiel in einer weiteren Londoner Konferenz, nachdem Österreich zugestimmt hatte, gemeinsam mit Preußen nach Jütland einzumarschieren. Auch das war ein Bruch der Londoner Ordnung. Mit dem – wenn auch unfreiwilligen – Segen Englands wurde auf diese Weise der Primat der Machtpolitik gegenüber der Politik der kalkulierten Intervention im Regelwerk des Wiener Kongresses durchgesetzt. Jetzt, aber auch jetzt erst lag das Werk von Wien vollständig in Trümmern. Von jetzt an aber mußte es deswegen nolens volens auch um eine neue gesamteuropäische Ordnung gehen. Was sollte Wien ersetzen? Oder: Trat Europa erneut in eine Phase ungezügelter Machtrivalitäten ein? Die Kriege von 1853 (Krim), 1859 (Italien), 1864 (Dänemark), 1866 (Preußen-Österreich) und 1870 (Frankreich-Deutschland) erweisen sich so betrachtet als Einheit. Sie stellen die Phase des Zerbröckelns der europäischen Solidarität, wie sie einst in Wien formuliert worden war, ebenso dar wie die Phase der Neuabsteckung politischer Einflußzonen und potentieller Bündniskonstellationen. Vom schrecklichen Ende her betrachtet, vom August 1914 also, wird dieser Abschnitt der europäischen Geschichte also wesentlich kritischer zu beurteilen sein, als dies den Zeitgenossen, aber auch den Nachlebenden lange möglich war.

Denn es war eine Phase sich immer steigernder Erfolge der preußischen, dann schon der preußisch-deutschen Politik. Den nach außen hin sichtbaren Anfang machte der dänische Krieg. Nachdem sich die Kopenhagener Politik verhängnisvoll verkalkuliert hatte, von keiner der drei verbliebenen europäischen

Großmächte Hilfe zu erwarten war, ging „poor little Danmark", wie es der Generalstabschef Moltke nannte, der größten Katastrophe seiner Geschichte entgegen. Völkerrechtlich im Unrecht, militärisch tapfer, aber viel zu schwach, machten Preußen und Österreich raschen Prozeß. Die Erstürmung der Düppeler Schanzen ist im kollektiven Gedächtnis von Dänen und Deutschen dabei zum blutigen Symbol für den Untergang Dänemarks gleichsam mit fliegenden Fahnen geworden. Der Friede von Wien kann daher zu Recht als „Urkatastrophe" Dänemarks gewertet werden. Hier zeigte sich, wie wenig die alten Prinzipien von Legitimität und Restauration noch gültig waren, mit einem Federstrich wurde Dänemark aus der Liste der europäischen Mittelstaaten gestrichen. Daß verfehlte Außenpolitik die Existenz des halben Staates kosten kann: diese Erfahrung, später von den Deutschen gemacht, war also 1945 nicht ganz neu. Was sollte mit Schleswig und Holstein geschehen? Die Bewohner selbst, durch die wieder wachgewordene Nationalbewegung unterstützt, hätten am liebsten ihr Schicksal selbst in die Hand genommen, aber die „Augustenburger Lösung" hätte Bismarcks Zielen völlig widersprochen. Es gelang ihm, sie zu verhindern; die gemeinsame Verwaltung der beiden Provinzen in Form eines preußisch-österreichischen Kondominiums aber konnte immer nur eine Zwischenlösung sein.

Die Dominanz Preußens war schon geographisch gesehen kaum noch vermeidbar; wie sehr dieses Land an die Küsten drängte, hatte es schon kurz zuvor mit dem Erwerb der Jademündung unterstrichen. Wie dort ein „Wilhelmshaven" als Nordseestützpunkt entstehen sollte, so bot sich nun Kiel für eine Marinestation der Ostsee an. Aber dann mußte Österreich zustimmen oder weichen; zunächst steigerten sich die Reibereien, im Frühjahr 1865 ging es schon hart an den Rand des Krieges, es wäre nichts Ungewöhnliches gewesen, hätten sich die Sieger über der Verteilung der Beute heillos zerstritten.

Aber war ein Krieg zwischen den beiden deutschen Vormächten wirklich die einzig verbleibende Lösung der „Deutschen Frage"? In den Schönbrunner Konferenzen vom August 1864 hatte Bismarck zweifellos nach einer friedlichen Lösung gesucht und

Österreich wieder einmal nach Süden, Richtung Venetien und Lombardei ablenken wollen. Hinzu kam, daß gerade die nationale Begeisterung, mit der in ganz Deutschland, fast wie 1848, der dänische Krieg begleitet worden war, sehr schlecht zu einem kurz darauf inszenierten „Bruderkrieg" passen würde. Dessen Folgen erschienen Bismarck noch unkalkulierbar. Nein, es mußte ein anderer Grund für den Krieg her, als ihn die Provinz Schleswig und die Frage der Augustenburger Lösung bieten konnte.

So kam es zu der Konvention von Gastein. Österreich erhielt die Verwaltung von Holstein, Preußen die von Schleswig, das Herzogtum Lauenburg kaufte Preußen den Dänen ab – ein skurriler Anachronismus –, aber mit ihm saß Österreich in Holstein wie auf einer Insel inmitten des preußischen Blau! Im nachhinein betrachtet könnte Gastein daher als genialer Schachzug angesehen werden, tatsächlich hat der Kriegsminister Roon Bismarck zu diesem „unblutigen Sieg" spontan gratuliert.

Dennoch war Gastein noch nicht die erste Schlacht im deutschen „Bruderkrieg", und hätte Österreich, was realistisch gewesen wäre, Holstein a fond perdu gegeben – es wäre Bismarck schwer gefallen, einen Kriegsgrund zu finden.

Aber die österreichische Politik verkannte, ein wenig ähnlich wie kurz zuvor die Dänemarks, die ganze Gefährlichkeit der Situation – wie anders wäre es zu verstehen, daß sie entgegen den Vereinbarungen von Gastein nun doch erneut die Augustenburger Frage hochspielte – das war eine Spitze gegen Preußen. Als der österreichische Statthalter in Kiel darüber hinaus die Agitation der „Augustenburger" tolerierte, ja wohlwollend unterstützte, lief das Faß über, es werde „Zeit zu Lärmen", schrieb Bismarck in dem berühmten „Wallensteinbrief" an den preußischen Statthalter in Schleswig.

Die einzelnen diplomatisch-politischen Schritte, die seit dem Februar 1866 hin zum Krieg führten, zeigten, daß von nun an auch Bismarck den Krieg als ultima ratio ansah. Daß dieser bei den Deutschen nicht populär war, mußte in Kauf genommen werden, aber selbst auf diesem Feld suchte der preußische Ministerpräsident der Opposition den Wind aus den Segeln zu nehmen, indem er auf das gescheiterte österreichische Bundesreformprojekt ein preußisches gleichsam draufsetzte: mit dessen plebiszitären, ja demokratisch-parlamentarischen Elementen – etwa hinsichtlich eines zukünftigen Bundeswahlrechtes – hebelte er Österreich vollkommen aus: Natürlich konnte Wien dem nicht zustimmen; was folgte, war jenes sattsam bekannte Ritual aus gegenseitigen Schuldzuweisungen und Bezichtigungen, das Kriegen vorauszugehen pflegt. Das Ende ist bekannt: Preußen erklärte den Bund für erloschen, Österreich erreichte die Mobilisierung der nichtpreußischen Bundeskontingente gegen das „abtrünnige" Mitglied; das war alles Farce, zeigt aber doch, daß blanke Machtpolitik immer noch bundesrechtlich drapiert werden mußte. So schamlos wie in späteren Zeiten verhielten sich die Staatsmänner noch nicht.

Oder doch? Zumindest die Absprachen, die Österreich mit Frankreich im Vorfeld des Krieges traf, erinnerten an den übelsten Länderschacher des 18. Jahrhunderts. Napoleon III. wünschte schon aus innenpolitischen Gründen nichts sehnlicher als den deutsch-deutschen Krieg, fest davon überzeugt, daß die alte Großmacht Österreich ihn gar nicht verlieren konnte. Es sollte Österreich also etwas kosten, wenn sich Frankreich neutral verhielt. Wie wenig sicher sich die Hofburg war, ergab sich aus den erstaunlichen geheimen Zugeständnissen an Paris: Wie der Krieg auch immer ausgehen sollte – Venetien sollte abgetreten werden. Bedenklicher waren die vorgesehenen „Kompensationen" für Frankreich im Westen – hier versprach Österreich praktisch freie Hand bis hin zur Bildung eines neuen Rheinstaates von französischen Gnaden.

Das war 18. Jahrhundert. Das war weniger „Verrat an Deutschland" als politische Hilflosigkeit. Der Zeitgeist war an der Habsburger Monarchie scheinbar spurlos vorbeigegangen, so rächte sich das „neoabsolutistische" System an seinen Schöpfern. Österreich dachte in den Kategorien Gleichgewicht und Hegemonie: die Preußens zu verhindern, war es bereit, die „Deutsche Frage" im Sinne des Friedens von Utrecht zu „lösen".

Das Kontrastprogramm lieferte Bismarcks Italienpolitik: das auf drei Monate abgeschlossene Offensiv- und Defensivbündnis mit der neugebackenen europäischen Großmacht entsprach vollkommen dem Geist der Zeit – und den italienischen Ambitionen; wie im Norden Deutschlands im kleinen, saß Österreich auch im großen in einer regelrechten Falle – konnte nach alledem der Ausgang des Krieges noch zweifelhaft sein?

Der Krieg von 1866 war der zweite jener „duellartigen Blitzkriege“ (Hillgruber), die den Weg zur deutschen Einheit freisprengten. Wieder war es Bismarck gelungen, den Kriegsgegner zu isolieren, das war eine große diplomatische Leistung der preußischen Politik. Sie konnte nur zustande kommen, weil die übrigen Großmächte im Ringen um die deutsche Einheit – noch – nicht eine prinzipielle Gefährdung des europäischen Gleichgewichts sahen; mancher Staatsmann erhoffte sich aus dem erwarteten langen Abringen der beiden Mächte eine Vergrößerung des eigenen Einflusses auf Zentraleuropa. Erinnerungen an die schlesischen Kriege wurden allenthalben in Europa wach, Österreich selbst hat diesen Konflikt, ganz befangen noch im Geist Metternichs, wohl ebenso aufgefaßt.

Die Deutschen waren eher entsetzt, als sie am 15. Juni 1866 merkten, daß sie gegeneinander in den Krieg zogen. Mit Ausnahme Moltkes, der sich erleichert und begeistert gab, als es endlich „losging“, war dieser Krieg alles andere als volkstümlich. Es war ein eiskalt geplanter, kunstvoll diplomatisch abgesicherter Kabinettskrieg, ganz bewußt sollte er von allen nationalen Leidenschaften freigehalten werden – nur dann konnte er sein eigentliches Ziel erreichen: die nationale Einigung der Deutschen.

Nicht aller Deutschen, aber darum ging es schon seit 1849 nicht mehr. Eine „großdeutsche“ Lösung war schlicht unmöglich, da mochten die Würfel fallen, wie sie wollten. Jetzt war es entscheidend, ob der Krieg so begrenzt und so rasch beendet werden konnte, daß die unvermeidlichen Wunden, die er schlug, mit dem Pflaster der Reichsgründung geheilt werden konnten. Alles mußte getan werden, damit aus dem Kabinettskrieg der Staaten nicht ein Bürgerkrieg unter den Deutschen wurde.

Dazu kam es tatsächlich nicht, das ist nicht so selbstverständlich, wie es im nachhinein erscheinen könnte. Immerhin kämpften 1866 13 Staaten, darunter alle Süddeutschlands, an der Seite Österreichs, 18 vorwiegend norddeutsche an der Preußens. Nie zuvor in der deutschen Geschichte war Deutschland schärfer zwischen Nord und Süd geschieden, da mochte man in Paris schon hoffen, der Main würde fortan die Grenze zwischen einem norddeutschen und einem süddeutschen Bund sein, die sich unversöhnlich gegenüberstanden.

Zwei politische Grundmuster überlagern sich 1866: das eine entstammte dem Zeitalter des Absolutismus, der Restauration, ja der „Libertät" und der „Souveränität" der deutschen Staatenwelt des 17. und 18. Jahrhunderts, das andere war das der Revolution, der Nationalbewegung, des Liberalismus. Beide Muster durchdrangen sich 1866 vollständig und schufen die politischen, aber auch psychologischen Voraussetzungen für jene Lösung der „Deutschen Frage", die mit der Reichsgründung 1871 gefunden werden sollte. Nicht das eine Zeitalter löste das andere ab – die Jahre des Bismarckreiches wirken wie eine breite Überblendphase. Es bedurfte erst der Schrecknisse des Ersten Weltkrieges, um die Deutschen als „Schicksalsgemeinschaft" endgültig zusammenzuschmieden, aber noch bis in das Jahr der „Wende" 1989 hinein konnte darüber diskutiert werden, ob es denn tatsächlich überhaupt die eine deutsche Nation gäbe, ja überhaupt geben müsse.

Die weltpolitischen Entscheidungen fielen 1866 womöglich noch rascher und dramatischer, als es vor zwei Jahren der Fall gewesen war. Ganz anders, als sich das Napoleon III., aber auch der österreichische Kaiser Franz Joseph gedacht hatten, entwickelte sich der Kriegsverlauf. Daß die schwachen Verbündeten des Habsburger Staates im Norden wenig ausrichten konnten, war zu erwarten, der taktische Erfolg hannoverscher Truppen über preußische Kontingente bei Langensalza änderte an ihrer endlichen Niederlage nichts. Aber auch Bayern, Baden, Württemberg und Sachsen, also alle vier Königreiche, vermochten nichts, das machte der österreichischen Strategie schon einen Strich durch die Rechnung. Problemlos schlugen Preußen und seine Verbündeten in zahlreichen kleinen Gefechten diese offensichtlich höchst lustlos kämpfenden Kontingente. Dennoch: all dies war im Grunde ohne Belang, entscheidend mußte das Zusammentreffen der Hauptmächte werden.

Ludwig von Benedek war ein gescheiter, professioneller, sehr abgeklärt-pessimistischer österreichischer Oberbefehlshaber. Hellmuth von Moltke war ein militärisches Genie. Noch 1864 hatten unfähige Generäle seinen Kriegsplan zur Farce werden lassen, diesmal setzte er sich bei seinem König durch: fortan traf er die grundlegenden strategischen Entscheidungen; die drei Armeen, die über Böhmen die Elbe aufwärts marschierten, hatten nur ihm zu gehorchen.

Die Schlacht von Königgrätz entschied am 3. Juli 1866 die Deutsche Frage zugunsten des preußischen Modells. Zwar konnten sich die Österreicher geordnet zurückziehen, aber der Weg nach Wien war doch offen, der Krieg damit schon entschieden. Wilhelm I. malte sich schon hocherfreut seinen Einmarsch in der alten Kaiserstadt aus, selbstverständlich mußte Österreich, wie dies zu allen Zeiten üblich gewesen war, einige hübsche Provinzen abtreten, die historische Landkarte sollte neu gezeichnet, alte territoriale Ärgernisse kraft des Rechts des Siegers beseitigt werden. Die Verbündeten Österreichs waren angemessen zu bestrafen, aber dabei sollte es dann auch bleiben, man wußte ja nie, wofür man die Gegner von einst noch einmal brauchen würde.

Auch das war 18. Jahrhundert. In der kleinen böhmischen Stadt Nikolsburg trat Bismarck allen diesen Vorstellungen und damit seinem König selbst entgegen. So fest war er entschlossen, sein ganz anderes Friedenskonzept durchzusetzen, daß er im Falle des Scheiterns sogar mit Selbstmord drohte – eine leere Drohung, denkt man an Bismarcks unerschütterliche Verwurzelung im christlichen Glauben, aber sie enthüllte die Dimensionen der Kontroverse.

Wilhelm dachte an die vergangenen Zeiten, Friedrich der Große stand ihm vor Augen. Bismarck dachte an die Zukunft. Sie richtig zu erahnen – darin sah er zeitlebens die eigentliche Staatskunst. In Nikolsburg entfaltete sich ihm nicht allein die Vision der kommenden Reichsgründung, sondern die eines verwandelten Europa – verwandelt eben durch die preußische Reichsgründung. Nikolsburg ist daher nicht nur die Antwort auf den deutschen Dualismus, die Deutsche Frage, sondern auf jenes europäische Grundproblem, das der Lösung dieser Deutschen

Frage auf dem Fuß folgte. Die europäische Dimension war es, die Bismarcks Aktionsmuster für den weiteren Ablauf des deutschen Problems bestimmte, in Nikolsburg zuerst verflocht sich das Schicksal des zukünftig geeinten Deutschland mit dem ganz Europas.

Natürlich konnte auch Bismarck seinem König diesen kühnen Sprung ins historische Dunkel nicht restlos erklären, vieles blieb durchaus vage, spekulativ. Vor allem: würde die Rechnung aufgehen, nach der Österreich vollkommen zu schonen war, um es als zukünftigen Verbündeten zu gewinnen? Und würden Frankreich und England wirklich stillhalten, wenn Preußen praktisch ganz Norddeutschland einfach annektierte?

Bismarcks Rechnung ging 1870 auf – sicher konnte er sich dessen 1866 nicht sein. Seine Politik enthielt ein ungeheures Risiko, sie zeigt, daß auch ein nüchtern kalkulierender Staatsmann an eine Grenze gelangen kann, von der aus er den Sprung ins Dunkel wagen oder aber resignieren muß.

Für Wilhelm I. handelte es sich in Nikolsburg weniger um eine politische denn eine moralische Frage. Widersprach es nicht allen irdischen und göttlichen Geboten, wenn altehrwürdige Staaten mit einem Federstrich von der historischen Landkarte gelöscht wurden? Was immer man von Geist und Idee des Zeitalters der Legitimität und der Restauration halten mochte: garantierten die feierlich beschworenen völkerrechtlichen Prinzipien des Wiener Kongresses nicht den Fortbestand aller „legitimer" Staatsindividualitäten?

Bismarck wußte, daß er ganz im Sinne der Maximen Niccolò Machiavellis handelte, Wilhelm I., ein frommer Mann, fühlte sich eher dem „Antimachiavell" seines großen Ahnen verpflichtet. Aber hatte nicht gerade der in die erste polnische Teilung gewilligt? Und waren es nicht die feurigsten Vertreter des Legitimitätsprinzips gewesen, die Polen Ende des 18. Jahrhunderts dann ganz den Garaus gemacht hatten?

Es gab also Vorbilder, dennoch war der Vorgang unerhört und klang noch lange nach – fast bis zum heutigen Tag. Frankfurt, die alte Kaiserstadt, die Stadt des Deutschen Bundes und der Deutschen Nationalversammlung: preußisch! Kurhessen: der Staat der Reformation: preußisch! Nassau: das Land des Freiherrn vom Stein: preußisch! Und Hannover: dieser Staat allein hätte, mit Glück und Geschick, Preußen im Norden Paroli bieten können; die enge dynastische Verflechtung mit England hätte das Königreich Hannover geradezu zum „Agenten" des westlichen Liberalismus und Parlamentarismus, zu einem regelrechten Gegenmodell zu Preußen machen können. Es hatte auf der falschen Seite mitgekämpft: es wurde preußisch.

Wilhelm I. hat an diesen Brocken schwer geschluckt, Bismarck zeigte sich unbekümmert, zumal es ihm gelang, den prinzipien- und skrupellosen Napoleon III., der sich nach „Sadowa" aus allen Großmachtträumen gerissen sah, für die Lösung des Prager Friedens zu gewinnen. Mehr noch: Der Kaiser der Franzosen stimmte nicht nur zu, er war damit einverstanden, daß diese Vorschläge wie von ihm selbst kommend angesehen werden konnten. Damit war ein Ziel Bismarcks schon erreicht: Eine baldige Komplizenschaft zwischen Österreich und Frankreich war ausgeschlossen.

Auch die Idee des „Norddeutschen Bundes" ging formell von Napoleon aus, der nicht merkte, wie er zur Marionette Bismarcks geworden war. Dieser Zusammenschluß Norddeutschlands unter preußischer Führung war im Vergleich zu einer „kleindeutschen Lösung" à la Paulskirche in französischen Augen immer noch das kleinere Übel, zumal Bismarck Napoleon mit vagen Zusagen hinsichtlich territorialer Kompensationen – etwa Luxemburg, vielleicht Belgien? – ruhigzustellen verstand. Natürlich war nach Prag an eine Realisierung der schönen französisch-österreichischen Deutschlandpläne nicht mehr zu denken, die Erinnerung daran war eher peinlich – sowohl in Paris wie in Wien. Daß die deutsche Einheit nach dem Krieg von 1866 nicht in einem Zuge geschaffen wurde, obwohl die preußischen Truppen sicherlich mit Leichtigkeit bis zum Rhein und an die Alpen hätten vorstoßen können, war nicht allein politische Taktik. Sicherlich: sollte die deutsche Einheit anders als 1848 Bestand haben, so bedurfte sie der Absegnung durch die übrigen europäischen Großmächte – die war zu diesem Zeitpunkt weder von Österreich noch Frankreich, vermutlich auch nicht von Rußland und England zu haben. Gerade weil die Deutsche Frage ein europäisches Problem war, wollte Europa gefragt werden; dies nicht getan zu haben, war einer der gravierendsten Fehler der Reichsregierung von 1848 gewesen. Insofern kann man die Phase des Norddeutschen Bundes als eine des Übergangs ansehen – aber eine solche Interpretation verkennt, daß Bismarck, ganz analog zu den Ereignissen von 1864 und 1865, auch zwischen 1866 und 1870 nicht nur eine monokausale Entwicklung für möglich hielt. Sein Denken in Modellen – später noch ausgeprägter als damals – warf die Frage auf, ob es nicht doch vielleicht noch andere Lösungen geben konnte, als die, die schließlich sich realisierte.

Deswegen ging Bismarck mit vollem Ernst an die Einrichtung des Norddeutschen Bundes. Dessen Verfassung war nicht schon auf das spätere Reich hin ausgelegt, sie war zunächst wirklich nur die Verfassung dieses Norddeutschen Bundes. Sie sollte ihm Kraft, Überlebensfähigkeit, Entwicklungsmöglichkeiten eröffnen. Ähnliches gilt für die sogenannten „Schutz- und Trutzbündnisse" mit den süddeutschen Staaten: Gewiß, sie waren mehr als halberpreßt, Bismarck drohte mit dem französischen Knüppel. Sie waren aber auch eine Möglichkeit, mit dem Problem Süddeutschland zu Rande zu kommen: Zuerst verhinderte der in ihnen festgeschriebene preußische Einfluß jede süddeutsche Konvergenz zu einem etwa revisionistischen Österreich. Sodann konnten sie, vor allem in Verbindung mit den neuen Zollregelungen, durchaus zum Kern eines mit Preußen allerdings freundschaftlich verbundenen Süddeutschen Bundes werden. Nicht das einheitliche Deutsche Reich also mußte am Ende stehen, eine „Ellipsenlösung", ja eine Dreieckslösung, unter Einbeziehung eines verbündeten und zugleich befriedeten Österreich waren ebenfalls denkbar. Flexibel und dennoch hartentschlossen: sowohl in Süddeutschland wie in dem geschlagenen Österreich war von der preußischen „Diktatur" die Rede. Aber auch in Preußen selbst wurden die Hochkonservativen am Geist Preußens irre: Hatte dieser Staat mit den Entscheidungen von 1866/67 nicht seine ethischen Prinzipien verraten? Degenerierte die Monarchie nicht zum reinen „Machtstaat", nachdem auch der Liberalismus, durch die militärischen Erfolge von 1864 und 1866 zutiefst beeindruckt, seinen Frieden mit Bismarck machte? Allein die Abspaltung einer nun auch so genannten „Nationalliberalen Partei“, auf die sich der zukünftige Reichskanzler lange stützen konnte, erschien in den Augen der alten konservativen Eliten, aber auch manches Katholiken als Anfang vom moralischen Ende Preußens.

Und Österreich? Dessen Idee eines „Vielvölkerstaates“ stand 1866 auf schon verlorenem Posten. Wien war auch deswegen mit dem raschen Kriegsende einverstanden, weil anders der Bestand des Staatsganzen auf dem Spiel gestanden hätte. Der verlorene Krieg machte einen schleunigen Versuch der staatlichen Reorganisation zwingend erforderlich. Der „Ausgleich“ von 1867 mit den Ungarn, der am Ende zur Konstruktion der „Doppelmonarchie“ Österreich-Ungarn führte – dergleichen hatte es in der Geschichte bislang noch nie gegeben –, war ein Manöver des fast letzten Augenblickes; daß den Ungarn damit die volle „Gleichberechtigung“ gewährt wurde, mußte bei den Nationen, die dies nicht erreichten, um so schärfere Proteste auslösen. Nur weil die Doppelmonarchie so stark war, konnte sie hoffen, mit den Tschechen, den Polen, den Kroaten, Slowenen und all den anderen frustrierten Untertanen der K. u. K. Monarchie fertig zu werden – so oder so.

Dennoch war die Lösung von 1867 nach Lage der Dinge immer noch das Beste für Österreich, und so richtig es auch ist, den Keim des Todes der Donaumonarchie schon im Jahr 1867 zu entdecken – so unbestreitbar ist es doch auch, daß dieses seltsame Gebilde noch bis zum Jahr 1918 fortexistieren und manche schweren politischen Stürme erfolgreich bestehen sollte. Von daher haben sich spätere Politiker – unter ihnen Churchill – nachdenklich gefragt, ob es nicht doch ein großer Fehler der europäischen Politik war, die Doppelmonarchie 1918 gewaltsam zerschlagen zu haben, und seit 1985 wird in Wien und Budapest immer intensiver über die möglichen Lehren und Modelle aus diesem Zeitalter nachgedacht. Die Erbauer des „europäischen Hauses“ werden auch diese Blaupause einer möglichen europäischen Einigung zur Kenntnis nehmen müssen.

Es war nach alledem nicht ausgemacht, daß der Frieden nach 1866 nur so kurz währen sollte. Auch der nächste Krieg kam nicht von allein, sondern wurde gemacht.

Von Bismarck? Es ist verständlich, daß viele Franzosen es zeitgenössisch, aber auch noch lange nach 1945 so sahen; selbst eine Persönlichkeit wie Georges Clemenceau war nicht frei von bitteren Haßgefühlen in Erinnerung an das, was sich 1871 im Spiegelsaal zu Versailles zugetragen hatte. Dreimal, so schleuderte er den konsternierten Delegierten Deutschlands 1919 in Versailles entgegen, habe Deutschland Frankreich überfallen.

Ganz anders urteilten die Deutschen. Nie sei ein Krieg gerechter gewesen als gerade dieser, schrieb Moltke, und die überwältigende Mehrheit der Deutschen zog im Juli 1870 in der festen Überzeugung ins Feld, daß dieser Krieg das Werk Napoleons III. sei, logische Folge der „ewigen" „Erbfeindschaft" Frankreichs, an die man seit 1840 glaubte.

In der Erregung des unmittelbaren Kriegsbeginns schien die in der französischen Öffentlichkeit umlaufende Formel „Rache für Sadowa" die plausibelste Ursache des Krieges zu sein. Tatsächlich blieb dem nach seinem fehlgeschlagenen mexikanischen Abenteuer, nach zahlreichen kleineren und größeren Skandalen schwer angeschlagenen bonapartistischen Regime kaum ein anderer Ausweg, als die neuerliche diplomatische Schlappe, die im raschen Zusammenbruch Österreichs sichtbar wurde, rasch und eindrucksvoll zu kompensieren. Nachdem Napoleon III. das Pokerspiel begonnen hatte, mußte er es mit erhöhtem Einsatz fortführen – es ging um die Existenz seines Systems und seines Throns, die Pariser Opposition trieb den unsicheren Kaiser geradezu vor sich her.

Um so ernüchternder war es, daß auch der letzte Trumpf nicht stach: Obwohl Bismarck, hier schlau wie ein Fuchs, vor dem Krieg mit Österreich Napoleon III. Hoffnung auf Belgien und Luxemburg gemacht hatte, dachte das siegreiche Preußen nun nicht mehr daran, sich zum Komplizen Frankreichs zu machen, schon gar nicht in einer Frage, die das deutsche Nationalbewußtsein, aus dem Krieg gewaltig gestärkt hervorgegangen, unliebsam berühren konnte. Indem Bismarck dem Franzosen hier die kalte Schulter zeigte, verwies er Napoleon auf noch viel gefährlichere Bahnen.

Natürlich lag eine Allianz der Geschlagenen und Frustrierten von 1866 nahe. In Wien wurde mit der Berufung des sächsischen Außenministers Beust an die Spitze der österreichischen Regierung anscheinend eine Politik der Revanche auf den Schild gehoben, die Nikolsburger Hoffnungen schienen zu trügen. Auch wenn die preußische Politik nichts Genaues wußte: Es gehörte nicht viel Phantasie dazu, um sich ein antipreußisches Bündnis zwischen Österreich, Frankreich, Italien unter wohlwollender Duldung Rußlands vorzustellen.

Gerade dazu kam es trotz eifriger Bemühungen Napoleons III. nicht. Aber ähnlich wie einst Friedrich der Große vor dem Siebenjährigen Krieg, war es wieder das „worst case"-Denken, das die Dinge dem Krieg zutrieb. Anders freilich als 1756 Friedrich II. sah Bismarck darin kein Verhängnis, sondern eher eine Chance. Wenn Napoleon III. und Beust zum Krieg drängten, dann sollten sie ihn haben. Bismarcks Anteil an der „Kriegsschuld" läßt sich klar formulieren: Das siegreiche Preußen wiegelte nicht ab, betrieb kein „Krisenmanagement", sondern nahm das Risiko des Krieges bewußt in Kauf. Aber wieder muß man sich klarmachen, daß der Krieg in diesen Zeiten noch nicht als schlechthin verwerfliches Mittel der Politik galt. Für nahezu alle war er immer noch das, was Moltke in den klassischen Satz goß: „Der ewige Frieden ist ein Traum, und nicht einmal ein schöner, und der Krieg ein Glied in Gottes Weltordnung."

Die innere Politik Preußens und des Norddeutschen Bundes war dennoch keineswegs auf einen unmittelbar bevorstehenden Kriegsausbruch eingerichtet. Daß es im Juli 1870 doch dazu kam, ging auf ganz präzise zu umschreibende Tatsachen zurück, und selbst wenn Bismarck – was umstritten ist – seine Hände im Spiel gehabt haben sollte, so hatte es doch nicht in seiner Macht gelegen, die spanische Thronkandidatur der Sigmaringer Hohenzollern wie ein Kaninchen aus dem Hut zu zaubern. Nachdem allerdings Spanien dem Hohenzoller den Thron anbot, kam es zu einem historischen Zeitsprung mit unkalkulierbaren und von Bismarck rascher als von allen anderen dann doch kalkulierten

Folgen: Nie dürfe Frankreich zulassen, daß ein Hohenzoller „den Thron Karls V." besteige: Die aggressive Rede des französischen Außenministers Gramont transportierte das Problem Deutschland-Frankreich auf eine andere historische Ebene – genau das war Bismarcks Chance.

Obwohl es bekanntlich zuerst nach einem Desaster seiner Politik aussah. Denn eingeschüchtert durch den Sturm der Entrüstung, der das friedliche Haus Sigmaringen nun umtobte, nahm der Chef des Hauses die Bereitschaft zur Kandidatur zurück. Damit war an sich der Fall erledigt; eine böse diplomatische Schlappe für Preußen zeichnete sich ab, nachdem auch Wilhelm I., zur Kur in Bad Ems, dem drängenden französischen Botschafter Benedetti vollkommen nachgegeben hatte.

Man weiß, wie Bismarck diese Schlappe mit der Redaktion der „Emser Depesche" in einen diplomatischen Triumph verwandelte, wie entsetzt, empört und beleidigt Frankreich – keineswegs nur Napoleon III. – hierauf reagierte, wie der Krieg von Frankreich erklärt wurde.

Hundertzwanzig Jahre später lösen diese irrationalen Verhaltensweisen, die zu einem der blutigsten Kriege des 19. Jahrhunderts führten, verständnisloses Kopfschütteln aus. War der Anlaß – die angeblich beleidigte Ehre – wirklich die Knochen auch nur eines pommerschen Musketiers wert? Hatte Bismarck nicht selbst in seiner Olmützrede von dem Kriegsgrund gesprochen, der auch nach dem Krieg noch stichhaltig sein müsse? Und wieso ließ sich Frankreich durch bloße Semantik in einen Krieg treiben, dessen Ausgang mehr als ungewiß sein mußte?

Man hat sich daran gewöhnt, die Anlässe des 1870/71er Krieges als eher belanglos hinzustellen, auf die Ursachen käme es an. So wichtig diese Ursachen aber auch waren – die „Anlässe" führten zu einem Krieg, der keineswegs mit Naturnotwendigkeit im Juli 1870 hätte ausbrechen müssen. Sie können daher nicht so nichtig gewesen sein, wie ein späteres Urteil annehmen möchte.

Tatsächlich gibt es genügend Zeugnisse dafür, daß den für Krieg und Frieden 1870 Verantwortlichen über alle diplomatischen Schachzüge hinaus ein Prinzip als völlig unverletzlich vor Augen stand: das der Ehre des Staates, des Königs, des Kaisers, der Nation. Wie bei Wilhelm I., Bismarck, Moltke und Roon – den entscheidenden Männern der Stunde –, so waren auch bei Napoleon III. und Gramont, ja eigentlich bei der Gesamtheit der französischen Kammer Ehrengesichtspunkte die eigentlich vitalen, entscheidenden in der Geschichte der Nationen. Bismarck wußte ganz genau, daß die Veröffentlichung der redigierten Depesche aus Ems keine andere Antwort als die Kriegserklärung mehr zuließ: das hat er provoziert, nicht nur in Kauf genommen, hier liegt, wenn man will, seine „Schuld" an diesem Krieg.

Aber wer wollte überhaupt von „Schuld" sprechen! So wie der Rückgriff ins 16. Jahrhundert, der Hinweis auf Karl V. rational nicht zu erklären ist, so entzieht sich auch der europäische Ehrenkodex dieses Zeitalters aller sezierenden Deutung. So sehr gerade Männer wie Bismarck und Napoleon III. als „Realpolitiker" in die Geschichte eingegangen sind, so wenig wird man ihre tiefe Verwurzelung in das ritterlich-feudale Denken anscheinend längst vergangener Zeiten leugnen können. Der deutsch-französische Krieg war so betrachtet tatsächlich die letzte jener Fehden, die Mittelalter und frühe Neuzeit in Europa immer wieder bestimmt hatten.

Dennoch war er ein „moderner" Krieg, am Ende sollte er schon zum Typus des modernen „Volkskrieges" ausarten, und auch die tieferen Ursachen lagen eher in der jüngsten Geschichte als in der Franz I. und Karls V.

Für den raschen Erfolg war das Beiseitestehen Österreichs sicher ausschlaggebend. Es entsprach sehr wohl der Staatsräson der K. u. K. Monarchie; ein russischer Aufmarsch an der österreichisch-russischen Grenze, die unklare Politik Italiens hielten das Land ebenso in Schach wie die öffentliche Meinung, denn die wollte Preußen-Deutschland über das „welsche" Frankreich durchaus siegen sehen. Rußland, das schon 1866 stillgehalten hatte, forderte mit der Revision des Pariser Friedens, vor allem der sogenannten „Pontusklausel" seinen Preis, Bismarck hielt ihn für angemessen. England war davon überzeugt, daß ein napoleonisches Frankreich, dessen Appetit auf Belgien und Luxemburg bekannt war, dringend einer kontinentalen „Balance" bedurfte: es hielt still. Die Frage war nur, wie lange, das verlieh dem Krieg und seinem diplomatischen Begleitspiel vom ersten Tage an dynamische Hektik. Bismarcks Kriegsziel stand fest: die Schaffung des Deutschen Reiches. Es zu erreichen, hatte es jahrelanger zäher Vorbereitungen bedurft, dennoch war das „Startfenster" zur deutschen Einheit von 1871 verzweifelt schmal; wurde Bismarck später vom „cauchemar des coalitions" verfolgt, so im Sommer und Herbst 1870 vom cauchemar eines europäischen Kongresses.

Den forderten zuerst die Engländer im Hinblick auf Rußland – denn am Schwarzen Meer hatte die Siegermacht von 1856 allemal ein Wort mitzureden –, nach Sedan aber auch im Hinblick auf Deutschland, dessen Erfolge nun unheimlich wirkten. Im nachhinein ist es deutlich zu erkennen: Bismarck hatte tatsächlich nur drei, höchstens vier Monate Zeit, um die deutsche Einheit zu schaffen, wer diese als hohes Gut ansieht, wird in Bismarck daher tatsächlich den „Reichsschmied" sehen – völlig unbeschadet aller anderen Facetten seiner Außen- und Innenpolitik, vor und nach 1870.

Die süddeutschen Staaten machten mit, mit Begeisterung. Das war auch auf die Schutz- und Trutzbündnisse zurückzuführen – denkt man jedoch daran, wie lahm die Süddeutschen 1866 Österreich unterstützt hatten, so wird der eigentliche Antriebsmotor deutlich: es war das deutsche Nationalbewußtsein, das alle 1870 überwältigende „Juli-Erlebnis". Die Nation einte sich wie einst gegen den anderen Napoleon; von der Historie verfolgt, stürzte sie sich in den großen Einigungskrieg. Diese Woge nationaler Begeisterung zu brechen, wäre auch Bismarck nicht imstande gewesen: unda fert nec regitur.

Leichtsinn oder überschäumende patriotische Begeisterung – man weiß nicht, warum die ersten Grenzschlachten von Weißenburg, Wörth und Spichern fast „wie von selbst" in Gang kamen. Die Franzosen zogen sich zurück, Bazaine nach Metz, Mac Mahon in Richtung Châlons. Zwei deutsche Armeen schnitten diesem dann den Rückweg ab, in den äußerst blutigen, auf viele Teilnehmer wie ein Schock wirkenden Schlachten von Vionville, Mars la Tour, Gravelotte, St. Privat fiel schon eine Vorentscheidung. Die Entscheidung war dann Sedan: Hier gelang Moltke zum ersten und einzigen Mal in seiner Karriere tatsächlich ein „Cannae"; die Niederlage der vollkommen eingeschlossenen Verbände Mac Mahons am 1. September galt bis in die Tage des Ersten Weltkrieges hinein als „klassische" Vollendung jener strategischen Grundvorstellungen, wie sie zuerst Clausewitz zu Beginn des Jahrhunderts entwickelt hatte. Fortan wurde „Sedan" zu einem ebenso militärischen wie psychologischen Symbol. Jeder Nachfolger Moltkes mußte sich an „Sedan" gleichsam messen lassen; es war wohl dieses fast traumatisch wirkende Ereignis, das später den Grafen Schlieffen von einem Super-Sedan, einem gigantischen „Cannae" träumen ließ.

„Sedan" hinterließ aber auch im deutschen Selbstverständnis tiefe Spuren. Gewiß wurde der „Sedanstag" erst später, ausgerechnet auf Vorschlag des so „humanen" evangelischen Pfarrers von Bodelschwingh, zum offiziellen Feiertag – wenn Millionen von Deutschen den 2. September Jahr für Jahr feierten, so wirkte das auf die zutiefst schockierten Franzosen wie das immer neue Aufreißen einer alten Wunde. Die fatalen Rückwirkungen auf das ohnehin angespannte deutsch-französische Verhältnis konnten nicht ausbleiben; die Clausewitzsche und Moltkesche Idee der „Vernichtung" präludierte auf unheilvolle Weise die Brutalisierung des kommenden großen Krieges.

Überhaupt war der Krieg von 1870/71 alles andere als „a lovely war", auch wenn die spätere Erinnerung ihn so verklärte. Die Dabeigewesenen wußten es noch besser, erst in der Generation Wilhelms II. gerannen die Namen der großen Schlachten zu bunten Spektakeln; wer das Grauen dieser mit äußerster Härte und Konsequenz geführten Schlachten selbst erlebt hatte, der war nach 1871 nur dankbar und bescheiden, der wollte vom Krieg nichts mehr wissen.

In Frankreich wirkten die Schrecken des Krieges, vertieft durch die hallenden Niederlagen, natürlich weiter und länger, aber auch hier begannen die Erinnerungen seit den neunziger Jahren nach und nach zu verblassen – sehr zum Unglück für den Frieden der Welt.

Bismarck war nach dem Sturz des französischen Kaiserreiches, der sich durch die Gefangennahme Napoleons III. in Sedan dramatischer kaum hätte inszenieren lassen, guter Hoffnung, daß nun das eintreten würde, was in solchen Situationen bisher noch immer eingetreten war – mit einer bezeichnenden Ausnahme freilich: Auch Napoleon I. hatte nach der Einnahme Moskaus im Jahr 1812 vergeblich darauf gewartet, daß der Zar nun Frieden schließen würde. Als am 4. September erneut eine „Republik“, in der Zählung war man nun bei der dritten angekommen, die Geschicke des Landes in die Hand nahm, den Krieg intensiv fortführen wollte, war Bismarck vorübergehend mit seinem diplomatischen Latein am Ende. Peinlich berührt mußten er und Moltke verfolgen, wie unter Gambetta flugs die traditionelle Idee der „levée en masse“ aus der historischen Versenkung geholt wurde; anstatt, wie es doch in den guten alten Kabinettskriegszeiten üblich war, nun Friedensfühler auszustrecken, um zu einem raschen und billigen Kriegsschluß zu gelangen, verkündete die nach Bordeaux entwichene republikanische Regierung einen Krieg à outrance, und wenn die neuen Machthaber mit Aplomb in aller Öffentlichkeit davon sprachen, daß kein Stein einer Festung, kein Fußbreit französischen Bodens abgetreten würde – dann war das so, als spielte die eine Kriegspartei das alte Kriegs- und Friedensspiel einfach nicht mehr mit.

Darauf wußten die Deutschen, ebenso verblüfft wie erbittert, zunächst keine Antwort. Was für das 20. Jahrhundert charakteristisch werden sollte, zeichnete sich schon ab: die Totalisierung des Krieges, seine Ideologisierung – und das Unvermögen der Politik, die Kriegsfurie wieder zu bändigen.

All dies war auch der Hintergrund jener scharfen, in letzte grundsätzliche Tiefen reichenden Auseinandersetzungen zwischen Bismarck und Moltke, als es um das Schicksal von Paris ging. Moltke, streng militärisch denkend und argumentierend, wollte den Fall der „Festung Paris“ systematisch und militärisch sachgerecht vorbereiten. Bismarck saß der Alb der europäischen Intervention im Nacken: Wenn es nicht gelang, den Krieg, den Frankreich „an sich“ doch schon verloren hatte, rasch zu beenden – dann konnte sich das „Startfenster“ zur deutschen Einheit wieder schließen, dann wären alle Berechnungen zuschanden geworden, dann hätte Europa die Initiative in die Hand bekommen – was hätte selbst ein siegreiches Preußen dagegen tun können?

Der König, seit Nikolsburg in dieser Beziehung sensibilisiert, entschied sich für den Staatsmann, was nicht hieß, daß er gegen den Soldaten war. Der Primat der Politik gegenüber dem des Militärs setzte sich im Angesicht des hungernden und brennenden Paris durch – denkt man daran, wie sehr diese Entscheidung auf des Messers Schneide stand, so läßt sich schon ahnen, daß dieses Ringen um Sieg oder Niederlage des „Militarismus", wie es Gerhard Ritter später nennen sollte, noch keineswegs endgültig entschieden war.

Gehorsam bombardierte er Paris, und indigniert schlug Moltke die Gambettaschen „Volksarmeen" eine nach der anderen. Das war nicht der Krieg, den er meinte, die Strategie der verbrannten Erde empörte ihn – aber war sie nicht logische Folge der so hochgelobten „Strategie der Vernichtung" – nur unter „Einmischung anderer Mittel", um es in der Diktion von Clausewitz zu formulieren? Später hat der greise Generalfeldmarschall lange darüber nachgesonnen, ob sich ihm im Winter 1870/71 das Gesicht des kommenden Krieges nicht schon enthüllt hatte; er wurde von düsteren Ahnungen verfolgt und prophezeite, wenige Monate vor seinem Tod, einen neuen sieben-, ja dreißigjährigen Krieg – mit all den namenlosen Schrecken, die aus diesen sagenhaft fernen Zeiten immer noch im kollektiven Gedächtnis der Nationen hafteten. Fortan würde der Krieg nie mehr das sein, was er im 18. und 19. Jahrhundert gewesen war; die Frage lautete: hat die Politik der europäischen Staatsmänner daraus die notwendigen Konsequenzen gezogen?

Betrachtet man die Bismarcks, so sind Zweifel von Anfang an angebracht: Gerade weil dieser Krieg alles andere als ein lustiges Kinderspiel war, wie es später etwa Wilhelm Busch suggerierte, mußte der Preis des Sieges ganz anders definiert werden, als dies bislang der Fall gewesen war. Der Krieg sollte die Deutschen zur Nation schmieden: bis Sedan war das tatsächlich gelungen. Die Fürsten mußten der patriotischen Begeisterung der Massen atemlos folgen, das war Bismarcks Chance, er nutzte sie klug, verwegen, skrupellos, wenn es sein mußte – als Stichworte mögen Namen wie die des Bankiers Bleichröder und Ludwigs II. von Bayern genügen.

Die Fürsten, die einen mehr, die anderen weniger, ließen sich ihre Bereitschaft, sich in ein „Deutsches Reich“ zu fügen, also bezahlen, auch das Volk wollte bezahlt werden: Kaum war der Krieg entbrannt, häuften sich immer abenteuerlichere Annexionsforderungen – Bismarck wußte, daß er gegen diese expansionistischen Gelüste des Pöbels um so weniger angehen konnte, als er dessen patriotische, chauvinistische Energie brauchte, um Frankreich zu bändigen und die Fürsten zu domptieren. Später, als man schon absehen konnte, warum und wie alles schief gehen würde, hat Bismarck sich nicht mehr gerne an diese Momente erinnern lassen, dennoch bleibt es wahr, daß er nicht nur nichts gegen die Forderung der Annexion von Elsaß und Lothringen unternommen hat, sondern diese gezielt zu den Instrumenten seiner Politik machte. Da auch er das „kein Stein unserer Festungen“ und „kein Fußbreit Erde“ kannte, wußte er um die ungeheuren Folgen dieser Annexionsgier: er hielt an den Abtretungen dennoch fest, mit knapper Not nur retteten die Franzosen damals Belfort, das ganze Elsaß und Lothringen mit Metz gingen verloren.

Damit war der Keim zum nächsten Krieg gelegt – die Verantwortlichen, Bismarck und Moltke an ihrer Spitze, wußten das genau. Resignierend fanden sie sich damit ab, gerade deswegen aber, so die zynische Rechtfertigung der Annexionen, mußte Frankreich a priori so geschwächt werden, daß die „Zwischenkriegszeit“ möglichst lange währen und die Ausgangslage für den nächsten Krieg verbessert werden konnte. Nach diesem so sicher wie das Amen in der Kirche erwarteten Krieg müsse Frankreich dann vollkommen „zerstückelt“ werden, äußerte sich Bismarck einmal im privaten Kreis – man ist geneigt, an so manche ähnliche Sentenz von Churchill zu denken – ein dreiviertel Jahrhundert später – und auf Deutschland bezogen.

Die „Reichslande“ Elsaß und Lothringen waren also der aggressiv-chauvinistische Kitt des Reiches: diese Hypothek ist es nie mehr losgeworden, mit ihr mußten die Deutschen und die Franzosen fortan leben.

Andere Hypotheken kamen hinzu: Im Februar – endlich – gab die republikanische Regierung nach, willigte in den Waffenstillstand, nicht zuletzt wegen der sich ständig verschärfenden innenpolitischen Spannungen in Frankreich, die in dem blutigen Kommuneaufstand von Paris gipfeln und enden sollten. Auch von diesem Ereignis, von Engels als welthistorisch klassifiziert, gingen ungeahnte Schockwellen aus – sie klingen erst in den letzten Jahren langsam ab. Der Kommuneaufstand war für ganz Europa ein Menetekel, seitdem ging es wirklich um, das Gespenst des Kommunismus in Europa. Es gab bis zum Beginn des Ersten Weltkrieges fortan kein Land mehr, das sich nicht vor die Frage gestellt sah, wie es mit diesem „Gespenst" fertig werden wollte.

Nahezu als historisches „Kontrastprogramm" dazu wirkt die Kaiserproklamation in Versailles am 18. Januar 1871. Von verfassungsrechtlicher Relevanz war sie nicht – um so bedeutender als historisches Symbol. Wo einst Ludwig XIV. über die Geschicke Europas befunden hatte – da etablierte sich eine sporenklirrende Militärmonarchie: ebenso wurde das bekannte Bild Anton von Werners in Europa interpretiert. Da standen sie nun alle zusammen: der „deutsche Kaiser", sein „eiserner Kanzler", der „große Schweiger", Hellmuth von Moltke, die Phalanx der gekrönten Häupter, die Generäle. Ein paar Bürger im Hintergrund? Vom Volk war nichts zu sehen.

Dieses Bild hat nicht nur das deutsch-französische Verhältnis fortan mitbestimmt, es stand für das Bismarckreich schlechthin. Die grobe symbolische Vereinfachung überdeckte den hochkomplizierten Vorgang der Reichsgründung, ließ aber auch die Vielfalt der Probleme verkennen, die mit ihr verknüpft waren. Aber es nutzt wenig, wenn man darauf hinweist, daß in Versailles ja nicht das Reich geschaffen, sondern nur sein Kaiser-Präsident „proklamiert" wurde: fortan floß eins ins andere über, „Kaiser und Reich", die mißverstandene mittelalterliche Formel gewann gespenstiges neues Leben. Es war die Frage, ob diejenigen, die das Reich „geschmiedet" hatten, die Geister der Vergangenheit beschwören und die Zukunft gestalten konnten.

II. Das Deutsche Reich in Europa 1871–1945

1. Satt und saturiert: Strukturen und Hypotheken des Bismarck-Reiches

Der Frieden währte 43 Jahre – das war bis 1988 die längste Friedensperiode, in der die Völker Europas je gelebt hatten. Dennoch waren die Jahre 1871 bis 1914 alles andere als „friedliche". Was die Pessimisten schon am Tag des Frankfurter Friedens, dem 10. Mai 1871 prophezeiten, sollte eintreten: es gelang der europäischen Staatengemeinschaft zu keinem Zeitpunkt, den prekären Frieden sicherer zu machen, ja überhaupt dauerhaft zu bewahren. Die Völker lebten daher seit 1871 nicht so sehr in einer „Nachkriegs-" und „Friedenszeit" als in einer ständigen „Vorkriegszeit". Diese wurde durch die immer raschere Aufeinanderfolge von großen politischen Krisen bestimmt, denen die Staatsmänner zunehmend hilflos gegenüberstanden. Da aber das Instrument des Krieges bis zum Ersten Weltkrieg von keinem Land a priori als ultima ratio regum ausgeschlossen wurde, blieb der Ausweg Krieg aus allen innen- und sozialpolitischen Problemen der Zeit ständige Verführung. Das machte es den Berufsdiplomaten um so schwerer, ihn einzuhegen, und es waren charakteristischerweise nicht sie, sondern Außenseiter, die vor 1914 ernsthaft über Alternativen zu dem ewigen Krieg-Friedens-Schema in der Geschichte nachzudenken begannen. Verächtlich als „Pazifisten" verschrieen, gegen den durchaus kriegerischen Geist der Epoche argumentierend, vermochten sie am Ende nichts, aber vielleicht trugen sie doch dazu bei, das Gewissen der Menschheit wachzurütteln.

Es war „natürlich", daß das frischgebackene Kaiserreich unmittelbar nach der Epoche der „Einigungskriege" zunächst um seine innere Einigung sich bemühen mußte. Der 1. Januar 1871, als das Reich formal gegründet wurde, war ein bloßes Datum, noch nicht einmal ein symbolisches, das blieb der 18. Januar.

Und dies natürlich auch im Rückgriff auf den 18. Januar 1701. Ganz bewußt versuchten Wilhelm I. und Bismarck die Raison des Reiches mit der Preußens zu verknüpfen, folgerichtig sprachen die Historiker auch von der „Wiederbegründung" des Deutschen Reiches – das sollte offensichtlich an das Jahr 1806 anknüpfen. Ob nun die Fortsetzung des „alten Reiches" oder die Schaffung eines „zweiten Reiches": tatsächlich handelte es sich beim Deutschen Reich von 1871 um ein vollkommen neues staatliches Gebilde. Am ehesten noch war es mit dem „Norddeutschen Bund" verwandt, denn dessen Verfassung wurde im wesentlichen durch „das Reich" übernommen, nur einige Etiketten wechselten: Anstelle des Wortes „Bund" trat nun der Begriff „Reich", aus dem „Präsidenten" war der „Kaiser" geworden – tatsächlich aber blieb dieser, darauf hatten die Dynasten der 38 Bundesstaaten Wert gelegt, nur der „primus inter pares".

Sicherlich wußte Bismarck, daß der bloße Kaisertitel über kurz oder lang dynamisches Eigengewicht entfalten würde; so sehr er die Könige, Großherzöge und Herzöge mit der Versicherung zu beruhigen verstanden hatte, daß ihre „Souveränität" von Reichs wegen nur sehr wenig eingegrenzt würde – die Bayern und Württemberger hatten sich deswegen allerlei „Reservatrechte" ausbedungen –, so klar hätte ihm doch vor Augen stehen müssen, daß ein modernes Gemeinwesen sich von eher staatenbündischen zu bundesstaatlichen Formen fortentwickeln konnte. Die Reichsverfassung spiegelte also die historischen Entwicklungen und die Bedingungen der Reichsgründung selbst, war jedoch über einige Bestimmungen so flexibel und entwicklungsfähig gestaltet, daß sie auch größere soziale Verwerfungen unbeschadet überstehen konnte.

Wohl entscheidend war die Mischung aus monarchisch-dynastischen, ständischen und historisierenden Momenten auf der einen, demokratisch-parlamentarischen auf der anderen Seite. Der Reichstag, wenngleich weit von jener verfassungspolitischen Machtfülle entfernt, die man heutzutage mit dem Parlament eines demokratischen Staates assoziiert, war doch das wichtigste, und wie sich im Verlauf der nächsten vierzig Jahre herausstellen sollte, entwicklungsfähigste Verfassungsorgan. Gewiß hatte Bismarck etwas ganz anderes vorgeschwebt, als er das gleiche, allgemeine und geheime Wahlrecht für den Reichstag festlegte – der Reichstag sollte die einigende Klammer um den Bund der Staaten legen –, nicht zuletzt durch die Erfahrungen mit der willfährigen preußischen II. Kammer geprägt, aber es erging ihm wie dem Zauberlehrling bei Goethe: die parlamentarisch-demokratischen Geister, die er hier beschwor, wurde er auf Dauer nicht mehr los. Bismarck hat diese Entwicklung auf einen Konstruktionsfehler zurückgeführt, wir sehen darin ein wahres Glück, die „List der Geschichte". Der Verächter von Parlamentarismus und Demokratie stärkte sie, weil er deren Dynamik verkannte. Schon immer hatte es Bismarck gereizt, den Tiger des Nationalbewußtseins, der Opposition zu reiten – immer dann, wenn er damit etablierte Regierungen und Staaten schrecken konnte –, daß er am Ende seiner Laufbahn nur hilflos über einen „Staatsstreich" gegen das Parlament nachdenken konnte, gehört zu den großen Ironien der deutschen Geschichte.

Das wichtigste Gremium war der Bund der Fürsten selbst, nun „Bundesrat" genannt – das Wort „Reich" war mit Rücksicht auf die fürstlichen Empfindlichkeiten tunlichst zu vermeiden. Hier besaß Preußen zwar bewußt keine absolute hegemoniale Stellung, aber gegen Preußen ging auch nichts: das war nach Lage der Dinge sicherlich der beste Kompromiß in der schwierigen Frage der Balance zwischen Preußen und dem Reich.

Dieses gab sich außerordentlich bescheiden: Es führte fortan die Außen- und später die Kolonialpolitik, es entschied über Krieg und Frieden, es war für die Flotte zuständig, der Kaiser war Oberbefehlshaber eines „Reichsheeres" in Bayern nur im Fall des Krieges. Eine Reichsregierung gab es nicht, der Reichskanzler war nur dem Kaiser verantwortlich, der ernannte den Reichskanzler. Folgerichtig gab es keine Minister, sondern nur Staatssekretäre. Weil der Reichskanzler zugleich preußischer Ministerpräsident war, stand ihm natürlich der gesamte Regierungs- und Verwaltungsapparat des größten Bundesstaates zur Verfügung, dennoch wollten die übrigen Bundesmitglieder durchaus gefragt sein, wenn der Reichskanzler über die allerengsten Kompetenzen hinausging – und das mußte er in ständig wachsendem Maße. Das führte schließlich zur Schaffung weiterer Reichsämter, und zwar des Inneren, der Justiz, des Post-, Eisenbahn- und Schatzamtes.

Denn das Reich wuchs tatsächlich zusammen, das ergab sich aufgrund der sozialen, ökonomischen, technischen, geistigen Entwicklung nahezu von selbst. Was einst die Liberalen im Zeitalter der Restauration hatte hoffen lassen, erfüllte sich; der Staatsrechtler Carl Schmitt hat später von der „normativen Macht des Faktischen" gesprochen. Dieser entsprach auch die schleichende Machtverschiebung vom Bundesrat zum Reichstag: Obwohl die Bismarck-Verfassung niemals formell aufgehoben wurde, entwickelte sie sich doch unaufhaltsam hin zu einem parlamentarischen System, es wäre also völlig falsch, wollte man in der deutschen Verfassungsgeschichte eine scharfe Grenze zwischen der „Autokratie" des Bismarckreiches und der „Demokratie" der Weimarer Republik sehen. Aus diesem Grunde wäre es auch verfehlt, die Geschichte der Demokratie in Deutschland erst mit dem 9. November 1918 beginnen zu lassen.

Die Reichsverfassung von 1871 war aber auch Antwort auf und Reverenz an die Konstitution von 1848. Sie war nicht die bloße Antithese zur Idee der Paulskirche. Vielleicht symbolisiert dies nichts deutlicher als der Name eines Mannes: Eduard von Simson, der 1849 vergeblich Friedrich Wilhelm IV. die Kaiserkrone angedient hatte, eröffnete auch den ersten deutschen Reichstag am 23. März 1871. Nicht allein das Wahlrecht, auch die im Reichstag vertretenen Parteien wurzelten allesamt bereits in jenen Frankfurter Gasthöfen, die das Bild der Revolution von 1848 bestimmt hatten.

Immer noch gaben die Liberalen den Ton an. So sehr sich die innere politische Tektonik auch verschoben haben mochte: an der Grundidee, nämlich der Verbindung zwischen Nationalismus und Parlamentarismus hielten sie fest, Bismarck wußte das ganz genau, das zügelte ihn, am Ende führte es zum Bruch mit der nationalliberalen Partei.

Diese stellte ja immer nur eine Facette im bunten Bild des deutschen Liberalismus dar. Die politische Spannweite des Liberalismus reichte von der Deutschen Freisinnigen Partei unter Eugen Richter über die Freisinnige Volkspartei, die Fortschrittliche Volkspartei bis zur Deutschen Demokratischen Partei 1918 in einer mehr „linken" Genealogie; von der Liberalen Reichspartei, der Nationalliberalen Partei (in mehreren Varianten) bis zur Deutschen Volkspartei, der Partei Gustav Stresemanns im Jahr 1918 in einer eher „rechten". Was die einen als ewiges Hin- und Herpendeln der Liberalen anprangerten, sahen die anderen als konstitutives, ausgleichendes Element in der Parteienlandschaft: auch daran hat sich bekanntlich bis heute nichts geändert.

Die eigentliche Alternative für Bismarck waren und blieben natürlich die Konservativen. Wenn man will, dann näherte sich Bismarcks Politik ihnen am Ende folgerichtig – nicht den „Altkonservativen", die in ihm immer den „weißen Revolutionär" witterten, wohl aber der Deutsch-Konservativen Partei, die schließlich zu der Deutschnationalen Volkspartei (DNVP) wurde, einer weiteren wichtigen Partei der nachfolgenden historischen Ära.

Nationalliberale und Konservative: im strengen Urteil Bismarcks waren das die eigentlich „staatstragenden" Parteien – man erkennt allein daran, wie prekär es mit Bismarcks Staatsverständnis beschaffen war. Denn diese beiden Parteigruppen repräsentierten niemals eine unangefochtene Mehrheit der Nation, da mochten sie sich noch so oft „sammeln". Es gab zwei Parteirichtungen, die für das Reichsganze, besser: das Wohl und Wehe des Reiches, ebenso verantwortlich waren wie Liberalismus und Konservativismus: die katholische Partei des „Zentrums" und, vor allem, die Partei des Sozialismus.

Das Reich war 1871 in seiner Spitze evangelisch geworden. Der Kaiser, gerade wenn er als legitimer Erbe des Römischen Kaisertums stilisiert wurde, war evangelisch, das war in den Augen aller Katholiken unerhört. Ein evangelisches Kaisertum war im Selbstverständnis des deutschen Katholizismus sicherlich der schwerwiegendste Traditionsbruch, damit sich abzufinden, war ja auch den katholischen Fürsten des Reiches sauer geworden.

Ganz neu war das Problem der katholischen Minderheit in einem evangelischen Reich natürlich nicht. Preußen selbst hatte mit seinen westlichen Provinzen seit dem 17. Jahrhundert starke katholische Bevölkerungsanteile besessen, 1848 hatte der Religionsgegensatz die Einrichtung rheinisch-katholischer Ministerien selbst in Berlin nicht gehindert.

Dennoch blieben die konfessionellen Gegensätze auch in Preußen prekär, nach der Reichsgründung mußten die Katholiken ihr Verhältnis zu dem neuen Staatsgebilde erst finden und definieren, was Wunder, wenn es ihnen schwer fiel.

An diesem Punkt stößt man an die Grenzen der Bismarckschen Genialität, wohl auch seiner Toleranz. Tief eingebunden in einen pietistischen evangelischen Glauben, vermochte sich dieser Mann niemals vorzustellen, daß man Papst und Kaiser zugleich und loyal dienen konnte. Abgrundtiefes Mißtrauen, aus einer letztlich intoleranten religiösen Grundhaltung heraus geboren, verstellte dem Reichskanzler den freien Blick auf die bunte konfessionelle Landschaft Deutschlands; er begriff sie nicht als Chance und Herausforderung, sondern als Gefahr.

Die Katholiken sammelten sich folglich um ein „Zentrum" – was anderes wäre ihnen nach Lage der Dinge auch übrig geblieben? Daß die Hochburgen dieser nun reichsweit agierenden Partei eher im Süden lagen, ergab sich von selbst; daß sich hier auch die Entrechteten und Eingemeindeten, wie Polen, Welfen, Elsässer sammelten, war verständlich. Vom katholischen Bevölkerungsanteil von 37 Prozent her gesehen, war das Zentrum also eine machtvolle politische Partei – es kam ganz darauf an, ob es seinen Frieden mit dem evangelischen Kaiserreich machte oder in Fundamentalopposition verharren würde. Bismarck machte sich allzulange nicht klar, daß eigentlich er, sein Kaiser und sein Reich auf diesen katholischen Bevölkerungsteil und „seine" Partei hätten zugehen müssen. Aus diesem Versäumnis ergaben sich die schlimmsten Folgen, bis heute nachwirkend.

Viel schlimmer waren freilich die Folgen der Bismarckschen Politik im Hinblick auf die eigentlich weitertreibenden sozialen Kräfte im Kaiserreich, die sich in der Sozialdemokratischen Partei organisierten. Auch auf diesem Feld begann nicht alles erst mit der Gründung des Allgemeinen deutschen Arbeitervereins im Jahr 1863. Schon die demokratische Linke in der Paulskirche fühlte sich „sozialistischen" Ideen verpflichtet, schon damals war das Mißtrauen zwischen Liberalen und Konservativen auf der einen, Demokraten und „Sozialisten" auf der anderen Seite nicht zu überwinden gewesen. Das hatte es den Kräften der Beharrung möglich gemacht, Demokraten und Liberale nacheinander zu schlagen.

Die Thesen von Karl Marx waren 1848 noch kein Thema gewesen, das änderte sich seit den sechziger Jahren. Mit dem Dioskurenpaar Marx und Engels war ein fundamental neues politisch-weltanschauliches Element in die deutsche und europäische Geschichte gelangt, in zahlreichen Variationen bestimmte es bis heute den Gang der Ereignisse, weit über Europa hinausweisend.

Es gibt Historiker, die im Unvermögen der systemerhaltenden Kräfte des Kaiserreiches, mit dem Sozialismus wenigstens Lassallscher Prägung Kompromisse, einen Frieden einzugehen, den Anfang der deutschen Katastrophe überhaupt sehen, den Schlüssel zur gesamten Gesellschaftsgeschichte des 19. und 20. Jahrhunderts. Ob es indessen wirklich einen „goldenen Moment" gegeben hat, von dem ab die Weichen prinzipiell anders hätten gestellt werden können, bleibt eine spekulative Frage. Geht man von den weltanschaulichen Positionen der bürgerlichen Gesellschaft einerseits, denen der Sozialisten (nicht zu sprechen von den Kommunisten und Anarchisten) andererseits aus, so sind Kompromisse in der Tat schwer zu erkennen. Die stringente marxistische Ausrichtung des frühen Sozialismus, erst gegen Ende der Epoche durch den „Revisionismus" eines Bernstein aufgeweicht, machte es den konservativ-bürgerlichen Parteien und Verbänden praktisch unmöglich, konstruktiv mit den Sozialisten zusammenzuarbeiten. Die vom Marxismus als sicher gehegte Erwartung des erfolgreich endenden Klassenkampfes mußte Widerstand provozieren; daß dieser, wie in manchen der sogenannten „Sozialistengesetze", weit über das Ziel der Eindämmung hinausschoß, trug zur Unversöhnlichkeit der ideologischen Gegensätze sicher bei.

Es ist daher müßig, darüber zu räsonieren, wie die Dinge sich verfassungs- und gesellschaftspolitisch weiterentwickelt hätten, wären die Sozialisten nicht mit dem Bismarckschen Verdikt,

„Reichsfeinde" zu sein – und zwar noch gefährlichere als es die Katholiken waren –, von Anfang an in eine Fundamentalopposition abgedrängt worden. Diese erschien Bismarck aber nicht nur innen- und gesellschaftspolitisch gefährlich, ihn irritierte gleichermaßen der „internationale" Anspruch dieser Bewegung. Hier verknüpfte sich für ihn im übrigen das Phänomen „Zentrum" mit dem des „Sozialismus": Was für die Katholiken der „Ultramontanismus" – also das angeblich unentwegte Starren nach Rom – war, blieb für die Sozialisten die „Internationale". In beiden Fällen verdächtigte Bismarck die Träger solcher Ideen der prinzipiellen „Vaterlandslosigkeit"; tatsächlich waren Katholizismus und Sozialismus jene beiden Grundkräfte in Deutschland, die dem hypertrophen, bald autistisch sich gebärdenden Nationalismus Widerstand leisten konnten. Daß Nationalismus und Sozialismus, Patriotismus und Katholizismus keineswegs unversöhnliche Gegensätze sein mußten, sollte sich tatsächlich spätestens im Juli und August 1914 erweisen – da freilich war es zu spät, darin mag man eine tragische Komponente der deutschen (aber nicht nur der deutschen) Geschichte erkennen.

Die Entfaltung der deutschen Parteienlandschaft vollzog sich vor dem Hintergrund einer nunmehr stürmischen demographischen, wirtschaftlichen, technischen, geistigen Entwicklung, die binnen weniger Jahrzehnte aus dem immer eher noch biedermeierlich-agrarischen Deutschland der Einigungszeit einen modernen Industriestaat mit all seinen Licht- und Schattenseiten machte. Das Unzeitgemäße mancher politischer Formel war eben auch Folge einer 1870 noch nicht absehbaren Entwicklung. Vor dem Hintergrund der allgemeinen politischen, ökonomischen und gesellschaftlichen Szenerie der sechziger Jahre des 19. Jahrhunderts wirkte das politische Instrumentarium Bismarcks keineswegs veraltet; daß es sehr bald dennoch als anachronistisch empfunden werden mußte, ging auf das zurück, was man nun tatsächlich als eine „industrielle Revolution", ja als ein wahrhaftes „take-off" bezeichnen könnte. Das politische System wurde förmlich überrollt, und es gab schon während der Regierungszeit Bismarcks niemanden mehr, der auf dieser Woge sich zu halten verstanden hätte.

Die Bevölkerungskurve ging steil nach oben: von 34,6 im Jahr 1871 auf 65 Millionen im Jahr 1913. Kohle und Stahl sogen die Menschen in Massen an; in Oberschlesien, in den Industrierevieren um Berlin, in Sachsen, Thüringen, dem Ruhrgebiet entstanden hochverdichtete Stadtlandschaften, die ihresgleichen niemals in der Geschichte gehabt hatten. Was sich schon im Zeitalter des Eisenbahnbaus angedeutet hatte, erfüllte sich nun in ungleich dramatischerer Weise: die Bevölkerung wurde durch gewaltige Wanderbewegungen, meist in Ost-Westrichtung von Grund auf durchmischt. Der Bevölkerungsdruck ließ anfangs die Auswanderungszahlen steil nach oben schießen; war Auswanderung im Umfeld von 1848 oft politisch motiviert gewesen – Auswanderung als „Revolutionsersatz" (Moltmann) –, so trieb es die Deutschen nun aus ökonomischen Gründen massenhaft ins Land der anscheinend unbegrenzten Möglichkeiten. Seit Ende der achtziger Jahre, nachdem die Hektik der „Gründerjahre" und der nachfolgenden konjunkturellen Stagnation überwunden war, begann eine zweite Hochphase der Industrialisierung, diesen Strom einzudämmen; bald fehlten allerorten Arbeitskräfte, millionenfach strömten vor allem Polen in die Industriereviere an Rhein und Ruhr; ungesteuert, ungewollt und auch unreflektiert vollzog sich hier ein Integrationsprozeß europäischen Ausmaßes, der sich noch heute in der Arbeiterkultur und vielen Familiennamen des Ruhrgebiets spiegelt. Der auch gegenwärtig ständig fließende Menschenstrom von Ost nach West, nach dem Hochziehen des „Eisernen Vorhangs" erstaunt von vielen zur Kenntnis genommen, geht auf eine über hundertjährige Tradition zurück.

Die Verstädterung hätte zu raschen Konsequenzen hinsichtlich der Selbstverwaltung, des Wahlrechts, der Wahlkreise führen müssen, aber weder das Reich noch die einzelnen Bundesstaaten sahen sich in der Lage, auf die neuen Herausforderungen flexibel zu reagieren. Ständig verfolgt von den Prophezeiungen des Marxismus, schien sich tatsächlich eine „Klassengesellschaft" zu entwickeln – merkwürdiger Kontrast zu den gleichzeitig ebenfalls zu beobachtenden nivellierenden Tendenzen im Gefolge der Industrialisierung. In seinem historischen Selbstverständnis stand das Besitz- und Bildungsbürgertum an der Spitze der gesellschaftlichen Pyramide, in der verfassungspolitischen Wirklichkeit Preußens etwa gab nach wie vor der Adel den Ton an; die entscheidenden Positionen in der Politik und in der Armee blieben wesentlich ihm vorbehalten, und wenn im Gefolge der allgemeinen Entwicklung die agrarische ökonomische Basis des Adels schwächer wurde, so reagierte die Klassengesellschaft nicht mit Anpassung, sondern Ausgrenzung. Auf diese Weise konnten die Klischees von den „ostelbischen" „Junkern", den oberschlesischen „Magnaten", den „Schlotbaronen" von der Ruhr entstehen; das alles bildete freilich keine homogene Elite, sondern ein immer schärfer sich ausbildendes Konkurrenzverhältnis – etwa zwischen „Eisen" und „Roggen", wie man es vereinfachend und schlagwortartig ausgedrückt hat. Infolgedessen war die innere Geschichte Deutschlands durch ständige untergründige ökonomische Verteilungskämpfe bestimmt, und alle Kompromisse, etwa in Zoll- und Handelsfragen, waren bloß Resultate krassen schichtenspezifischen Egoismus – also untauglich zur Überwindung der großen gesellschaftspolitischen Gegensätze.

Adel und Großbürgertum auf der einen, kleine Angestellte, Handwerk und mittelständisches Bürgertum in der Mitte, die Arbeiterschaft bis hin zum Proletariat auf der anderen Seite: das ist das gewohnte Bild von der in sich zerklüfteten gesellschaftlichen Landschaft des Kaiserreiches. Die Parteien, reine Interessenverbände, die Verbände, bar aller allgemeinen politischen Verantwortung, trugen wenig bis nichts zur Integration bei; das war der Boden, auf dem Intoleranz, bornierte Ideologien, Militanz und Untertanengeist reifen konnten. Der im großen und ganzen ständige wirtschaftliche Aufschwung verbarg die Brüchigkeit der gesellschaftlichen Fassaden, nachdenkliche Zeitgenossen, aber auch ein so emphatischer Philosoph wie Friedrich Nietzsche prophezeiten Unheil, gegen Ende des Jahrhunderts wurde es geradezu Mode, vom „Fin de siècle" zu sprechen, achselzuckende Dekadenz schien die Signatur der Zeit.

Aber es gab ein ganz anderes Grundgefühl für den Geist der Zeit, es wurde von einem ungebremsten Fortschrittsoptimismus bestimmt, der nach und nach auf alle Bereiche der gesellschaftlichen Existenz übergriff. Während die Kassandras den Niedergang von Kunst und Literatur beklagten, wiesen andere voller Stolz darauf hin, daß erst das technische 19. Jahrhundert in der Lage sei, alle bisherige Kunst zu imitieren und quantitativ wie qualitativ zu übertreffen – ganz typisch dafür mag jenes aus Stahlelementen zusammengesetzte gotische Rathaus sein, das das Deutsche Reich auf der Pariser Weltausstellung von 1900 repräsentierte. Die schon seit den vierziger Jahren einsetzende Mittelalterromantik trieb jetzt erst ihre sonderbarsten Blüten und trug zur Mythisierung und Überhöhung des „Reichsgedankens" vor allem im Zeitalter Wilhelms II. wesentlich bei. Man war stolz darauf, zur gleichen Zeit eine Marienburg und einen Chemiekonzern bauen zu können; man freute sich über gewaltige Nationaldenkmäler wie auf dem Kyffhäuser, auf dem Niederwald, im Teutoburger Wald, am „Deutschen Eck", denn die spiegelten anscheinend die Vollendung der deutschen Geschichte. Daß all dies nicht bloß Talmi, ein mehr Scheinen-als-Sein war, ergaben nüchterne Statistiken, die sich mit dem Volkseinkommen, den Bildungsabschlüssen, dem Hochschul- und Universitätsbau, nicht zuletzt den Nobelpreisen beschäftigten: aus allen diesen Daten ging eines mit Sicherheit hervor: Das Deutsche Reich stand in der Spitzengruppe der modernen Großstaaten, auf manchen Feldern behauptete es sogar den ersten Platz – etwa in der Physik, in der Chemie, sicher auch in manchen Geisteswissenschaften, wie der Geschichte und der Philosophie.

Und natürlich in militaribus. Man wird dem Bild vom Kaiserreich nicht gerecht, wenn man dieses geradezu konstitutive Moment vernachlässigt. Die Institution des Reserveoffiziers war fast wie die eines besonderen Standes, nirgendwo in der Welt gab es etwas Vergleichbares. Armee und Flotte galten als Unterpfand der Einheit und Garanten der Zukunft; macht man sich klar, daß die Zeitgenossen Bismarcks und Wilhelms II. auf eine Kette von vier gewonnenen Kriegen (1815, 1864, 1866, 1871) zurückblicken konnten, so wird verständlich, daß die „schirmende Wehr" im Selbstverständnis der Massen – keineswegs nur des Adels und des Bürgertums – zur „schimmernden Wehr" werden konnte. Jacob Burckhardt hatte gewiß Recht, wenn er die ganze deutsche Geschichte nunmehr als „siegesdeutsch angestrichen“ empfand; das Reich war aus Kriegen entstanden, der letzte hatte die ungeheure Überlegenheit der preußisch-deutschen Armee über alle anderen der Welt anscheinend buchstäblich schlagend bewiesen. Es war dieses Prestige, das dem Reich und seinem Kaiser geradezu mythischen militärischen Glanz verlieh – der aber ließ sich, wie es sich im Zeitalter von Tirpitz zeigen sollte, allemal in politische und militärische Macht umsetzen.

Das Reich, so mochte es den Beobachtern von dieser Seite des Hügels aus erscheinen, strotzte vor Gesundheit, die „Schattenlinien“ (Nipperdey) waren kaum zu erkennen, wo es im gesellschaftlichen Gefüge noch hakte, da war man zuversichtlich, die richtigen Palliative finden und anwenden zu können.

Von der anderen Seite des Hügels aus lag das Reich in düsteren Dämmer gehüllt, ein anachronistisches, zugleich selbstgefälliges und tief verunsichertes Gebilde, säbelrasselnd, unweigerlich auf den großen sozialen show-down zuwankend. Die Deutschen – eine „verspätete Nation“, unfähig, sich den Erfordernissen des heraufziehenden 20. Jahrhunderts anzupassen, rückständig in ihren politischen und gesellschaftlichen Strukturen, vergeblich auf der Suche nach dem Platz unter den Völkern und an der Sonne – gerade deswegen unkalkulierbar, für den Frieden der Welt eine Gefahr.

All dies – und viele „Zwischentöne“ – lassen sich schon in den zeitgenössischen Deutungen der Epoche finden, sie halten sich bis zur Gegenwart auch in der nachträglichen historischen Interpretation. Vielleicht war alles Gute und alles Böse, alles Verheißungsvolle und alles Verhängnisvolle der deutschen Geschichte im 20. Jahrhundert tatsächlich schon damals angelegt – aber auch schärfstes Hinsehen wird keine Einbahnstraße in die deutschen Katastrophen von 1914, 1933 und 1945 erkennen können; so sehr die strukturellen Momente sich dem Zugriff des einzelnen verantwortlichen Individuums entziehen können – auch im Zeitalter Bismarcks und Wilhelms II. waren es die Politiker und Staatsmänner, die in erster Linie für das Schicksal der Deutschen verantwortlich blieben. Zufälle, Sachzwänge, Unvermeidlichkeiten: all das gab es, aber es hat dies schon immer in der Geschichte gegeben, die Jahre 1871 bis 1914 bilden keine Ausnahme.

Bismarck hatte das Reich geschaffen, er fühlte sich ganz persönlich für seinen Ausbau, vor allem seinen Erhalt verantwortlich. Das Reich war sein Werk: Daraus ergaben sich Bismarcks innenpolitische Stärken und Schwächen. Schon unmittelbar nach dem Frankfurter Frieden hatte der Reichskanzler betont, daß das neue Reich außenpolitisch und territorial „saturiert" sei: auf diesen größten gemeinsamen Nenner hoffte Bismarck das gesamte außenpolitische Gebäude gründen zu können.

Von „Saturiertheit" konnte hingegen im Innern keine Rede sein, von daher ist man geneigt, von einem außen- und innenpolitischen Gegensatz in der Bismarckschen Gesamtpolitik auszugehen. Selbst diejenigen, die Bismarcks Innenpolitik nach 1871 völlig ablehnend gegenüberstanden, fanden an seiner Außenpolitik das meiste gut, daraus ergab sich die These, Bismarck sei ein guter Außen- und ein schlechter Innenpolitiker gewesen.

Solche Klassifizierung verkennt jedoch die Komplexität der Reichspolitik nach 1871. Eine saubere Trennung zwischen Außen- und Innenpolitik war schon damals nicht möglich, was Bismarck in dem Jahrzehnt von 1862 bis 1871 außenpolitisch mit langem Atem vorbereitet und eingeleitet hatte, mußte er nach der Reichsgründung eher rasch und überstürzt innenpolitisch „nachzuholen" suchen.

Die Verknüpfung zwischen diesen beiden Feldern der Politik wurde im sogenannten „Kulturkampf" zum ersten Mal sichtbar. Sicherlich, diese Auseinandersetzung zwischen preußischem Staat und katholischer Kirche war auch Folge des säkularen Konfliktes zwischen aufgeklärtem Liberalismus und einem zu neuem Selbstbewußtsein erwachten Papsttum; für Bismarck ging es jedoch in erster Linie um die innere Einheitlichkeit des modernen Staates, seine Binnensouveränität, die er durch „ultramontane" Einwirkung gefährdet sah. Die Sympathien der katholischen Geistlichen für die katholische polnische Minderheit im Reich, die Orientierung des Zentrums nach Rom: hier gingen innen-, religions- und außenpolitische Motive ineinander über.

Weil Bismarck die erheblichen Wirkungen einer „Einmischungspolitik“ in die inneren Angelegenheiten eines fremden Staates zeit seines politischen Wirkens mit zu kalkulieren pflegte – in Abwehr oder aggressiver Drohung –, war ihm das Verhalten „der Katholiken“ besonders suspekt, das führte in rascher Verschärfung des Konflikts zu einer Reihe von Gesetzen, die vom katholischen Bevölkerungsteil wie von der Kurie nur als offene Kampfansage betrachtet werden konnten.

Das politische und psychologische Resultat des Kulturkampfes war verheerend. Zwar setzte sich der Staat formal weitgehend durch, aber um so unversöhnlicher standen fortan er und die Katholische Kirche einander gegenüber; die Katholiken entfernten sich weiter denn je von den Positionen des Liberalismus, das gleiche und geheime Wahlrecht gab ihnen gleichwohl die Chance zu politischer Artikulation: Das Zentrum ging gestärkt, der Liberalismus geschwächt aus dem Kampf hervor, seitdem bröckelte das parteipolitische Fundament des Kanzlers.

Nicht zu Unrecht sieht man in Bismarcks Kampf gegen die „gemeingefährlichen Bestrebungen der Sozialdemokratie“ – so der Titel des berüchtigten „Sozialistengesetzes“ – ein dem Kulturkampf vergleichbares Motiv. Wie im Katholizismus, so sah er auch im Sozialismus bloß die nationalfeindlichen, auf internationale Aktionsfronten gerichteten Tendenzen; wie im Kampf gegen Rom, glaubte er auch im Kampf gegen die Sozialdemokratie eine Voraussetzung zur inneren Konsolidierung des Reiches schaffen zu müssen. „Reichsfeinde“ waren beide in seinen Augen, aber während er im Kampf gegen die Katholische Kirche endlich nachgeben mußte und dies durchaus contre coeur, zeichnete sich der Kampf gegen die Sozialdemokratie durch eine wohlüberlegte Doppelstrategie aus: Bismarck war klug genug, um die politische Macht der Sozialdemokratie richtig einzuschätzen; die Wahlergebnisse zeigten, daß die Idee des „4. Standes“ keine blasse Theorie war. Mit Zuckerbrot und Peitsche wollte er mit dieser „Gefahr“ fertig werden.

Daß die Fernziele der SPD eine Gefahr für Staat und Gesellschaft darstellten, daran zweifelte Bismarck nie. In diesem Punkt war er schon durch die Ereignisse des Jahres 1848 traumatisch geprägt, der Kommunenaufstand tat dann ein übriges, um ihn zum schärfsten Gegner aller sozialistischen und marxistischen Gesellschaftsentwürfe werden zu lassen. An eine schließliche Versöhnung, einen historischen Kompromiß zwischen Bürgertum und Sozialismus glaubte er keinen Moment – anders als beispielsweise wenigstens vorübergehend Wilhelm II. Worauf es in seinen Augen also ankam, war, die Bestie zu zähmen, die Karikatur des peitschenschwingenden Dompteurs geriet nicht von ungefähr in die Publikumsblätter der Zeit. Bismarck wurde also nicht nur vom „cauchemar des coalitions", sondern auch vom „cauchemar des révolutions" verfolgt – das war ein ferner Reflex des Restaurationszeitalters und paßte vorzüglich in seine grundsätzlichen politischen – auch außenpolitischen – Grundpositionen. Zwei Attentate auf den „guten" Kaiser Wilhelm I. lieferten für Bismarck den willkommenen Anlaß, das Sozialistengesetz durch den Reichstag zu bringen, aber es war charakteristisch und hätte ihm zu denken geben sollen, daß es erst des zweiten Attentates und einer Reichstagsauflösung sowie Neuwahlen bedurfte, um das Parlament gefügig zu machen. Seit 1879 mußte sich der „weiße Revolutionär" auf die Konservativen stützen; fern am Horizont zeichnete sich seitdem eine liberale und linke Mehrheit ab, die Klassengegensätze wurden also nicht gemildert, aber die Gewichte begannen sich seit diesen Wahlen unabänderlich zu Bismarcks Ungunsten zu verschieben. Das politische System des Reiches driftete gleichsam nach links, die führenden Eliten verharrten auf ihren Positionen, die innergesellschaftlichen Spannungen wuchsen.

Sie zu mildern, die Sozialdemokratie ihrer politischen Potenz zu berauben: das war sicherlich das Hauptmotiv jenes Sozialgesetzgebungswerkes, das das Deutsche Reich seit 1883 zum fortschrittlichsten Staat auf dem Gebiet der sozialen Sicherung und Fürsorge machte. Wo immer aber auch die eigentlichen Motive Bismarcks bei der Einführung der Kranken-, Unfall-, Alters- und Invaliditätsversicherungsgesetze gelegen haben mögen: die Knüpfung dieses sozialen Netzes, in der Weimarer Zeit durch das Arbeitslosenversicherungsgesetz ergänzt, fügte das Kaiserreich in die Reihe der modernen Sozialstaaten ein. Hier liegt ein

Erbe, das bis zum gegenwärtigen Tag reiche Früchte getragen und viele politisch ganz anders Denkende am Ende mit dem Bismarckreich versöhnt hat.

Kurzfristig gesehen ging Bismarcks Rechnung übrigens nicht auf. Ganz richtig interpretierten die Führer der Sozialdemokratie diese Gesetze als subtile Instrumente zur Bekämpfung des politischen Sozialismus, so dumm aber waren die deutschen Arbeiter nicht, daß sie diesen Zusammenhang nicht gesehen hätten: Nur vorübergehend durch die Repressionen des Sozialistengesetzes gestoppt, wuchs der Anteil der sozialdemokratischen Abgeordneten im Reichstag ständig an, 1912 schließlich stellten sie die größte Fraktion. Der Sozialismus, so mußte es Bismarck und seinen Nachfolgern erscheinen, war durch nichts und niemanden aufzuhalten.

Das stellte sich als Irrtum heraus, denn die Fernwirkungen der Sozialgesetzgebung im Sinne Bismarcks wurden in einer besonders kritischen Situation des Reiches durchaus sichtbar. Als es nämlich um die in der Tat weltbewegende Frage ging, ob die deutsche Sozialdemokratie mit in den Krieg ziehen sollte, entschieden sich Fraktion und Partei für die Bewilligung der Kriegskredite und machten damit ihren (Burg)Frieden mit dem kaiserlichen Deutschland. Aus den „vaterlandslosen Gesellen" waren verantwortungsbewußte Patrioten geworden – was anderes, wenn nicht ein historischer Erfolg der Bismarckschen Politik wäre dies gewesen!

Aber nicht mit solchen Fernwirkungen seiner Politik wird gemeinhin der Name des ersten Kanzlers des Deutschen Reiches verknüpft, im kollektiven Gedächtnis der Deutschen blieb er zuallererst der „Reichsschmied"; unzählige Bismarckdenkmäler haben ihn so dargestellt. Als nach seinem Tod überall im Reich „Bismarcktürme" errichtet wurden, war dies Stein gewordene Sehnsucht nach einer anscheinend großen, klaren Epoche der deutschen Geschichte, Bismarck: das war der Leuchtturm in der Nacht, der Staatsmann, der das große Spiel um Krieg und Frieden, Allianzen und Kongresse meisterhaft beherrscht hatte, perfekt in seinem „Spiel mit den fünf Kugeln", unerreicht in der Dichte, Subtilität und Folgerichtigkeit seiner großen europäischen Politik.

Darüber vergaßen die Epigonen leicht, daß 1890, als Bismarck stürzte, das ganze kunstvolle Gebäude seiner europäischen Bündnis- und Sicherheitspolitik nur noch ein Scherbenhaufen war. Will man es pointiert ausdrücken, so ließe sich gar behaupten, daß die Bismarcksche Innenpolitik, nimmt man alles nur in allem, doch erfolgreicher als seine Außenpolitik gewesen ist. Freilich stellt sich dann sofort die Frage nach den Kausalitäten und Werten der Außenpolitik: Wenn der anerkannt geschickteste, erfahrenste, über Jahrzehnte erfolgreichste europäische Politiker am Ende seiner politischen Laufbahn vor dem Nichts stand: war dieses Nichts nicht von Anfang an vorprogrammiert, war das Verhängnis, das nach Bismarcks Sturz unaufhaltsam heraufzog, nicht unvermeidlich, lag es in eines irdischen Menschen Macht, es zu verhindern?

2. Genie und Hybris: Das Spiel mit den fünf Kugeln

Bismarck selbst hat in den Bestand seines Werkes immer nur begrenzte Hoffnungen gesetzt. Gelegentlich war er soweit, alles am liebsten rückgängig zu machen, es in einem zweiten Anlauf erneut zu versuchen. Aber Geschichte ist kein wiederholbares Laborexperiment, das wußte er selbst genau. Überblickt man die politischen Leitlinien seiner Außenpolitik seit 1871, so fällt auf, daß sie vom gleichen Geist bestimmt wurden wie vor 1871: In jeder politischen Konstellation versuchte Bismarck die Entscheidungen nach vorne offen zu halten, sein Denken in prinzipiell möglichen Alternativen wurde eher noch schärfer, nur den Krieg als Mittel der Politik – den begann er mehr und mehr auszuschließen, denn es gab nach 1871 nichts mehr, was durch einen Krieg gewonnen, viel jedoch, das durch ihn verloren werden konnte.

Bismarck trieb also Außenpolitik als Sicherheitspolitik. Er wollte bewahren, was 1871 errungen war, die „Saturiertheit" des Reiches und die Bewahrung des Friedens waren die Leitmotive seiner Diplomatie.

Sonst freilich nichts, und das verlieh seinem staatsmännischen Wirken oft jene schillernde, die anderen Mächte irritierende Note, die nichts mit Prinzipien – oder Charakterlosigkeit zu tun hatte. Bismarck war zweifelsohne das größte außenpolitische Genie des 19. Jahrhunderts – es fragt sich aber, ob Genialität wirklich das ist, was eine solide Außenpolitik benötigt.

Diese Frage sollte sich Bismarcks Nachfolger Caprivi praktisch vom ersten Tage an stellen; ihm schien es schlicht unmöglich, das Spiel mit den fünf Kugeln fortzusetzen: so geschickt sei er nicht, er könne immer nur zwei Kugeln in der Hand halten.

Das Bild von den fünf Kugeln ist tatsächlich gut geeignet, um Bismarcks Politik zu erläutern: Zum einen bedurfte es eines, aber nur eines Jongleurs: in die Außenpolitik hatten sich tunlichst kein Kaiser und kein anderes gekröntes Haupt, geschweige denn Generäle oder Staatssekretäre einzumischen. Zum anderen funktionierte es nur in einem System ständiger Bewegung, gleichmäßiger Dynamik. Zum dritten erhob dieses Jongleurkunststück die Labilität selbst zum Programm, das geringste statische Moment mußte für das System tödlich sein. Zum vierten – und daran dachte Bismarck nicht immer – mußten die Kugeln einigermaßen homogen sein, ins Historische übertragen: Rußland, Frankreich, England, Österreich und Deutschland mußten, wie schon im 18. Jahrhundert, ein „Konzert“ bilden, genauer: in ihrem politischen und nationalen Selbstverständnis ein „Konzert“ bilden wollen.

Man sieht schon hier, wo die Probleme des außenpolitischen Systems lagen: es funktionierte nur als gesamteuropäische Innenpolitik. Da zur gleichen Zeit aber einige der großen Mächte gerade energisch über Europa hinausdrängten, außereuropäische Mächte, vor allem die Vereinigten Staaten, vehement in die Welt hineindrängten, stand das System selbst auf schwankendem Fundament. Bismarck empfand Europa sicherlich als „Schicksalsgemeinschaft“, nicht alle seine Partner und Kontrahenten sahen es ebenso, hieraus ergaben sich Mißverständnisse, Krisen, am Ende vielleicht doch Kriege, kleine zuerst, solche an der Peripherie, aber die Idee des Krieges fraß sich von außen ins Innere Europas.

Im berühmten „Kissinger Diktat“ hat Bismarck die knappste und zugleich beeindruckendste Blaupause für sein außenpolitisches Programm geliefert: Nicht das Bild „irgendeines Ländererwerbs“ schwebte ihm vor, „sondern das einer politischen Gesamtsituation, in welcher alle Mächte außer Frankreich unser bedürfen, und von Koalitionen gegen uns durch ihre Beziehungen zueinander nach Möglichkeit abgehalten werden“.

Frankreich isolieren: das war der gleichsam negative Integrationsfaktor dieser Politik, und das war von Anfang an auch ihr größtes Handicap. Sicherlich, es sollte Situationen geben, in denen Bismarck vorübergehend auch eine grundsätzliche Versöhnung mit Frankreich für möglich hielt, sie wurden jedesmal durch den immer wieder hochschäumenden Chauvinismus und Revanchismus diesseits und jenseits des Rheines zunichte. Im Grunde blieb Bismarck pessimistisch: wie Moltke, so hielt auch er den Krieg irgendwann einmal doch für unvermeidlich, aber es mochten Entwicklungen eintreten, die dieses fatale Ereignis immer weiter hinausschieben konnten – Fluchtpunkt in die historische Unendlichkeit?

Der Aufbau des Bismarckschen Bündnissystems gehorchte den Kissinger Maximen – so gut es eben ging, Bismarck war nicht doktrinär, eine Politik der fruchtbaren Umwege war ebenfalls möglich. Noch ganz nach dem Muster der politischen Konstellationen der Jahre 1867 bis 1870 läßt sich das Dreikaiserabkommen von 1873 deuten: Nicht zum ersten Mal in der Geschichte Preußen-Deutschlands schien die Ruhe des Kontinents von der Einigkeit der drei „Ostmächte“ abzuhängen; wenn es gelang, die latenten Machtrivalitäten zwischen Österreich und Rußland durch den Zutritt Deutschlands zu einem Defensivbündnis zu balancieren – dann war Frankreich der Weg nach St. Petersburg ebenso versperrt wie der nach Wien. Die Erhaltung des Friedenszustandes in Europa – um nicht mehr und nicht weniger war es Bismarck mit diesem ersten Stein im Gebäude seiner Allianzpolitik zu tun.

Der Kanzler erfuhr bald, daß die Bewahrung des Friedens nicht für alle großen Mächte der Güter höchstes war: Rußland hatte zweimal Neutralität gewahrt und dafür mit dem Segen Europas die einengenden Pontusklauseln des Pariser Friedensvertrages abstreifen können. Daß das nur der Anfang einer aggressiven Orientpolitik gegen die ständig schwächer werdende Türkei war, mußte seitdem jedermann klar sein; es überraschte die europäische Staatenfamilie aber doch, mit welcher Rücksichtslosigkeit und Brutalität Rußland nun Interessenpolitik auf dem Balkan trieb. Serbien war zum ersten Mal der „Agent" dieser Politik, natürlich ging es Zar Alexander II. weniger um die Freiheit der Serben als die Etablierung eines Satellitensystems. In San Stefano, schon standen die Truppen des Zaren vor den Toren Konstantinopels, diktierte Rußland der Türkei einen Vertrag, der den Namen „Frieden" kaum noch verdiente. Das Osmanische Reich sank zur politischen Bedeutungslosigkeit herab, ein neugeschaffenes Großbulgarien von russischen Gnaden zerbrach das prekäre Gleichgewicht auf dem Balkan, nicht nur Österreich, unmittelbar betroffen und bedroht, auch England sah seine und die Interessen des europäischen Gleichgewichts aufs höchste gefährdet, im Orient zog das Gespenst eines allgemeinen großen Krieges hoch.

Das wurde die Stunde Bismarcks. Noch drei Jahre zuvor hatte der Kanzler in der „Krieg-in-Sicht"-Krise die bittere Erfahrung machen müssen, daß England, Rußland und Frankreich seinem Friedenswillen nicht trauten, schon damals zeichneten sich zum ersten Mal jene Bündnisse ab, die schließlich zum Ersten Weltkrieg führten, Bismarck bemühte sich seitdem um so intensiver, den friedlichen Charakter der deutschen Politik zu unterstreichen.

Geriet Europa in die Krise, so wurde im 19. Jahrhundert regelmäßig der Ruf nach einem Kongreß laut: auch der Berliner Kongreß von 1878 fügte sich in die Kette der großen europäischen Friedenskongresse von 1648 und 1713 bis 1815. Bismarck, in der Phase der Einigungskriege sorgsam darauf bedacht, seine Konzepte nicht durch europäische Kongresse zu gefährden, witterte nun eine Chance, selbst an die Spitze der altehrwürdigen Kongreßdiplomatie zu treten, und zwar als völlig uninteressierter, vermittelnder „ehrlicher Makler". Tatsächlich wurde der Kongreß von Berlin auf den ersten Blick hin betrachtet ein deutscher

Erfolg: Fortan waren England, Österreich, selbst Frankreich einigermaßen von den friedlichen Absichten des einst so kriegerischen deutschen Kanzlers überzeugt.

Mit diesem Vertrauensgewinn galt es zu wuchern, denn vergeblich hatte Bismarck auch eine Versöhnung zwischen Österreich und Rußland zustande zu bringen versucht. Schlimmer: Was einst, in den Zeiten des Krimkrieges Österreich widerfahren war, erfuhr nun auch Deutschland: Rußland empfand die Bismarcksche Politik, die ihm vieles des in San Stefano schon gewonnen Geglaubten wieder entwandt, als krasse Undankbarkeit; das leidliche Wohlwollen der übrigen Mächte wurde also mit tiefer Verstimmung der deutsch-russischen Beziehungen erkauft. Der Kongreß zeigte geradezu paradigmatisch die Möglichkeiten und Grenzen des Kissinger Ideals auf, fortan ging es Bismarck darum, diesen tendenziell höchst gefährlichen „Webfehler" in seinem Friedensprogramm zu beseitigen. Der Abschluß des „Zweibundes" mit Österreich 1879 war ein erster Versuch dazu. Die engere Verbindung mit der K. u. K. Monarchie verfehlte tatsächlich ihre Signalwirkung auf Rußland nicht, zwei Jahre später fand es sich erneut, wie schon 1873 bereit, mit Österreich und Deutschland einen Vertrag zu schließen, dennoch knüpfte das Dreikaiserbündnis von 1881 nur formal an das Dreikaiserabkommen an. In Wirklichkeit war es von gegenseitigem Mißtrauen bestimmt, weder traute Österreich Rußland noch dieses Österreich und Deutschland. Aber auch Bismarck war die Problematik beider Allianzen – also des Zweibundes und des Dreikaiserbündnisses – durchaus bewußt. War Österreich nicht doch nur das „alte wurmstichige Orlogschiff", an das man sich besser nicht ketten sollte? Würden die inneren Verhältnisse in Rußland dort nicht doch zur Revolution und dann zu einem aggressiven „Panslawismus" führen? Es war die tendenzielle Instabilität beider Vielvölkerstaaten, die Bismarck zunehmend Sorge bereitete, sie widersprach seinem außenpolitischen System selbst.

Um so subtiler trachtete er es auszugestalten, der Abschluß des Dreibundes mit Italien war nicht als Blockbildung gegen Frankreich und Rußland gedacht, sondern zielte indirekt auf England: Ausdrücklich war hier davon die Rede, daß der Bund nur dann galt, wenn England nicht auf der Gegenseite stand. Frankreich hatte es seitdem nicht mehr nur mit Italien zu tun, wenn es seine Kolonialpolitik in Tunesien und darüber hinaus weitertrieb, das mußte seinen Appetit in Nordafrika dämpfen und Italien näher an die Zweibundmächte rücken, eben darauf kam es Bismarck an.

Andernorts stiegen die Spannungen an: Natürlich gab sich Rußland mit den Resultaten des Berliner Friedens nicht zufrieden, es mischte kräftig mit, als 1885 erneut Serben und Bulgaren aneinandergerieten, aus den kriegerischen Wirren suchten sowohl Österreich wie Rußland Nutzen zu ziehen, unversehens standen sie sich auf dem Balkan gegenüber, in Wien wie in St. Petersburg rasselte man vernehmlich mit dem Säbel, keiner war bereit, dem anderen auch nur einen Teil der zu erwartenden Beute zu überlassen. Besorgt verfolgte Bismarck, wie das Reich via Zweibund anscheinend unaufhaltsam in einen Ostkonflikt hereingezogen wurde.

Gleichzeitig gab es einen politischen Wettersturz im Westen. Mit dem General Boulanger gelangte 1886 einer der wildesten französischen Revanchisten in die Position des Kriegsministers, das Zwischenhoch in den deutsch-französischen Beziehungen, das Bismarck zum Erwerb eines zwar über die Welt verstreuten, dennoch imponierenden Kolonialreiches genutzt hatte, wurde durch das bisher gefährlichste Tief abgelöst. Der grundsätzliche Pessimismus des Kanzlers schien sich nun zu bestätigen, 1887 war der Krieg, anders als 1875, tatsächlich in Sicht, ja Bismarck glaubte wohl gar nicht mehr daran, daß er vermieden werden könne.

Das Resultat seiner bisherigen Bündnis- und Außenpolitik war niederschmetternd: Als einziger möglicher Verbündete kam das schwache Österreich in Betracht, gerade dieses aber drohte das Reich in einen russischen Krieg zu ziehen. In diesem Fall, daraus machten die Pariser Heißsporne gar kein Hehl, war der Zweifrontenkrieg programmiert – konnte man es den Franzosen verdenken, wenn sie eine für das Reich so prekäre Situation für die Revanche nutzten?

Bismarck reagierte rasch und entschlossen: Mit äußerster Energie setzte er eine Heeresvermehrung durch. Diese sollte abschreckend wirken, aber der Kanzler zeigte sich bereit, dieses Heer notfalls tatsächlich einzusetzen, darin von dem greisen Moltke unterstützt, der in einem Präventivkrieg gegen Frankreich überhaupt nur noch die ultima ratio sah.

Auch Bismarck wäre 1887 dem Krieg notfalls nicht ausgewichen. So weit aber war es denn doch noch nicht. Vor allem galt es nun, auch die letzte Kugel ins Spiel zu bringen: England.

Bismarck knüpfte an die Räson des Dreibundes an, jetzt gelang ihm ein ungleich gewagteres und kunstvolleres Spiel: Er vermittelte den Abschluß einer „Mittelmeerentente" zwischen England und Italien, deren Absicht in der Aufrechterhaltung des status quo im Mittelmeer lag. Das richtete sich auch gegen eventuelle französische Gelüste im Raum des westlichen Mittelmeers, entscheidend war die Spitze gegen Rußland im östlichen Mittelmeer, und wenn Bismarck unter der Hand in Richtung London zu verstehen gab, daß er die Ambitionen Englands in Ägypten unterstützte, so konnte man hier damit rechnen, daß es sich der Zar wohl überlegen würde, seine Ziele im Raum des östlichen Mittelmeers weiterzuverfolgen – in diesem Fall mußte er mit einer deutsch-österreichisch-englischen Allianz gegen sich rechnen, das war zuviel, zumal Frankreich es aufgrund des Dreibundvertrages kaum wagen würde, es mit England, Italien, Deutschland gleichzeitig zu verderben.

Die Mittelmeerentente war gewiß ein genialer diplomatischer Schachzug, aber dieser Schachzug war auch gefährlich. Konnte Österreich Zweibund, Dreibund und Mittelmeerentente nicht als Rückendeckung mißverstehen, wenn es seine eigenen balkanischen Ziele gegen die Interessen Rußlands weiterverfolgte? Rußland und Frankreich zu dämpfen, das war das eine, Österreich zu bremsen, bedurfte es nun einer anderen Konstruktion.

Diese war bitter nötig, denn St. Petersburg und Wien waren 1887 nicht mehr bereit, das Dreikaiserbündnis zu erneuern, einen Draht zwischen den beiden Hauptstädten gab es nicht mehr, die Großmächte standen einander sprachlos gegenüber. Wollte Deutschland nicht in einen österreichisch-russischen Konflikt hineingezogen werden, so mußte es nun seinerseits den „Draht nach St. Petersburg" spannen – das war die eine, vordergründige Räson des „Rückversicherungsvertrages“ vom 18. Juni 1887. Dabei konnte und mußte das Reich ein für Rußland attraktives Angebot machen: sollte der Zar „die Schlüssel seines Reiches“ in die Hand nehmen wollen – gemeint waren die Schwarzmeerengen und Konstantinopel –, so wollte das Reich dies nicht hindern – hier knüpfte Bismarck offensichtlich an die alte, einst erfolgreiche Pontuspolitik Preußens an. Mit diesem geheimen Zusatzprotokoll vor allem hoffte Bismarck sich gegen zwei Möglichkeiten rückversichern zu können: eine russisch-französische Allianz, die sich gegen Deutschland richtete und, sollte dies nicht gelingen, gegen ein sofortiges militärisches Eingreifen Rußlands im Falle eines deutsch-französischen Krieges. Sechs bis acht Wochen, so deutete Herbert von Bismarck die Absichten seines Vaters, würde der Vertrag „uns die Russen vom Leibe halten“.

War das nicht ein allzu mageres Resultat? War das den ganzen Aufwand wert, vor allem: war das jene gewaltigen moralischen Skrupel wert, die dem Rückversicherungsvertrag anhafteten?

Denn dieser Vertrag war nicht nur eine logische Unmöglichkeit, er ging an die Grenzen des von einem Staatsmann überhaupt noch Verantwortbaren, die Gegner des Vertrages sahen drei Jahre später diese Grenze sogar deutlich überschritten.

Der Rückversicherungsvertrag war ein unmoralischer Vertrag: Er widersprach sowohl den Intentionen des Dreibundes wie des Orientdreibundes und der Mittelmeerentente. In allen diesen Abkommen, an denen Deutschland direkt oder indirekt beteiligt war, war als Ziel die Eindämmung Rußlands genau in den Regionen vorgesehen, die der Rückversicherungsvertrag ihm nun anscheinend freigab. Sollte der Bündnisfall eintreten, so ergab sich ein unlösbarer Widerspruch zwischen den deutschen Verpflichtungen Österreich und Rußland gegenüber. Deutschland hätte entweder Österreich oder Rußland gleichsam „verraten“ müssen, es wäre unmöglich gewesen, beide Verträge gleichzeitig zu erfüllen.

Darf ein Staat solche Verträge schließen? War mit dem Rückversicherungsvertrag nicht das Spiel mit den fünf Kugeln bis zur Absurdität getrieben? War der Vertrag, wie manche Historiker meinten, „krönender Abschluß“ des gesamten Bismarckschen Bündnissystems – oder nicht viel eher seine Bankrotterklärung?

Beide Deutungen sind richtig. Es war eine geniale Leistung des Reichskanzlers, eine Situation herbeizuführen, die logisch unmöglich war und gerade dadurch das System in der Schwebe hielt: Die Rückwirkungen aller drei Verträge – also Mittelmeerentente, Orientdreibund, Rückversicherungsvertrag – hoben sich gegenseitig auf, das heißt: keine der beteiligten Mächte konnte sich irgendwelche allianzpolitischen Vorteile ausrechnen, sollte der casus foederis tatsächlich eintreten – eben deswegen war es unwahrscheinlich, daß er eintrat. Der Rückversicherungsvertrag war ein buchstäblich un-möglicher Vertrag, er sollte den Krieg un-möglich machen. Das war sein Ziel, seine Räson, das macht verständlich, daß Bismarck ihn für ziemlich „anodyn“ hielt, sollte er sich jemals „materialisieren“.

Eine Bankrotterklärung der Politik war der Vertrag freilich auch. Wenn es drei Jahre später nicht mehr gelang, ihn zu erneuern, so deswegen, weil Politik nicht auf unbegrenzte Zeit im Irrealis, nach den Prinzipien des „als ob“ geführt werden kann. Caprivi fühlte sich schlicht überfordert, das wird man ihm nicht vorwerfen können. Wie nach 1945 die atomare Abschreckungspolitik, so verlangte auch die Politik der Bismarckschen Rückversicherung ein letztlich zu anspruchsvolles, dialektisch geschultes politisches Denken. Das System war zu kompliziert, zu „sophisticated“, als daß es eine solide und dauerhafte Basis für die Erhaltung des Friedens hätte abgeben können. Der Rückversicherungsvertrag erscheint so gesehen tatsächlich als ein letztes verzweifeltes Aushilfsmittel, den schon vor den Toren Europas stehenden Krieg noch einmal auszusperren – vertreiben konnte er das Kriegsgespenst nicht, das war auch Bismarck klar.

Bismarcks Sturz und die Nichterneuerung des Rückversicherungsvertrages im Jahr 1890 gehören deswegen aufs engste zusammen. Natürlich waren daran auch die innenpolitischen Verhältnisse schuld, die sich in den letzten Jahren der Reichskanzlerschaft Bismarcks immer unerfreulicher gestaltet hatten, es war dann bekanntlich ein eher nichtiges Verfassungsproblem, das zum endgültigen Bruch zwischen Kanzler und Kaiser führte.

Die Rede ist von Kaiser Wilhelm II., und sucht man nach dem Anfang vom Ende der Ära Bismarck, so gerät man unweigerlich ins Jahr 1888, das „Dreikaiserjahr". Sehr häufig war davon die Rede, daß der „Generationensprung", also der Übergang der Herrschaft auf den Enkel, die Zusammenarbeit zwischen dem „alten" Kanzler und dem „jungen" Thronerben erschwert, wenn nicht unmöglich gemacht habe. Von alledem kann natürlich keine Rede sein, mit 29 ist man nicht mehr „jung" und mit 73 noch nicht „alt".

Die Gründe lagen tiefer. Wilhelm II., ein ebenso unsteter wie liebenswürdiger, extrovertierter wie bornierter Charakter, eine seltsame Mischung aus allen guten und schlechten Eigenschaften, die das Geschlecht der Hohenzollern hervorgebracht hatte, wollte selbst regieren und als „Friedenskaiser" in die Geschichte eingehen. Die Verfassung gab ihm tatsächlich dafür alle Möglichkeiten; hätte Bismarck sich dem Willen des jungen Herrn ebenso loyal gebeugt wie dem Wilhelms I. – er hätte noch lange amtieren können.

Aber Wilhelm II. dachte nicht wie sein Großvater, obwohl er ihn glühend verehrte, schlimmer: man gewinnt den Eindruck, daß er oft gar nicht dachte.

Unbedachtsamkeit war einer der Gründe für den Bruch, ausschlaggebend wurden die anscheinende Kehrtwendung in der inneren Politik mit der Propagierung eines „Neuen Kurses" und die Nichterneuerung des Rückversicherungsvertrages. Ganz Europa blickte 1890 fasziniert nach Berlin: der „Lotse geht von Bord", der junge Kaiser sieht blasiert zu: die Punchkarikatur drückte alles Wesentliche aus. „Volldampf voraus": das war Wilhelms II. Maxime. Denkt man an die Bismarcks aus dem „Kissinger Diktat", wird unmittelbar einsichtig, warum die beiden miteinander nicht mehr konnten. Von „Schuld" mag man auch in diesem Fall nicht sprechen, zumal auch viele andere Zeitgenossen 1890 froh waren, daß man den unbequemen Bismarck nun endlich los wurde.

Die Zeit verlangte Neues. Neuerungssucht meinten die Kritiker, Aufbruch zu neuen Ufern, zu neuen Zeiten lauteten die Parolen der anderen, Max Webers etwa oder Carl Peters'. Das Jahr 1890 markiert tatsächlich den schärfsten Einschnitt in der Geschichte des Bismarckreiches, die Weichen wurden umgestellt, hin zum Krieg, auch wenn das den Weichenstellern damals nicht bewußt war. Ganz im Gegenteil: Wilhelm II. glaubte, nur dann einen seinem Großvater vergleichbaren Platz in den Geschichtsbüchern einnehmen zu können, wenn er den Frieden der Welt sicherstellte, er machte sich freilich nicht klar, daß er im Grunde immer nur an einen deutschen Frieden dachte.

Die wachsende Überschätzung der eigenen Kraft war ein Signum des Zeitalters Wilhelms II. Erst jetzt zeichnete sich eine Entwicklung ab, die nur sehr unzureichend mit Schlagworten wie „Imperialismus" und „Navalismus" umschrieben wird. Der Übergang vom alten Großmächte- zum Weltmächtesystem war unvermeidlich mit heftigen politischen Erdbeben verknüpft, die verantwortlichen Staatsmänner in Europa aber sahen keine Möglichkeit, diese historische Entwicklung zu verhindern, sie wollten dies nicht, denn alle wurden von glanzvollen Visionen der Zukunft verführt.

Die Erde wurde seit den neunziger Jahren sichtbar zu einem einzigen politischen Aktionsfeld. England, die alte Kolonialmacht, begann nun erst mit wahrhaft imperialen Ansprüchen zu jonglieren; Vorstellungen wie die von einer Machtachse vom „Kap nach Kairo", von Gibraltar über Malta, Ägypten, das Rote Meer, nach Indien, China und Japan stießen mit durchaus analogen Wünschen Frankreichs oder Rußlands notwendig zusammen: Daraus ergaben sich, an den jeweiligen Kreuzungspunkten der unterschiedlich gerichteten Machtprojektionen, kritische Zusammenstöße – so 1898 in Faschoda, wo die Welt atemlos den Ausbruch eines großen französisch-englischen Krieges um Ägypten und den Sudan erwartete, so in Afghanistan, wo der russische Drang nach Indien den säkularen Konflikt zwischen „Walfisch" und „Bär" zu einem Krieg der Kontinente hochzuschüren drohte.

An kleineren Kriegen war übrigens kein Mangel: Im Fernen Osten gerieten Rußland, China und Japan mehrfach aneinander, in Südafrika setzte England sich nur mit militärischen Mitteln gegen die „Buren“ durch, im spanisch-amerikanischen Krieg erlebten die USA ihren imperialistischen Sündenfall, gelegentlich fanden die imperialistischen Mächte noch einmal zusammen, so wenn es gegen die Boxer in China ging – aber diese Art von alteuropäischer Solidarität ließ sichtbar nach, im gleichen Maße verschärften sich die Rivalitäten zwischen den Großen, von Jahr zu Jahr fiel es den Krisenmanagern schwerer, die Konflikte an die Peripherie oder nach Übersee abzulenken, es war nur eine Frage der Zeit, bis sie nach Europa zurückschlagen und dort zur großen Explosion führen würden.

Davor hatten die Großen Angst und waren von dieser Aussicht doch auch fasziniert. Die Angst ergab sich aus einer realistischen Einschätzung der unkalkulierbaren Folgen eines Weltkrieges. In Rußland, Österreich und Deutschland mußte man im Kriegsfall gleichsam automatisch auch mit einer Revolution rechnen, die sich aus den ungelösten Nationalitätenproblemen ebenso ergeben konnte wie aus dem ständigen Anwachsen der sozialistischen Bewegung, die ja – wie etwa in Gotha – gar kein Hehl daraus machte, daß der große „kapitalistische“ Krieg das „sozialistische“, gar „kommunistische“ Zeitalter heraufführen würde. Das nahmen gerade die schärfsten Gegner der Sozialisten durchaus ernst, und überall in Europa, vor allem in Rußland und Deutschland, suchte man für diesen Eventualfall vorzusorgen: hier hat man schon die Wurzel jener rigorosen Innenpolitik, die im Krieg die politische Verantwortung einer „Obersten Heeresleitung“ und den stellvertretenden Generalkommandos im Reich übertrug. Der dann tatsächlich eintretende „Burgfriede“ von 1914 war für die führenden Eliten durchaus eine Überraschung, diesmal eine angenehme.

Die Angst speiste sich freilich nicht minder aus der Erkenntnis, daß ein moderner Krieg das immer feiner, in schier unendlichen Interdependenzen sich verzweigende Netz der internationalen Beziehungen auf nahezu allen Feldern von Politik, Wirtschaft, Gesellschaft und Finanzen irreparabel zerreißen würde. Die wachsende Abhängigkeit nahezu aller Staaten von funktionierenden Außenhandels- und Wirtschaftsbeziehungen, die Einsicht in die Unteilbarkeit des Weltmarktes, das Phänomen der immer enger werdenden internationalen Kartellisierungen mußten einen großen Krieg als förmlichen Atavismus, als einen Rückfall in unaufgeklärte Zeiten erscheinen lassen. Weder gab es eine „splendid isolation" noch wirtschaftliche Autarkie; auf Gedeih und Verderb, so erschien es den Fachleuten der Zeit, waren die großen Industrienationen aufeinander angewiesen.

Dies auch im Hinblick auf die Kolonialpolitik. Auf diesem Feld hielt sich die Solidarität der „white nations" am längsten; noch unmittelbar vor Kriegsausbruch, im Juli 1914, setzte der deutsche Kaiser seine Hoffnungen auf diese notwendige Solidarität – vergeblich, wie man weiß. Unbestritten blieb freilich, daß ein großer Krieg der Weltmächte untereinander zum Ende des Kolonialismus führen konnte, vor allem dann, wenn die Kolonialherren auf die Ressourcen der Kolonien angewiesen sein sollten. Aber eben dies zeichnete sich schon vor 1914 deutlich ab, daraus ergab sich eine ganz spezifische englische und französische Malaise: Wenn der Krieg den Bestand des Empires garantieren sollte, so waren die Mittel, die dies erforderte, umgekehrt Garantien dafür, daß die Imperien zerbrechen würden.

Schließlich resultierte die Angst vor dem Krieg auch aus humanitären, philosophischen Erwägungen. Gewiß, sie trugen nicht weit, Friedensschalmeien haben gegenüber der Kriegstrompete kaum jemals eine Chance. Dennoch waren es nicht nur die Friedensfreunde im Umkreis von Persönlichkeiten wie Berta von Suttner, Alfred Nobel oder Jean de Bloch, die in der Bewahrung des Friedens ein absolutes ethisches Postulat sahen, selbst Nikolaus II. und Wilhelm II. waren vorübergehend von solchen Anwandlungen nicht frei; als sie 1905 in Björkö zusammenkamen, riß sie ihre Friedensliebe zum Entwurf eines wahrhaften Friedensvertrages hin – die Enttäuschung folgte dann allerdings auf dem Fuß. Gleichwohl ging die Erste Haager Konferenz von 1899 auf die Initiative des Zaren zurück, und so sehr die übrigen Mächte – Wilhelm II. eingeschlossen – darin ein besonders perfides Manöver Rußlands sahen, das den Krieg erst recht gewiß machen sollte, so wenig wird man den Initiatoren des „Friedensmanifestes" doch den guten Willen und das schlechte Gewissen, sollte dieses nicht Erfolg haben, absprechen wollen. Allein der Umstand, daß hier zum ersten Mal in der Geschichte die souveränen Staaten in der erklärten Absicht zusammenkamen, über eine Abrüstungsvereinbarung den Frieden zu sichern, weist der Ersten Haager Konferenz einen Ehrenplatz im Datengerüst der Geschichte zu; 1907, der Krieg war unaufhaltsam nähergerückt, wurde erneut in Haag versucht, das Schicksal zu beschwören – erneut ohne Erfolg, aber das Gewissen der Welt war seitdem noch schlechter. Schließlich übernahmen die Vereinigten Staaten die Initiative zu einer dritten Friedenskonferenz: diese sollte 1915 in New York stattfinden – der Krieg kam dazwischen.

Auch in Kunst und Literatur mangelte es nicht an Warnungen vor dem Krieg, freilich blieben die Herolde des Krieges noch in der Überzahl.

Sie verwiesen auf die Grundströmungen der Zeit, die eher zum Krieg tendierten, diesem unbekannten Faszinosum. Unbekannt war der Krieg, weil so lange schon Frieden geherrscht hatte; was sich 1856 auf der Krim, 1861–1865 in Amerika, 1870/71 in der französischen Provinz ereignet hatte, war weitgehend in Vergessenheit geraten. Der kommende Krieg erschien wie ein geheimnisvolles Abenteuer, so zu bestehen wie die Prüfungen in Mozarts „Zauberflöte"; wer den Krieg nicht bejahte, sollte sich wenigstens nicht gegen ihn wenden: das war die weit verbreitete Meinung überall in Europa. Deutschland machte keine Ausnahme.

Unbekannt und doch berechenbar: der kommende Krieg, so meinten die Experten, würde aus der ganzen Fülle des technischen, wirtschaftlichen, wissenschaftlichen Wissens geplant und geführt werden können. Der Krieg wäre wie die Fortsetzung der industriellen Erzeugungsschlachten mit andern Mitteln. Zu diesen gehörte auch die „Masse Mensch", das „Menschenmaterial". Hier rechneten sich die deutschen Generalstäbler Chancen aus, denn noch immer wuchs die Bevölkerung des Reichs überproportional stark, noch immer hatten die Franzosen kein Mittel gegen den Bevölkerungsschwund gefunden; wenn Millionenheere gegeneinander antraten, so konnte allein die schiere numerische Überlegenheit der deutschen Armee den Ausschlag geben.

Wichtiger war, daß die Deutschen „das Geheimnis des Sieges" sicher geborgen glaubten, wie es der Generalstabschef Graf Schlieffen einmal ausdrückte. Tatsächlich war er davon überzeugt, auf den Schultern von Moltke und Clausewitz zu stehen; das „Dogma der Vernichtungsschlacht" (Wallach), von Moltke zum System erhoben, schien den Sieg zu garantieren. Sedan im Blick, plante der Generalstab unter Waldersee, Schlieffen, dann Moltke d. J. ein Supersedan, einen gigantischen Blitzkrieg gegen Frankreich. In einer einzigen stürmenden Bewegung sollte das französische Heer in einer riesigen rechten Flankenbewegung umgangen, gegen seine eigenen Festungen gedrängt und in verkehrter Front geschlagen werden. Binnen weniger Wochen sollte dieser „3. Einigungskrieg", wie man im Generalstab raunte, gewonnen werden.

Das freilich war auch zwingend, wenn man mit dem Zweifrontenkrieg rechnete – spätestens seit dem Abschluß des von Bismarck stets gefürchteten russisch-französischen Bündnisses im Jahr 1892/94 war das aber der Fall. Nur wenn es gelang, den einen Gegner „blitzartig" auszuschalten, bestanden Hoffnungen, die Gunst der „inneren Linien" zu nutzen, um sich mit Aussicht auf Erfolg dem anderen Feind zuwenden zu können. Zuerst hoffte man, Rußland, dann Frankreich so zu besiegen, später wurde Frankreich der erste Gegner, ab 1913 gab man den „Aufmarsch II" – also mit Schwerpunkt zunächst gegen Rußland – überhaupt auf, das war schon ein uneingestandener Offenbarungseid, der auf die letztliche Unmöglichkeit des gesamten strategischen Konzepts verwies.

Der Schlieffenplan galt für die Fachleute als Siegesrezept. Außerdem schien er das einzige Rezept überhaupt zu sein, daraus ergaben sich tragische, fatale Folgen: Die Reichsleitung besaß keine Alternative mehr, wenn der Generalstab sie vor die Alternative Sieg oder Niederlage, genauer: Sieg oder Vernichtung stellte. Wenn der Schlieffenplan – und seine Modifizierungen – wirklich die einzige Chance bargen: Woher hätten Kaiser und Kanzler die Kompetenz, ja die Verantwortung nehmen wollen, wenn sie ihn verwarfen?

Dabei mußte dieser Plan schon aus einem einzigen Grund den

Europa vor dem 1. Weltkrieg

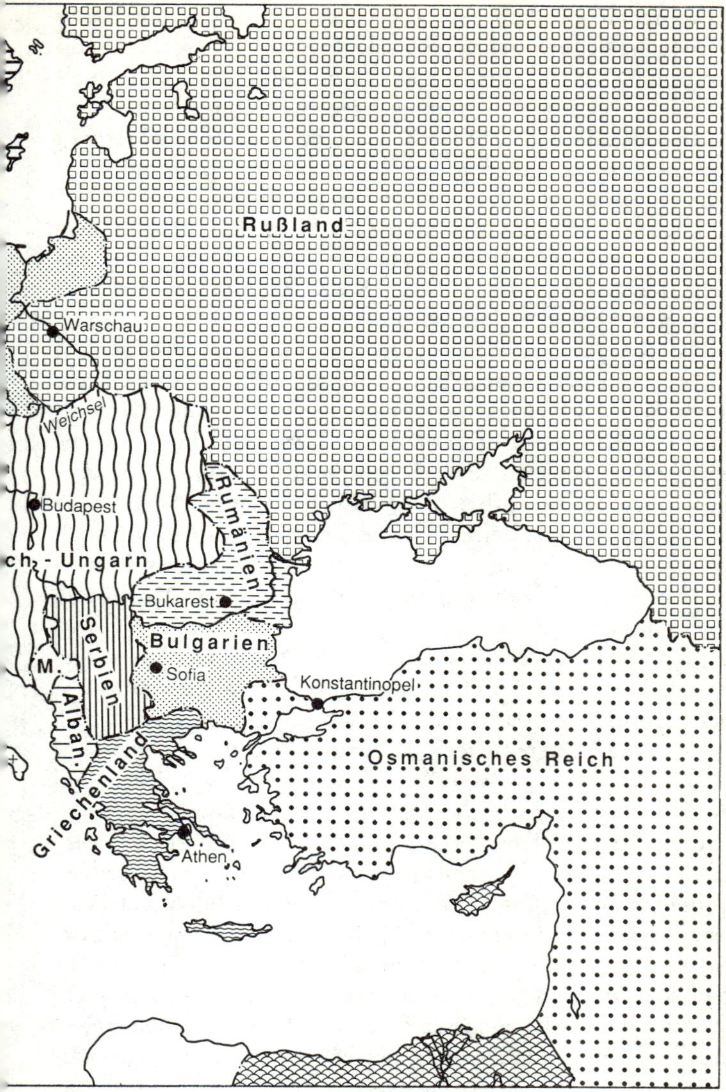

Rußland
Warschau
Weichsel
Budapest
ch. - Ungarn
Rumänien
Bukarest
Bulgarien
Sofia
Serbien
M.
Alban.
Griechenland
Athen
Konstantinopel
Osmanisches Reich

Krieg mit einer bislang neutralen Großmacht herbeiführen: Die Verletzung der belgischen Neutralität würde unweigerlich England mobilisieren. Mußte man das in Kauf nehmen? Achselzuckend, von bösen Vorahnungen geplagt, stimmte in den kritischen Tagen des Juli 1914 der Reichskanzler Bethmann Hollweg dem irrwitzigen, hypertrophen, letztlich nur aus purer militärischer und politischer Ausweglosigkeit geborenen Plan zu.

Soweit war man um 1890 noch nicht. Wenn die Furcht vor dem Krieg sich in Grenzen hielt, so ging dies auch auf sehr grundsätzliche historisch-philosophische sowie naturwissenschaftlich-biologische Überzeugungen zurück.

Daß Krieg sein müsse, ja gut sei – das konnte man bei Moltke ebenso lesen wie bei Jacob Burckhardt oder Friedrich von Bernhardi. War die Weltgeschichte nicht ein andauerndes Wechselspiel von Krieg und Frieden? Und waren es nicht gerade die Kriegszeiten gewesen, die das „scrupholöse Gesindel" hinwegfegten, Helden hervorbrachten, die Nation einten? 1913, hundert Jahre nach den Befreiungskriegen, waren die Gazetten voll von solchen Überlegungen – und: war es nach dem jeweils letzten Krieg nicht wirklich immer besser geworden? Nach 1815, nach 1866, nach 1871?

Mehr noch: Stand es überhaupt in der Macht von Menschen, Kriege zu verhindern? Hatte nicht Charles Darwin unumstößlich nachgewiesen, daß in der ganzen Natur der „struggle of life" typisch, die Höherentwicklung der Rassen sein Ergebnis war? Dieser „Sozialdarwinismus", zutiefst unwissenschaftlich und die Idee Darwins gröblich verkennend und verfälschend, entfaltete in den letzten Jahrzehnten vor dem Ersten Weltkrieg eine fatale suggestive Macht. In Deutschland waren es dann die großen chauvinistischen Organisationen wie der „Alldeutsche Verband" oder der „Flottenverein", aber auch die Gesamtheit der nach Millionen Mitgliedern zählenden Kriegervereine, die diesem sozialdarwinistischen Gedankengut erlagen – da braucht man sich nur der Jugendgeschichte Adolf Hitlers zu entsinnen.

All dies trug nicht dazu bei, Formen des Krisenmanagements zu entwickeln, mit denen die Staaten und ihre Leiter verantwortungsvoll hätten operieren können. Der leichtfertige Umgang mit der Idee Krieg: das war der vielleicht größte gemeinsame Nenner der europäischen Politik, die einen wagten mehr, die anderen weniger, an eine grundsätzliche Kehrtwendung war nicht zu denken, man rückte sichtbar Jahr für Jahr näher an den Abgrund heran, man schauderte vor ihm zurück und war doch neugierig, in ihn hineinzublicken.

Von daher ist es logisch, die Verantwortung für den Ersten Weltkrieg als gesamteuropäisch einzustufen – was die Schuld der einzelnen Nationen und ihrer Führer keineswegs gegenstandslos macht. Später, als die Katastrophe da war, war man mit Schuldzuweisungen natürlich rasch bei der Hand, das war politisch und menschlich verständlich, achteinhalb Millionen Tote wollten erklärt sein, je simpler die Erklärung, um so glaubwürdiger schien sie. Die Wahrheit sah anders aus, und im Dickicht der großen wie der kleinen Politik jener vierundzwanzig Jahre, die dem Kriegsausbruch vorangingen, zeichneten sich nur selten klare Strukturen nach dem Muster von Ursachen und Folgen ab; oft meinten die Verantwortlichen mit der Stange im Nebel zu stochern, oft einen „Sprung ins Dunkel" wagen zu müssen. Zwar war Europa eher nolens denn volens zu einer Einheit geworden, aber man war weit davon entfernt, das uralte Spiel von „Gleichgewicht oder Hegemonie" zugunsten kollektiver Lösungsansätze aufzugeben.

Ganz im Gegenteil: Mit der Entscheidung Caprivis, des braven, nicht dummen Generals als Nachfolger Bismarcks, den Rückversicherungsvertrag nicht zu erneuern, setzte ein politischer Kristallisationsprozeß ein. Die bisher nur potentiell möglichen Bündnisse begannen, sich zu realisieren, aus der labilen Jonglierkunst wurden stabile Bausteine für einen eher verwirrenden Bauplan einer zukünftigen Sicherheits- und Außenpolitik in Europa.

Der Gedanke lag nahe, an die Stelle des Rückversicherungsvertrages ein Bündnis mit England zu setzen. Tatsächlich gab es dafür Chancen, der Helgoland-Sansibar-Vertrag hätte, ähnlich wie acht Jahre später Faschoda, zum Auftakt eines Wandels durch Annäherung werden können. Auch England war zu dieser Zeit an besseren Beziehungen zu Deutschland interessiert; Lord

Salisbury, der britische Außenminister, sah sich in seinen Ambitionen von Rußland wie von Frankreich gehindert, der umfassende koloniale Ausgleich mit dem Reich verschaffte ihm an einer Front Luft.

In Berlin wußte man dies, genauer: man wußte es zu gut. Seit 1890 läßt sich nämlich ein merkwürdiges Phänomen in der deutschen Perzeption der britischen Deutschlandpolitik beobachten: Die Deutschen meinten, daß die Engländer im Interesse der Erweiterung und Konsolidierung ihres Weltreiches des deutschen Beistandes über kurz oder lang so sehr bedürfen würden, daß das Reich für dessen Gewährung einen hohen Preis fordern konnte – im Idealfall ein vom britischen Parlament abgesegnetes Bündnis durch Dick und Dünn, eine Art Gegenstück zum Zweibund. Im Jargon der Zeit hieß das: „England muß kommen" und: „England wird kommen."

Vor diesem Hintergrund glaubte die deutsche Politik sich Gelassenheit leisten zu können, als der „cauchemar des coalitions" mit der französisch-russischen Militärkonvention 1892, ganz wie es Bismarck befürchtet hatte, zu einem sehr „realen Alb" wurde; Caprivi und der Kaiser gingen mit Nonchalance darüber hinweg: Frankreich mochte das Folterinstrument vorzeigen – England würde seine Anwendung sicher verbieten. Selbst als zwei Jahre darauf aus der Konvention ein veritables Bündnis wurde, hielt sich die deutsche Besorgnis in Grenzen, außerdem glaubte man nun zu wissen, wie man England Beine machen konnte: Führten direkte Bündnisgespräche nicht zum Erfolg, so mußte man England demonstrieren, daß das Reich, anders als Großbritannien, durchaus Optionsfreiheit besaß – und sogar die materiellen Mittel, England auf seinem ureigensten Politikfeld auf die Finger zu klopfen: Das war die eigentliche Genese der deutschen Flottenpolitik, die sich als vielleicht verhängnisvollster Fehler der nachbismarckschen Politik herausstellen sollte.

Den Auftakt bildete eine typische Ungeschicklichkeit des Kaisers: Vom Mut und der Unerschrockenheit der „Buren" in Transvaal beeindruckt wie ein pubertierender Jüngling, schickte er dem Präsidenten „Ohm" Krüger ein Telegramm mit warmen Glückwünschen zur Abwehr des Jamesonraids – einer in der Tat moralisch nicht ganz unbedenklichen Aktion der britischen Politik. Die hieraus resultierende Verstimmung Englands war an sich belanglos, entscheidend aber war, daß die öffentliche Meinung, auf die schon Bismarck zunehmend Rücksicht genommen hatte, aus dieser beiläufigen Sache eine große Affäre machte. Schon damals hätten sich die Verantwortlichen diesseits und jenseits des Kanals fragen müssen, ob die Ära der guten alten Kabinettspolitik nicht zu Ende ging. Daß die französische Außenpolitik ins Fahrwasser der „Volksmeinung" geriet, daran hatte man sich schon gewöhnt. Selbst in Rußland wagten der Zar und seine Berater immer weniger gegen den erklärten Willen der „Panslawisten" zu handeln: Die europäische Außenpolitik verfing sich nach und nach im Netz der öffentlichen Meinung, die Demagogen aller couleur ein weites Betätigungsfeld eröffnete.

All das bedachten der Kaiser, der Reichskanzler Fürst von Bülow – er war Nachfolger der „Verlegenheitslösung" Chlodwig zu Hohenlohe-Schillingsfürst, nachdem Caprivi 1894 sich geweigert hatte, gewaltsam gegen die SPD vorzugehen, und deshalb selbst gehen mußte – und vor allem ein Mann nicht, der seit 1897 ins Rampenlicht der deutschen, ja der Weltgeschichte treten sollte: Alfred Tirpitz, Chef des Reichsmarineamtes. Wilhelm II., Bülow, Tirpitz: Diese drei bestimmten in den Jahren von 1898 bis 1908 praktisch die Richtlinien der deutschen Englandpolitik; wie man vom Zeitalter des „Wilhelminismus" gesprochen hat, so kann man auch von der „Ära Tirpitz" sprechen. Sie war der Versuch eines genialen Technokraten, die Welt aus den Angeln zu heben. Den Hebel dazu, so äußerte sich Tirpitz einmal, bilde die Nordsee: Eine hier operierende „Hochseeflotte" würde England zum „Kommen" nötigen, denn das Britische Empire konnte es sich nicht erlauben, gleichzeitig in der Nordsee, im Atlantik, im Mittelmeer, im Indischen und Pazifischen Ozean maritim präsent zu sein; da das englische Weltreich aber eine Seemacht war, nur durch die Seemacht zusammengehalten werden konnte, wäre es auf Deutschland angewiesen, die einzige Macht, die nur den ihr zustehenden „Platz an der Sonne" wolle und weiter nichts.

Ob Wilhelm II., Bülow und Tirpitz, die, wenn auch jeder auf seine Weise, so doch gemeinsam das Konzept der Hochseeflotte, genauer: das ihrer politischen Funktion entwickelten, sich über die ungeheuren Konsequenzen ihres Tuns klar geworden sind, bleibt strittig. Tatsächlich haben um die Jahrhundertwende nahezu alle modernen Industriestaaten mit dem Bau großer homogener Schlachtflotten begonnen, England hatte auch hier 1889 den Anfang gemacht. Anders jedoch als die übrigen Mächte begriff Tirpitz diesen seit 1898 in Deutschland einsetzenden Schlachtflottenbau als reines politisches Abschreckungsinstrument, als Mittel, um die verfahrene außenpolitische Lage des Reiches nach der Methode des Dr. Eisenbart zu kurieren. Nachdem nämlich an der französisch-russischen Allianz offensichtlich nicht mehr zu rütteln war, der Zweibund sich als zweifelhaftes Gegengewicht erwies, auf Italien infolge der Kautelen des Dreibundvertrages nur bedingt Verlaß war, blieb dem Reich anscheinend nur noch ein diplomatischer Ausweg: die Anlehnung an England. Solange das britische Empire Deutschland zuneigte, konnte Frankreich sich den Revanchekrieg trotz russischer Hilfe nicht erlauben, England war also das „Zünglein an der Waage“ des europäischen Gleichgewichts.

Fürst von Bülow setzte diese gewagte deutsche diplomatische Grundvorstellung in ein Bild um, das in Deutschland seit 1900 populär werden sollte: Im 20. Jahrhundert werde Deutschland „Hammer oder Amboß“ sein – man weiß nicht, ob er sich klar gemacht hat, daß er damit eine Metapher für einen unvermeidlichen Krieg gebrauchte.

Die Attraktivität des „Tirpitz-Planes“ (Berghahn) lag aber gerade in dessen Suggestion, diesen Krieg durch Abschreckung verhindern zu können. Jenes aus der zweiten Hälfte des 20. Jahrhunderts sattsam bekannte Paradox, daß nur eine hochtechnisierte Spitzenrüstung mit mehrfachen „Overkillkapazitäten“ tatsächlich abschreckend und damit friedensbewahrend wirkt, fand schon hier seine Entsprechung – der fundamentale Irrtum lag nur in einem Punkt: Die schönen stolzen Schiffe der Hochseeflotte, sie mochten so modern und kampfkräftig sein, wie sie wollten, konnten letztlich nicht abschreckend wirken. Gegen den Schrecken, den sie auslösen mochten, gab es immer noch Mittel. Die Alternative zur Abschreckung vor 1914 war nicht die

„gesicherte wechselseitige Vernichtung“ des Atomzeitalters, sondern der Aufbau eines politischen und militärischen Abwehrsystems, das allerdings der Herausforderung entsprach, also weltweit wirksam sein mußte.

Es gehört zu den tragischen Momenten der deutschen Geschichte, daß die führenden Persönlichkeiten im Reich, an ihrer Spitze der vermeintliche Experte Tirpitz, nicht in der Lage waren, sich in die politische und historische Gedankenwelt Großbritanniens hineinzuversetzen. Sie wollten den Krieg mit England ganz gewiß nicht, niemals waren sie, vor allem der Kaiser, Enkel der Königin Victoria, frei von oft widerwilliger Bewunderung der britischen Weltmacht, aber sie verkannten die Staatsräson Englands ebenso wie den Stellenwert des Reichs im politischen Koordinatennetz ihrer Zeit. Wenn Tirpitz das europäische Gleichgewicht nur dann hergestellt glaubte, wenn der Zweibund mit England zusammenging, so war England davon überzeugt, daß die ständig wachsenden ökonomischen und militärischen Potenzen des Reichs schon jetzt eben dieses Gleichgewicht gefährdeten. Die Erhaltung des politischen Status quo schien England allein wünschenswert, ihn zu überwinden wurde zur fixen Idee der deutschen Politik. Das Verhängnis bestand darin, daß diese jeweils falsche Einschätzung der Position des anderen das eigentliche gemeinsame Ziel unerreichbar machte: die Bewahrung des Friedens auch in der Phase der Herausbildung des Weltstaatensystems.

Daß es dazu im nächsten Jahrhundert kommen würde, gehörte zu den häufigsten Prophezeiungen der neunziger Jahre des 19. Jahrhunderts. Die Bildung neuer „Weltreiche“ schien unabwendbar, die Frage war, welche der alten Großmächte den Sprung ins Zeitalter der Weltmächte wirklich schaffen würde. Tirpitz traute England, Amerika und Rußland diesen Sprung zu – die entscheidende Frage war, ob und, falls ja, welche weitere Großmacht sich dem Club der Weltmächte würde zugesellen können.

Natürlich sollte es Deutschland sein – in dieser Auffassung gab es im bürgerlichen Lager gar keine Diskussionen, bekanntlich hat kein geringerer als Max Weber diesen Anspruch in seiner

Freiburger Antrittsvorlesung 1895 klassisch formuliert. Das heißt aber: Eine Alternative im Sinne einer Selbstbescheidung stellte sich nicht. „Weltmacht oder Niedergang" – das war natürlich keine Alternative, der „Griff nach der Weltmacht" (Fritz Fischer) anscheinend dira necessitas des historischen Prozesses.

Solche Gedankengänge fanden sich im Deutschen Reich in mancherlei Varianten, sie entsprachen freilich ganz ähnlichen Vorstellungen in England, Frankreich, Rußland, selbst Österreich. Keine der „imperialistischen" Großmächte gab hier der anderen im geringsten nach; die Welt, so sichtbar eins geworden, mußte erneut, und nun wohl zum letzten Mal aufgeteilt werden – in Afrika, Asien, aber auch im Osmanischen Reich waren noch Einflußgebiete zu gewinnen, die Aufteilung Chinas unter die Weltmächte war beliebtes Stammtischthema.

Konnten die vier potentiellen Weltmächte ein friedliches „Kartell" bilden? Eben das hoffte Tirpitz, aber damit es dazu kam, mußte die „jüngere Firma" der älteren erst beweisen, daß die Kartellbildung sinnvoller als die Konkurrenz war: diesen Beweis aber sollte die deutsche Hochseeflotte liefern. Sobald sie fertig war, so meinte Tirpitz, wäre auch die „Risikozone" dieses Konzentrationsprozesses durchlaufen, dann würde die ältere Firma die jüngere nicht einfach „zu erwürgen" suchen.

Das Konzept war ebenso verführerisch wie grundlegend falsch. Bülow spürte das spätestens 1909, Tirpitz selbst 1912, zu diesem Zeitpunkt hatten sich alle kühnen Spekulationen als verfehlt herausgestellt, das Reich hatte die festgefahrenen Bündniskonstellationen nicht aufsprengen können, ja es hatte sich durch eine prinzipiell verfehlte Außenpolitik selbst „ausgekreist". Dabei war es für die Fehleinschätzung der politischen Gesamtsituation charakteristisch, daß es sich eher als „eingekreist" empfand.

Wie kam es dazu? Schon das 2. Flottengesetz von 1900 ließ England aufmerken: Wenn man wollte, so konnte man in ihm die glatte Verdoppelung der Hochseeflotte erkennen. Zwischen 1898, als das 1. Flottengesetz erlassen wurde, und 1900 hatten diplomatische Sondierungen nach England nur ergeben, daß sich die Idee eines deutsch-englischen Bündnisses „durch dick und dünn" zumindest jetzt noch nicht realisieren ließ. Es war konsequent, wenn Tirpitz um so heftiger auf eine verstärkte maritime Rüstung drängte, England mußte zu seinem Glück gezwungen werden.

Aber England sah nur die ständig wachsende Macht des Reiches, den unkalkulierbaren Riesen, seine „halbhegemoniale Stellung" (Hillgruber). Das Reich entwickelte sich nicht nur zur stärksten ökonomischen und militärischen Potenz – der Tirpitzplan forderte England auf seinem ureigensten politischen Feld heraus. Wenn die Deutschen aber geglaubt hatten, England würde sich deswegen dem Reich annähern, nach Kompromissen suchen und Zugeständnisse – also „den Platz an der Sonne" – anbieten, so sahen sie sich bald getäuscht.

1898 kam es nach Faschoda nicht zum englisch-französischen Krieg, sondern zu einem kolonialen Ausgleichsvertrag, der 1904 in der „Entente cordiale" besiegelt wurde. Das war beileibe kein Bündnis – es war nur das, was schon Caprivi hätte haben können, wenn es ihm genügt hätte. Frankreich aber sah in der Entente cordiale die Plattform, von der aus die englische Allianz leichter zu erreichen war.

1902 schloß England mit Japan einen Bündnisvertrag – dieses seinerzeit wenig beachtete Ereignis hätte in der Wilhelmstraße alle Alarmglocken schrillen lassen müssen, denn damit gab England seine pazifische Vorherrschaft praktisch auf. Es war also eher bereit, „den Gelben", wie sich der Kaiser auszudrücken pflegte, nachzugeben als „germanischen Brüdern" jenseits der Nordsee.

Wenig später kamen Frankreich und England überein, ihre maritimen Lasten zu verteilen, England räumte seine Mittelmeerpositionen, um seine Grand Fleet in der Nordsee so zu verstärken, daß das Deutsche Reich, es mochte maritim rüsten, was es wollte, auf Jahrzehnte keine Chance besaß, vor den Toren Englands zur See stärker zu werden als die große englische Flotte. Es setzte gegen den Hebel von Tirpitz also einen ungleich größeren an.

Dennoch hoffte man in Berlin weiter. Selbst als es 1905 zu einer jener Krisen kam, die seit der „Krieg-in-Sicht-Krise" von 1875 immer wieder das Gespenst der Weltkriegskoalitionen heraufbeschwor – es ging diesmal um den politischen Einfluß Frankreichs in Marokko –, gaben die Deutschen ihre Hoffnung nicht auf, daß England „kommen" würde. Die Konferenz von Algeciras hatte die politische Isolation des Reiches zwar drastisch demonstriert – solange der säkulare Gegensatz zwischen England und Rußland fortbestand, glaubte man sich in Berlin sicher. Es war unvorstellbar, daß sich hier etwas Grundlegendes ändern sollte, zumal Rußland, sehr zur Erleichterung der deutschen Außenpolitik, durch einen verlorenen Krieg gegen Japan 1904 und eine Revolution 1905 wenigstens vorübergehend aus dem Kreis der unmittelbar gefährlichen Gegner des Reiches ausschied.

England befand sich also in einer Position der Stärke. Daß es diese 1907 nutzte, um einen Ausgleich mit Rußland zustande zu bringen – das überstieg das deutsche politische Vorstellungsvermögen nun in der Tat. England verhielt sich geradezu spiegelbildlich zu Deutschland. Dieses wollte eine englische maritime Schwäche nutzen, um es gleichsam nach Berlin zu zwingen, jenes zeigte sich dem geschwächten Rußland gegenüber im afghanisch-indischen Raum großzügig und band das Regime des Zaren an die eigene Klientel.

Eigentlich war das Schicksal des Reiches mit dieser Entscheidung schon besiegelt – aber Deutschland war stark, auf dem Sprung zur Weltmacht, ein Staat, der vor Gesundheit förmlich strotzte, ein Gemeinwesen, das auch im Innern seine Probleme zu meistern begann – keine Rede kann davon sein, daß sich die innergesellschaftlichen Konflikte bis zur Ausweglosigkeit gesteigert hätten, das Gegenteil war der Fall. Deutschland hätte aus einer Position der Stärke großzügige politische Angebote machen können – aber es empfand sich immer noch als gleichsam zuspätgekommene Nation, immer noch im weltpolitischen Defizit, immer noch verfolgt von neidischen Nachbarn, mißgünstigen Kontrahenten, und wenn gelegentlich Torheiten wie das famose „Germaniam esse delendam" von London herüberklangen, so wurde das auf die Goldwaage gelegt, als Beweis dafür genommen, daß das friedliche Reich von einer Welt von Feinden umgeben war. „Mitten im Frieden überfällt uns der Feind": Der berühmte Satz des Kaisers, mit dem er den Beginn des Weltkrieges verkündete, entsprach ziemlich exakt schon den politischen Mentalitäten seit 1907.

Seit 1908 wuchs die Besorgnis, daß der Tirpitz-Plan zum Scheitern verurteilt war, England „kam“ nicht. Dafür folgten politische Krisen, eine immer rascher als die andere; seit der ersten Marokkokrise verging kein Jahr, in dem es nicht zum großen Krieg hätte kommen können, immer mühseliger wurde es, die Krisen zu bewältigen.

In Deutschland glitt darüber hinaus den „Machern“ des Tirpitzplanes nach und nach das Heft aus der Hand. 1908 setzte Tirpitz letztmalig eine große Flottennovelle durch; der Reichstag, bisher willfährig – bis weit über die Mitte hinaus – sorgte sich um die durch die Flottenrüstung desolat werdenden Reichsfinanzen und fragte sich, ob die Proportionen noch stimmten, wenn über fünfzig Prozent des Militäretats in den Flottenbau gesteckt wurden, während Rußland und Frankreich ihr Heer vermehrten. England hatte 1904 mit dem Bau eines „all big gun ship“, der „Dreadnought“ begonnen – dieser Schiffstypus kostete dreimal so viel wie die bisherigen Linienschiffe. Tirpitz nahm den Fehdehandschuh auf, seit 1908 setzte ein blankes, unverhülltes deutsch-englisches Wettrüsten ein. Es war absehbar, daß die deutschen finanziellen Ressourcen eher erschöpft sein würden als die eines ganzen Weltreiches.

Und dennoch konnte es der Kaiser nicht lassen, seinen englischen Vettern sogar martime Ratschläge zu erteilen, das Krügertelegramm hatte ihn nicht klug werden lassen, die „Daily-Telegraph-Affäre“ löste nicht nur in England einen Sturm der Empörung aus, sondern auch im Reichstag. Sehr unsanft wurde der Kaiser aus allen Träumen von einem „persönlichen Regiment“ gerissen. Es nutzte ihm nichts, wenn er darauf verwies, sein Reichskanzler habe das Interview zuvor gelesen und gebilligt: energisch und ernsthaft wies das deutsche Parlament seinen selbstherrlichen Kaiser in die Schranken, der reagierte mit Unverständnis und Verbitterung, sah sich plötzlich an die Seite gedrängt; daß der ungetreue Bülow gehen mußte, verstand sich füglich von selbst, das war aber auch der letzte und eher hilflose Reflex eines

Monarchen, der von nun an sich mit der Position der Galionsfigur zufriedengeben mußte. Die Verantwortung für das Wohl und Wehe des Reiches lag zwar immer noch formal bei ihm, in Wirklichkeit lag es beim Reichskanzler, nun Bethmann Hollweg, dem Generalstab – und dem Reichstag. Deutschland entwickelte sich seit 1909 recht stürmisch zu einer parlamentarischen Monarchie.

Eben deswegen wäre es verfehlt, die Schuld am Ausbruch des Krieges nur den wenigen Männern an der Spitze anzulasten, nein, die Vertretung des Volkes, die plebiszitären politischen Verbände, der „Militarismus von unten" trugen Verantwortung für die letzten Entwicklungen vor und in der Julikrise 1914 mit. Gegen den Willen des Reichstages, in dem die SPD seit 1912 die stärkste Fraktion bildete, konnte der Kanzler de facto nicht mehr regieren, was fehlte, waren die entsprechenden verfassungspolitischen Konsequenzen. Man weiß nicht, ob eine rechtzeitige Verfassungsreform – sowohl in Preußen wie im Reich – am Ausgang der letzten Krise etwas Substantielles geändert hätte, auf alle Fälle waren die Parteien, ihre Führer und die hinter ihnen stehenden Interessenverbände 1914 selbstbewußt und stark genug, um zumindest verhindern zu können, was sie nicht wollten.

Aber es scheint, als hätten sie alle nicht gewollt, daß der Krieg unter keinen Umständen käme – so kompliziert wird man es formulieren müssen, um deutlich zu machen, wo die historischen Wurzeln des deutschen Handelns in der Julikrise lagen.

Nach den Turbulenzen der Orientkrise von 1908/09, als Österreich, die Schwächeperiode Rußlands nutzend, auf eigene Faust und mit stillschweigender Billigung des Zarenreiches eine Annexionspolitik in Bosnien und Herzegowina trieb, verhielt das Krisenszenario für einen Moment, ja es schien, als ließe sich in der Orientalischen Frage doch noch ein consensus omnium finden; London war nicht abgeneigt, in Berlin erinnerte man sich an die Maxime vom „ehrlichen Makler". Große Hoffnungen setzte die deutsche Politik auf die „Haldane-Mission": Der englische Kriegsminister kam nach Berlin, um noch einmal die Möglichkeiten eines deutsch-britischen Zusammengehens zu testen; noch einmal versuchte Tirpitz das alte Spiel: Flottennovelle gegen politische Zugeständnisse – aber niemand machte mehr ernsthaft mit. Weder konnte sich Tirpitz mit einer „starken“ Flottennovelle dem Reichstag gegenüber durchsetzen, noch war Haldane bereit, irgendwelche maritimen Zugeständnisse zu honorieren, ja man weiß heute, daß er gar nicht mehr mit der Absicht kam, an den festgefahrenen Bündniskonstellationen irgend etwas zu verändern. Gleichsam automatisch hatten sich nämlich inzwischen die britisch-französischen Beziehungen intensiviert, schon kam es zu höchst konkreten militärischen Absprachen, entsprechende Konventionen verfestigten sie.

Inzwischen war auch deutlich geworden, daß es für das Reich aussichtslos war, England „totrüsten“ zu wollen. Tirpitz mußte 1912 seine Pläne begraben, das Parlament war nicht mehr bereit, alles auf diese Karte zu setzen. Bethmann Hollweg verschloß sich dem ständigen Drängen des Generalstabs auf eine bedeutende Heeresvermehrung nicht mehr, auch der Reichstag bewilligte mit überwältigender Mehrheit 1913 eine Heeresvorlage, die dringend nötig war, sollte der Schlieffenplan mit Aussicht auf Erfolg zur Anwendung kommen.

Zu diesem Zeitpunkt brannte schon die Lunte am Pulverfaß. Aber weil es infolge der beiderseitigen grundsätzlichen Resignation gleichzeitig zu einer zumindest äußerlichen Entspannung zwischen England und Deutschland kam – man einigte sich auf handelspolitischen Feldern, vor allem in der Frage der lang umstrittenen „Bagdadbahn“ – wurde die Gefährlichkeit der sich auf dem Balkan erneut zusammenbrauenden Krise weder in London noch Berlin, wohl auch nicht in Paris erkannt.

Die altehrwürdige „Orientalische Frage“ trat nunmehr in ihr letztes Stadium ein. Rumänien, Bulgarien, Serbien, Griechenland, Albanien: diese Staaten waren aus den Nationalitätenkonflikten der vergangenen Jahrzehnte als eigenständige, selbstbewußte Staaten hervorgegangen. Sie hätten nun miteinander umzugehen lernen müssen. Sie haben es nie gelernt – bis auf den heutigen Tag nicht.

Die Etablierung dieser Staatenwelt ging eindeutig auf Kosten des Osmanischen Reiches, das man so freilich nach der „jungtürkischen“ Revolution von 1908 nicht mehr nannte. Aber gerade weil die „neue“ Türkei Anspruch darauf erhob, in den Kreis der europäischen „Normalstaaten“ aufgenommen zu werden, mußte die alte, gegen den „kranken Mann am Bosporus“ gerichtete Expansionspolitik der Balkanstaaten sowie Rußlands und Österreich-Ungarns nun viel problematischer und gefährlicher werden. Etwas anderes kam hinzu: Praktisch verlor die Türkei bis 1912 sämtliche Besitzungen auf dem Balkan, es gab hier für die landhungrigen Balkanstaaten also nichts mehr zu holen. Rußland war zu mächtig, als daß die tendenzielle Expansionsbewegung dieser Nationen erfolgreich auf russisches Gebiet, in russische Einflußzonen übergreifen konnte. Es blieb die andere „Großmacht“: Österreich-Ungarn.

Es bedurfte keiner großen Phantasie, um sich auszurechnen, daß die nächsten Zusammenstöße zwischen den Balkanstaaten, genauer: dem selbstbewußtesten und aggressivsten Balkanstaat, nämlich Serbien, und dem als marode eingeschätzten Vielvölkerstaat erfolgen würden, und dies um so eher und heftiger, je sicherer man sich des stillschweigenden oder auch formellen Einverständnisses Rußlands sicher sein konnte. Während der erste Balkankrieg von Serbien und Bulgarien gemeinsam inszeniert und erfolgreich abgeschlossen wurde, kam es über der Verteilung der Beute zum zweiten Balkankrieg, der mit einem Kompromißfrieden 1913 beendet wurde. Dieser befriedigte weder Bulgarien, das Federn hatte lassen müssen, noch Serbien, das seine Großmachtträume empfindlich eingeengt sah. Gleichwohl sah es seit dem Spätsommer 1913 auf dem Balkan einigermaßen friedlich aus; die Frage war, ob Serbien mit dem Gewonnenen zufrieden sein oder den Versuch wagen würde, im Zusammenwirken mit Rußland Österreich-Ungarn Teile jener Gebiete abzujagen, die serbischem Selbstverständnis nach zu Serbien gehörten.

Die Lage für die K. u. K. Monarchie war nun also ernst genug: Der ewige „Puffer“, der Staat, auf dessen Kosten man bisher die Orientalischen Krisen gelöst hatte, existierte in Europa nur noch mit einem kleinen Landzipfel um Konstantinopel. Die Nachfolgestaaten auf dem Balkan bildeten allesamt nichtsaturierte, noch in voller nationaler Entfaltung sich befindende Gebilde. Die Haltung Rußlands war zumindest in einem Punkt klar: Im Falle eines neuen Balkankrieges würde es sich nicht auf die Seite Österreichs schlagen. Was aber würde geschehen, sollte Serbien sich russischer Rückendeckung versichern, wenn es weiter Expansionspolitik betrieb?

Der Knoten schürzte sich also wie von allein, und wieder ist es schwierig, eindeutige Schuldzuweisungen vorzunehmen. Der „sacro egoismo“ Serbiens und der anderen war an sich nicht zu tadeln; daß Rußland jene Staaten, über die es jahrzehntelang die Hand gehalten, im Krisenfall nicht im Stich lassen konnte, war einzusehen. War es für Österreich-Ungarn aber zumutbar, wenn sich an der Südostflanke seines ohnehin immer gefährdeten Reiches ein neuer machthungriger Nationalismus breit machte?

In der Wiener Hofburg wurden die „Machenschaften“ Serbiens als Existenzbedrohung empfunden, das war mehr als eine Krise. Schließlich stand das Schicksal des Osmanischen Reiches jedermann vor Augen, und jedermann wußte, daß man überall von der „zweiten Türkei“ raunte und die K.u.K. Monarchie meinte. So schwach aber fühlten sich Berchtold, der Außenminister, und Conrad von Hötzendorf, der Generalstabschef nicht, daß sie die Dinge fatal über sich ergehen lassen mußten. Noch immer war Österreich eine der großen Mächte Europas, noch immer blieb Wien die glanzvolle Hauptstadt eines der ehrwürdigsten Staatsgebilde der Weltgeschichte – und schließlich hatte man einen mächtigen Freund: Deutschland.

Kam also doch alles so, wie es mußte? „Hineingeschlittert“ sei man in den Krieg, meinte unter dem Kopfnicken fast aller Politiker und Historiker später Lloyd George. „In Europa gehen die Lichter aus“, lautet eine andere hübsche Metapher von ihm – so als hätte es jemanden gegeben, der einen Schalter betätigt hätte.

Der Anlaß des Ersten Weltkrieges ist bekannt: Obwohl die serbische Regierung ihre Hand nicht im Spiel hatte, war es verständlich, daß die Hofburg die Ermordung des Thronfolgerpaares in Sarajewo am 28. Juni 1914 nur als unerhörten Affront des latent feindlichen Serbien begreifen konnte. Ebenso verständlich war es, daß Österreich sich das nicht bieten zu lassen brauchte – unmittelbar nach Sarajewo hatte es die Sympathien und das Mitgefühl ganz Europas auf seiner Seite.

Gerade das aber verleitete zuerst die österreichische, dann die deutsche Politik zum schwerwiegendsten Fehler. Mitgefühl wurde mit Zaudern gleichgesetzt, Sympathie mit Schwäche – plötzlich erschien Sarajewo wie eine einmalige Chance, den gordischen Knoten auf dem Balkan mit einem Hieb zu durchhauen.

Die Verführung war ungeheuerlich, es hätte des abwägenden Geschicks und Genies eines Bismarcks bedurft, die Fallstricke zu sehen, in denen sich Österreich nunmehr verfing.

Daß „mit den Serben Schluß gemacht werden muß", war nicht allein Auffassung des deutschen Kaisers, auch Conrad war davon überzeugt, er riß die übrigen Politiker in Wien mit. Der berüchtigte „Blankoscheck" Deutschlands an Österreich war natürlich ein schwerer Fehler, aber er war alles andere als eine Demonstration von Stärke. In Berlin ging vielmehr die Furcht um, auch den letzten Verbündeten in dieser Krise noch zu verlieren, wenn man ihn nun, da es ernst war, nicht jener „Nibelungentreue" versicherte, die noch einmal den anachronistisch-historisierenden Charakter der deutschen Außenpolitik unterstrich. Aber selbst danach ging nicht alles von selbst, auch in Wien breitete sich Nachdenklichkeit aus, vielleicht – es ist müßig darüber zu spekulieren – wäre die Krise doch noch zu lösen gewesen, hätten alle Beteiligten noch einmal einer „Kongreßlösung" – England war nicht abgeneigt – zugestimmt.

Aber alle „Kongresse" seit 1878 hatten in den Augen der österreichischen und deutschen Staatsmänner am Ende alles nur schlimmer gemacht, was also war von einer ad hoc zusammenberufenen Botschafterkonferenz wirklich zu erwarten? Und: Würde die mit Sicherheit zu erwartende nächste Krise Deutschland und Österreich nicht in einer noch ungleich prekäreren Lage finden? Schon seit Jahrzehnten hatten die Militärs immer wieder auf den Präventivkrieg gedrängt; ab 1917, so lauteten die letzten Prognosen, war mit einem Sieg über Rußland nicht mehr zu rechnen.

In Berlin machten die Soldaten mit großem Ernst klar, daß der Kriegsplan nur dann erfolgreich sein konnte, wenn das Reich den „fahrplanmäßig" ausgerechneten Vorsprung in der Mobilisation nicht durch nutzlose diplomatische Manöver des letzten Augenblickes vertändelte. Aus den Tagebüchern von Kurt Riezler, dem engen Vertrauten des Reichskanzlers weiß man, wie Bethmann Hollweg um den Entschluß zu Krieg oder Frieden rang, wie am Ende die Politik des „kalkulierten Risikos“ die Oberhand gewann, wie er den „Sprung ins Dunkle“, den alle Nachfolger Bismarcks letztlich doch gescheut hatten, nun wagen zu müssen glaubte – ihm stand eine Alternative vor Augen, die keine war: „Weltmacht oder Niedergang“.

An diesem Punkt läßt sich erkennen, daß der Entschluß zum Kriege nicht wie 1756 bei Friedrich dem Großen allein aus der Furcht resultierte, anders die Existenz des Landes aufs Spiel zu setzen, sondern auch aus der vagen Hoffnung, aus dem zwanzig Jahre währenden politischen Dilemma ein für allemal herauszukommen, auf den Zug zur Weltmacht doch noch aufspringen zu können. Fatalismus und Verführung, Resignation und Trotz waren es, die in den entscheidenden Phasen der Julikrise sowohl in Wien wie in Berlin zum Kriegsentschluß führten. Nein, man wollte diesen Krieg nicht, das darf man den dramatis personae glauben, aber es war zu spät, ihm auszuweichen, und gerade deswegen schien es nun besser zu sein, mutig den ersten Schritt über den Rubikon zu tun.

Aus dem Abstand eines dreiviertel Jahrhunderts steht man fassungslos vor dieser „Julikrise“ des Jahres 1914. Ganze Bibliotheken sind mit ihren Deutungen und den Ursachen, die zu ihr führten, gefüllt worden – man kann alles dennoch kaum begreifen. Nur eins scheint heute sicher: Einen eigentlichen Kriegsgrund gab es nicht. Achteinhalb Millionen Soldaten sind völlig umsonst gestorben, der Krieg löste keine Probleme, gebar aber neue, von deren Dimensionen diejenigen, die 1914 den Krieg in Kauf nahmen – sie saßen nicht nur in Wien und Berlin, sie waren gleichermaßen in Paris und St. Petersburg, auch in London zu finden –, keine blasse Ahnung hatten.

3. Die zweite Urkatastrophe: „Der Krieg der Welten" 1914–1918

Nun war er endlich da, der „Krieg der Welten", wie ihn beispielsweise H. G. Wells schon 1898 prophezeit hatte, Literaten und Phantasten in aller Welt hatten ihn schon seit zehn Jahren förmlich herbeigeredet, Friedrich von Bernhardis „Deutschland und der nächste Krieg" war ein riesiger literarischer Erfolg, Berta von Suttners „Die Waffen nieder!", Pinthus' „Menschheitsdämmerung" waren nicht das, was die Masse wollte. „Die Apokalypse in Deutschland", „Träume von Tod und Untergang" (Klaus Vondung) faszinierten viel mehr; als die Mobilmachung in Europa allerorten verkündet wurde, erhob sich frenetischer Jubel: „Jeder Stoß, ein Franzos'", „jeder Schuß – ein Ruß'": tief haben sich die Graffiti auf den Viehwaggons, die das „Menschenmaterial" zu den Schlachthäusern Europas fuhren, dem Gedächtnis eingeprägt.

Der Krieg: ein erhabenes Abenteuer, zeitlich begrenzt. Spätestens zu Weihnachten, so hörte man es überall, wären die Soldaten wieder zu Hause. Ein moderner Industriekrieg konnte nur kurz währen – fast hätten diese Propheten recht behalten: Nur der eher glücklich-zufälligen Erfindung des Haber-Bosch-Verfahrens, der Gewinnung von Stickstoff aus der Luft, war es zuzuschreiben, daß die Deutschen auch noch ein halbes Jahr nach Kriegsbeginn ihr Pulver nicht buchstäblich verschossen hatten.

Die grausamen Zufälle der Historie sorgten mit dafür, daß aus dem fröhlichen Blitzkrieg ein vierjähriges Inferno wurde, dessen Grauenhaftigkeit nur noch mit seinem Stumpfsinn wetteiferte – aber es hatte Mahner überall gegeben; Moltke d. Ä., der den zweiten Siebenjährigen Krieg prophezeit hatte, war nur einer von ihnen.

Es gab auch nachdenkliche Zeitgenossen, denen schon im August 1914 klar war, daß das Ende des alten Europa mit diesem Krieg gekommen war. Aber erst als dieses „Alteuropa" in Trümmern lag – anscheinend für Zeit und Ewigkeit –, besann man sich allgemein der Ideale Europas, seiner Wurzeln, seiner Räson. Die

Idee eines vereinigten Europa war schon 1914 alt, bereits Mitte der fünfziger Jahre hatte Victor Hugo seine Europavision wortgewaltig entwickelt, auf den Haager Konferenzen setzten die „Friedensfreunde“ alle Hoffnungen auf die letztliche Solidarität der europäischen Nationen, der größte Sprengstoffhersteller stiftete einen Preis, der dem Frieden dienen sollte, in der Interparlamentarischen Union versuchten Abgeordnete aus allen Ländern Europas gemeinsame Brücken zu bauen, auf den Tagungen der sozialistischen Internationale versicherten sich die Sozialisten gegenseitig ihrer Brüderlichkeit – wie hätte es da noch Krieg geben sollen, wenn es der starke Arm des Proletariats nicht wollte?

Zudem wußten viele, was man in Europa zu verlieren hatte: das Gefühl der kulturellen und zivilisatorischen Überlegenheit allen anderen Kontinenten und Nationen gegenüber, die USA, Japan, China sehr wohl eingeschlossen. Die gleichen sittlichen Maßstäbe im Umgang mit den Unterdrückten, Zukurzgekommenen in Europa selbst, oder in den Kolonien. Das immer engere Zusammenwachsen von Wirtschaft und Gesellschaft. Die Kartelle, die Trusts, die sich an keine Grenzen hielten. Die Eisenbahnen, mit denen man gleichsam nonstop von St. Petersburg nach Paris, von Paris nach Konstantinopel, von Palermo nach Hamburg reisen konnte – und sei es nur, um eine Oper zu besuchen, einem Dichter zu lauschen. Das Gold war die überall gültige Währung, die Zollschranken unerheblich. Europa war vor 1914 auf dem besten Weg zur Einheit.

Deswegen ist es richtig, wie vom Dreißigjährigen so auch vom Ersten Weltkrieg als der „Urkatastrophe“ Europas zu sprechen. Wenn der Kriegsausbruch eines lehrte, dann die ernüchternde Erkenntnis, daß sich Europa trotz aller einigenden Komponenten keineswegs von selbst macht. Was schon für die Phase der Nationalstaatsbildung im 19. Jahrhundert galt, galt fortan in höherem Maßstab: Wenn Europa sich vereinigen wollte, so mußte es das dazu Notwendige ganz bewußt und auch gegen schwerste politische und ideologische Widerstände durchzusetzen trachten. Bloßes Zuwarten, das Schielen nach „der Geschichte“, die alles schon richten werde, genügte nie und genügt auch heute nicht.

Der hemmungslose Ausbruch der unkontrolliertesten chauvinistischen Leidenschaften – nicht so sehr bei den Staatsmännern als bei den Völkern, die sie führten – gehörte 1914 zu den erschreckendsten, weit ins 20. Jahrhundert vorweisenden Erfahrungen. Als hätte es die Aufklärung, die Ideale des Pietismus, das Weltbürgertum Kants und Goethes nie gegeben, stürzten sich Millionen Menschen wie im Fieber, buchstäblich gedankenlos aufeinander, und kein Bollwerk hielt: Besonders drastisch zerbrachen sie in Frankreich, wo die Ideale der Sozialisten unter Jean Jaurès förmlich hinweggefegt wurden (er bezahlte dies mit seinem Leben), aber auch in England und Rußland reihten sich die Sozialisten wie ein Mann in das graue Volksheer ein; wer an hehre alte Friedensresolutionen erinnerte, galt als Vaterlandsverräter.

Nicht anders in Deutschland. Persönlichkeiten wie Rosa Luxemburg oder Karl Liebknecht standen auf ganz verlorenem Posten, wenn sie die Genossen an die Prinzipien des Klassenkampfes erinnerten, mit überwältigender Mehrheit votierte die stärkste Partei im Reichstag für die Kriegskredite. Wilhelm II. hatte recht, wenn er das mit dem sprichwörtlich gewordenen Ausruf: „Ich kenne keine Parteien mehr, ich kenne nur noch Deutsche“, quittierte.

Diese innere Mobilisierung für den Krieg, die alle Vorsichtsmaßnahmen der führenden Eliten überflüssig machte, speiste sich aus doppelter Wurzel: Zum einen ging es für die deutsche Sozialdemokratie, aber auch für viele aus dem liberalen und konservativen Lager gegen den bösartigen russischen „Autokratismus“ und „Panslawismus“, das ewig revanche- und expansionslüsterne Frankreich, zum anderen, das wurde entscheidend, war nahezu jedermann zutiefst davon überzeugt, daß Deutschland und Österreich einen gerechten Krieg führten, denn sie waren die unversehens Überfallenen, sie allein streifte kein Hauch einer Mitschuld an der Katastrophe.

Von diesen Überzeugungen her wird verständlich, was der Artikel 231 des Versailler Vertrages bedeutete, der knappe fünf Jahre später die Alleinschuld Deutschland aufbürden sollte: Diese Spannung zwischen Sein und Sollen hätte kein Gemeinwesen auf Dauer aushalten können, jedes wäre daran wohl zerbrochen.

An Niederlage, gar Schuld, dachte im August 1914 natürlich niemand. Das änderte sich freilich rasch, schon im September desselben Jahres erhob sich nämlich in grauenvoller Größe das Gespenst der Niederlage. Es war mit dem Namen des kleinen französischen Flüßchens Marne verknüpft.

Hier scheiterte der deutsche Kriegsplan, damit schon der ganze Krieg. Der Generalstabschef, Moltke d. J., wußte es, sensible Persönlichkeiten wie etwa Theodor Wolff, ahnten es. Zumeist freilich wurde die Niederlage an der Marne verdrängt (Karl Lange), das war folgenreich und verständlich.

Verständlich, weil in der deutschen Kriegsgesellschaft die Möglichkeit einer finalen Niederlage nicht ins Bewußtsein drang, bis zum August 1918 nicht ins Bewußtsein dringen sollte. Die Gründe lagen auf der Hand: Das deutsche Reich war stärker, als es je ein deutscher Staat zuvor gewesen war, Heer, Marine- und Kolonialtruppen hatten eine Friedensstärke von 847000 Mann. 4,9 Millionen ausgebildete Reservisten standen zur Verfügung, insgesamt waren 1914 9,75 Millionen Mann verfügbar. Hinzu kamen die Verbündeten, Österreich konnte mit einer Friedensstärke von 494000 Mann, 3 Millionen Reservisten, 6,1 Millionen Verfügbaren aufwarten. Insgesamt verfügten die Mittelmächte über 3547000 Soldaten. Die deutsche Armee, in 13 Korps, 8 Armeen gegliedert, galt als die am besten ausgebildete der Welt, als die am vorzüglichsten bewaffnete – und als die moralisch höchststehende.

Hier schon schlugen Zahlen in Wunschträume um, aber auch die Zahlen täuschten. Den dreieinhalb Millionen Deutschen und Österreichern standen nämlich 5,4 Millionen Mann der Alliierten entgegen, 2,1 Millionen Franzosen, 2,7 Millionen Russen. Wer verglich, der merkte rasch, daß Deutschland selbst an seiner Hauptfront, also dort, wo die Entscheidung fallen sollte, numerisch unterlegen war – das hatte es zu Moltkes d. Ä. Zeiten niemals gegeben. Vom Osten ganz zu schweigen: Mehr als kurzfristiger hinhaltender Widerstand gegen die „russische Dampfwalze“ war gar nicht möglich, der deutsche Osten war schon im Frieden „sakrifiziert“, wie es Schlieffen einst ausgedrückt hatte.

Natürlich nur vorübergehend. Wie einst Friedrich der Große, so hofften auch Wilhelm II. und dessen „Oberste Heeresleitung“, daß dem raschen Sieg im Westen eine noch raschere Schwenkung nach Osten und dann der sichere Sieg gegen die zaristischen Horden gelingen werde – das, so hatten die Schüler Schlieffens suggeriert, sei eben „das Geheimnis des Sieges“.

Anfangs lief alles nach Plan. Planvoll marschierten im Westen sieben Armeen auf; wenn auch gegen harten Widerstand, schwenkten die 1. und 2. Armee am rechten Flügel, durch das neutrale Belgien brechend, im Geiste Schlieffens von Nordwest über West nach Südwest; in den ersten Septembertagen zeichnete es sich ab, das Super-Sedan, das Schlieffensche „Cannae“.

Aber es gab „Schönheitsfehler“. Die Millionenheere bewegten sich schwerfällig, die Kommunikation brach gelegentlich ab, die Armeeführer hatten ihren eigenen Kopf und mißtrauten dem Großen Generalstab; der Nachschub stockte, die gigantischen Marschleistungen zehrten an den Kräften. Schlimmer war, daß sich die Franzosen keineswegs rollengerecht verhielten, sie ließen sich offensichtlich nicht so leicht einkesseln wie einst die Armee von Mac Mahon, sie wichen elastisch und geschickt zurück, dem deutschen rechten Flügel drohte die Überdehnung. Und hinter der schiefen Front erhob die „Sphynx Paris“ ihr Haupt, wie der alte Schlieffen das genannt hatte. Von Paris aus liefen die Verkehrswege leistungsstark, vielfältig direkt an die Fronten; als die Katastrophe sich der französischen Armee zusehends näherte, wurde alles, was vier Räder hatte, von Paris aus nach vorn geworfen, die berühmten Taxis hatten zwar keine operativ-strategische, aber eine weit über das Kriegsende hinauswirkende moralische Bedeutung.

Ob es nun Moltke d.J. war, der an der Marne „moralisch“ zerbrach, ob es Mißverständnisse zwischen Armeeführung und Generalstab waren, die an allem Schuld waren, ob man den fast schon sicheren Sieg leichtfertig aus der Hand gab – das Resultat blieb sich gleich: Franzosen und Engländer hielten an der Marne den deutschen Vormarsch auf, entzogen sich der Einkesselung, behaupteten das Feld – es war der größte, der entscheidende Sieg des Ersten Weltkrieges, das „Wunder an der Marne" nannten es die erstaunt-dankbaren Franzosen.

Der deutsche Kriegsplan war gescheitert, mit dem Blitzkrieg, der schnellen Niederwerfung der Westgegner wurde es nichts, ein atemloser „Wettlauf zum Meer", Folge der verzweifelten Bemühungen beider Seiten, doch noch zu umflügeln und sich nicht überflügeln zu lassen, endete am englischen Kanal, Langemark, Ypern, Flandern waren die blutigen Wegweiser, dann erstarrte die Landfront von hier bis zu den Alpen, fortan gab es trotz aller Opfer, allen Grauens bis zum Juli 1918 „im Westen nichts Neues", Moltke aber wurde am 14. September durch Falkenhayn abgelöst.

Daß die Bankrotterklärung der deutschen Strategie verheimlicht wurde, verstand sich füglich von selbst, so weit, den Krieg insgesamt verloren zu geben, war man noch nicht, das hatte seine subjektive Berechtigung. Eher überraschend nämlich waren die Erfolge im Osten: Hier schlug der Zweckpessimismus des Beginns in jubelnde Begeisterung um, als es dem Dioskurenpaar Hindenburg/Ludendorff gelang, die russischen Armeen in zwei gewaltigen Schlachten weitgehend zu vernichten. Was an der Marne mißlang, gelang bei Tannenberg: Fortan wurde der Name dieser Schlacht – übrigens bewußt in Erinnerung an jene andere Schlacht von 1410 gewählt – zum Trotz und zur Verheißung für eine ganze Generation. Erst als das Tannenbergdenkmal 1945 vor dem Ansturm der Roten Armee gesprengt, der Sarkophag Hindenburgs ins Restreich gerettet wurde, war es mit dem Tannenbergmythos aus, seine Relikte spuken bis heute im Verhältnis zwischen Deutschen und Polen, solche Geister sind schwer auszutreiben.

Ende 1914 machte der Krieg eine auch durch den Winter bedingte kurze Pause, man konnte die ersten Zwischenbilanzen ziehen, hüben wie drüben. Drüben, bei den Alliierten, war man sich seit dem 5. September schon einig: Der Krieg sollte bis zum „knock out", bis zum „écrasement" des wilhelminischen Reiches fortgeführt werden, an Kompromisse, an einen billigen Frieden durfte nicht einmal gedacht werden – das war Frucht der Furcht vor einem möglichen Auseinanderfallen der so ungleichen Allianz. Es war auch unvermeidliche Folge einer immer höher schäumenden Propaganda. Die wiederum allein schien in der Lage, die fanatisierte Canaille in den kriegführenden Ländern bei Laune zu halten. Wer in England wiedergewählt werden wollte, mußte „hang the Kaiser" trompeten, wer ans Geld der reichen Bürger wollte, mußte versichern „le boche payerai tout". Was schon in den französischen Revolutionskriegen jedes aufgeklärt rationale Denken beunruhigt hatte, trieb nun die giftigsten Blüten: Die Deutschen, das waren die „Hunnen", die kleinen Kindern die Hände abhackten und mit bluttriefendem Messer im Maul sich auf unschuldige Mädchen stürzten; die Russen, das waren damals schon die vertierten Untermenschen, denen alles abging außer Haß und Falschheit, die Franzosen waren die welschen Schweine, die Engländer – nein ganz England war das „perfide Albion".

Aus dem Krieg der Staaten war wirklich ein Krieg der Völker, der niederen Instinkte, der Ideologien geworden – es sollte bekanntlich noch viel schlimmer kommen. Frieden war nur als Siegfrieden denkbar, mit den Feinden sollte nicht verhandelt werden, sie sollten zu Kreuze kriechen; nach und nach erfaßte diese Welle von atavistischem Haß immer weitere Bevölkerungskreise, bis hin zu den Pfarrern, den Professoren, den Literaten und Künstlern. Im Haß wuchs die Gesellschaft überall zusammen, die „Klassengesellschaft im Kriege" (Kocka) war eine Gesellschaft des Hasses.

Nur vor diesem geistesgeschichtlichen Hintergrund sind auch die Kriegszieldiskussionen von 1914 bis 1918 verständlich. Diese gehorchten von Anfang an nicht dem Genius des alten Europa; diejenigen, die ihn dennoch inmitten des Danteschen Infernos beschworen, waren eine allzu kleine Minderheit, bald hörte niemand auf sie.

Die „Machtträume deutscher Patrioten" (Gerhard Ritter) kreisten um Begriffe wie „Gleichberechtigung", „Hegemonie" oder „Durchbruch zur Weltmacht", das hing jeweils auch von der militärischen Lage und den augenblicklichen Stimmungen im Volk ab. Bethmann Hollwegs nachdenkliches „Wir wollen nicht erobern" verhallte rasch, natürlich wollte man erobern – wie anders waren die schon Ende 1914 unvorstellbaren Opfer an Menschenleben zu rechtfertigen? Und hatte nicht Bismarck schon davon schwadroniert, daß man nach dem nächsten Krieg Frankreich „zerstückeln" müsse?

Natürlich würde das nicht genügen. Hilflos, wie sie meinten, hatte das Reich vor 1914 den intriganten „Einkreisungsbemühungen" der Feinde zusehen müssen: Sollte der Krieg einen Sinn haben, so mußte fortan Europa so gestaltet werden, daß es ein zweites „1914" nicht mehr geben konnte. Tatsächlich: Es ging auch nicht nur um Deutschland, es ging um Europa, das war eine Perversion des Europa-Gedankens, die nur noch von Adolf Hitler übertroffen werden sollte.

Die konkreten Ziele schwankten. Daß Polen wiederauferstehen mußte, um fortan als „Puffer" zwischen Deutschland und Rußland, besser: als deutscher Satellitenstaat zu funktionieren, fanden viele vernünftig. Erst als sich die Gesamtlage verschlechterte und Hoffnungen keimten, Rußland aus der Feindallianz herausbrechen zu können, wurde der Polenplan kritisiert. Belgien mußte unter deutscher Oberhoheit bleiben, Lüttich und Antwerpen deutsch werden, das war nur konsequent. Wenn auf diese Weise England aber ohnehin herausgefordert wurde – dann war es nur folgerichtig, klare Verhältnisse am Kanal zu schaffen: Flandern, die nordfranzösische Kanalküste mußten her. Die alte Westgrenze hatte trotz Elsaß und Lothringen keinen hinreichenden Schutz, kein ausreichendes Aufmarschglacis abgegeben: Longwy, Briey, Lothringen mit Verdun, natürlich Belfort: deutsch. In diesem Fall durfte man sich auch des Beifalls der Schwerindustrie an der Ruhr und in Lothringen sicher sein; endlich wäre es mit dem ökonomischen „Skandal" zu Ende, daß Eisen und Kohle durch eine antiquierte Staatsgrenze voneinander getrennt waren.

Überhaupt mischten sich unter die machtpolitisch-strategischen Gesichtspunkte zunehmend wirtschaftliche; die großen Rüstungskonzerne wie Krupp und Thyssen, denen der Krieg ohnehin die Firmenkassen füllte, meldeten energisch ihre Wünsche an, manchmal wird dies Bethmann Hollweg wohl so vorgekommen sein, als hätten kleine Kinder alle Wünsche im Bonbonladen frei.

Der Kanzler selbst, ständig darum bemüht, mit seiner „Politik der Diagonale“ (v. Vietsch) den „Burgfrieden“ zu erhalten und zu stabilisieren, hütete sich, ein verbindliches Kriegszielprogramm zu entwerfen, auch das berüchtigte vom September 1914 war nur ein unverbindliches „Andenken“ eines möglichen Friedens (nach der gewonnenen Marneschlacht). Dieses „Programm“ war ja ebenso vermessen wie irreal; zum einen war der Bär noch nicht erlegt, dessen Fell man verteilen wollte, zum anderen hatte die SPD unmißverständlich klar gemacht, daß sie solche Hybris nicht mitzutragen gewillt war. Selbst wenn der Friede also im Herbst 1914 möglich gewesen wäre: gegen die SPD wäre der des „Septemberprogramms“ wohl nur um den Preis eines Bürgerkrieges, einer Revolution durchzusetzen gewesen. Daran konnten auch die chauvinistischsten Heißsporne kein Interesse haben, zuviel stand auf dem Spiel.

Durchaus modern, in die Zukunft weisend waren auch Vorstellungen von einer mitteleuropäischen Zollunion – bei aller Zufriedenheit, die den EG-Bürger überkommen mag, sollte die Wirtschafts- und Währungsunion Wirklichkeit werden, sollte man doch auch nicht diese Wurzel vergessen. Die Vorstellung von einem in sich geschlossenen großen afrikanischen Kolonialreich, die ebenfalls in den Köpfen der Erben von Carl Peters spukte – bei Erzberger etwa oder bei Claß – gehorchte demgegenüber eher überholten „imperialen“ Vorstellungen; immerhin ist es bemerkenswert, daß auch sie ein Vierteljahrhundert später erneut ins Arsenal der deutschen Wünsche aufgenommen werden sollten. Natürlich konnte das niemals eine Lösung des komplizierten Beziehungsgeflechtes zwischen Europa und Afrika sein; die Altvorderen ahnten zumindest, daß es solche Beziehungen gab und daß sie geordnet werden mußten.

Die Kriegszieldiskussion war das Komplement der Kriegführung, die Frage war, ob und wann es dem einen oder anderen kriegführenden Staat gelingen würde, aus diesem Teufelskreis herauszufinden. Nur wenn das gelang, konnte es überhaupt Aussichten auf Frieden geben – es sei denn, der Krieg endete mit der totalen Vernichtung, entweder der Mittelmächte oder der Entente. Schon Anfang 1915 war absehbar, daß weder das eine noch das andere im Sinne einer wirklichen „Extermination" möglich sein würde. Noch gab es keine Nuklearwaffen.

Ideen für einen halbwegs vernünftigen Frieden gab es 1915 nicht, das geistlose Abschlachten ging also weiter, der strategische Schwerpunkt verlagerte sich nun nach Osten, nicht zuletzt weil Falkenhayn im Westheer nur noch ein „zertrümmertes Werkzeug" sah.

Tatsächlich schienen sich im Osten nach Tannenberg Chancen zu eröffnen: Im Oktober 1914 war die Türkei auf seiten der Mittelmächte in den Krieg eingetreten. Rußland war also isoliert, der ebenso kühne wie törichte Versuch, ihm durch das Dardanellenunternehmen Entlastung aus dem Westen zu verschaffen, scheiterte kläglich. Dabei war Churchills Grundidee genial: Wenn England über das Mittelmeer seine Macht gegen die Türkei und die Meerengen projizierte, mußte – Folge des uralten Dreibundvertrages – das im Weg liegende Italien mit: Ebenso kam es, im Mai 1915 erklärte Italien den Mittelmächten den Krieg. Dem Ruf des „sacro egoismo" folgte dieses Land um so leichter, als die Alliierten Italien das Blaue vom Himmel – immer auf Kosten Österreichs – versprechen konnten, eben dies war den Mittelmächten logischerweise nicht möglich. Daß die Alliierten dann später, als die Rechnung von Rom präsentiert wurde, sich als windige Zahler erweisen sollten, wurde in historischer Spätfolge zu einer wichtigen Ursache des faschistisch-nationalsozialistischen Bündnisses – man könnte lange über die Ironie der Geschichte sinnieren.

Die Alliierten rechneten sich also wie die Deutschen Chancen im Südosten aus: Konnten Italien, Serbien, Rumänien 1915 Österreich nicht den „Todesstoß" versetzen? Die horrenden Verluste von 300000 Mann, die die K. u. K. Armee 1914 erlitten hatte, waren ohnehin nie mehr auszugleichen. Damit die Deutschen keine Hilfe leisteten, mußten sie durch fortwährende, kräftefesselnde Angriffe im Westen gebunden werden.

Man sieht: die strategische Planung auf beiden Seiten war in sich stimmig, aber die Verhältnisse, die waren nicht so: In drei großen Anläufen versuchte Joffre 1915 in der Champagne und um Arras das deutsche Westheer zu zermürben. Das Ergebnis war verheerend: Die Verluste betrugen auf alliierter Seite 250 000, auf deutscher „nur“ 150 000 Mann. Die Verteidigung hatte sich als stärker denn der Angriff erwiesen, die deutsche Oberste Heeresleitung schöpfte Hoffnung.

Zu schönsten Hoffnungen auch schienen die überwältigenden deutschen Erfolge im Osten zu berechtigen. Nach einigen Irritationen und Querelen mit dem österreichischen Verbündeten gelang der 11. Armee auf der Grundlage der strategischen Planung des Generals Hans von Seeckt (dem nachmaligen Chef der Heeresleitung in Weimarer Zeiten) bei Tarnow-Gorlice der strategische Durchbruch durch die russische Front, die kurz vor dem vollständigen Zusammenbruch stand – der Sieg gegen Rußland schien in greifbare Nähe gerückt. Hindenburg war sicher, daß die Endentscheidung nun möglich war – Falkenhayn blieb pessimistisch, der gewaltige Geländegewinn – Kurland, Litauen, Polen, Galizien – täuschte ihn nicht darüber hinweg, daß die Kraft Rußlands noch nicht endgültig erschöpft war – die Erinnerung an Napoleon ging um.

Im weiteren Verlauf des Jahres stellten sich diese Besorgnisse als berechtigt heraus; nach einigem Hin und Her erstarrten auch die Fronten im Osten. Der Machtbereich der Mittelmächte erschien auf den Generalstabskarten gewaltig ausgeweitet – am Kernproblem, der Frage nämlich, wie man den Krieg gewinnen konnte, hatte sich bis Ende 1915 nichts geändert. Ausweglos, aber nicht ohne Hoffnung: auf diese absurde Formel ließen sich jene Gedankengänge bringen, die kontrapunktisch die strategische Hauptmelodie begleiteten. Warum hatte das Reich zwanzig Jahre lang zur See gerüstet, die schlimmsten politischen und finanziellen Folgen in Kauf genommen, wenn die Hochseeflotte nun in Wilhelmshaven still vor sich hinrostete?

Gewiß, Tirpitz hatte nie ein Hehl daraus gemacht, daß die Flotte in erster Linie ein politisches, kein militärisch einsetzbares Mittel war; nachdem die Abschreckung versagt hatte, konnte man sie gleichwohl nicht einfach strategisch abschreiben. Neben der Hochseeflotte gab es ein ganz anderes maritimes Instrument, in gewisser Weise die Antithese zu ihr: die Ubootwaffe. Diese, buchstäblich „unsichtbar“, konnte die Grand Fleet nur „unterlaufen“, um an ihr wahres Ziel zu gelangen: den feindlichen Handelsschiffsraum.

Schon vor dem Krieg hatten sich zahlreiche Experten Gedanken über die Möglichkeiten und Grenzen eines Uboothandelskrieges gemacht. Die Grenzen zog das Uboot selbst, nachdem völkerrechtlich verbindlich festgelegt worden war, daß wehrlose, zivile Schiffe nur dann aufgebracht oder versenkt werden durften, wenn die Sicherheit der Besatzung garantiert werden konnte. Eben das konnte das kleine, fragile, abwehrschwache Uboot nicht. Das heißt: Von Anfang an konnte der Ubootkrieg nur dann erfolgreich sein, wenn er Völkerrecht brach. Davor scheuten die Deutschen zurück.

Obwohl auch die englische Blockade mit dem Völkerrecht nicht zu vereinbaren war. Beide Momente wiesen über alles hinaus, was bisher in europäischen Kriegen üblich gewesen war, beides paßte aber vorzüglich in jene Tendenz, die Ludendorff mit dem Begriff des „totalen Krieges“ umschreiben sollte.

Die Hochseeflotten waren hingegen durchaus konventionelle Seekriegsmittel. Daß sie rasch veralteten, die Kosten-Nutzenanalyse ihre militärische Fragwürdigkeit enthüllte, machte freilich erst der Kriegsverlauf klar. Die große Freiwasserschlacht, Wunschtraum so manchen Möchtegern-Navalisten der Vorkriegszeit, war seit 1911, als England zur „weiten Blockade“ überging, nicht mehr zu erwarten; daß sie dann doch am 31. Mai 1916 vor dem Skagerrak stattfand, war purer Zufall und bewirkte gesamtstrategisch gesehen nichts.

Wenn mit der Hochseeflotte nichts Definitives zu erreichen war, schoben sich die angeblichen Verheißungen der Ubootflotte um so energischer in den Vordergrund. Die Fachleute und die, die es zu sein bloß vorgaben, rechneten auf dem Höhepunkt der Diskussion um den uneingeschränkten Ubootkrieg vor, daß man England binnen sechs Monaten „friedensgeneigt“ machen könne, wenn man nur alle völkerrechtlichen Hemmungen fallenlasse. Das sollte sich als eine unverfrorene Fehlkalkulation herausstellen, aber sie war um so verführerischer, je weniger sich andere

Siegesaussichten boten. Daß der Reichskanzler Theobald von Bethmann Hollweg dennoch fast zwei Jahre hinhaltenden Widerstand gegen diese Idee leistete, ehrt ihn; sein Sturz war auch Folge seiner endlichen Niederlage im Kampf um dieses vermeintliche „Patentrezept".

Daß ausgerechnet der „Baumeister der deutschen Flotte" es favorisierte, war nicht überraschend, denn wie kein anderer wußte Tirpitz um die Hoffnungslosigkeit der konventionellen Überwasserstrategie. Der seit der Versenkung der „Lusitania" ständig drohende Kriegseintritt der Vereinigten Staaten im Falle des Ubootkrieges schreckte ihn – wie später Hitler – um so weniger, als er ihn über kurz oder lang (dies vielleicht zu Recht) ohnehin für unvermeidlich hielt. Tirpitz dachte wie eh und je in den Dimensionen des wahrhaften „Kriegs der Kontinente", die durchschnittlichen europäischen Staatsmänner wurden sich dessen Tragweite erst langsam bewußt.

Blockade und Ubootkrieg müssen freilich auch noch von einer anderen Perspektive aus gedeutet werden: Dieser Krieg war auch ein Krieg der Volkswirtschaften, am Ende mußte die Gruppierung ihn gewinnen, die über die größeren Ressourcen verfügte. Schon die napoleonische Kontinentalblockade hatte präludiert, was nun perfektioniert wurde: durch die rigorose Abschneidung der Mittelmächte von den transatlantischen Zufuhren sollte die feindliche Bevölkerung mürbe gemacht, ausgehungert werden, der Industrie sollten die kriegswichtigen Rohstoffe versagt, die Kriegsmaschine damit außer Funktion gesetzt werden.

Die Deutschen begannen 1916 zu hungern, der „Steckrübenwinter" von 1917 gehörte später zu den schrecklichsten Erinnerungen der Nation, 750000 Hungertote zählte man am Ende. Geradezu verzweifelt bemühten sich die Bürokraten um eine möglichst effektive Verwaltung des Mangels, daraus entstanden nach und nach jene bürokratischen Strukturen, die jeden Bürger wie in einem Treibnetz fingen, kontrollier- und manipulierbar machten. Im Zeitalter des Nationalsozialismus sollte das zu den unheilvollsten Folgen führen, zumal die Erfahrungen mit Hunger, mit Schiebern, mit Kriegsgewinnlern, dem Schwarzen Markt, mit dem ganzen sozialen Abschaum, den ein moderner

Volkskrieg hochzuspülen pflegt, von der NSDAP geradezu meisterhaft ausgewertet und den eigenen Zwecken dienstbar gemacht wurden. Tatsächlich hungerte im Zweiten Weltkrieg niemand mehr, Landwirtschaft, Handel und Industrie unterlagen strikten Kontrollen, nicht Klassenhaß, sondern „Volksgemeinschaft" hieß die dankbar angenommene Losung: nur vor dem düsteren Hintergrund der Erfahrungen des Ersten Weltkrieges ist das erstaunliche Durchhaltevermögen, das blinde Vertrauen zur Partei und ihren Organisationen, die gläubige Anbetung des „Führers" verständlich.

Es war nicht nur Gewinnsucht, Boshaftigkeit, soziale Skrupellosigkeit, die den Zusammenbruch des gesellschaftlichen Gefüges im Kaiserreich seit 1917 ahnen ließ, der Hauptgrund für all dies war Unfähigkeit. Nach dem Krieg rechnete man das Phänomen des Hungers nach: Es stellte sich heraus, daß es gar nicht der absolute Mangel an Lebensmitteln gewesen war, sondern die Unmöglichkeit einer gerechten Verteilung und Vorratswirtschaft, die die Engpässe verursacht, die Lawine des Elends ausgelöst hatte. Anders als auf dem Ernährungssektor gelang es auf dem der Industrie- und Rüstungsproduktion einigermaßen, sich den Forderungen des industrialisierten Materialkrieges anzupassen, das „Waffen- und Munitionsbeschaffungsamt", die „Kriegsrohstoffabteilung" (Wumba) unter der überlegenen Führung Rathenaus sollten später für Lenin geradezu Vorbildcharakter gewinnen.

Die Not des Krieges trug also zu einer beschleunigten Modernisierung von Staat und Gesellschaft bei, aber diese „Zwangsmodernisierung" sollte sich für die nächsten Jahrzehnte als zweischneidiges Schwert herausstellen. Die Ausrichtung von Wirtschaft und Gesellschaft allein auf die Zwecke des Krieges mußte langfristig jene militanten Strukturen erzeugen, die für die Weimarer Zeit und ganz besonders die des „Dritten Reiches" typisch werden sollten. Auch das Prinzip „Kanonen und Butter" gehörte dazu: Zwar hatten die großen Rüstungsbetriebe schon während des Ersten Weltkrieges durch überproportional hohe Lohnzahlungen den sozialen Frieden zu erhalten gesucht, die sich ständig verschlechternde Ernährungslage hatte das Ansteigen sozialer Spannungen, auch zwischen Front und Heimat, dennoch nicht verhindern können. Die mit einem „Hilfsdienstgesetz" versuchte Abhilfe fruchtete wenig, auch das 1918 erlassene „Hindenburgprogramm" kam zu spät. Diese Erfahrungen führten dazu, daß Hitler noch mitten im Zweiten Weltkrieg der Einfuhr von Fetten ebenso „kriegsentscheidende" Bedeutung zumaß wie etwa der von Kautschuk oder NE-Metallen.

Alle diese wirtschaftlichen und auch stimmungsmäßigen Veränderungen vollzogen sich seit dem Spätherbst 1915 vor dem Hintergrund einer militärischen Gesamtlage, die die Verantwortlichen in Berlin und im Hauptquartier ratlos machte. Ließ sich der „Einkreisungsring" irgendwo aufsprengen? Die großen Erfolge im Osten lenkten die Hoffnungen auf Rußland. Nachdem Falkenhayn schon im November 1914 Bethmann Hollweg einen Sonderfrieden mit Rußland empfohlen hatte, machte die militärische Lage nun solche Bemühungen nicht ganz aussichtslos, zumal Nikolaus II. nicht grundsätzlich abgeneigt schien. Aber aus alledem wurde nichts. Zum einen setzten sich auch in St. Petersburg die Falken durch, zum anderen boten die Deutschen nichts, was einen Bruch der Ententevereinbarungen für Rußland attraktiv gemacht hätte, im Gegenteil: die törichte Politik eines projektierten „polnischen Grenzstreifens" – also der Einverleibung eines Teiles von „Kongreßpolen" – mußte auch dem Gutwilligsten in der russischen Hauptstadt klarmachen, daß die deutschen „Avancen" nur taktisch gemeint waren.

Hätte man sie gekannt, man hätte sie als volle Bestätigung auch des tiefsten Mißtrauens werten können: die 1915 ins Kraut schießenden Annexionspläne, vor allem in der „Intellektuellen-Eingabe" vom 20. Juli 1915. Diese übertrafen alles, was bis dahin für möglich gehalten wurde. Niederschmetternd war es, daß sich an diesem übelsten Pamphlet des Annexionismus auch die Blüte der deutschen Geschichtswissenschaft beteiligte, die abstruse Idee eines „germanischen Grenzwalles" im Westen (!) konnte wohl nur den Hirnen verblendeter Mediävisten entstammen.

Mit all diesem Unrat wurde der Kanzler förmlich bombardiert, inzwischen richteten sich die Annexionsforderungen gar nicht mehr allein gegen „die Feinde" als vielmehr den „schlappen“ Kanzler selbst. Dieser mochte sich trösten, wenn so bedeutende Persönlichkeiten wie Ludwig Quidde, Ernst Troeltsch, Max und Alfred Weber, Theodor Wolff oder Ferdinand Tönnies sich hinter die Friedensbemühungen Bethmann Hollwegs stellten, aber schon die fehlgeschlagene Mission des amerikanischen Obersten House im Winter 1914/15 zeigte, daß auch von einer neutralen Vermittlung nichts zu erwarten war. In der Folgezeit sollte sich das immer wieder bestätigen: Es gab anscheinend keine Macht auf Erden mehr, die dem Morden Einhalt gebieten konnte, selbst die intensiven Friedensbemühungen des Heiligen Stuhles wurden zuschanden: Europa war buchstäblich heillos zerstritten.

Es blieb, wie bisher, der Appell an das Schwert, das war auch die Quintessenz jener „Weihnachtsdenkschrift“ Falkenhayns, die das Leben von 600 000 Menschen fordern sollte – in Verdun.

Der Name dieser Stadt steht im Mittelpunkt der Erinnerungen an das Jahr 1916 – genau das war die Absicht der deutschen Obersten Heeresleitung. Nachdem ein militärischer Sieg oder ein diplomatischer Friede mit Rußland in weiter Ferne lagen, der uneingeschränkte Ubootkrieg mit Rücksicht auf die USA noch nicht gewagt wurde, blieb nur der Versuch, es noch einmal im Westen zu probieren – wie 1914, freilich nun unter ganz anderen Voraussetzungen und, das war entscheidend, mit anderen Mitteln.

Verdun war eine perfekte Mischung aus abgrundtiefem Zynismus, grenzenloser Menschenverachtung und unheiligen Traditionen. Verdun, das war die stärkste französische Festung – nicht nur fortifikatorisch, vor allem auch mentalitätsmäßig gesehen. Ganz richtig spekulierte Falkenhayn darauf, daß kein ehr- und geschichtsbewußter Franzose gerade an dieser Stelle nachgeben konnte. Wenn die Deutschen hier angriffen, mußten sich die Franzosen verteidigen, das waren sie ihrer Staatsräson, ihrer Geschichte, dem Vermächtnis von Karl dem Großen bis zu Gambetta schuldig.

Also ließ sich um Verdun eine „Blutmühle“ installieren. Geduldig, zäh und bar aller Humanität sollten hier die französischen Armeen durch den Fleischwolf gedreht werden. „Blutanzapfung“ nannte man das.

Verdun ging schief, und wenn noch irgend etwas am deutsch-französischen Verhältnis zu retten gewesen wäre – Verdun löschte auch die letzten Versöhnungschancen aus. Es sollte fünfzig Jahre dauern, bis die Staatsmänner der Generation der Enkel – Adenauer und de Gaulle – sich über den Gebeinhäusern von Verdun die Hand reichten.

Die Franzosen hielten trotz unerträglicher Verluste aus, über die „voie sacrée", die „Heilige Straße", zogen die Prozessionen der todgeweihten Poilus. Obwohl die Deutschen unter Führung des Kronprinzen Wilhelm Douaumont und Fort Vaux nahmen, gelang es niemals, die Moral Frankreichs zu brechen – aber die Moral der verheizten deutschen Truppen geriet ins Wanken. Was sich schon 1915 angedeutet hatte, wiederholte sich in ungleich drastischerer Form: die Verteidigung war dem Angriff überlegen, die Blutmühle zerrieb gleichermaßen die Knochen der deutschen Landser.

Im Juni wurde klar, daß Verdun ein gigantischer Fehlschlag war. Aber als hätten sie aus der jüngsten Vergangenheit nichts gelernt, glaubten nun wiederum die Alliierten, den Durchbruch im Westen zu schaffen. Vier Monate lang berannten sie die wohlausgebauten deutschen Stellungen an der Somme – auch hier das gleiche Ergebnis: schockierende Verluste beim Angreifer wie bei den Verteidigern, zu durchbrechen war die Front nicht.

„Im Westen nichts Neues" – das trotz Verdun und der Somme. Die strategische Ausweglosigkeit an der Westfront hätte erschütternder nicht unterstrichen werden können. Nach Verdun war Falkenhayn natürlich nicht mehr zu halten. Je unerfreulicher sich der Krieg an den Fronten und in der Heimat gestaltete, desto verzweifelter ging jedermann auf die Suche nach dem Retter. Der Kaiser konnte es lange nicht mehr sein, dem Kronprinzen verzieh man Verdun nie. Schon damals tauchte das Wort vom „Ersatzkaiser" auf; daß es auf den Sieger von Tannenberg bezogen wurde, ergab sich fast von selbst.

Hindenburg und Ludendorff: sie hatten gezeigt, wie man es machen mußte, seitdem galten diese beiden als letzter Trumpf der Regierung, als letzter Ausweg aus der Not.

Die 3. OHL wurde also mit Hypotheken belastet, die mit den

Mitteln der Realität kaum abzutragen waren. Sie stand unter Erfolgszwang, ganz anders als ihre Vorgängerinnen, eben dies verlieh Hindenburg und Ludendorff eine schier unumschränkte Macht; wenn man will, war nun erst der Gipfel der „Militarisierung“ erreicht.

Bethmann Hollweg sah das so nicht. Nur das Prestige eines Hindenburgs könne einen „enttäuschenden Frieden“ möglich machen, tatsächlich wird die Berufung dieser beiden nur vor dem Hintergrund der verfahrenen militärischen Lage verständlich, aus der der Staatsmann nur dann herausfinden konnte, wenn die Oberste Heeresleitung mitzog. In der Öffentlichkeit war allerdings eine andere Hoffnung mit Hindenburg verknüpft, die Hoffnung auf ein Super-Tannenberg im Westen. Ludendorff galt ohnehin als wahrer Eisenfresser, der mit rücksichtsloser Energie die „Totalisierung“ des Krieges auch in der Heimat vorantreiben wollte. Die Hoffnungen und Erwartungen, die mit dem Amtsantritt der 3. OHL verknüpft wurden, waren also diametral einander entgegengesetzt.

Die Friedensinitiative Bethmann Hollwegs, im Sommer 1916 auf den Weg gebracht, stand also im schärfsten Kontrast zu den Zielen jener Kamarilla, die nach den Enttäuschungen des Jahres 1916 – zu ihnen zählte auch die überraschende, alle deutschen Pläne über den Haufen werfende Brussilow-Offensive im Osten – nun um so vehementer auf das vermeintlich einzige noch verbleibende Aushilfsmittel setzte: den uneingeschränkten Ubootkrieg. Das war schon gar nicht mehr eine rein militärische Frage; Politiker aller Couleur, Presse und Propaganda mischten sich ein, die Konservativen, die Nationalliberalen, das Zentrum waren für diesen Schritt und damit gegen Bethmann Hollweg: Sollten sie sich durchsetzen, so mußte der Kanzler gehen, daran war nicht zu zweifeln. Am 12. Dezember 1916 kam es im Reichstag gleichsam zum Schwur: Der Kanzler verkündete sein Friedensprogramm – verknüpfte es jedoch mit der Drohung, dem uneingeschränkten Ubootkrieg zuzustimmen, sollte auch diese Initiative scheitern.

Gerade damit war sie zum Scheitern verurteilt, auch wenn die Reaktionen der Entente nicht so ablehnend, höhnisch, verständnislos gewesen wären. Es fiel nach der alliierten Antwort vom 31. Dezember 1916 schwer, für den Frieden noch irgendeine Lanze zu brechen, die Ubootkriegsenthusiasten erhielten Oberwasser, aus den USA vernahm man immer lauteres Säbelrasseln, eigentlich hatte man schon resigniert, als die Entscheidung endgültig am 9. Januar 1917 für den uneingeschränkten Ubootkrieg fiel. Seitdem war Bethmann Hollweg ein Kanzler auf Abruf – aber kam es darauf überhaupt noch an?

Der Kriegseintritt der Vereinigten Staaten von Amerika am 6. April 1917, der auch mit dem Entschluß zum unbeschränkten Ubootkrieg begründet wurde, war ein weltgeschichtliches Datum, ein Epocheneinschnitt von übersäkularer Bedeutung. Er schied die „neueste" von der „Zeitgeschichte", erst Ende der sechziger Jahre unseres Jahrhunderts verlegte die historiographische Konvention diesen Epocheneinschnitt von 1917 ins Jahr 1945.

Seit diesem Moment, seit 1917, veränderte sich die Geschichte Deutschlands in Europa fundamental, die europäische Geschichte selbst war seitdem nie mehr das, was sie zuvor gewesen. Dabei war nicht so sehr der bloß materielle Effekt der Entscheidung von Woodrow Wilson maßgeblich, auf seiten der Alliierten in den Weltkrieg einzugreifen, als vielmehr der damit verknüpfte ideelle Anspruch. Amerika, das legitime Kind Europas, warf sich zum Präzeptor Europas auf, nachdem dieses Europa sich als unfähig erwiesen hatte, mit seinen Problemen allein fertig zu werden, wohl aber in der Lage blieb, seine Querelen über den Kontinent hinauszutragen, die ganze Welt mit dem Bazillus des Krieges anzustecken.

Man hat sich daran gewöhnt, das Ende der amerikanischen Isolationspolitik, in der „Monroedoktrin" von 1823 ursprünglich formuliert, aus ökonomischen und machtpolitischen Motiven zu deuten. Tatsächlich war die Monroedoktrin in amerikanischen Augen nur ein Abwehrmittel gegen unerwünschte europäische Interventionsgelüste – etwa im US-amerikanischen „Hinterhof" Mittel- und Südamerikas – und hat in der Praxis kräftige amerikanische Einmischung in die Angelegenheit anderer Staaten und Kontinente nie gehindert, diesmal aber ging es wirklich ums „Prinzip“: Amerika glaubte, besser als die Europäer den zukünftigen Frieden der Welt herstellen und bewahren zu können. Nicht mehr die Idee der unumschränkt souveränen Nationalstaaten sollte zur Grundlage künftiger Weltfriedensordnungen gemacht werden, sondern das, was Wilson schon 1916 einen „Völkerbund“ genannt hatte. Auf dem Weg zu ihm mußten die autokratisch-monarchistischen Mittelmächte unterworfen werden: das war die ideologische Seite der amerikanischen Entscheidungen von 1917.

Es war nur einer der üblichen historischen Zufälle, daß nahezu gleichzeitig mit der russischen Revolution ein weiterer, ungleich gewichtigerer ideologischer Aspekt die Geschichte der Welt fortan mitbestimmte. Es war aber die Koinzidenz des amerikanischen Eingreifens mit der Machtergreifung Lenins, die die Zäsur von 1917 so scharf erscheinen ließ. Seitdem mußte Europa mit beiden leben: dem Amerikanismus in mannigfaltiger Couleur und dem Kommunismus unterschiedlicher Ausprägung von Lenin über Stalin bis hin zu Mao und Gorbatschow.

Aber das kommunistische Zeitalter ist in Europa nach einem dreiviertel Jahrhundert sichtbar zu seinem Ende gelangt, die Amerikanisierung Europas geht unentwegt weiter. Von heute aus betrachtet war also dieses Ereignis das wahrhaft säkulare; den Zeitgenossen, bis fast zur Gegenwart hin, erschien das kommunistische Phänomen das wichtigere und bedrohlichere zu sein.

Daß die führenden Eliten im Reich nicht das mindeste Interesse an der kommunistisch-leninistischen Doktrin besaßen, bedarf keiner Erläuterung. Aber auch die Sozialisten waren über das, was sich seit dem Frühjahr 1917 in Rußland abspielte, eher irritiert, die bolschewikische Machtergreifung durchschnitt dann endgültig das Tischtuch zwischen den Genossen, fortan bildeten sich wie überall in Europa, so auch in Deutschland, kommunistische und „unabhängige“ sozialistische Parteien heraus, die nur selten und von Fall zu Fall noch Tuchfühlung nach „rechts“, also zur Mehrheitssozialdemokratie suchten, zumeist jedoch gerade in deren Vertretern den gefährlichsten, weil am weitesten „aufgeklärten“ ideologischen Feind sahen. Eine enge Anlehnung an die von Moskau aus formulierten Parteirichtlinien trug ein übriges dazu bei, den Kommunismus in ganz Europa mit Ausnahme der späteren Sowjetunion als Herausforderung, Bedrohung, als Unheil zu betrachten. Das sollte die schwerwiegendsten Folgen haben – später, als der Krieg zu Ende war.

Nach dem Motto, daß der Zweck die Mittel heilige, bemühte sich die OHL, den russischen Umsturz und die daraus entstehenden Wirren zu fördern und zu nutzen – nur aus diesem Grund kam es zu dem legendenumwobenen Durchtransport Lenins und seiner Getreuen durch das kriegführende Deutschland. Dahinter standen keinerlei Sympathien für Lenins Ideen – es ging nur darum, dem Kriegsgegner Rußland Abbruch zu tun. Das war ein Rezept, das seit den Tagen Ludwigs XIV. in Notlagen immer wieder versucht worden war, selbst Bismarck hätte mit der Kommune gemeinsame Sache gemacht, wenn anders Frankreich nicht zu schlagen gewesen wäre.

Das folgende Kriegsjahr bewies anscheinend die Richtigkeit des deutschen Taktierens, nie standen die Chancen, Rußland aus der Entente zu brechen, besser, als seit der Märzrevolution in St. Petersburg, das man dann Petrograd, schließlich Leningrad nennen sollte. Was aber war dieser „Erfolg“ wert, wenn er mit der Gefahr der Zerstörung des eigenen gesellschaftlichen Systems erkauft wurde? Gerade darauf richteten sich beispielsweise die berühmten „Aprilthesen“ Lenins, ihre Wirkung zeigte sich bald; die Fundamente des „Burgfriedens“ wankten, als sich die Sozialdemokratie unter dem Eindruck der russischen Revolution zu spalten begann und die radikalen Führer der „Unabhängigen“, vor allem Liebknecht und Luxemburg, kein Hehl daraus machten, daß der Kriegsausgang belanglos geworden sei, wenn es nur zum „Überspringen“ des revolutionären Funkens nach Deutschland komme. Die deutsche Ostpolitik verfuhr seit 1917 zwar nach den hergebrachten machtpolitischen Mustern und sollte erstaunliche „Erfolge“ erzielen – in Wirklichkeit war das eine Politik des „als ob“, gleichsam von nur noch zweidimensionaler Realität. Die Genese und die Folgen des „Siegfriedens“ von Brest-Litowsk sollten diesen politischen Surrealismus ins letzte Extrem treiben – die herrschende Klasse in Deutschland, bis weit hinein ins linke bürgerliche Lager, stand verständnis- und fassungslos vor diesem politischen Quantensprung.

Für die Geschichte des Jahres 1917 war es charakteristisch, daß man auf ganz unterschiedlichen Wegen zum Ziel gelangen wollte: dieses bestand seit dem Sommer 1917 eindeutig in einer baldigen Beendigung des Krieges, der mit den konventionellen militärischen Mitteln offensichtlich von Deutschland nicht mehr gewonnen werden konnte. Vielleicht konnte das Reich ihn aber auch nicht verlieren: Vergeblich hatten die Alliierten 1917 es noch einmal im Westen versucht, die Massenangriffe bei Arras, am Chemin des Dames, in Flandern fügten dem deutschen Heer zwar Verluste in der Größenordnung von 320000 Mann zu – aber am Ende blieben sie ebenso stecken wie die Somme-Offensive. Diesmal wankte die französische Moral aufs bedenklichste, nur mit äußerster Brutalität konnte der französische Oberbefehlshaber Nivelle eine um sich greifende Meuterei unterdrücken, seitdem war klar, daß das frontale Anrennen weder materialmäßig noch psychologisch weiter fortgeführt werden konnte. Der Stellungskrieg hatte sich buchstäblich totgelaufen, ihn zu überwinden – wie auch immer – blieb seitdem das große Problem bei allen Kriegführenden.

Der deutsche Abwehrerfolg im Westen wurde durch den spektakulären Fehlschlag des uneingeschränkten Ubootkrieges Mitte 1917 mehr als aufgewogen. Man mußte sich nun klar machen, daß man Frankreich und England in absehbarer Zeit nicht „friedensgeneigt" machen konnte, wohin die Dinge im Osten und Südosten, bei Österreich, trieben, war noch unklar. In dem Maße, in dem nun aber die politisch verantwortlichen und führenden Kräfte innerhalb des Reiches einzusehen begannen, daß dieser Krieg noch unendlich lange weitergehen konnte, mußte sich die Frage nach der Räson des „Burgfriedens" stellen. Dieser war ja nur deswegen zustande gekommen, weil die SPD von einem kurzen Krieg ausgegangen war, bis zu dessen Ende die ungelösten gesellschaftlichen und verfassungspolitischen Fragen zurückgestellt werden sollten. Der Reichskanzler und der Kaiser hatten mehrfach versichert, daß man über alles werde reden können – nur müsse zuvor der Krieg gewonnen werden.

Wie lange konnte und durfte man nun aber noch warten? Die Vorgänge in Rußland schrieben ein feuriges Menetekel an die Wand, von daher hätte sich die Bereitschaft ergeben müssen, schon jetzt die gröbsten „Konstruktionsfehler“ der Verfassung zu beseitigen, damit das gesamte politische System nicht der Kontrolle auch der Parteien, geschweige denn der Regierung, entglitt. Die Unabsehbarkeit des Krieges und die russische Revolution setzten die deutsche Innenpolitik unter Zugzwang.

Bethmann Hollweg, politisch schon schwer angeschlagen, versuchte auch in dieser Lage seine „Politik der Diagonale“, nun aber wurde sie von allen nur noch als Schwäche ausgelegt. OHL, Alldeutsche, die ganze Phalanx des rechtskonservativen Lagers weigerte sich mit Entschiedenheit, an den bestehenden politischen Verhältnissen, vor allem auch im Preußen des Dreiklassenwahlrechts, etwas zu ändern; die SPD hingegen wollte in Zukunft nur dann noch „staatstragend“ wirken, wenn es zu substantiellen und nicht bloß vorübergehenden, aus der Not geborenen Reformen kam. Dabei war der Verhandlungsspielraum für die Mehrheitssozialdemokratie schmal: die sich radikalisierenden Kräfte innerhalb der Gesamtpartei ließen sich mit Kosmetik nicht mehr abspeisen: gingen die Forderungen der MSPD aber wesentlich über die vor dem Krieg vertretenen Positionen hinaus, war mit einer Tolerierung, nicht zu reden von einem Aktionsbündnis mit den bürgerlichen und konservativen Parteien, nicht zu rechnen.

Das zeigte sich in schärfster Form bei der Diskussion der beiden Hauptgravamina der SPD: dem preußischen Wahlrecht und der formalen Einführung des parlamentarischen Systems im Reich. Gerade hier sahen die Konservativen die „heiligsten Güter“ tangiert, zähneknirschend nur stimmten sie deswegen jener „Osterbotschaft“ zu, in der Wilhelm II. ein direktes, geheimes, aber eben nicht gleiches preußisches Wahlrecht, und das auch erst nach Ende des Krieges, zusagte.

Nun ging es rasch; im Juli 1917 brach das bisherige Regierungssystem zusammen, der Kanzler trat am 13. Juli 1917 zurück. Voraufgegangen waren österreichische Friedensbemühungen nach dem Tod des Kaisers Franz Joseph, die mit der Reichsleitung nicht abgesprochen waren und den Anfang vom Ende der Donaumonarchie ankündigten. Am 6. Juli enthüllte Erzberger im Reichstag die Aussichtslosigkeit des Ubootkrieges, das wirkte wie ein Schock und ließ nun Zentrum, Liberale und Sozialdemokraten näher aneinanderrücken. Das war zwar eine eher negative „Allianz", sie sollte aber von ausschlaggebender Bedeutung für die Zukunft werden. Das Zusammenwirken dieser politischen Kräfte im „interfraktionellen Ausschuß" wurde zur Keimzelle der späteren „Weimarer Koalition". Zum ersten Mal artikulierte Erzberger halbwegs „vernünftige" Friedensideen, Bethmann Hollweg neigte ebenfalls der Politik einer „Friedensresolution" ohne Annexionen zu – das führte zu einem Sturm der Entrüstung im politischen Lager der 3. OHL. Sehr rasch sah sich der Kaiser vor die Wahl gestellt, mit den Kräften der Bewegung und „seinem" angeschlagenen Kanzler den Sprung nach vorne, in den Parlamentarismus, ja in die Demokratie zu wagen und damit das Vertrauen der 3. OHL gänzlich zu verspielen – die Folgen mußten unabsehbar sein – oder aber noch einmal Ludendorff und in dessen Fahrwasser Hindenburg zu vertrauen, was nach Lage der Dinge den Sturz des Kanzlers bedeuten mußte.

In der „Julikrise" des Jahres 1917 triumphierte noch einmal die Idee des Militarismus. Als es darauf angekommen wäre, fand der Reichstag, der der 3. OHL ja durchaus mißtrauisch gegenüberstand, nicht die Kraft, sich gegen die Soldaten und vor den Kanzler zu stellen. Das Zentrum kroch zu Kreuze, die Konservativen waren ohnehin für Ludendorff und gegen Bethmann Hollweg – die SPD wagte den parlamentarischen Aufstand nicht; als die OHL eine Art von Ultimatum präsentierte, fiel die Mehrheit der Parlamentarier um, mit der Ernennung des farblosen Michaelis, der nur vier Monate regieren und dann von Graf Hertling abgelöst werden sollte, wurde die 3. OHL einigermaßen befriedigt. Immer noch war das Odium der militärischen Macht und der militärischen Machbarkeit stärker als das Gefühl demokratisch-parlamentarischer Verantwortlichkeit; auch jene Parteien, die an sich den Frieden und die Parlamentarisierung des Reiches wollten, entgingen der Verführung durch die Vision eines deutschen Machtstaates nicht, Matthias Erzberger, der Zentrumsmann, ein politisches Naturgenie, auf das damals so viele hofften, knüpfte selbst Beziehungen zu Ludendorff: auch das war eine merkwürdige Präfiguration kommender Ereignisse und eine „unheilige Allianz".

Wenn die Mehrheit der Abgeordneten sich im kritischen Moment auf die Seite der 3. OHL schlug, so mußte diese noch irgendein „Geheimnis des Sieges" in der Tasche haben – eben das suggerierten Ludendorff und Groener, der sich mehr und mehr in den Vordergrund spielte. Hindenburg sollte bei alledem die große politisch integrierende Kraft sein, gleichsam über den Parteien schwebend, so hoffte man, das gesellschaftliche System einigermaßen unbeschädigt durch den Krieg zu bringen.

Die strategischen Hoffnungen richteten sich gleichzeitig wieder nach Osten. Hier hatten sich die Erwartungen der 3. OHL auf einen raschen, billigen und annexionistischen Friedensschluß, wie er im sogenannten „Kreuznacher Programm" formuliert worden war, nicht erfüllt, die „Kerenskij-Offensive" vom Juli 1917 war vielmehr eine unangenehme Überraschung, aber die kurz darauf angesetzte deutsche Gegenoffensive ließ den russischen Widerstandswillen nun wie ein Kartenhaus zusammenbrechen, die Eroberung der baltischen Inseln, von Riga, Galizien fiel mit der Machtergreifung Lenins in Petrograd, dann in Moskau zeitlich zusammen. Lenins Funkspruch „in alle Welt", man wolle Frieden machen, eröffnete anscheinend der deutschen Politik ungeahnte Chancen, die kurz darauf beginnenden Waffenstillstandsverhandlungen in Brest-Litowsk aber standen von Anfang an unter einem bösen Stern: als es darauf angekommen wäre, setzten sich nicht nur in der 3. OHL, sondern in ganz Deutschland noch einmal die übelsten Annexionisten durch. Man wollte erobern, ausbeuten, umsiedeln, ansiedeln, das Reich und Preußen weit nach Osten vergrößern: Rußland erschien diesen Herrschaften als herrenloses Land, als territoriale Verfügungsmasse, der Marsch nach Kiew, so Erzberger, mache die Brotkarte überflüssig. (Adolf Hitler, der Obergefreite, war übrigens 25 Jahre alt.)

So hatten sich das die Kommunisten, vor allem Lenin und Trotzki natürlich nicht gedacht, was Wunder, wenn es nur unter

Einsatz brutaler militärischer Drohungen am Ende doch gelang, den Bolschewiken in Brest-Litowsk einen „Frieden“ zu diktieren, der in seiner Härte und Unmenschlichkeit fast alles schon von dem vorwegnahm, was bei den Deutschen ein knappes Jahr später in Versailles einen Aufschrei der Empörung auslösen sollte. Brest-Litowsk gehorchte nur einer Räson: Die Ressourcen Rußlands sollten rasch und konsequent ausgebeutet und in den Dienst des Krieges gegen die Westmächte gestellt werden. Tatsächlich schien der Krieg im Osten ja nun gewonnen, die Entente aufgesprengt, ob Österreich noch lange durchhalten konnte, blieb dennoch höchst ungewiß, man mußte also Tempo machen, und der Krieg geriet in seine letzte, seine hektischste und dramatischste Phase.

Während die „Ausbeutung des Ostens“, wie es eine Denkschrift des Auswärtigen Amts formulierte, mit dem Vormarsch deutscher Truppen in die Ukraine, ins Donezbecken bis hin zur Krim voranschritt und man sich in Berlin darüber stritt, ob man langfristig gesehen nicht eher mit als gegen das bolschewistische Rußland agieren sollte, sammelte die 3. OHL im Westen alle noch verbliebenen militärischen Kräfte, um im 5. Kriegsjahr doch noch zu schaffen, was einst im September 1914 mißlungen war: den großen strategischen Durchbruch, den Sieg über die nunmehr unter einheitlichem Befehl stehenden Westalliierten. Standen die Chancen dafür nicht tatsächlich besser denn je? Zum ersten Mal besaß das Reich eine, wenn auch etwas prekäre Rückenfreiheit, deswegen gelang es, sogar eine leichte personelle Überlegenheit im Westen zu erreichen. Die amerikanische Hilfe war kaum noch spürbar, die inneren Unruhen in Frankreich konnten auf einen moralischen Zusammenbruch wie im Osten hinweisen. Ihn mit neuen taktischen Angriffsverfahren („Feuerwalze“) zu beschleunigen, schien denkbar.

Es war nun der Punkt erreicht, an dem es anscheinend um alles oder nichts ging. Sollte dieser letzte Ansturm erneut vergeblich sein – „dann muß Deutschland eben zugrunde gehen“, wie sich Ludendorff ausdrückte. Allein der Deckname der Operation, den der Erzengel „Michael“ abgeben mußte, deutete auf diese ja schon immer unterschwellig spürbare apokalyptische Grundstimmung hin. Ludendorff war eine Spielernatur; welche von den so schwachen politischen Figuren in dem, was von der zivilen „Reichsleitung" noch übriggeblieben war, hätte ihn stoppen wollen?

Am 21. März 1918 brach der Sturm im Westen los, binnen weniger Tage gewannen die Deutschen mehr Gelände als je seit dem September 1914. Aber nach ungefähr sechzig Kilometern fraß sich die deutsche Offensive fest, am 5. April blieb sie endgültig stecken. Ludendorff versuchte einen zweiten, einen dritten Anlauf, die Folge waren nur weitere Ausbuchtungen der Front, eine kleiner als die andere. Die deutschen Verluste stiegen bis zum Juli auf eine Million Mann, gleichzeitig befand sich eine Million Amerikaner in der militärischen Ausbildung in Frankreich. Das „verzweifelte Umsichhauen" (Kielmannsegg) Ludendorffs änderte nichts mehr: Am 18. Juli 1918 griffen die Franzosen unter dem Marschall Foch im Marnebogen bei Villers-Cotterets mit 23 Divisionen und 400 Tanks an, nur unter größten Mühen gelang es den Deutschen im Zurückweichen, die eigene Front noch zu halten. Der 8. August wurde dann zum „schwarzen Tag" des Heeres. Der englische Tankangriff bei Amiens brach den Sieges-, bald auch den Widerstandswillen der deutschen Westfront, von nun an drangen die alliierten Truppen stetig nach Osten vor, die militärische Initiative war endgültig auf sie übergegangen, der militärische Zusammenbruch nur noch eine Frage der Zeit.

Die Lage ist hoffnungslos: Das war das Ergebnis des Kronrats vom 14. August, dann keimten wieder Hoffnungen, es war ein Wechselbad der Gefühle. Am 29. September war es soweit: Die 3. OHL forderte die Regierung ultimativ auf, um einen Waffenstillstand nachzusuchen; zu diesem Behufe, so Ludendorff, müsse eine neue Regierung gebildet und der Reichstag bewogen werden, die Verantwortung für den Waffenstillstand zu übernehmen.

Noch einmal gehorchte der Kaiser und kuschte die Reichsleitung. Wenn sie und der Reichstag die Verantwortung für die Niederlage auf sich nahmen, dann zeugte auch dies für eine „Parlamentarisierung" des Reiches! Aber unter welchen Umständen! Mieser und feiger konnte eine Demokratie nicht begründet werden, diesen Geburtsmakel wurde sie nie mehr los. Daß aber die eigentlich Verantwortlichen, Hindenburg, Ludendorff und Groener sich tatsächlich erfolgreich vor aller Verantwortung drücken konnten, stellte den letzten absurden Triumph des deutschen Militarismus dar; später waren alle drei hochangesehene Persönlichkeiten in der politischen Kultur, besser: Unkultur Weimars, der eine Reichspräsident, der andere Wehr- und Innenminister, der dritte, Ludendorff, hatte einen kleinen Fehler begangen, als er am 10. November 1923 mit Hitler marschierte, das kostete ihn seine politische Karriere, schmälerte sein politisches Prestige jedoch mitnichten.

Man muß nicht im einzelnen das dramatische Hin und Her, das Hangen und Bangen zwischen Hoffnung und Verzweiflung, das Suchen nach irgendwelchen Strohhalmen inmitten des Strudels des Unterganges des Wilhelminischen Reiches beschreiben – einen peinlicheren Abgang hat es wohl nur selten für ein politisches System gegeben. Ende Oktober warf es dem Volk die so lange verweigerte und verzögerte Reform förmlich hinterher, Prinz Max von Baden, der Nachfolger Hertlings, wurde der erste „parlamentarische" Kanzler des Reiches – nur um das Waffenstillstandsgesuch mit Rückendeckung des Parlaments hinausgehen zu lassen. Die Entlassung des bösen „Halbgotts" Ludendorff in dieser Götterdämmerungsphase der Monarchie änderte am Zusammenbruch natürlich nichts mehr, der eilige Übertritt des Kaisers auf neutralen holländischen Boden war Folge des letzten Ratschlages der abgehalfterten 3. OHL, diesmal vor allem Hindenburgs gewesen – da schielten sie alle schon nach Amerika, denn plötzlich richtete aller Hoffnung sich auf den amerikanischen Präsidenten Wilson, dessen am 8. Januar 1918 verkündete „14 Punkte" nun zum wirklich ultimativen Strohhalm geworden waren. Auf der Grundlage dieser „14 Punkte" wollte man den Waffenstillstand haben; daß sich das Reich im November 1918 auf Gedeih und Verderb den Siegern auszuliefern hatte, machten aber schon die ersten Verlautbarungen der alliierten Unterhändler deutlich. Der Waffenstillstand wurde am 11. November in Compiègne geschlossen, da existierte das Kaiserreich nicht mehr. Zwei Tage zuvor hatte man die Republik ausgerufen – gleich zweimal, das war kein gutes Omen.

4. Tragik und Versagen:
Die Republik von Weimar

Für viele Zeitgenossen war es wie die Frage, was denn zuerst gewesen sei: die Henne oder das Ei – die Niederlage oder die Revolution. „Irgendwie“ hingen sie miteinander zusammen; zwischen dem 9. November 1918, als Scheidemann und Liebknecht die Republik ausriefen – jeder auf seine Weise –, und dem 11. November, als der Waffenstillstand unterzeichnet wurde, geschah nichts von Belang, sieht man von der Flucht des Kaisers ab; das zeitliche Zusammenfallen beider Ereignisse war gewiß nicht zufällig – aber war es kausal aufeinander bezogen?

Die Revolution hatte noch zu Kaisers Zeiten begonnen, spätestens am 28. Oktober, als es zu den Meutereien auf der Hochseeflotte in Wilhelmshaven, am 4. November in Kiel kam. Aber schon im Januar 1918 hatten große Streiks hart an den Rand der Revolution gestreift, und seit dem September 1918 brachen Heimatfront und Etappe sichtbar zusammen. Nur das Frontheer hielt noch, ständig schwächer werdend, von seinen logistischen Basen oft abgeschnitten, verlassen, alleingelassen in der dunklen Erde Flanderns.

Das führte wie von selbst zur Mythenbildung, schon die „Siegfriedlinie“ war ein Mythos gewesen. Mit der „Nibelungentreue“, so sahen es viele Deutsche, hatte der Krieg begonnen, mit dem „Dolchstoß“ des feigen Hagen in den Rücken des siegreichen Heeres endete er. Diese Deutung des Kriegsendes sprang im November 1918 überall in Deutschland auf, aber erst Hindenburg verlieh ihr die richtige Weihe: Von einem englischen Journalisten befragt, ob man denn sagen könne, das deutsche Heer sei „stabbed in the back“, nickte der Feldmarschall eifrig: genau so könne man es sagen.

Also war die Niederlage eine Folge der Revolution. Was immer aus dieser Revolution hervorgehen, wer immer sich auf sie berufen sollte: das konnte demnach nur ein „Novemberverbrecher“ sein. Mit solchen Leuten brauchte niemand pfleglich umzugehen, sie bis aufs Messer zu bekämpfen, war eine sittliche Tat.

Die Verantwortung für das Desaster auf die finsteren Machenschaften von vaterlandslosen „roten“ Revolutionären zu schieben, entsprach ganz dem schon bekannten Muster, mit dessen Hilfe die 3. OHL ihre Verantwortung für das Kriegsende losgeworden zu sein schien, das war in sich logisch. Logisch war auch, daß diejenigen, denen am 9. November die Macht in die Hände gefallen war, der Dolchstoßlegende zunächst hilflos gegenüberstanden – sie hatten alle Hände voll zu tun, um es in Deutschland nicht zu einem zweiten Rußland kommen zu lassen. Denn diese Aussicht schreckte die Herren von der Sozialdemokratie weit mehr als alle denkbaren „konterrevolutionären“ Machenschaften der alten Eliten, die Mitglieder der 3. OHL eingeschlossen.

Schon 1919, vor allem dann während der akribischen Recherchen des „Untersuchungsausschusses“, der die Ursachen von Niederlage und Revolution klären sollte, wäre es möglich gewesen, die Dolchstoßlegende als Legende zu entlarven und die wahren Verantwortlichen namhaft zu machen – es paßte aber nicht in das Weltbild der Konservativen und auch vieler Liberaler und Zentrumsanhänger, daß der Krieg ganz ordinär militärisch verlorengegangen sein sollte. Hatte das Reich im Frühjahr 1918 nicht fast schon gesiegt? Waren die „Michael“-Offensiven nicht die erfolgreichsten Operationen des ganzen Krieges gewesen? Hatten dem Reich selbst nach dem Zusammenbruch des österreichischen Verbündeten nicht die Ressourcen ganz Osteuropas zur Verfügung gestanden? Und war die Moral des grauen Feldheeres bis in die letzten Tage des Krieges nicht unerschütterlich gewesen?

Ludendorff selbst hatte schon vor Beginn seiner Westoffensive keinen Zweifel daran gelassen, daß dies der letzte Versuch war: Alles, was das in vier Kriegsjahren zu Tode erschöpfte Deutschland an Menschen und Material noch hatte aufbringen können, war auf diese eine Karte gesetzt worden – und sie hatte verloren. Seit dem 8. August 1918 war der Krieg militärisch definitiv entschieden; gewiß, ohne Revolution und Auflösung hätte man noch, ähnlich wie 1944/45, „bis fünf nach zwölf“ weiterkämpfen können; die Joint Chiefs des Ententegeneralstabes hatten die Pläne für die Kampagne des Jahres 1919, die bis und über den Rhein,

Ziel: Berlin reichen sollte, schon in ihren Panzerschränken. Marschall Foch war eher ungehalten, daß alles im November 1918 so abrupt „fünf vor zwölf" zum Stillstand kam; später hat man in Frankreich lange darüber nachgedacht, ob es nicht doch viel besser gewesen wäre, ins Herz des „preußisch-deutschen Militarismus" vorzustoßen, um diesen ein für allemal auszurotten.

Die Dolchstoßlegende konnte nur deswegen entstehen, weil Kaiser, Kanzler und selbst die 3. OHL nicht so menschenverachtend und nihilistisch dachten wie später Hitler und seine Anhänger. Wenn es nach 1945 auch nicht ansatzweise zu einer zweiten Dolchstoßlegende kam, so war dies sicherlich Folge des Krieges, diesmal eben bis „fünf nach zwölf". Von dieser historischen Erfahrung aus gesehen, stellt sich in der Tat die Frage, ob es nicht auch 1918 besser gewesen wäre, weiterzumachen, „bis alles in Scherben fällt" – aber natürlich ist dies eine ebenso zynische wie historisch illegitime Frage.

Lieber ein schlechter Frieden als keiner: Das war 1918 bei der großen Mehrheit der europäischen Bevölkerung allgemeine Meinung. Wenn der Erste Weltkrieg für irgend etwas gut war, so für den Haß auf den Krieg und den Stellenwert des Friedens. Gerade die Siegermächte in Europa hatten selbst mit ihrem Sieg mehr verloren als sie 1914 besessen hatten, in Europa gab es 1918 nur Verlierer: Die einen, wie Deutschland und Österreich, hatten mehr verloren, die anderen, wie England und Frankreich, hatten weniger verloren, einige Staaten hatten den Krieg überhaupt nicht überstanden, die Habsburger Monarchie war geplatzt, das zaristische Rußland ein wüstes Trümmerfeld, die Türkei ein anatolischer Reststaat.

In Wirklichkeit war alles noch viel schlimmer: Die westlichen Staaten in Europa waren fortan gegenüber den USA so tief verschuldet, daß sie nicht hoffen konnten, in einer Generation wieder auf einen ökonomischen grünen Zweig zu kommen. Es bedurfte gar keiner hehren politischen Absichtserklärungen, um fortan Amerika bei allen halbwegs wichtigen Entscheidungen mit am Tisch sitzen zu sehen – selbst als sich die USA 1919 schmollend angeblich vom Kontinent zurückzogen, blieben die Wechsel der US-Banken sehr wohl auf dem Tisch und wollten bedient werden.

Es bestanden vor allem für Frankreich auch keinerlei Aussichten mehr, das in Rußland investierte Geld jemals wiederzubekommen: Alles, was in einem Jahrhundert an bilateralen politischen und ökonomischen Beziehungen zu Rußland aufgebaut worden war, lag in Trümmern, es gab für Frankreich nicht mehr den großen Verbündeten im Osten gegen das Reich.

Noch schlimmer: Die unberechenbare kommunistische Ideologie trat von Anfang an aggressiv und menschenverachtend in die Weltgeschichte. Nicht von ungefähr konnten die Deutschen für einen kurzen historischen Moment sogar wähnen, die Westmächte würden mit ihnen gemeinsame Sache machen, um diese als widerhistorisch empfundene bolschewistische Gefahr zu bannen. Fortan gab es nicht mehr nur brave außenpolitische Beziehungen von gleich zu gleich, fortan stellte sich die Frage, ob es mit dem kommunistischen Staat im Osten überhaupt Beziehungen geben konnte. So etwas war vollkommen neu.

Weil die Gefahr als international, tendenziell universell begriffen wurde, mußte das alte Europa sich fragen lassen, ob es trotz des nach Millionen zählenden Totenheeres in Zukunft nicht viel stärker auf die Solidarität seiner einzelnen Nationen angewiesen wäre als bisher. Nun ging es ja gar nicht mehr um so ehrwürdige Prinzipien wie „Gleichgewicht“ oder „Hegemonie“, sondern schlicht ums Überleben der abendländischen sittlichen Werte. Man mußte schon bis in die schlimmsten Jahre der Türkengefahr im 16. und 17. Jahrhundert zurückblenden, um etwas Vergleichbares aufzuspüren.

Wie aber wäre eine neue europäische Solidarität möglich gewesen, nachdem sich die Völker, nicht nur ihre Führer, in so entsetzlicher Weise an die Gurgel gegangen waren? Blieb man zum eigenen Schutz nicht wieder nur auf Amerika angewiesen? Ob aus den Tiefen Asiens oder über die Weiten des Atlantiks: nie schienen Existenz und Genius Europas stärker gefährdet als am Ende des Ersten Weltkrieges, der „Untergang des Abendlandes“, wie ihn Oswald Spengler prophezeite, schien fast schon gewiß.

Das war der Hintergrund, das waren die Rahmenbedingungen für den Versuch, dem deutschen Volk einen neuen Staat und neue Hoffnung zu schaffen – ein gigantisches Unterfangen, vielleicht aussichtslos von Anbeginn. Dennoch wurde seit dem November 1918 das Prinzip Hoffnung stilbildend – und zwar in fast allen politischen Lagern. Nur Hindenburg und wenige seiner Getreuen wollten wirklich den ehrenvollen Untergang einem schmählichen Frieden vorziehen, die meisten Menschen empfanden sich wie auf der Sohle eines tiefen Tales: in welche Richtung auch immer – der Weg konnte nur aufwärts führen.

Für die Wochen und Monate der Deutschen Revolution war diese eigentümliche Mischung aus Verzweiflung und Hoffnung, Resignation und Aufbegehren typisch. Aus Verzweiflung war gewiß der Matrosenaufruhr geboren, man wollte nicht, wie die Marineführung es plante, „in Schönheit sterben", um dem Gegner doch noch „eine schwere Wunde beibringen zu können". Wenn die Meutereien sich jedoch geradezu blitzartig von Wilhelmshaven und Kiel nach Berlin, über ganz Deutschland ausbreiteten, binnen weniger Tage „Arbeiter- und Soldatenräte" überall das Heft in die Hand bekamen, die Riege der deutschen Fürsten und Könige, der Sachsens mit dem denkwürdigen Ausspruch: „Macht euern Dreck alleene", ihre Throne räumte, so war dies nur möglich, weil das alte System sich schon selbst aufgegeben, neue demokratische, parlamentarische, räterepublikanische, sozialistische Ideen energisch nach Verwirklichung drängten. Wie willig die alten Eliten waren, die Macht eiligst abzugeben, hatte ja nicht nur Ludendorff deutlich werden lassen; die formale „Übergabe" des Amtes des Reichskanzlers an Friedrich Ebert, den braven Sattlergesellen und alten SPD-Genossen, sprach für sich selbst. Aber gerade weil Ebert und Scheidemann die Macht nicht selbst ertrotzt, sondern zu treuen Händen übernommen hatten, waren sie am wenigsten geeignet, eine Revolution im Stil von 1789, ja auch 1848 zu machen, zumal der bloße Begriff der „Revolution" seit Bekanntwerden der Vorgänge in Rußland noch zusätzlich im politischen Selbstverständnis der Deutschen stigmatisiert war. Tatsächlich hätten sich die späteren Träger der „Weimarer Koalition" am liebsten einen evolutionären Übergang von der konstitutionellen zur parlamentarischen Monarchie gewünscht, die Republik war für diese Gruppierung keineswegs das non plus ultra der Staatsform.

Freilich trug der so wenig würdevolle Abgang der gekrönten Häupter nun entscheidend dazu bei, die Monarchie auch in den Augen vieler konservativer und gemäßigter Menschen verächtlich erscheinen zu lassen, und wenn es seit dem 10. November 1918 einen gemeinsamen Nenner in den so unterschiedlichen politischen Lagern gab, so fand er sich in der Ablehnung der Monarchie. Daran sollte sich im wesentlichen auch später nichts ändern, selbst wenn Persönlichkeiten wie Hindenburg, Brüning oder Papen am Ende der Republik am liebsten die Monarchie wieder aus dem Hut gezaubert hätten. Nie gab es dafür eine Mehrheit, die Zeit der Monarchen war in Deutschland vorbei, ein für allemal. Auch das war eine bedeutende Zäsur im politischen Emanzipationsprozeß der deutschen Gesellschaft.

Emanzipation: auf diesen Nenner könnte man in der Tat viel von dem bringen, was sich in den Wochen vom 9. November 1918 bis zum 11. August 1919, als die Weimarer Reichsverfassung in Kraft trat, ereignete. Der durchschlagende Erfolg der Revolution binnen weniger Tage stärkte das Selbstbewußtsein vor allem der Arbeiter- und Soldatenräte. Diese waren die eigentlichen politischen Zellen, aus denen sich der Organismus eines neuen allgemeinen Rätesystems für Deutschland ergeben sollte; der im Dezember 1918 in Berlin zusammentretende Rätekongreß konnte fast schon als Abschluß dieses Systemwechsels begriffen werden.

Aber er war es in keiner Weise. Der Kongreß selbst entschied sich gegen das Modell, das ihn zusammengebracht hatte, gegen das Rätesystem, für eine parlamentarisch-demokratische Republik, am 19. Januar 1919 sollten Wahlen zu einer Deutschen Nationalversammlung stattfinden.

Dieser Entscheidung waren schwere Auseinandersetzungen zwischen den beiden Flügeln des Sozialismus voraufgegangen, bei denen Ebert und Scheidemann am Ende nicht umhin kamen, mit den soeben gestürzten und diskreditierten alten Gewalten gemeinsame Sache zu machen: das war der eigentliche Preis für die Verhinderung einer „wahren“, einer „sozialistischen“ Revolution. Daß er zu hoch war, konnte in den hektischen November- und Dezemberwochen niemand ahnen, erst recht nicht, als die sich übergangen, ja verraten fühlenden „Leute von links", also Unabhängige Sozialdemokraten, Kommunisten und „Spartakusbund" nun doch noch den gewaltsamen Umsturz versuchten, woraufhin es im Januar zu schweren Kämpfen in Berlin und vor allem in München kam, die die Revolution nun doch noch blutig einfärbten.

Zweifellos wollte die Mehrheit des deutschen Volkes kein Rätesystem, geschweige denn ein deutsches Sowjetsystem. Wenn auch die Wahlen zur Nationalversammlung eine Mehrheit jenen Parteien verschaffte, die das parlamentarisch-demokratische System für optimal hielten, so entsprach das nur jener schon seit 1916 zu beobachtenden Tendenz zur „schleichenden" Parlamentarisierung des Reiches. Auch die Idee, einen „dritten Weg" zu versuchen, tauchte auf, hatte aber keinerlei Chancen, wenn überhaupt irgend jemand in der Lage gewesen wäre zu erklären, worin denn dieses „dritte" eigentlich bestehen sollte.

Die Grundentscheidung für den Parlamentarismus fügte das geschlagene Deutschland in die Reihe der westlichen Demokratien. Gewiß war das auch ein Ziel der Siegermächte, vor allem der USA gewesen, und man wird ein bißchen Opportunismus auf deutscher Seite nicht leugnen wollen, entscheidend war aber doch, daß Deutschland seitdem auf seiten der Freiheit stand, sich den Verlockungen und Drohungen der Sowjetisierung nicht öffnete, also nicht die Rolle spielte, die ihm Lenin schon zugedacht hatte: Kernland der Sowjetisierung ganz Europas zu werden. Die Furcht vor der kommunistischen Gefahr war es auch, die das „Bündnis" zwischen Ebert und Groener, genauer: dem Rat der Volksbeauftragten und der „Obersten Heeresleitung" schier unvermeidlich machte. An die Aufstellung einer „republikanischen Armee" war nicht zu denken, eine „rote Armee" galt es zu verhindern; wollte man die „übertragene" Macht behaupten, so mußte man sich auf die stützen, die die Stützen auch des alten Systems gewesen waren.

Das war mehr als ein „Schönheitsfehler" im Bild der Revolution von 1918. Mit den Abmachungen zwischen dem Rat der Volksbeauftragten und der Armeeführung war ja auch abgemacht, daß es eine politische „Säuberungswelle" – etwa in der

Beamtenschaft – nicht geben würde, das heißt: die durch den Weltkrieg ohnehin gestärkte und selbstbewußter gewordene Staatsverwaltung (die Richter inclusive) blieb erhalten, eine gesellschaftliche Revolution würde es nicht geben, im Gegenteil: die Reste der kaiserlichen Armee, oft in wilde „Freikorps" aufgelöst und dennoch von der Regierung geduldet, sorgten dafür, daß die alten Verhältnisse bestehen blieben – oder flugs wiederhergestellt wurden, wie in München etwa, wo der ebenso esoterischen wie bösartigen roten Rätediktatur ein strammes autoritäres „weißes" Regiment folgte, nachdem zuerst „die Roten", dann „die Weißen" sich redliche Mühe gegeben hatten, sich den aus Rußland bekannten Terrormanieren anzupassen.

Freilich mußten die Berliner und Münchener Ereignisse noch nichts über die Entwicklungschancen der neuen Demokratie aussagen, es war eher natürlich, daß sich die Prinzipien eines demokratisch-liberalen Bewußtseins und Handelns erst nach und nach herausbilden konnten. Die unstrittigen „Geburtswehen" der Republik enthielten nicht schon ihr Scheitern, schließlich war es nichts Ungewöhnliches, daß neue Republiken aus abgehalfterten autoritären Monarchien hervorgingen – das war in ganz Südosteuropa nach dem Ende der K. u. K. Monarchie ebenso zu beobachten wie etwa in der Türkei, in Spanien; natürlich wußte jedermann noch, wie in Frankreich die „3. Republik" entstanden war.

Worauf also kam es an, wenn dieser erste ernsthafte Versuch in Freiheit und Demokratie, den das deutsche Volk wagte, gelingen sollte?

Natürlich auch auf eine Verfassung. Schon einmal hatte die Verfassungsfrage im Mittelpunkt einer Revolution gestanden, aber anders als 1848 wurde deren Ausarbeitung jetzt einem Gremium von Fachleuten übertragen, die unter Leitung des Reichsinnenministers Hugo Preuß einen nahezu perfekten Verfassungsentwurf vorlegten, der nach nur kurzer Debatte schon am 11. August 1919 von der Nationalversammlung angenommen wurde. Diese Verfassung spiegelte die Erfahrungen der vergangenen siebzig Jahre: sie war auf den Ideen der Paulskirche aufgebaut, bezog die vermeintlich „guten" Teile der Bismarckverfassung mit ein, korrigierte diese aber im Sinne einer Stärkung des Reichstages und einer Schwächung des Bundesrates, nun „Reichsrat“ genannt, also im Sinne des Zentralismus. Das Problem Preußen-Reich war damit zwar immer noch nicht gelöst, aber die Kompetenzen des Reiches waren doch größer als einst. An der Spitze der Republik stand ein „Reichspräsident“, von Anbeginn als „über den Parteien schwebend“ konzipiert, deswegen auch erhielt er die Machtvollkommenheiten des Artikels 48 der Verfassung, der ihm das Notverordnungsrecht einräumte. Freilich ahnten die Väter der Weimarer Verfassung 1919 nicht im entferntesten, was aus diesem Artikel und mit ihm später gemacht werden sollte.

Was schon im Kaiserreich sich abgezeichnet hatte, wurde nun verfassungsmäßig legitimiert: der Reichskanzler war vom Vertrauen des Reichstages abhängig. Der Reichspräsident ernannte auf Vorschlag des Parlaments den Kanzler – aber er besaß die Kompetenz, einen Kanzler auch dann zu ernennen oder zu entlassen, wenn der Reichstag keinen eigenen Vorschlag unterbreiten konnte. Hieraus sollten sich in der Endphase der Republik die schwersten verfassungsrechtlichen Verwerfungen ergeben.

Das Wahlrecht war allgemein, gleich und geheim, das reine Verhältniswahlrecht führte zur Bildung und Repräsentanz immer neuer Parteien im Reichstag, dennoch blieben die politischen Grundkräfte bemerkenswert stabil, die so oft beklagte „Parteienzersplitterung“ war eher eine optische Täuschung auf ellenlangen Wahlzetteln. In Wirklichkeit waren nie mehr als höchstens 1 Prozent der Stimmen wirklich „zersplittert“, und die Parteien mit einem Stimmenanteil unter 5 % spielten bei der politischen Willens- und Mehrheitsbildung im Reichstag praktisch keine Rolle. Die Einführung der 5-Prozent-Klausel in der Verfassung der Bundesrepublik kann sich also nur sehr bedingt auf die vermeintlich „negativen“ Weimarer Erfahrungen stützen.

Negativ war vielmehr das Selbstverständnis gerade auch der großen Parteien. Diese übten die eigentliche Macht aus – oder hätten es zumindest tun können. Sie waren an nichts und niemanden gebunden, das ließ sie zu reinen Interessenvertretungen ihrer jeweiligen politischen Klientel werden. An das „Wohl des Ganzen" dachten sie nicht, infolgedessen waren sie zu Koalitionen und Kompromissen immer nur dann fähig und bereit, wenn diese ihren ureigensten Interessen dienten. Je weniger das der Fall war, desto aussichtsloser wurden Regierungsbildungen, und nahezu unmöglich wurde es jeder Regierung, unpopuläre Maßnahmen zu treffen: sie konnte dann den Bruch der Koalition so sicher wie das Amen in der Kirche erwarten.

Zunächst schien sich alles gut anzulassen: Die aus den Wahlen zur Nationalversammlung hervorgehende „Weimarer Koalition" aus SPD, DDP und Zentrum besaß eine satte Dreiviertelmehrheit – überwältigender konnte das Volksvotum für eine liberal-demokratische Republik eigentlich gar nicht ausfallen. Die Regierung Scheidemann hätte es nun also in der Hand gehabt, die alten Träume der Freisinnigen, der Liberalen, der Sozialdemokratie zu verwirklichen – daran aber wurde sie vom ersten Tage an praktisch gehindert, und zwar durch all das, was unter dem Schlagwort „Versailler Vertrag" firmiert.

Der Friedensvertrag, im Reichsgesetzblatt verkündet, war damit auch formal gültiges Recht, neben der Verfassung das zweite „Grundgesetz" der Republik. Indem der Versailler Vertrag zwangsweise zu einer der Lebensgrundlagen der Republik gemacht wurde, war das Leben der Republik von Anfang an und grundsätzlich bedroht. Denn das, was auf der Verfassung aufbaute, wandte sich direkt gegen das, was der Vertrag einforderte. Aus dem daraus resultierenden Spannungsgeflecht ist die Republik nie herausgekommen, am Ende verhedderte sie sich tödlich in diesem Netz.

Es fällt nicht schwer, den Nachweis zu führen, daß der Versailler Vertrag und seine Folgen die Republik an ihrer Entfaltung, Verankerung in der Gesellschaft hinderte und zu ihrem Untergang wesentlich beitrug, dennoch wäre eine monokausale Erklärung in der Reihung Versailler Vertrag – Revisionismus – Drittes Reich – Zweiter Weltkrieg falsch. Es macht gerade die historische Singularität der Weimarer Jahre aus, daß es in ihnen politische Chancen gab, die auch zu ganz anderen Ergebnissen hätten führen können.

Der Versailler Vertrag war sicherlich ein „Diktat", denn die Deutschen hatten an seinen Bestimmungen nur marginal etwas ändern können. Die Annahme des Vertrages wurde von den Siegern ultimativ erzwungen – was anderes wäre dies als ein Diktat? Eben so bezeichneten die Deutschen aller Couleur dieses Vertragswerk, viele nennen es heute noch so. Aber das stellt nur die eine Seite der Medaille dar, es gab eine andere, und sie läßt den Begriff des „Diktats" fraglich werden. Will man diesen anscheinenden Widerspruch lösen, bedarf es einer historischen Rückblende in die Schlußphase des Ersten Weltkrieges.

Erinnert man sich an die Kriegsziele Englands und Frankreichs, so wäre es nicht verwunderlich gewesen, wenn die Sieger nun wahr gemacht hätten, was ihre Propaganda ihren Völkern versprochen hatte: die Revision des Frankfurter Friedens von 1871, die Rückgängigmachung der Reichsgründung, die mit der Kaiserproklamation in Versailles für alle Franzosen als besondere Schmach galt. Tatsächlich machten sich Literaten und Historiker wie Jacques Bainville oder Gabriel Hanoteaux stark für die „Zerstückelung" des Reiches; die Abtrennung aller linksrheinischen Gebiete vom Reich gehörte aber auch zum erklärten Programm der führenden Eliten, an ihrer Spitze Clemenceau und Marschall Foch.

Die Reichseinheit war in Gefahr: Das war ja auch das entscheidende Argument Ludendorffs gewesen, als er 1918 noch einmal alles auf eine Karte gesetzt hatte, schon Bethmann Hollweg fürchtete 1914 um das Werk Bismarcks, sollte Deutschland diesen Krieg verlieren.

Wenn es dazu nicht kam, genauer: wenn Frankreich dazu niemals eine Chance besaß, obwohl es die Hauptlast des Krieges getragen und nun den Hauptverdienst am Siege reklamieren konnte, so war das Folge der englischen, vor allem aber der amerikanischen Politik. England glaubte unmittelbar nach Kriegsende, daß das kontinentaleuropäische Gleichgewicht nun wiederhergestellt, jedoch Sorge dafür zu tragen war, daß es nicht erneut gefährdet wurde. Kummer bereitete den Briten dabei nicht so sehr ein übermütiges Frankreich, als die große unbekannte kommunistische Drohung aus dem Osten, gegen die ein einigermaßen starkes und geeintes Deutschland für unverzichtbar galt. In England nahm man die Ankündigungen der Bolschewisten bitter ernst, zumal auf den britischen Inseln und in Irland die gesellschaftlichen Spannungen, kaum daß der Krieg gewonnen war, vehement aufbrachen. Zu allem Überfluß begannen die Kolonien, die am Sieg ihren Anteil gehabt hatten, nun ihre politischen Rechnungen zu präsentieren – und dies alles vor dem Hintergrund völlig desolater finanzieller Verhältnisse; England war durch den Krieg vom Gläubiger zum Schuldner geworden – bei den USA.

Englands „Gleichgewichts"-Prinzip kam der aus ganz anderen Motiven gespeisten amerikanischen Europapolitik, wenn auch ungewollt, entgegen. Wilson hatte seine Nation nicht zuletzt deswegen zum Krieg bewegen können, weil er ihr versprach, mit diesem Krieg alle weiteren Kriege unmöglich zu machen. Sollte der sattsam bekannte Mechanismus: Niederlage – Revanche – Krieg wirklich und endgültig durchbrochen werden, so mußten die Ursachen für nationale Revanchegefühle nach Möglichkeit beseitigt werden, das war eine seiner Grundüberzeugungen.

Und Deutschlands Chance! Wilson hatte sie zuerst in den 14 Punkten und dann noch mehrfach formuliert. Ein bloßer blanker Siegfrieden, wie ihn Frankreich anstrebte, paßte nicht in das Konzept einer grundsätzlichen Pazifizierung Europas und der Welt. Der Völkerbund sollte das eine Instrument zur zukünftigen Friedenssicherung sein, vernünftige Friedensverträge mit den Unterlegenen das andere.

Man weiß, daß weder das eine noch das andere funktionierte, der Völkerbund wurde zur Farce, zur Ohnmacht verdammt, die Vorortverträge, vor allem die mit Österreich und Deutschland, sprachen jeder Versöhnung Hohn.

Dennoch waren sie weit „besser", als die verbitterten Deutschen das im Frühjahr 1919, als die Bedingungen des Vertrages bekannt wurden, damals vermuteten. Das Reich und damit die deutsche Einheit blieben bestehen, das war tatsächlich fast ein „Wunder" (Hagen Schulze). Die territorialen Abtretungen waren gewiß schmerzlich, sie gingen aber nicht an die Substanz des

Deutschen Reiches. Bei der Gestaltung ihrer inneren Angelegenheiten blieben die Deutschen – anders als nach 1945 – souverän. Die militärischen Bestimmungen, vor allem die Abschaffung der Wehrpflicht, dieses „Heiligtums" des deutschen Nationalbewußtseins, wurde als bitter empfunden, die erlaubte Hunderttausend-Mann-Armee als lächerlich – dennoch waren die Friedensunterhändler auf dem Höhepunkt ihrer Bemühungen um Erleichterungen bereit, alles dieses zu akzeptieren, ja noch mehr anzubieten. Es blieben die Reparationen. Daß die Siegermächte hier zu keinem Ergebnis kamen, die Endsumme offenließen und dann später mit untauglichen Mitteln versuchten, Deutschland wie eine Zitrone auszupressen, hat das Verhältnis zwischen Siegern und Besiegten von Anfang an vergiftet – aber inzwischen weiß man, daß selbst dieses Problem eher marginaler Natur hätte sein können. Deutschland selbst hielt intern eine Reparationssumme von 100 Milliarden Goldmark für denkbar – eben diese Ziffer kam schon ganz nahe an die alliierten Vorstellungen heran.

Der Vertrag war also objektiv betrachtet besser als sein Ruf. Er spiegelte die angloamerikanischen Grundprinzipien wider, hatte, natürlich, auch eine Menge „französischer" Elemente in sich aufgenommen, war aber – verglichen etwa mit Brest-Litowsk – kein ungewöhnlich harter Vertrag, vor allem wenn man den Hintergrund des Krieges in Betracht zog. Ostfrankreich war zur Mondlandschaft geworden, die Blüte der französischen Jugend deckte die Erde Lothringens und Flanderns, wie England, so hatte auch Frankreich allen Kredit verloren, war mit Schulden überhäuft, sah sich politisch im Stich gelassen, nachdem England und Amerika die Frankreich versprochenen Garantieverträge nicht hielten und damit dieses Land wieder allein mit Deutschland auf dem Kontinent zurückließen – einem Deutschland, das zwar momentan geschlagen und geschwächt, potentiell aber immer noch mächtiger war als Frankreich.

Und nun drohte auch noch mehr als der Ausgleich aller deutschen Verluste: Am 12. November beschloß Deutsch-Österreich, sich dem Reich anzuschließen. Die Parlamentarier, ein wenig überrascht, stimmten dem natürlich zu. Mit Müh und Not nur setzte daraufhin Frankreich das Verbot des Anschlusses

Deutsch-Österreichs durch, dieses mußte sogar das „deutsch“ aus seinem Staatsnamen tilgen. Vielen Deutschen erschien dies schlimmer als alles, was man Frankreich mit der Annexion von Elsaß und Lothringen einst angetan hatte.

Das war ein Punkt, der den gar nicht so üblen Vertrag „verdarb“, gravierender war der Artikel 231. Auch hier war alles ursprünglich gar nicht so böse gemeint: Da die Sieger von Deutschland große Reparationsleistungen haben wollten, diese auch brauchten, bedurfte es einer völkerrechtlichen Klausel, auf die man sich bei seinen Forderungen stützen konnte. Bisher nämlich war in die üblichen europäischen Friedensverträge das sogenannte „Oblivitionsprinzip“ eingepaßt worden. Es zog gleichsam einen Schlußstrich unter alle wechselseitigen Forderungen der Vergangenheit, es wurde eine Art tabula rasa geschaffen, auf der nun neue Beziehungen, vor allem ökonomischer und finanzieller Natur, aufgebaut werden konnten.

Da man 1919 aber gar nicht wußte, nicht wissen konnte, was alles und wann und wie man von Deutschland „Wiedergutmachung“ fordern sollte, kam es den Fachleuten, in erster Linie amerikanischen Bankiers, den großen Gläubigern, darauf an, eine Formel zu finden, die Deutschland zur Anerkennung dieser noch gar nicht im einzelnen bezifferten Wiedergutmachungsleistungen nötigen sollte: eben das war die Genese des „Kriegsschuldparagraphen“, der von seinen ursprünglichen Intentionen her also eher ein „Kriegsschuldenparagraph“ gewesen war.

Diese Zusammenhänge konnten oder wollten die Alliierten den Deutschen nicht vermitteln, und indem sie der deutschen Deutung des Artikels 231, nach der das Reich die Alleinschuld am Ausbruch des Krieges zu tragen habe, nicht widersprachen, verdarben sie den gesamten Friedensvertrag: Er wurde für das deutsche Selbstverständnis schlicht ungenießbar – und zwar für nahezu alle Parteien von links außen bis rechts außen.

Es waren also keine ökonomischen, materiellen Fragen, die den Vertrag für Deutschland zu einem unerträglichen Diktat stempelten, es waren wieder einmal Motive der Ehre, des nationalen Selbstbewußtseins, die den Ausschlag gaben. Das war schon 1871 so gewesen, das hatte sich wie ein roter Faden durch die Geschichte gezogen, so abgebrüht und schnoddrig war 1918/19 niemand, daß er den Ehrengesichtspunkt hätte wegwischen können. Zu alledem paßte die unglückliche Politik in der Frage der „Kriegsverbrecher", an deren Spitze Wilhelm II., Hindenburg und Ludendorff von den Alliierten benannt wurden. Ziemlich bald war klar, daß sie nur um den Preis der Wiederaufnahme des Krieges diese Klauseln würden durchsetzen können, gerade deswegen gaben sie schließlich praktisch nach – an dem psychologischen „Flurschaden", den die Auslieferungsartikel angerichtet hatten, änderte dieses Nachgeben nichts. Das war ein weiterer Punkt, der den Vertrag völlig verdarb und als Grundlage einer zukünftigen europäischen Politik unmöglich machte.

Mit Abstand betrachtet, wird man die tragische Note in der Entstehungsgeschichte des Versailler Vertrages nicht verkennen. Als die Sieger in Paris zur Friedenskonferenz zusammentraten, da spürten sie alle wohl den Geist von 1815, den Geist Metternichs und Alexanders, Humboldts und Talleyrands, subjektiv waren sie besten Willens, es diesen großen Altvorderen gleichzutun, einen neuen säkularen Frieden zu stiften – aber die aufgepeitschten nationalen Leidenschaften, der über vier Jahre aufgespeicherte Haß zwischen den Völkern ließ sich nicht abbauen, die Zeit der Kabinettsdiplomatie war vorbei, auch die „großen Vier", die am Ende alles entschieden, waren von den Stimmungen zu Hause abhängig. Wilson erreichte, wie man gesehen hat, zwar mehr, als seine Gegner später behaupteten, aber seine Friedensidee, im Völkerbund nun gleichsam formal institutionalisiert, erwies sich als leere Hoffnung. Wenn Amerika den Ersten Weltkrieg mitgemacht hatte um des Friedens willen – so hatte auch Amerika ihn am Ende verloren.

Über die Frage, ob das Reich den Vertrag unterzeichnen solle oder nicht, zerbrach die Regierung Scheidemann, die Regierung der Dreiviertelmehrheit. Eindrucksvoller konnte die Sprengkraft des Versailler Vertrags für das Weimarer System kaum unter Beweis gestellt werden. Und alle nachfolgenden Regierungen waren parlamentarisch schwächer! Indem aber die DDP die Verantwortung für die doch unvermeidliche Unterzeichnung ablehnte, die erforderliche Mehrheit dann nur mit den Stimmen der

USPD zustande kam, war es den bürgerlich-konservativen Kräften fortan ein Leichtes, die Sozialdemokratie als Hauptverantwortliche für die Unterzeichnung des „Schanddiktats" dingfest zu machen. Das war empörend ungerecht – aber was fragt Politik nach Gerechtigkeit?

Am 10. Januar 1920 trat der Versailler Vertrag in Kraft, nun mußte man mit ihm leben – oder sollte man besser sagen: leben, um ihn zu beseitigen, zumindest zu revidieren?

Tatsächlich wurde fortan die „Revisionspolitik" zum einzigen einigenden gemeinsamen Nenner der deutschen Politik. Sie bestimmte fortan überwiegend Außen- und Innenpolitik, aber auch die Wirtschafts- und Sozialpolitik waren unmittelbar mit dem „Revisionssyndrom" verknüpft. Der Kampf gegen den Versailler Vertrag wurde dabei im Verlaufe der kommenden Jahre mehr und mehr auch zum Kampf der radikalen und chauvinistischen Kräfte gegen das Weimarer System selbst, das in ebenso unzulässiger wie anscheinend stringenter Weise mit „Versailles" identifiziert wurde. Die schließliche Katastrophe der Republik fiel wesentlich mit der Revision des Versailler Vertrages zusammen, aneinandergekettet zogen „Versailles" und „Weimar" einander in den Strudel des Untergangs.

Ob man mit dem Friedensvertrag überhaupt leben konnte oder wollte, wurde nach dem 10. Januar 1920 in allen politischen Lagern lebhaft diskutiert. Wie die Reparationsforderungen in der Praxis geregelt werden konnten, war anfangs völlig unklar, erst in einem umständlichen Klärungsprozeß fanden die Alliierten selbst zu einer einheitlichen Richtlinie, die sich sehr bald als gefährliche Sackgasse erweisen sollte. Was die territorialen Bestimmungen anging, so wurde in den „Abstimmungsgebieten" Ostpreußens, Oberschlesiens, Nordschleswigs deutlich, daß das Selbstbestimmungsrecht der Völker – schließlich einer der vornehmsten Punkte in Wilsons Programm – für die Besiegten doch nur eingeschränkt galt. Zum einen versuchte das junge expansionsbedürftige und von allen Seiten gleichzeitig gefährdete Polen, eine Schöpfung der Pariser Friedenskonferenz, in Oberschlesien gewaltsam faits accomplis zu polnischen Gunsten zu schaffen, zum anderen galt die Abtretung von Westpreußen, Memel und Danzig als schallende Ohrfeige ins Gesicht des Selbstbestimmungsrechtes für die Deutschen. Ostpreußen, politisch zur Insel geworden, sah sich fortan als Bollwerk des Deutschtums im Osten, hier wie nahezu überall schien es ausgemacht, daß die territorialen Verhältnisse so, wie sie der Versailler Vertrag geschaffen hatte, nicht bleiben konnten: Das Reich war also nicht mehr „saturiert", es war darauf aus, zumindest die „Grenzen von 1914" wiederherzustellen.

Mit dieser Hypothek mußte die europäische Politik in Zukunft fertig zu werden suchen, sollten nicht die Grenzprobleme im Osten den nächsten Krieg geradezu programmieren. Auch im Westen stand nicht alles zum Besten, wenngleich es in Deutschland nur wenige gab, die ernsthaft die verlorenen „Reichslande" Elsaß und Lothringen zurückforderten. Schwerwiegender waren die Besatzungsregelungen für die Rheinlande – die hier präsenten alliierten Mächte, nach dem Rückzug der USA vor allem also Franzosen und Belgier, wirkten wie ein brennender Stachel im Fleisch der deutschen Souveränität. Dabei war es wenig tröstlich, daß die bis zu 15 Jahren konzipierten Besatzungsfristen verkürzt werden konnten, wenn Deutschland den Vertrag loyal und pünktlich erfüllte – solange die Alliierten ihre Hand auf das industrielle Herzstück des Reiches jederzeit zu legen vermochten, konnte sich Deutschland, nach den Maßstäben der Zeit, insgesamt nicht frei fühlen.

Aber weder die Reparationspolitik noch die territorialen Probleme stellten das Weimarer System auf seine erste Probe – es waren, und das war durchaus charakteristisch, die militärischen Bestimmungen, letztlich also ein eher immaterielles Problem, selbst wenn die von der Entwaffnung Betroffenen höchst materielle Auswirkungen befürchten mußten.

Anders als beim Reparationsproblem lagen die Verhältnisse auf dem Entwaffnungssektor klar vor Augen: die Regierung mußte in konkret vorgeschriebenen kurzen Fristen die bewaffnete Macht der Republik auf 100000 Mann reduzieren. Die Gründung der „Reichswehr", der eigentlichen Wehrmacht der Republik, war natürlich nur mit Hilfe der alten Gewalten und der alten Generäle möglich, unter ihnen gab es dem republikanisch-demokratischen System gegenüber aufgeschlossene Persönlichkeiten wie den Chef der Heeresleitung, Reinhardt, vielleicht auch Groener, und es gab Männer, die sich korrekt und loyal verhielten, aus ihrer Abneigung gegen das „System" aber keinen Hehl machten, zu ihnen zählte Seeckt. Rigoros ablehnend verhielten sich die Condottieri der Revolutionszeit, also jene militärischen Führer und Verbände, die von der Regierung nolens volens gegen die Spartakusaufstände und gegen die Münchener Räterepublik eingesetzt worden waren. Diese Haudegen als erste wieder loszuwerden, lag nicht nur im alliierten, sondern auch im wohlverstandenen Interesse der Regierung selbst. Die Freikorps und jene Verbände der Reichswehr, die aufgelöst werden sollten, standen also zwischen Feuern, sie suchten verzweifelte Auswege auf gewaltsame Weise, sie putschten. Zum ersten Mal im März 1920.

Der ostpreußische Generallandschaftsdirektor Wolfgang Kapp und der General Lüttwitz waren die Führer des nach ihnen benannten Putsches, der rasch und an sich problemlos niedergeschlagen werden konnte, weil SPD und Gewerkschaften die notwendigen Gegenmaßnahmen, bis hin zum Generalstreik, trafen, die Verwaltung in Berlin aber größtenteils loyal zur rechtmäßigen Regierung stand, selbst als diese Berlin fluchtartig verlassen hatte. Der Putsch brach zusammen, ohne daß sich die Reichswehr die Finger hätte schmutzig machen müssen; Seeckts bekannter Ausspruch, Reichswehr schieße nicht auf Reichswehr, enthüllte die fragwürdige Loyalität nicht nur des kommenden Chefs der Heeresleitung, sondern der Reichswehr insgesamt. Mit Reinhardt, Noske und Bauer mußten drei profilierte Vertreter der Weimarer Staatsräson im Gefolge des Kapp-Lüttwitz-Putsches gehen, die Reichstagswahlen vom 6. Juni deuteten dann bereits an, was kommen sollte: Die Weimarer Koalition schrumpfte zusammen, schlimmer: die SPD, heillos in sich zerstritten, warf das Handtuch, entzog sich der Verantwortung und überließ diese den Bürgerlichen und den Rechten. Erst damit war die Revolution beendet – und zwar gegen die SPD beendet. Die Geschicke Deutschlands wurden fortan von den politischen Kräften bestimmt, die auch vor 1918 maßgebend gewesen waren.

War die SPD jedoch vor 1918 zu entschuldigen gewesen, weil die Verfassung ihr die Mitwirkung an verantwortlicher Stelle nicht erlaubte, so trug sie nun volle Verantwortung für ihr unverantwortliches Beiseitestehen, das sie nur einmal noch für zwei Jahre, nämlich zwischen 1928 und 1930 unterbrechen sollte, als sie den Reichskanzler Hermann Müller stellte.

Die politische Vernunft der Mitte hatte ihre erste Schlacht verloren, die Folgen zeigten sich von nun an auf Schritt und Tritt; sei es, daß der Linksradikalismus sein Haupt erhob, wie im Ruhrgebiet, dann in Sachsen und Thüringen, sei es, daß die autoritärkonservativen, tendenziell schon rechtsradikalen Kräfte an die Macht drängten, wie 1920 in Bayern unter Gustav Ritter von Kahr. „Der Feind steht rechts" – der denkwürdige Ausruf des Reichskanzlers Wirth unter dem erschütternden Eindruck der Morde an Erzberger und Rathenau, hätte eigentlich schon 1922 alle demokratischen Kräfte aufmerken und sich sammeln lassen müssen – aber selbst diese sahen immer noch eher die Gefahr von links, noch hielten sich Links- und Rechtsradikalismus die Waage, Randerscheinungen waren noch beide, erst später leuchtete der Kapp-Lüttwitz-Putsch wie das flammende Menetekel an der Wand.

Während das Reich im Gefolge dieses Putsches an den Rand des Bürgerkrieges geriet, waren sich die Alliierten darüber klar geworden, was sie, wie und wann von Deutschland an Reparationen wollten. Aber die Deutschen konnten – und wollten – dem Ansinnen nicht oder nur mit zahlreichen Kautelen verbunden nachkommen, das wurde insbesondere von Frankreich auch als politischer Affront begriffen, die Konferenz von Spa, bei der zum ersten Mal wieder deutsche Vertreter zugelassen wurden, löste das Dilemma nicht, sondern verschärfte es. Auch eine ganze Reihe nachfolgender Verhandlungen und Konferenzen änderte nichts daran, daß Deutschland den Reparationsforderungen nicht oder nur unzureichend nachkam, nach dem Prinzip des „ultra posse nemo obligatur" ging die Suche nach einer praktikablen Regelung unentwegt weiter.

Dies aber nicht im Geiste der Versöhnung, sondern in immer aggressiverer Form – hüben und drüben. Gleichgültig, wer normalerweise hinter der Regierung in Deutschland stand – wenn diese sich in Reparationsfragen „stur" stellte, konnte sie des Beifalls aus allen politischen Lagern sicher sein, das stärkte das Selbstbewußtsein der deutschen Regierungsvertreter ungemein und ließ vor allem Frankreich außer sich geraten. Nur mit halber Billigung Englands setzte dieses schließlich ein Ultimatum durch: In London wurde am 5. Mai 1921 verfügt, daß Deutschland 132 Milliarden Goldmark an Reparationen innerhalb von 47 Jahren zu leisten habe. Der Reichskanzler Fehrenbach trat zurück, als der Reichstag das Ultimatum – natürlich mit einer laut ausgesprochenen reservatio mentalis – akzeptierte. An seiner Stelle bildete der Zentrumsabgeordnete Joseph Wirth ein neues Kabinett der Weimarer Koalition.

Zum zweiten Mal innerhalb kurzer Zeit hatte der Versailler Vertrag eine Regierung gleichsam gestürzt, die von Wirth versuchte aus dem Reparationsdilemma auf eine ganz besonders trickreiche Art herauszukommen: Sie wollte das Ultimatum schlicht und einfach – erfüllen!

Das war neu, wenigstens auf den ersten Blick. Wenn sich die politischen Beziehungen zwischen dem Reich und den Siegermächten bis dahin immer noch verschlechtert hatten – viele Franzosen hätten es am liebsten gesehen, wenn der Krieg wieder aufgenommen worden wäre –, so war dies nicht allein Folge der Verhältnisse, die nicht so waren, es war auch Resultat einer ganz bewußten Obstruktionspolitik Deutschlands. Hier zeigte sich zum ersten Mal die Zweischneidigkeit des Versailler Vertrages: Er war zu hart, um akzeptiert zu werden, er war zu milde, um Widerstand von vornherein als aussichtslos erscheinen zu lassen. Die Folge waren dauernde alliierte Pressionen, wobei die Franzosen sogar von dem Wunsch und von der Hoffnung ausgingen, den in ihren Augen unzulänglichen Vertrag noch „nachzubessern" – im französischen Sinn, versteht sich –, und zunehmend sich versteifender deutscher Widerstand, je deutlicher es wurde, daß auch die Alliierten im Grunde keine Möglichkeit mehr besaßen, ihre Forderungen gewaltsam durchzusetzen: Ein neuer Krieg wäre den Regierenden von den Völkern nicht erlaubt worden – die Regierungen wußten das sehr genau.

Wenn Krieg als ultima ratio also ausgeschlossen war: war das nicht die Stunde der Diplomaten, der Friedensspezialisten, der großen Staatsmänner? Hätte nun nicht der so schwer mißhandelte Geist der europäischen Solidarität wiederbelebt werden müssen? War es nicht an der Zeit, die Wälle von Haß und Zorn abzuräumen, die die europäischen Staaten wie Festungen voneinander trennten? Wie schwer das war, zeigte sich nicht nur auf dem genuinen Feld der Politik. Der „Kampf gegen die Kriegsschuldlüge" erfaßte breite Schichten auch der Intelligenz, in Kunst, Kultur und Wissenschaft. Jede „Hochzeit der Feinde" galt als unmöglich, ja nicht gewollt, das Feld beherrschte die heroische Kriegsliteratur eines Ernst Jünger, die noch heroischere Memoirenliteratur von Hindenburg, Tirpitz und Ludendorff bis zu Bethmann Hollweg und, natürlich, Wilhelm II. Was literarisch wertvoll war, bekümmerte sich zumeist nicht um die Politik, sehr bald wurde es schick und Mode, von links die biederen Republikaner mit Hohn und Spott zu übergießen, von rechts mit ganzen Kübeln mit Häme und Schmutz. Ernsthafter waren die Bemühungen der Geschichtswissenschaft, Deutschland von aller Schuld rein zu waschen. Das Auswärtige Amt, in seinen mentalen Strukturen wohl konserviert, machte mit den Historikern gemeinsame Sache, um den lückenlosen dokumentarischen Beweis der deutschen „Unschuld" zu führen – wenn der eine oder andere, man denke an Kantorowicz, Eckart Kehr oder Veit Valentin, nachdenklichere Fragen stellte, verfiel er dem wissenschaftlichen Ostrazismus. Die aus dem Feld heimgekehrten Studenten, oft der bürgerlichen Ordnung entwöhnt, frustriert, fanden nur schwer sich in die triste Bravheit der grauen bürgerlichen Gesellschaft ein; der Zulauf, den Freikorps, militante Verbände, antiparlamentarische Untergrundorganisationen fanden, war nur Reflex dieses Entwurzeltseins. Politische Morde und politische Anschläge wurden in diesen Kreisen „salonfähig", man lese nur den „Fragebogen" Ernst von Salomons.

Der gesellschaftliche Unfrieden entsprach der internationalen Friedlosigkeit der Epoche, selbst das Friedensinstrument par excellence, der Völkerbund, degenerierte seit seinem Beginn zum Sprachrohr der französischen Außenpolitik, die ebenfalls alles andere, nur nicht Versöhnung wollte. Das hatte weniger mit dem auch in Frankreich gepflegten Vorurteil von der „Erbfeindschaft" mit Deutschland zu tun, als mit der latenten Furcht vor dem immer noch als übermächtig eingeschätzten Nachbarn. Seitdem Rußland als potentieller Verbündeter fortgefallen, mit der Schaffung der sogenannten „kleinen Entente" – einer Allianz mit Polen und Rumänien – nur unzureichend Ersatz geschaffen werden konnte, England und Amerika mit dem Schlagwort „no commitment" sich aus den kontinentaleuropäischen Spannungsfeldern zurückgezogen hatten, fühlte sich die französische 3. Republik isoliert, zumal auch das Verhältnis zu Italien, insbesondere nach Mussolinis „Marsch auf Rom" im Jahre 1922, alles andere als gut war. Der Versailler Vertrag aber erschien Frankreich zu keinem Zeitpunkt als ausreichend, um die Sicherheitsbedürfnisse des Landes langfristig zu befriedigen. „Sécurité d'abord" – zuerst Sicherheit, dann alles andere – wurde also zur wichtigsten französischen Maxime.

Natürlich war das in deutschen Augen keine Basis für ein Aneinanderrücken, ganz im Gegenteil, man fühlte sich von Frankreich bedroht, und dies bis 1923 gewiß nicht ganz zu Unrecht. Vor allem die schroffe Politik Poincarés mit dem fatalen Höhepunkt der Ruhrbesetzung im Januar 1923 machte jeglichen deutsch-französischen Dialog aussichtslos.

Solange zwischen Deutschland und Frankreich der „Kalte Krieg" (Bariéty) tobte, gab es für eine allgemeine Versöhnung in Europa keinerlei Chance. Es war diese negative Erfahrung der frühen zwanziger Jahre, die wenig später zwei sehr unterschiedliche, in ihren Intentionen aber durchaus vergleichbare politische Persönlichkeiten zu neuen Konzepten veranlaßte: den Preußen und Rheinländer Konrad Adenauer und den Parteichef der DVP, Gustav Stresemann.

Solange es aussichtslos schien, irgendwelche „vernünftigen" diplomatischen Fäden zum Quai d'Orsay oder auch nach Whitehall zu spinnen, rückte natürlich, gleichsam automatisch, die Frage in den Vordergrund, ob es nicht eine Alternative gab, die im Osten lag. Die Sprachlosigkeit der Außenpolitik, 1921 bis 1923 auf die Vokabeln Ultimatum und Sanktionen reduziert, mußte hier keineswegs ihre Entsprechung finden, zumal ja auch das neue Staatsgebilde im Osten nach der verunglückten alliierten Interventionspolitik sich als revisionsbedürftig und auf der Seite der Verlierer wähnen konnte.

„Deutschland zwischen West und Ost“, nannte der Chef der Heeresleitung eine Broschüre, in der er mit bewegten Worten einer deutsch-russischen Annäherung das Wort redete. Gerade im konservativen Lager gab es viele, die eine durchschlagende Revision des Versailler Vertrages nur im Zusammenwirken mit „Rußland“ für möglich hielten – aber es war immer die Frage, ob und wie das ideologische Handicap jeder deutsch-sowjetischen Beziehung überwunden oder zumindest neutralisiert werden konnte, denn natürlich waren auch die glühendsten Russenbefürworter schärfste Gegner der kommunistischen Ideologie. Es ging letztlich also um etwas, was man später als „Koexistenz“ unterschiedlicher gesellschaftlicher Systeme bezeichnen sollte – das war für die Geschichte Europas wesentlich neu.

Neu war auch, daß seitdem der Begriff der „Außenpolitik“ selbst anders als bisher definiert werden mußte. Die Ära der prinzipiell gleichen und gleichberechtigten europäischen Völkerfamilie war vorbei, ob Europa überhaupt wieder zu einer selbständigen „europäischen“ Politik finden konnte, war zu Beginn der zwanziger Jahre ungewisser denn je.

Diese Zweifel rührten auch aus den globalen Veränderungen, die unmittelbar nach dem Krieg das Gesicht der Erde veränderten. Der langsame, aber doch unaufhaltsame Dissoziationsprozeß des britischen Empires und des französischen Kolonialreiches stutzte diese „Weltmächte“ auf europäisches Normalmaß zusammen. Anstelle der Donaumonarchie war ein bunter Staatenteppich entstanden, der zu nichts als zu dauernden Unruhen gut war und auf unabsehbare Zeit den Südosten Europas gefährlich destabilisierte. Die „Nachfolgestaaten“ waren jeder für sich viel zu schwach, um sich auf Dauer dem Einfluß der Großen entziehen zu können. Darüber hinaus blieben sie ein ständiger Unruheherd, und dies in jener „ostmitteleuropäischen“ Region, die den „kapitalistischen Westen“ – Deutschland eingeschlossen – vom „kommunistischen“ Osten trennte.

Amerika versuchte 1921/22 in Washington, das für den pazifischen und asiatischen Raum zu schaffen, was in Europa so sichtbar mißlungen war: eine universale Regelung der Macht- und Einflußzonen unter Einbeziehung des weltweit wirkenden maritimen Faktors. Indem die Washingtoner Konferenz die prinzipielle maritime Gleichberechtigung zwischen England und den USA festlegte, Japan, Frankreich und Italien sich nolens volens damit zufriedengeben mußten, nur im Verhältnis 5:3 bzw. 5:1,75 zur See aufrüsten zu dürfen, war die Vorherrschaft Amerikas im Pazifik gesichert, im Atlantik nur noch eine Frage der Zeit – folgerichtig gab England fortan den theoretischen „Kriegsfall USA" auf und etablierte eine ewige atlantische Partnerschaft mit den USA. Das war, wenn man will, der eigentliche Ursprung jenes „Nordatlantischen Verteidigungsbündnisses", das 27 Jahre später die Geschicke Europas und der Welt ausschlaggebend bestimmen sollte.

Die atlantisch-pazifische Perspektive von 1922 ließ Europa in seiner ganzen Zerrissenheit, seinem ganzen Elend besonders deutlich erscheinen. Und es wurde noch schlimmer: Vergeblich nämlich bemühte sich vor allem England unter Lloyd George, Europa auf eine neue ökonomische Basis zu stellen, nachdem die machtpolitische sich als mehr als prekär erwiesen hatte. Die Grundidee der Konferenz von Genua – also der dritten globalen Konferenz nach denen von Paris (1919) und Washington (1921/22) – lag in der Hoffnung, daß die völlig aus dem Gleichgewicht geratene ökonomische Balance wiederhergestellt werden könnte – vor allem auch durch die Reintegration des neuen kommunistischen Staates. Zeit und Anlaß der Weltwirtschaftskonferenz von Genua waren schlecht gewählt – sie scheiterte spektakulär und steht somit am Anfang jener weltweiten, Europa und Deutschland besonders berührenden Zusammenbrüche, die mit der Inflation von 1923 und der Weltwirtschaftskrise von 1929 bis etwa 1933 bezeichnet werden. Nach Genua stand fest, daß Europa seinen Frieden nicht über wirtschaftliche Wege und Verfahren finden konnte – seitdem war guter politischer Rat doppelt teuer.

Nicht alle fanden sich mit der Genueser Katastrophe ab. Deutschland, das nach dem Londoner Ultimatum, der sichtbar schon scheiternden „Erfüllungspolitik" kaum noch etwas zu verlieren hatte, witterte in Genua eine Chance ganz anderer Art. Ähnliches galt für die frischgebackene Sowjetunion, deren „Neue Ökonomische Politik" dem Westen kein Vertrauen einflößte, dennoch Bedingung für jenen „big deal" war, der gemeinhin unter dem Schlagwort „Rapallovertrag" firmiert.

Rapallo war im Grunde nichts als die gegenseitige Versicherung Deutschlands und Rußlands, sich durch die Westmächte nicht gegeneinander ausspielen zu lassen. Daran hatte Rathenau, der deutsche Außenminister, ein ebenso großes Interesse wie der sowjetische Außenkommissar Tschitscherin. Maßgeblich war also nicht der materielle Inhalt des Vertrages, sondern seine erhebliche psychologische Wirkung: Zum ersten Mal hatte Deutschland einen von den Bindungen des Versailler Vertrages freien außenpolitischen Schritt gewagt, zum ersten Mal entglitt die Außenpolitik des Reiches der alliierten Kontrolle, zum ersten Mal konnten in London, vor allem in Paris, Befürchtungen wach werden, daß Deutschland und Rußland gemeinsame Sache gegen die Westmächte, damit gegen das gesamte Pariser System machen könnten. Diese Befürchtungen konnten sich fallweise bis zu einem Komplex steigern – seine Spuren waren bis in die jüngste Vergangenheit spürbar. Rapallo war der Auftakt zu einer deutschen Außenpolitik, die ein deutliches Signal nach Westen richtete: Wir können auch anders.

In Wirklichkeit war das ein Trugschluß, und es gehörte zu den großen Leistungen Walther Rathenaus, Joseph Wirths und dann Gustav Stresemanns, die Möglichkeiten, vor allem aber die Grenzen einer Rapallopolitik klar zu erkennen – und einzuhalten. Erst Adolf Hitler überschritt sie und löste damit den Zweiten Weltkrieg aus.

Die deutsche Außenpolitik bewies 1922 Augenmaß, das ließ sich von der französischen Deutschlandpolitik nicht behaupten, hier trieben die Dinge vielmehr einem absurden Höhepunkt zu.

Wirths „Erfüllungspolitik" scheiterte. „Hintergründig" war sie von Anfang an: Durch die unbedingte Erfüllungsbereitschaft sollte bewiesen werden, daß die Reparationsforderungen unerfüllbar waren, man wollte also einen regelrechten Bankrott samt

Offenbarungseid inszenieren, in der Hoffnung, daß die bewiesene Unfähigkeit zu zahlen die Gläubiger veranlassen würde, nach moderateren Verfahren und Zielen zu fahnden.

Diese Rechnung ging nicht auf, sie konnte nicht aufgehen, weil auch für das Frankreich Poincarés die Reparationen entgegen aller Propaganda nur von sekundärer Bedeutung waren. Entscheidend war ihre Funktion für die Sicherheits- und Wirtschaftspolitik Frankreichs. Diese konzentrierte sich um die Frage, ob und mit welchen Mitteln es möglich sein konnte, maßgebenden Einfluß auf die größte Industriezone Europas, das Ruhrgebiet zu gewinnen.

Die Ruhrfrage war weitaus komplexer, als das die Leidenschaften von damals erkennen ließen. Schon lange vor 1914 hatte man in Frankreich und Deutschland darüber diskutiert, wie sich ein Wirtschaftsverbund in dieser Region, genauer: in den Regionen von Ruhr, Maas und Lothringen schaffen ließe. Solange beide Staaten sich als Todfeinde gegenüberstanden, war nur eine Form der gewaltsamen Aneignung denkbar – so oder so.

Die Pariser Friedenskonferenz erfüllte die französischen Ruhrwünsche nicht. Umgekehrt hatten die Herren von der Ruhr nun keine Chance mehr, billig an das lothringische Erz zu kommen – sie orientierten sich nach anderen Erzregionen, so nach Schweden. Sehr bald merkten die Herren der Minette, daß ihnen das Wiedergewonnene nicht nur nichts nützte, sondern zu unerträglichen ökonomischen Belastungen führte, wenn die Herren Krupp, Stinnes, Thyssen – um die markantesten Namen zu nennen – sich einer Kooperation verweigerten. Eben dies taten sie aus vermeintlich patriotischer Pflicht, in Wahrheit aus nüchternen ökonomischen Erwägungen heraus.

Das Paradoxe wurde Ereignis: nicht die geschlagenen deutschen Industriebosse mußten bescheiden an die lothringischen Türen klopfen, es war genau umgekehrt. Die Deutschen aber zeigten, menschlich verständlich, den Kollegen von jenseits des Rheines die kalte Schulter, alle Pressionen und Verlockungen halfen nichts.

Aber Frankreich hatte gesiegt, es hatte die Macht, es konnte Gewalt einsetzen: Das eben war der eine Grund für die französische Ruhrpolitik, die am 10. Januar 1923 zur Entsendung einer „Ingenieurkommission“ unter schwerer militärischer Bedeckung führte. Der andere lag in der Sicherheitspolitik: Nur wenn die Ruhr dauerhaft alliierter, besser französischer Kontrolle unterlag, war die Gefahr gebannt, die von der „Rüstungsschmiede“ Ruhr über kurz oder lang ausgehen konnte. Wenn das Ruhrabenteuer etwas Gutes hatte, so bestand es in der Erkenntnis, daß die Politik der Pfänder und Sanktionen niemandem weiterhalf, sondern Deutschland und ganz Europa im Chaos versinken ließ. Es war daher logisch, wenn auf dem Tiefpunkt dieser Politik überall fieberhaft nach Alternativen, nach Auswegen aus der Sackgasse gefahndet wurde.

Einen denkbaren Ausweg wies der Kölner Oberbürgermeister Konrad Adenauer: Durch eine enge Zusammenarbeit zwischen französischer und deutscher Wirtschaft in den deutschen, belgischen und französischen Industriegebieten beiderseits des Niederrheins und, wenn es sein mußte, unter dem Dach eines eigenen, freilich dem Reich zugehörenden Staates, sollten die wirtschaftlichen Standortprobleme von Kohle und Erz, vor allem aber die der Sicherheit überwunden werden. Adenauers Rheinlandpolitik wurde des Separatismus verdächtigt, tatsächlich gab es auch derartige, von Frankreich unter der Hand geförderte Bestrebungen. Adenauers Idee wollte nicht separieren, sondern zusammenfügen, was in langen Perioden der europäischen Geschichte tatsächlich zusammengehört hatte; das politische Etikett dieses Zusammenschlusses war ihm ziemlich gleichgültig.

Adenauers Pläne blieben damals Makulatur; obwohl mehrfach im Gespräch, wurde er weder Reichsminister noch Reichskanzler, und bald lief die allgemeine politische Entwicklung in eine andere Richtung. Aber sie waren nicht vergessen, als Adenauer ein Vierteljahrhundert später nach Auswegen aus dem Teufelskreis der deutsch-französischen „Erbfeindschaft“ suchte, und manches Grundsätzliche floß dann in die Konstruktionen der Montanunion, später der Europäischen Wirtschaftsgemeinschaft ein. Eine der Wurzeln des vereinten Europas liegt also auch in Adenauers Rheinlandpolitik der zwanziger Jahre.

Eine andere, lebenskräftigere, entsproß ebenfalls dem Trauma von 1923. Bevor sie ihre Chance erhielt, drohte das Reich auseinanderzubrechen, der außenpolitischen Sackgasse des Jahres 1923 folgte die innere Krise auf dem Fuß – und fast wäre es damals schon um die aus dem Geiste Goethes und Schillers geborene Republik, wie es Ebert 1919 in Weimar genannt hatte, geschehen gewesen. Zumindest Ludendorff und Adolf Hitler wollten Remedur und ein neues Reich schaffen – auf die Zahl „drei" kamen sie erst später.

Der Hitlerputsch fand nicht von ungefähr am fünften Jahrestag der Revolution, am 9./10. November statt, denn er war als deren Antithese geplant. Er kam auch nicht aus heiterem Himmel, er war eher etwas sehr Ordinäres. Nach Kapp und Lüttwitz hatten noch andere geputscht, Buchrucker in Küstrin beispielsweise, und in einer großen Krise war 1921 das autoritär geführte Bayern („Ordnungszelle Bayern") drauf und dran, den Reichsverband zu sprengen, auch Kahr spielte mit dem Gedanken eines Putsches.

Aber er war unschlüssig gewesen, deswegen verrechnete sich Adolf Hitler, als er mit Kahrs Unterstützung seinen Marsch auf Berlin zu inszenieren hoffte. Es war eine bedeutende, aber bis zur „Machtergreifung" auch die letzte Fehlkalkulation Adolf Hitlers.

Der kam aus der Konkursmasse der K. u. K. Monarchie, das ist nicht nur politisch gemeint. Er war, so weit man weiß, von Anfang an ein Zeitgemäßer und ein Unzeitgemäßer, eine graue Maus und ein seltsamer Paradiesvogel, dem die Münchener Schickeria nach dem Krieg mit Entzücken lauschte. Es ist schon richtig, wenn man in Hitler die Verkörperung aller bösen Eigenschaften sieht, die man im deutschen und österreichischen Volk wahrnehmen zu können glaubt. Antisemitismus und Rassenhaß, antidemokratisches Denken, der Hang zum Autoritären, zum Militanten, der politische Atavismus im Umgang mit anderen Nationen, die aggressive Expansionslust, das weltanschaulich-mythische Gewabere, wie es schon den letzten Kaiser – etwa in der Person eines gewissen Houston Stewart Chamberlain – fasziniert hatte: all das kam in Hitler zusammen und vermischte sich mit einem eigentümlich starken persönlichen Charisma. Hitler konnte sich und seine Ideen erst entfalten, als der verlorene Krieg die Menschen, besser: viele Menschen, reif für Rattenfänger und Erlöser gemacht hatte.

Hitler schlug in München los und scheiterte vor der Feldherrnhalle, als das Reich angeblich klein beigab, den passiven Widerstand, der Finanzen, Währung und Moral breiter Schichten total zerrüttet hatte, abgebrochen und sich dem französischen Diktat an der Ruhr anscheinend gebeugt hatte. Verantwortlich dafür war der Mann, der im Mittelpunkt der Geschichte Weimars in ihrer „goldenen" Zeit steht: Gustav Stresemann.

Dieser hatte sich keineswegs vom Saulus der Annexionisten und Siegfriedlers zum Paulus des guten Europäers und Friedensfreundes verwandelt; ein Damaskus hat er nie erfahren. Was ihn erfolgreich werden ließ, wo sein Vorgänger Wirth, der eine ganz ähnliche Politik wie Stresemann verfolgt hatte, scheiterte, ging auf eine nüchterne Abwägung zwischen dem Notwendigen und dem Gewollten zurück. Notwendig war es, Deutschland aus dem Chaos herauszuführen, Prestige und Prinzipien hin oder her, gewollt war der Wiederaufstieg zur Macht, eine komplette Revision des Versailler Vertrages. Dies aber nicht nach den Methoden Dr. Eisenbarts, Dr. Kapps oder Adolf Hitlers, sondern nach denen Metternichs und Bismarcks – beide verehrte Stresemann, beide nahm er sich immer wieder zum Vorbild.

Mit diesen beiden Namen sind schon die Dimensionen seines politischen Weltbildes umrissen: ein starker, friedlicher deutscher Nationalstaat im Zentrum eines friedlichen, harmonischen Europa. Erst dann war in Stresemanns Auffassung die Welt Europas wieder in Ordnung, aber damit es dazu kam, bedurfte es großer Anstrengungen, raffinierter Diplomatie, die auch vor einem „Finassieren" im Sinne Metternichs nicht zurückscheute.

Als dieser Mann Kanzler wurde, befand sich Deutschland wie Europa auf dem Tiefpunkt, es konnte nach den Stürmen der Ruhrkrise, der Inflation, des Links- und Rechtsradikalismus nur noch nach oben gehen. Fast gewinnt man den Eindruck, als habe die Staatsmänner Europas erschreckt, was ihre intransigente Politik angerichtet hatte; auf alle Fälle wurden, wenn auch nur vorübergehend, die „Falken“ sowohl in Paris wie in London durch die „Tauben“ abgelöst. Zu ihnen zählten Briand in Frankreich und Austen Chamberlain in England.

Mit diesen Staatsmännern kam Stresemann, zuerst als Kanzler, dann als deutscher Außenminister, „ins Geschäft“, weil alle wollten, daß es „irgendwie“ vorwärts gehen sollte. Die erste Etappe ergab sich nach dem Ende der Wirthschen „Erfüllungspolitik“, durch die Hyperinflation eindrucksvoll in gleichsam bengalisches Licht gehüllt, praktisch von selbst; praktisch war es auch, daß sich nunmehr die Amerikaner, bislang eher die Kulissen schiebend, auf der Bühne Europas wieder blicken ließen. Als die Hauptgläubiger mit dem Hauptschuldner 1924 in London wieder zusammentrafen, hatte sich die düstere Stimmung schon gewandelt, die Atmosphäre schien gereinigt, Vernunft und guter Wille beherrschten bei Siegern wie Besiegten – und den amerikanischen Bankiers – die Szene. Das Ergebnis, im „Dawes-Abkommen“ niedergelegt, entsprach gewiß nicht den wahren Wünschen der Deutschen und Stresemanns, immer noch waren die Reparationsforderungen schmerzhaft hoch und die Verpfändung der halben deutschen Industrie und der ganzen Reichsbahn trug zum Selbstwertgefühl der Geschlagenen auch nicht bei. Dennoch: der Dawesplan war „vernünftig“, weil er zum ersten Mal nach dem Krieg wieder volkswirtschaftliche Prinzipien in den Vordergrund rückte. Gerade die waren weder beim Ruhreinmarsch noch im Rahmen der „Erfüllungspolitik“, geschweige denn bei der leichtfertig, um nicht zu sagen willentlich zugelassenen Inflation spürbar gewesen.

Die große historische Leistung Stresemanns – und seiner Mit- und Gegenspieler – bestand in dem geglückten Versuch, auf der Basis der in Europa wieder einziehenden ökonomischen Vernunft die Elemente für eine neue europäische Sicherheitspolitik zusammenzutragen.

Nicht alle erwiesen sich als tragfähig; das „Londoner Protokoll“ von 1924 wurde beispielsweise von England nicht ratifiziert und blieb Makulatur. Gleichwohl trug es zum sicherheitspolitischen „Lernprozeß“ bei: Stresemann wußte seitdem, daß man England nur dann zur Übernahme sicherheitspolitischer

Garantien auf dem Kontinent bewegen konnte, wenn diese klar umrissen und regional begrenzt waren: eben diesen Erfordernissen entsprachen die Locarnoverträge von 1925.

Sie entstanden aus einer deutschen Initiative, konnten aber nur gelingen, weil zuerst England, dann auch Frankreich und Italien lebhaft mitmachten. Die Grundidee war erneut Reflex der Ruhr- und Rheinlandkrise von 1920 bis 1923, denn eben diese Zone sollte nicht allein auf Dauer befriedet, sondern zum Ausgangspunkt einer allgemeinen europäischen Sicherheitspolitik werden, in deren Zentrum Deutschland, Frankreich und Belgien, als Garantiemächte England und Italien standen. Durch den Abschluß weiterer Schiedsverträge mit Polen und Rumänien wies Locarno aber schon über den Westen hinaus, freilich sollte es nie zum Abschluß eines gleichwertigen „Ostlocarno" kommen – gerade dies ließ auch den Westvertrag in den Augen vor allem Polens als fragwürdig erscheinen.

Deutschland verzichtete mit Locarno „endgültig" auf Elsaß und Lothringen. Das beruhigte Frankreich, war zugleich aber der indirekte Beweis dafür, daß der Versailler Vertrag, der diesen Verzicht ja bereits erzwungen hatte, offensichtlich auch von den Siegermächten als unzureichend betrachtet wurde. Das beflügelte Stresemanns Hoffnungen, eine generelle Revision des Vertrages auf friedlichem Wege zustande bringen zu können. Die Schaffung einer demilitarisierten Zone am Rhein verwirklichte zum ersten Mal ein Prinzip, das seitdem zu den Standardinstrumenten jeglicher Sicherheitspolitik geworden ist: waffenfreie Pufferzonen zwischen antagonistischen politischen Systemen. Entscheidend aber war die Einbeziehung der beiden Großmächte England und Italien: diese hatten die Demilitarisierung zu überwachen und zu garantieren. Wer sie verletzte, mußte also mit der Gegnerschaft dieser beiden Länder automatisch rechnen – eben das, so hoffte man, würde sowohl Deutsche wie Franzosen von einer entsprechenden Vertragsverletzung (so wie 1921 oder 1923) abschrecken.

Locarno war der erste ernsthafte Versuch einer supranationalen europäischen Sicherheitspolitik, die eigentliche „Antwort" auf Versailles, der mögliche Ausgangspunkt zu einer ständigen friedlichen Entwicklung. Deutschland verpflichtete sich, die Westgrenze als unveränderlich zu akzeptieren und seine Ostgrenzen nicht mit Gewalt zu revidieren. Die immer wieder geäußerten Bedenken über die somit geschaffenen Grenzen „zweierlei Qualität" hatten sicher ihre Berechtigung, aber es war doch ein großer Fortschritt, wenn sich Deutschland in Locarno nun freiwillig verpflichtete, keine gewaltsame Territorialpolitik im Osten treiben zu wollen. Nun wäre es darauf angekommen, mit den östlichen Nachbarn, vor allem Polen und der Tschechoslowakei in einen ruhigen Dialog zu treten. Zweifellos war dies auch Stresemanns Absicht, und deswegen versagte er sich allen sowjetischen Verführungskünsten, die ihm die Fata morgana einer „vierten Teilung" Polens zwischen der UdSSR und Deutschland vorgaukeln wollten; zum Unglück für Deutschland, Europa und die Welt brach mit der Machtübernahme durch die Nationalsozialisten dieser sicher noch holprige, nicht einfache Dialog ab und wurde durch blanke Gewalt ersetzt.

In Locarno war auch vereinbart worden, Deutschland – endlich! – in den Völkerbund aufzunehmen, der dadurch seinen Charakter vollkommen ändern konnte. Es gab dann noch häßliche Querelen und ärgerliche Verzögerungen, aber schließlich zog das Reich am 8. September 1926 als ständiges Ratsmitglied in das Genfer Gremium ein – es war ein großer, ein bewegender Augenblick, als der deutsche Außenminister von seinem französischen Kollegen Aristide Briand in der Völkergemeinschaft willkommen geheißen und der Geist eines zukünftig vereinten Europas im Völkerbund von Stresemann beschworen wurde. Die Verleihung des Friedensnobelpreises an Briand und Stresemann drückte damals die Gefühle und Erwartungen der meisten Menschen in Europa aus. Auch das war eine wichtige Wurzel für die zukünftige Einheit Europas, es schmälert ihre Bedeutung nicht, daß sich die Visionen der Architekten von Locarno damals noch nicht erfüllen sollten.

Stresemann und auch Briand haben große Hoffnungen auf den „Geist von Locarno" gesetzt. Tatsächlich schien sich schon ein Jahr später eine Globallösung der deutsch-französischen Probleme abzuzeichnen, aber die Euphorie, mit der Stresemann die Ergebnisse von Thoiry kommentierte, stellte sich als verfrüht heraus. So wichtig Locarno und die Folgen für die Verbesserung der politischen Atmosphäre in Europa waren – der Versailler Vertrag war damit ja keineswegs außer Kraft gesetzt, zumal sich in Frankreich – wie übrigens auch in Deutschland – die Gegner einer allzu vertrauensvollen Zusammenarbeit zwischen den beiden Ländern wieder sammelten. So kam es, daß sich die Fronten rasch wieder verhärteten, als die Räumung der ersten Rheinlandzone nicht rechtzeitig erfolgte; der Abzug der Militärkontrolle zu Beginn des Jahres 1927 erfolgte unter dem wieder wachsenden Mißtrauen Frankreichs vor einem sich ständig militanter gebenden Deutschland. Vor diesem Hintergrund konnte auch der Briand-Kellogg-Pakt nur eine hehre Absichtserklärung sein: Zum ersten Mal kamen die Unterzeichner dieses Paktes überein, den Krieg als Mittel zum Austrag politischer Konflikte zu ächten. Dazu paßte der Zusammentritt der vorbereitenden Abrüstungskonferenz, die schließlich 1932 zur Eröffnung der großen Genfer Abrüstungskonferenz führen sollte. Aber so sehr sich die Staatsmänner und zahlreiche pazifistische Bewegungen auch bemühen mochten – schon ab 1929 wurde klar, daß Europa nicht einer friedlichen, sondern einer stürmischen Epoche entgegenging. Was man in Genf verhandelte, wirkte mehr und mehr wie Geisterbeschwörung; der Völkerbund erwies sich als unfähig, die großen Fragen der Zeit aufzunehmen und zu lösen.

Das galt auch für die Außenpolitik der europäischen Kabinette. Neben Locarno gab es eine Reihe anderer diplomatischer Verträge, von denen der mit der Sowjetunion in Berlin 1926 geschlossene herausragte – aber alle Abmachungen änderten nichts daran, daß der Egoismus der Staaten wieder schärfer zum Vorschein kam, als die kurze wirtschaftliche Scheinblüte der Mittzwanziger Jahre zu welken begann, und das war schon 1928/29 der Fall.

Zu diesem Zeitpunkt wandelte sich das politische und gesellschaftliche System in Deutschland. Den symbolischen Anfang machten die Reichspräsidentenwahlen von 1925, die nach dem frühzeitigen Tod Friedrich Eberts notwendig geworden waren. Wenn die Wahl Paul von Hindenburgs im Ausland auch weniger überraschte, als allgemein von den politischen Gegnern erwartet worden war, so war das damit gesetzte Signal doch unübersehbar: Deutschland hielt nicht nur an seiner Vergangenheit fest, Hindenburg wirkte wie ein erratischer Block aus der Zeit des Wilhelminismus in der Republik; die Konservativen, die Rechten witterten Morgenluft.

Dabei schien sich gerade nun die SPD ihrer latenten politischen Macht zu entsinnen: In den großen innenpolitischen Streitfragen, die sich charakteristischerweise wieder an Symbolen der Vergangenheit entzündeten – dem Flaggenstreit, der Fürstenabfindung –, setzte sie sich prinzipiell durch, und auch der Sturz des Chefs der Heeresleitung ging auf die SPD zurück, die es nicht dulden wollte, daß die Reichswehr auch nur Kontakte zum Haus Hohenzollern unterhielt. 1927 ging der Sturz der Regierung auf eine scharfe Rede Scheidemanns zurück, der die Zusammenarbeit zwischen Reichswehr und Roter Armee öffentlich angeprangert hatte.

Aber schon hier wurde es spürbar: Auch die SPD gehörte zu den Parteien, die gerne Opposition und Obstruktion trieben, sich aber vor der Übernahme der politischen Verantwortung offensichtlich scheuten. Wenn die Partei nach den Reichstagswahlen von 1928 dennoch den Kanzler stellte, so ging das auf das große Vertrauen der Wähler zurück: Die SPD war erneut zur stärksten Fraktion geworden, sie konnte sich der großen Koalition nicht entziehen, wollte sie nicht ihr Gesicht verlieren. Tatsächlich schien es, als sei die Republik nach allerlei Irrungen und Wirrungen nun doch noch auf den richtigen Weg gelangt: SPD, DDP, Zentrum, DVP und BVP bildeten eine große Koalition; zehn Jahre nach ihrem Bestehen schien die Republik wieder nach „Weimar“ zurückgekehrt.

Keine zwei Jahre später war diese Republik schon am Ende und trat in die Phase ihrer Agonie ein. Sieht man sich die Zusammensetzung des Reichstages und der Regierung an, so mag man kaum glauben, was da innerhalb weniger Monate vor sich ging, nur eins ist sicher: das Ende bereiteten dieser Republik nicht die radikalen Parteien im Reichstag, die waren unerheblich. Das Ende bereitete die Demokratie sich selbst.

Oder war es Folge der Weltwirtschaftskrise, die seit dem „schwarzen Freitag“, dem 29. Oktober 1929 über den Atlantik nach Europa übergriff? Daß der dramatische Zusammenbruch der Wirtschaft seit 1930 erheblichen Einfluß auf die politischen Entwicklungen hatte, steht außer Frage – aber das Weimarer System brach schon vorher zusammen. Wer allein die Weltwirtschaftskrise für das Scheitern des demokratischen Experiments in Deutschland verantwortlich macht, der fördert eine ökonomische „Dolchstoßlegende“.

Seit dem Winter 1928/29 schon lief die Wirtschaft nicht mehr „rund“, der kälteste Winter des Jahrhunderts trug zum Anstieg der Arbeitslosenzahlen auf etwa 2 Millionen bei. Nun mußte sich erweisen, ob das erst vor drei Jahren geknüpfte soziale Netz hielt. Das aber hing nicht vom Können, sondern nur vom Wollen ab: das Arbeitslosenversicherungsgesetz war von nur 800 000 Arbeitslosen ausgegangen – wenn es mehr wurden, mußten Arbeitgeber und Arbeitnehmer eben die Versicherungsbeiträge erhöhen, so einfach war es, und es ging auch nur um ein halbes Prozent – eine ökonomische Petitesse.

An ihr zerbrach die große Koalition. Das hatte wiederum nichts mit volkswirtschaftlichen, sondern nur mit ideologischen Fragen zu tun. Niemand hätte im Ernst behaupten wollen, daß die Wirtschaft zusammenbrechen und die Arbeiter verelenden würden, sollten sie je ein halbes Prozent mehr an die Arbeitslosenversicherung abführen. Nein, es ging, wieder einmal, „ums Prinzip“. Die DVP wollte ihre Klientel und die Arbeitgeberverbände nicht vergrämen, jeglichem schädlichen „Sozialismus“ einen Riegel vorschieben, die SPD dachte nicht daran, ihre Stammwählerschaft, vor allem aber die Gewerkschaften durch höhere Abgaben zu vergrämen. Mit rationaler Politik hatte dies nichts zu tun, das zeigte sich auch in der vehementen Ablehnung aller Kompromißvorschläge, von denen der des Zentrumsabgeordneten Brüning am „vernünftigsten“ erschien.

Die große Koalition wollte nicht mehr zusammenbleiben, obwohl keine Macht der Welt sie daran gehindert hätte. Die Bürgerlichen schielten fasziniert nach rechts, wo die Deutschnationale Volkspartei unter dem ebenso dummen wie agitatorisch gefährlichen Hugenberg Fundamentalopposition trieb, immer in der Hoffnung, die eigenen Reihen fester schließen und den Verführungen von rechts außen begegnen zu können. Das Zentrum rutschte unter dem neuen Parteiführer, dem Prälaten Kaas, ebenfalls nach rechts.

Dort schien sich ohnehin die Zukunft Deutschlands zu sammeln. Das zeichnete sich zum ersten Mal im Zusammenhang mit der Agitation gegen den Youngplan ab. Dieser neue Reparationsplan war notwendig geworden, nachdem sich die Regelungen des Dawesplanes aufgrund der wirtschaftlichen Entwicklung als zu optimistisch erwiesen hatten. Deutschland hatte das größte Interesse an einer Modifizierung der Reparationsabmachungen, im Youngplan wurde sie vorgenommen. Tatsächlich bedeutete dieser Plan eine erhebliche Erleichterung der Reparationszahlungen – aber allein der Umstand, daß die Regierung dieses Abkommen „freiwillig" unterzeichnete und damit Zahlungsverpflichtungen bis ins Jahr 1988 übernahm, leitete Wasser auf die Mühlen der stramm nationalen, vor allem aber der rechtsradikalen Kräfte und Parteien. Diese inszenierten ein nach der Verfassung mögliches „Volksbegehren"; dessen Erfolg machte einen „Volksentscheid" über den Youngplan möglich. Der Kampf um den Youngplan sammelte zum ersten Mal die politischen Kräfte von rechts, die bis dahin unbedeutende NSDAP erfuhr regen Zulauf, die DNVP gerierte sich besonders völkisch – das Ergebnis war für beide eher enttäuschend: „nur" 5,8 Millionen Wahlberechtigte hatten gegen den Youngplan und damit gegen das Weimarer System gestimmt.

Dennoch war das ein Menetekel, der Rechtsradikalismus war seinem Gehege entkommen, zum ersten Mal seit 1923 rechnete sich Hitler wieder politische Chancen aus – die Zeiten mußten nur rasch schlechter werden.

Daß sie es wurden, war auch Folge des gänzlichen Unvermögens der Regierung Müller, mit den finanziellen Problemen des Reiches nun, da der Wind der Republik schärfer ins Gesicht wehte, fertig zu werden. Der mit Aplomb inszenierte Rücktritt des Reichsbankpräsidenten Schacht bildete den Auftakt zum Ende, über die Frage der Erhöhung der Arbeitslosenversicherungsbeiträge zerbrach die Koalition am 27. März 1930.

Europa nach dem 1. Weltkrieg

Finnland
Estland
Lettland
Litauen
UdSSR
Reich
Polen
oslowakei
Ungarn
Rumänien
goslawien
Bulgarien
Alban.
Griechenland
Türkei

Auf eine parlamentarische Mehrheit konnte sich Heinrich Brüning, der katholische Zentrumsmann, Frontoffizier des Ersten Weltkrieges, im Reichstag nicht mehr stützen, als ihn Hindenburg zum Kanzler ernannte – aber darauf legte Brüning auch gar keinen Wert. Viel wichtiger war ihm, daß die Regierung das Vertrauen und die Machtmittel des Artikels 48 vom Reichspräsidenten erhielt und im Parlament „toleriert" wurde, vor allem von der SPD.

Brüning verkalkulierte sich von Anfang an: Die SPD verhinderte die Annahme der ersten Notverordnung und machte damit Reichstagsneuwahlen unumgänglich. Gewiß, Brüning war das nicht unlieb, unerklärlicherweise erhoffte er sich von Neuwahlen eine Stärkung der bürgerlichen Mitte und damit vielleicht doch eine neue Regierungsbasis, aber das ändert nichts daran, daß die SPD, nachdem sie die Kanzlerschaft verspielt hatte, nun auch noch ihre Position im Reichstag gefährdete – denn besser als 1928 abzuschneiden, konnte sie im Ernst nicht erwarten.

Aber es kam viel, viel schlimmer: Mit den Wahlen vom 14. September 1930 begann der unaufhaltsame Aufstieg der NSDAP. Sie stieg von 12 auf 107 Mandate im Reichstag und übertraf damit den Erfolg der Kommunisten, die es nun auf 77 Sitze brachten. Die großen Verlierer waren die bürgerlichen Parteien, die DNVP eingeschlossen, sie gerieten von nun an zwischen die Mühlsteine des Links- und Rechtsradikalismus und wurden unerbittlich fast bis zum Nichts zerrieben.

Daß das „bürgerliche Zeitalter" zu Ende war, machten sich die Betroffenen freilich nicht klar, im Gegenteil, Brüning begann sogar mit einer Wiederherstellung der Monarchie zu liebäugeln, und Hindenburg, dem nun plötzlich die ganze Verantwortung für das Wohl und Wehe der Regierung aufgebürdet war, hoffte ebenfalls auf eine bürgerliche, besser monarchische Restauration. Es schien, als ginge der Geist der Zeit an diesen Herrschaften vollkommen vorbei.

Brüning war kein Freund des Parlamentarismus und schon gar nicht des neuen Reichstages, mit dem er weniger denn je anzufangen wußte. Er hoffte wie zuvor auf die Tolerierung durch die SPD, die er aber nur benutzen, nicht wirklich in die Verantwortung zurückführen wollte.

Dies versuchte er vielmehr Hugenberg und Hitler schmackhaft zu machen. Beides mißlang zwar, diskreditierte das Präsidialkabinett Brüning in den Augen der wenigen verbliebenen aufrechten Demokraten aber nachhaltig. Es ist nicht ganz klar, was die eigentlichen Ziele des Kanzlers der Notverordnungen waren; sicher scheint, daß er den Tiger der Wirtschaftskrise zu reiten versuchte, um am Ende eine Totalrevision des Versailler Vertrages und den Wiederaufstieg des Reiches zu hegemonialer Stellung in Europa zu erreichen.

Auch Stresemann hatte den Wiederaufstieg Deutschlands zur Richtschnur seiner Politik gemacht. Sein unzeitiger Tod am Vorabend der großen Krise muß die Frage offenlassen, ob er, anders als Brüning, einen ungefährlicheren Weg zum Wiederaufstieg gesucht und gefunden hätte. Brüning und Curtius, der Nachfolger Stresemanns als Außenminister, glaubten auf den Schultern Stresemanns zu stehen, aber die politischen, wirtschaftlichen, geistigen Rahmenbedingungen für ihre Politik hatten sich binnen zweier Jahre dramatisch verändert. Dies in seiner vollen Tragweite nicht erkannt zu haben, kennzeichnet das letztliche Versagen der Brüningschen Politik.

Im Sommer 1931 schlug die Weltwirtschaftskrise voll auf Europa, vor allem aber Deutschland durch. Der schlagartige Kapitalabzug traf die Volkswirtschaft wie die Kommunen völlig unvorbereitet, die Bankenkrise vom Juli 1931, hochdramatisch mit dem Zusammenbruch einer der größten deutschen Banken, der Darmstädter und Nationalbank, eingeläutet, zerriß alle längerfristigen politischen Planungen Brünings. Von nun an spielte man nur noch Feuerwehr, die Wirtschaftskrise schlug über Staat, Regierung und Gesellschaft zusammen, nun war das Elend wirklich da, das Hitler und seine Mannen so sehnsüchtig erhofft hatten.

Dennoch glaubte Brüning, auch jetzt noch die in seinen Augen notwendige harte Politik der Notverordnungen zum Systemumbau im Inneren und zum Durchbruch im Äußeren benutzen zu können. Tatsächlich ließen sich die außenpolitischen Erfolge sehen, das Zeitalter der Reparationen ging nach dem Hoovermoratorium sichtbar zu Ende, es war nur noch die Frage kurzer

Zeit, bis der famose Youngplan kippte. In der Ab- bzw. Aufrüstungsfrage begann das Reich nun hörbar mit dem Säbel zu rasseln: Selbst vollkommen entwaffnet, forderte es nun, wie in der Präambel zu Teil V des Versailler Vertrages und auch in der Völkerbundsatzung verbindlich festgelegt, die Abrüstung der anderen – widrigenfalls Deutschland wieder aufrüsten werde.

Diese Einschüchterungspolitik verspielte binnen weniger Monate das gesamte außenpolitische Vertrauenskapital, das Stresemann angehäuft hatte. Die erste Ohrfeige kam aus Paris: Auf französisches Drängen hin wurde der noch von Hermann Müller auf den Weg gebrachte Plan einer Zollunion mit Österreich vom Haager Schiedsgerichtshof verboten, in Deutschland tobte die Rechte. Aber Brüning hielt durch. Er war felsenfest davon überzeugt, daß Deutschland die Krise benutzen mußte, um die Fesseln des Versailler Vertrages abzustreifen, er sah nicht, daß die Mittel den Zweck fragwürdig machten. Die Deflations- und Austeritypolitik trieb nämlich nun die in unbeschreibliche Not geratenden Menschen scharenweise den roten und braunen Horden zu; „Rotfrontkämpferbund" und „Sturmabteilungen" fingen an, das Bild auf der Straße zu beherrschen, in den großen Städten, so in Berlin und Hamburg, zeichneten sich seit dem Frühjahr 1932 bürgerkriegsähnliche Zustände ab.

In dieser aufgeheizten Atmosphäre fanden die Reichspräsidentenwahlen statt. Wohin das Weimarer System schon gekommen war, zeigte sich darin, daß diesmal Hindenburg auf Drängen Brünings zum Kandidaten der bürgerlichen Mitte und der SPD wurde – denn die Alternative war Hitler. Hindenburg oder Hitler: unter diesem Motto stand der zweite Wahlgang, nachdem Hindenburg die erforderliche absolute Mehrheit im ersten nicht gewonnen hatte – auch das verzieh er „seinem" Kanzler nie.

Und daß er von den „falschen Leuten" gewählt wurde. Hindenburg war verfassungstreu, aber er machte aus seiner Ablehnung eines parlamentarisch-demokratischen Systems und seiner Abscheu vor allem „Sozialismus" keinen Hehl. Das bedeutete: die einzige mögliche Integrationsfigur in der sich zersetzenden politischen Kultur Weimars war nur formal neutral. In Wirklichkeit setzte Hindenburg wie Brüning alle Hoffnungen auf das rechte Lager. Nachdem die NSDAP ständig anwuchs – das zeigten auch die Wahlen in Preußen, wo bis dahin immer noch ein Kabinett der „Weimarer Koalition" unter Otto Braun amtiert hatte –, kam alles darauf an, den Führer dieser Partei in das eigene bürgerlich-nationale Konzept einzubinden.

Hindenburg und seine unverantwortliche Umgebung glaubten im Mai 1932 nicht mehr, daß Brüning diese Aufgabe lösen konnte. Ein profiliert „rechter" Mann mußte ans Ruder, so verfiel man auf Franz von Papen, einen politisch ziemlich charakterlosen, mit staatsmännischer Weisheit nicht begabten, Hindenburg aber treu ergebenen Vasallen. Allein das abwertende Wort vom „Herrenreiter" zeigte Papen, der am 30. Mai Kanzler wurde, wo nun der Wind herwehen würde – keine Rede konnte fortan von einer Tolerierung durch die SPD sein, aber das wollten Papen und Hindenburg auch gar nicht mehr. Sie setzten alles auf eine Karte: den bürgerlichen Nationalismus eines autoritären Regimes. Später hat Brüning behauptet, er sei „hundert Meter vor dem Ziel" zu Fall gebracht worden – aber waren seine „Ziele" das, was Deutschland und Europa brauchten? Hatte sich dieser Mann, sicherlich besten Willens und besten Gewissens, nicht politischen Maximen verschrieben, die alles andere als zukunftsträchtig waren? Natürlich wäre ein „System Brüning" unendlich viel besser gewesen als die Herrschaft Hitlers – aber ob Hitler noch vermieden werden konnte, nachdem sich die Republik schon selbst preisgegeben hatte?

Die Verhinderung Hitlers versuchten nun auch Hindenburg, Papen und Schleicher. Letzterer hatte Groener als Reichswehrminister abgelöst und galt als ebenso begabtes wie verschlagenes politisches Naturtalent. Der Mann, der schon bislang es wie kaum ein anderer verstanden hatte, die Fäden im Hintergrund zu ziehen, war in der kritischsten Phase der Weimarer Agonie wohl tatsächlich noch die einzige politische Potenz, die das schlimmste, die Hitlerdiktatur, hätte verhindern können – nur dann aber, wenn alle anderen politischen Kräfte in dieser Verhinderung Hitlers das alle anderen Bedenken hinwegfegende einzige Ziel gesehen hätten.

Davon konnte in Wirklichkeit aber keine Rede sein, auch wenn Papen und Schleicher später versicherten, gerade darum sei es ihnen gegangen. In Wahrheit ging von Hitler und seiner Partei auf alle bürgerlichen Kräfte eine seltsame Faszination aus, aus Verachtung und Bewunderung gemischt. Abstoßend erschienen dem wohlanständigen Bürgertum das proletenhafte, agitatorisch-unästhetische Gebaren der braunen Parteiarmee, die windigen und schlüpfrigen Figuren in der Parteileitung – man denke an Goebbels oder Streicher –, das Kokettieren des „linken", von den Gebrüdern Strasser geführten Flügels der NSDAP mit antikapitalistischen, ja „sozialistischen" Positionen. Und doch bewunderten sie die Bewegung: Gelang es hier nicht einem glühenden Patrioten, alle „wertvollen" nationalen Kräfte in einer „Bewegung" zu sammeln, die sich die Hörner noch abstoßen, sicherlich aber „zähmen" lassen würde? Hatte Hitler nicht recht, wenn er das Versagen von Regierung und Parteien anprangerte, im Kommunismus den geschworenen Feind Deutschlands sah, Arbeit und Brot für alle forderte? Es gab 1932 viele Motive, um Hitler zu wählen, deswegen wurde er auch aus den unterschiedlichsten gesellschaftlichen Schichten gewählt. Weder war es „nur" der durch Inflation und Weltwirtschaftskrise verarmte und entwurzelte kleine Mittelstand, noch waren es „nur" die allem verquasten völkischen Mystizismus mit Wonne aufsitzenden Jung- und Altakademiker, es waren auch nicht „nur" die ins Elend geratenen Bauern, etwa in Schleswig-Holstein oder weiten Landschaften Ostelbiens. Was sich um die NSDAP versammelte, war wirklich eine „Volksgemeinschaft", allerdings eine eher „negativ" zu definierende. Das NS-Programm, schon seit den Septemberwahlen von 1930 sorgfältig von den Innenministerien der Länder und dem Auswärtigen Amt analysiert, in Hitlers ‚Mein Kampf' bequem für jedermann nachzulesen – und man las ‚Mein Kampf' vor 1933 durchaus! –, erschien als schwammig, eklektizistisch, aber präzise auf alle unterschwelligen Ängste und Ressentiments des Zeitgeistes abgestimmt. Es entbehrte jeder Eleganz, jeden intellektuellen oder philosophischen Glanzes, es appellierte an die niederen Instinkte und verstand es, sie zu legitimieren. Daß der Nationalsozialismus im Sumpf des auf sechs

Millionen Arbeitslose gestiegenen Elends besonders gut gedieh – wie ja im übrigen auch der Kommunismus, versteht sich von selbst, dennoch siegte am Ende nicht der linke, sondern der rechte Radikalismus, denn dieser war tiefer und breiter in Geschichte und Gesellschaft Deutschlands verwurzelt als der von links.

Die Präsidialkanzler und der Präsident selbst wurden in den kritischen Monaten, die der Machtübernahme durch Hitler vorausgingen, immer wieder einmal von den „richtigen" Ahnungen überfallen – das Verbot der SA und der SS, die standhafte Weigerung Hindenburgs, sich mit Hitler einzulassen, ja selbst der letzte verzweifelte Versuch Schleichers, Gregor Strasser gegen Hitler auszuspielen (es sollte ihn am 30. Juni 1934 das Leben kosten), lassen sich durchaus als Versuche deuten, Dämme gegen die braune Flut zu errichten. Aber sie wurden nicht rechtzeitig, nicht energisch, nicht konsequent genug errichtet: als Schleicher Hindenburg vor die Alternative Hitler oder Bürgerkrieg stellte – den er mit der loyalen Reichswehr zweifellos gewonnen hätte –, scheute Hindenburg vor diesem letzten Schritt über den Rubikon zurück.

Papen wurde nicht zuletzt von Hindenburg ernannt, weil er ihm eine „rechte" Mehrheit im Reichstag versprochen hatte, Neuwahlen sollten den Weg dazu ebnen. Schon unmittelbar nach der Regierungsübernahme machte Papen mit der Aufhebung des SA-Verbots Hitler seine Avancen, doch wenn er gehofft hatte, die NSDAP für seinen Kurs zu gewinnen, so sah er sich rasch aufs grausamste getäuscht: Die Hitlerpartei trug nun, im Juli 1932, den Terror offen auf die Straße, die Kommunisten ließen sich nicht lumpen, der „Altonaer Blutsonntag" vom 17. Juli, als Nationalsozialisten und Kommunisten sich in der preußischen Stadt Altona eine Schlacht lieferten, bei der es 17 Tote gab, war das blutige Präludium zu den Reichstagswahlen vom 31. Juli 1932. Zuvor hatte Papen die Vorgänge von Altona zum Vorwand genommen, um mit dem „Preußenschlag" Hitler zu gewinnen. Vergeblich: der 20. Juli 1932 beendete die politische Eigenständigkeit Preußens, das schon war der wahre Untergang des Staates Friedrichs II.

Sie stiegen von 107 auf 230 Sitze, mit 37,8 Prozent war die NSDAP am 31. Juli 1932 zur stärksten Fraktion des Reichstages geworden. Von nun an war sogar theoretisch keine Regierungsbildung mehr gegen Kommunisten und Nationalsozialisten möglich. Die entdeckten gleichzeitig, wie nützlich es war, von Fall zu Fall zusammenzuspielen und sich die Bälle zuzuwerfen – sei es bei einem groß angezettelten Berliner Straßenbahnerstreik, sei es sogar im Reichstag, wo die Radikalen die verbliebenen Reste des bürgerlichen Lagers beliebig „vorführten". Diese sahen dem Zusammenbruch der Republik hilflos zu.

Gegen Hitler ging nun nichts mehr, die Frage Hindenburgs an den „Führer" lautete am 13. August: was geht mit Ihnen? Hitler lehnte das Angebot der Vizekanzlerschaft ab, das löste zwar eine innerparteiliche Krise aus (sie verführte Schleicher zu seinem „Querfrontgedanken"), ließ Hindenburg und Papen aber ratlos zurück. Nichts ging mehr. Die Politik war zum Stillstand gekommen. Derweil wuchs die Gewalt auf der Straße. Noch einmal rang Papen Hindenburg eine Auflösungsorder für den Reichstag ab; als dieser mit negativer Mehrheit die Aufhebung der letzten Notverordnung verlangte, zog Papen das Auflösungsdekret wie ein Kaninchen aus dem Hut. Vielleicht ließ sich die Krise, ließ sich Hitler „totwählen"?

Ganz absurd war eine solche Hoffnung nicht, tatsächlich war die NSDAP am Ende ihrer finanziellen Kraft, der Reichstagswahlkampf machte sie praktisch bankrott. Am 6. November schien das Ende der „Bewegung" eingeläutet – so zumindest sahen es einige liberale und sozialistische Blätter: Die Mandatszahl schrumpfte von 230 auf 196. Ging es von nun an bergab?

Neue Hoffnungen keimten, zumal ein erster Silberstreif am wirtschaftlich noch düsteren Horizont aufglomm. Die Talsohle der Wirtschaftskrise schien durchschritten. Zugleich konnte das Reich die Früchte ernten, die Brüning gesät hatte: in Lausanne wurden die Reparationen endgültig gestrichen, in Genf die militärische Gleichberechtigung Deutschlands prinzipiell zugestanden.

Die Deutschen nahmen das, was in der Ära Stresemann noch Stürme der Begeisterung ausgelöst hätte, achselzuckend und resignierend zur Kenntnis.

Alles kam zu spät, das Verhängnis war nicht mehr aufzuhalten.

Genauer: es sollte seit dem 4. Januar 1933 nicht mehr aufzuhalten sein.

Nachdem Papen seine Versprechungen nicht hatte wahrmachen können, im Reichstag nicht einmal 10 Prozent für die Regierung votierten, ließ sich Hindenburg dazu überreden, mit Kurt von Schleicher eine letzte Karte zu spielen. Vielleicht, so dessen Spekulation, konnte es nun, da die NSDAP geschwächt war, gelingen, deren „linken" Flügel und den Gewerkschaftsflügel der SPD quer durch die Parteien miteinander ins Gespräch zu bringen. Es war ja typisch, daß die Parteien als solche selbst völlig unfähig waren – und zwar schon seit Jahren –, irgendwelche Kompromisse zu schließen. Vielleicht ließen sie sich aufbrechen.

Hitler geriet in die größte Krise seit 1923, er meisterte sie, das war allein sein Verdienst und machte fortan seine innerparteiliche Position ganz unangreifbar. Für Schleicher und für die Deutschen insgesamt war das eine Katastrophe. Vielleicht hätte es dennoch irgendeine andere Lösung – etwa eine befristete „Diktatur" Schleichers und der Reichswehr – gegeben, wenn nun nicht Franz von Papen über die Vermittlung des Kölner Bankiers Schröder mit Hitler ein regelrechtes Komplott vereinbart hätte: Beide kamen überein, Hindenburg ein Kabinett Hitler und einen Vizekanzler Papen vorzuschlagen.

Nachdem Hindenburg sich Schleichers Plänen verweigerte – er könne in seinem Alter nicht mehr die Verantwortung für einen Bürgerkrieg übernehmen –, blieb dem alten Herrn nichts übrig, als diese letzte „Lösung" zu akzeptieren: Am 30. Januar 1933, es war gegen 11 Uhr, ernannte der Reichspräsident den angeblich „böhmischen Gefreiten", den Führer der stärksten Fraktion im Reichstag, zum Kanzler des Deutschen Reiches.

5. Schuld und Schande: Das „Dritte Reich"

Hitler ergriff die Macht, weil sie ihm hinterhergeworfen wurde, seine Revolution begann erst nach dem 30. Januar 1933, aber es war in fast jeder Beziehung eine „echte" Revolution – nur ganz anderen Typus eben als die von 1848 und 1918. Revolutionen stürzen um: die braune Revolution stürzte um, vernichtete, ließ nichts mehr übrig. Als sie am 7. Mai 1945 endete, gab es das Bismarckreich nicht mehr, die Gesellschaft war grotesk deformiert, das ganze Land eine Trümmerwüste, über der immer noch der Geruch der Gaskammern hing.

Auch Hitler und der Nationalsozialismus traten 1933 wie alle Regierungen zu allen Zeiten mit dem Versprechen vor die Nation, nun alles zu wenden, besser zu machen. „Deutschland ist im Erwachen" verkündete Goebbels: die Menschen, viele Menschen, jubelten ihm zu.

Dennoch war am 30. Januar keineswegs ausgemacht, daß nunmehr die Republik am Ende, ein „Drittes Reich" etabliert war. „Einrahmen" wollten die bürgerlichen Kabinettsmitglieder die drei Minister der NSDAP, den Kanzler eingeschlossen; „an die Wand drücken, bis er quietscht", wollte Papen den „Führer". Die demokratischen Parteien hatten dem Gerangel um die Macht neugierig und untätig wie bei einem politischen Basar zugesehen, die SPD verbot ihrer Parteiarmee strikt jeglichen Widerstand, warum nur hatte man „Stahlhelm", „Rotfront" und „SA" überhaupt die „Kampffront Schwarz-Rot-Gold" entgegengestellt? Als es darauf ankam, rollten die braven Genossen die Fahnen ein und gingen nach Hause. Aber diese Machtvergessenheit entsprach ganz dem Bild, das die SPD seit des seligen Kaiser Wilhelms I. Zeiten immer wieder geboten hatte. Man demonstrierte, immerhin, auch das erforderte Mut.

Hitler und seine Riege waren erleichtert: so leicht hatten sie sich die Machtergreifung nicht vorgestellt. Es klappte alles wie am Schnürchen. Aber wo ein Vakuum der Macht, des Willens und der Zivilcourage klaffte, konnte man auch mit geringer Macht, bescheidenem Willen, ein wenig Mut zum Ziel gelangen. Nicht so sehr der Umstand, daß die Nationalsozialisten tatsächlich an die Macht gekommen waren, wirkt im nachhinein niederschmetternd, sondern daß es ihnen so verdammt leicht gemacht wurde, fast von allen gesellschaftlichen Gruppen, den wichtigeren wie Reichswehr, Kirchen und Gewerkschaften ohnehin. Sie versagten kläglich, obwohl das Vaterland in Gefahr war – das hatte man an den Litfaßsäulen lesen können: Hitler, das ist der Krieg.

Der Krieg nach innen und außen. Nicht der geringste Zweifel daran ist möglich, daß dieser Mann vom ersten Moment seiner Reichskanzlerschaft an auf den Krieg zusteuerte, den Krieg wollte. Die Jahre 1933 bis 1939 gehorchten nur einem Ziel: den Krieg innerlich und äußerlich, technisch und wirtschaftlich, geistig und gefühlsmäßig systematisch vorzubereiten. Dem ordnete sich alles unter, das macht es leicht, den größten gemeinsamen Nenner der NS-Politik dieser Jahre zu finden: Kriegsplanung.

Es ging so sehr und nur um den Krieg, daß die vornehmste Aufgabe der Staatsführung, den Staat gesund und am Leben zu erhalten, von Anfang an keine Rolle spielte. Der Staat war Hitler gleichgültig, das hatte man schon in ‚Mein Kampf' nachlesen können. Innen- und Außenpolitik waren für Hitler antiquierte Begriffe, die Nation ein unbedeutender Wert. Rasse- und Raumpolitik – nur darauf kam es an. Der höchsten Rasse den größten Lebensraum mit gewaltsamen Mitteln zu sichern: auf diese einfache Formel läßt sich die Räson des Nationalsozialismus bringen. Alles andere war Taktik, Mittel, Garnitur, Propaganda. Der Nationalsozialismus war von atavistischer Primitivität, wenngleich gelegentlich im Gewande fortschrittlichster Modernisierung.

Aus all dem hatte Hitler nie ein Geheimnis gemacht, es waren aber gerade die Monstrositäten dieser „Weltanschauung", die sie für alle, die sich nicht vorstellen konnten, daß ein moderner Industriestaat zur Beute eines Verbrechersyndikats werden konnte, schlicht unglaubhaft machten. Tatsächlich wurde Hitler einmal von einem britischen Journalisten, der ‚Mein Kampf' offensichtlich sorgfältig gelesen hatte, gefragt, ob er nun, da er Kanzler des Deutschen Reiches sei, eine revidierte Auflage seines Werkes herausgeben werde. Hitler antwortete, seine Politik werde die Revision seines Buches sein.

In Wirklichkeit bemühte sich Hitler um eine möglichst vorlagengetreue Verwirklichung seines Textes, aber auch dies mußte für alle, die im Staat auch einen sittlichen Begriff sahen – das war uraltes Erbe aus dem Zeitalter des deutschen Idealismus –, unvorstellbar sein. Noch nie zuvor in der Geschichte nämlich waren Massenmord und Eroberungskrieg gleichsam „amtlich" angekündigt worden – wenn man Hitler eben so interpretierte, was bei einer präzisen Textexegese unvermeidlich war, geriet man in den Bereich des Surrealen. Die Hilflosigkeit, mit der die Mehrheit der Deutschen auf die NS-Verbrechen reagierte, drückte sich in dem später satirisch gewendeten Ausruf aus: „Wenn das der Führer wüßte!"

Er wußte es wirklich. So sehr es in der historischen Wissenschaft umstritten sein mag, ob die Zeit des Nationalsozialismus bloßes „Fallbeispiel" der übergeordneten Epoche des Faschismus oder doch etwas historisch ganz Eigenständiges ist, so gewichtig auch die Argumente derjenigen sind, die in Hitler eher das Produkt der politischen Umwelt, den primus inter pares des NS-Systems, gar einen „schwachen Diktator" sehen – dieses System wurde vom ersten bis zum letzten Tag seiner Existenz durch Hitlers Persönlichkeit geprägt; der Nationalsozialismus war, bei aller Anerkennung auch der „polykratischen" Elemente seiner Herrschaft, immer auch die „Hitlerbewegung". So unverstanden bis heute manche Erscheinung des Nationalsozialismus bleibt, von der Person Hitlers her ergeben sich immer noch die plausibelsten Deutungen.

Der persönliche Einfluß des Diktators machte sich vom ersten Tag seiner Herrschaft an geltend. Die Ankündigung des Krieges erfolgte schon am 3., die erste Ausrichtung des Kabinetts auf die Kriegsvorbereitung am 8. Februar 1933, also zu einem Zeitpunkt, als zumindest theoretisch noch gar nicht entschieden war, ob das Kabinett Hitler lange existieren würde.

Zu den Tricks der Machtergreifung hatte nämlich die auf Hindenburg zielende Versicherung gehört, alsbald noch einmal Reichstagswahlen zu veranstalten, das verlieh dem Kanzlerwechsel einen zusätzlichen Anschein der Legalität. In Wirklichkeit waren die Wahlen vom 5. März 1933 nur noch bedingt als „freie" zu bezeichnen – das war Folge des Reichstagsbrandes vom 27. Februar 1933.

Schon am Tage nach der Machtergreifung hatten Hitler, Goebbels und Göring mit einer systematischen Einschüchterung und Verfolgung der politischen Gegner, in erster Linie also von KPD und SPD begonnen. Erste Konzentrationslager entstanden, problemlos ließ sich aus den Reihen der ohnehin frustrierten SA, die sich um die langersehnte „Nacht der langen Messer" gebracht sah, das Personal für die Göringsche „Hilfspolizei" rekrutieren.

Natürlich war der Reichstagsbrand für die Nationalsozialisten ein Glücksfall besonderer Art – die tags darauf erlassene „Reichstagsbrandverordnung" war die erste in einer Reihe von Verordnungen und Gesetzen, die die Demokratie abschafften und die Diktatur etablierten. Auch wenn die Frage, wer den Brand gelegt hat, immer noch nicht eindeutig geklärt ist – am wahrscheinlichsten bleibt die Alleintäterschaft des Holländers Marinus van der Lubbe –, so trug dieses Ereignis, von Goebbels entsprechend propagandistisch ausgeschlachtet, sicherlich zum Wahlergebnis bei.

Dennoch war dieses für die Hitlerpartei eine grobe Enttäuschung. Aller propagandistische Aufwand (an Geld fehlte es nun natürlich nicht mehr, die Industrie zahlte), aller Terror und alle Unterdrückung der KPD führten doch nicht zur erhofften absoluten Mehrheit der NSDAP. Nur zusammen mit der „Kampffront Schwarz-Weiß-Rot" langte es zu einer dünnen 51,9%-Mehrheit. Das heißt: Hitler ist niemals in freien Wahlen von einer Mehrheit der Deutschen gewählt worden. Wenn das Regime später viel breitere und allgemeinere Anerkennung finden sollte, so ging dies in erster Linie auf seine internationalen Erfolge, auf die Besserung der Wirtschaftslage, vor allem aber auf den massiven propagandistischen Druck zurück, der das „Dritte Reich" zu einer Art von plebiszitärer Diktatur machte.

Es war eines der Hauptanliegen der Regierung, so rasch wie möglich aus dem Geruch des Revoluzzerhaften herauszukommen – nur dann bestanden Chancen, die noch verbliebenen konservativen und liberalen Kräfte an sich zu binden. Von unschätzbarem Wert blieb in dieser Beziehung der Reichspräsident: Wenn dieser „über den Parteien" stehende Mann dem Kanzler die Hand reichte, ihm vertraute – mit welchem Recht sollten ihm die Bürger dieses Vertrauen versagen? Denkt man daran, daß Hindenburg sogar Kandidat der SPD gewesen war, so wird die Tragweite seiner integrativen Kraft besonders deutlich.

All das nutzte die Regierung meisterhaft. Die Inszenierung des „Tages von Potsdam“ zielte auf diese „Versöhnung“ zwischen der „alten Größe“, wie Hindenburg sie verkörperte, und der „jungen Kraft“ in der Gestalt Adolf Hitlers. Diese Zeremonie, aufs sorgsamste von Goebbels vorbereitet, beeindruckte die Menschen in Deutschland ebenso wie die in Berlin akkreditierten Diplomaten; tatsächlich war der „Tag von Potsdam“ auch als Signal nach außen gedacht. Nicht der radikale Bruch mit der Vergangenheit wurde inszeniert, sondern die harmonische Rückkehr zu ihren Werten, die durch die 14 Jahre „Systemzeit“ verschüttet, nicht aber abgetötet worden waren.

Symbolische Gesten und brutale politische Aktion verknüpften sich wie in der Folgezeit, so auch schon in den Märztagen des Jahres 1933. Dem „Tag von Potsdam“ folgte nämlich der Tag des Ermächtigungsgesetzes. Dieses hob die Weimarer Verfassung praktisch aus den Angeln und etablierte die Diktatur. Es schien in einer Reihe mit den Ermächtigungsgesetzen und Notverordnungen der jüngsten Vergangenheit zu stehen, in Wirklichkeit übertrug es der Regierung Hitler fortan plein pouvoir; der Reichstag, nun eindeutig von Antidemokraten beherrscht, stimmte seiner nun auch „gesetzlichen“ Ausschaltung zu, obwohl er, zum ersten Mal wieder nach langer Zeit, „an sich“ handlungsfähig war. Otto Wels, der Fraktionsvorsitzende der SPD, hat in seiner letzten Rede genau darauf aufmerksam gemacht und die Überflüssigkeit des Ermächtigungsgesetzes aufgezeigt – wenn die Regierung mit und nicht gegen das Parlament regieren wollte. Nur die SPD verweigerte sich Hitler, alle anderen Parteien stimmten, wenn auch aus unterschiedlichen Gründen, zu. Das erst war das würdelose Ende der Weimarer Demokratie, von nun an konnte man mit Fug und Recht von einem „neuen Deutschland“, vom „Dritten Reich“ sprechen.

Die letzten Hürden vor der unumschränkten Macht waren nun auch bald beseitigt. Mit der „Gleichschaltung“ der Länder, der Absetzung noch existierender sozialdemokratischer Regierungen, dem Gesetz zum Neuaufbau des Reiches, wurde der jahrtausendalte deutsche Föderalismus beseitigt. Die Auflösung der Gewerkschaften, die dafür mit dem Feiertag des 1. Mai „belohnt“ wurden, zog einen Schlußstrich unter die Geschichte der Arbeiterbewegung. Das Verbot der SPD (das der KPD galt längst), schließlich die unter mehr oder weniger sanftem Druck binnen weniger Wochen erfolgende „freiwillige“ Selbstauflösung der anderen Parteien, ferner das Gesetz mit dem Verbot einer Neugründung von Parteien sicherten die Alleinherrschaft der NSDAP. All das vollzog sich unter der latenten oder auch schon offenen Drohung mit Terror und Gewalt. Der erste Boykott jüdischer Geschäfte, vor allem das „Gesetz zur Wiederherstellung des Berufsbeamtentums“, das alle „Nichtarier“ ausschloß, deuteten schon die Richtung der kommenden Politik an.

Um so unbegreiflicher war es, daß auch in der Phase, als es noch möglich gewesen wäre, keinerlei ernstzunehmender Widerstand aufflammte; solange der Reichspräsident anscheinend alle Maßnahmen billigte, die Reichswehr unter dem Hitler ergebenen Blomberg still hielt, die katholische Kirche sich mit dem „Reichskonkordat“ korrumpieren ließ – was ihr später gar nichts half –, gab es für den Widerstand keine Chance. Und wo er doch versucht wurde – bei der nun illegalen KPD –, da verstanden es die Spitzel Görings und eine willfährige Polizei nur allzu gut, alle Ansätze zu ersticken, massenweise fielen die Funktionäre der KPD und viele der SPD den Häschern in die Hände, es war ein ungleiches Spiel.

Wenn das Hitlerregime gefährdet wurde, so aus den eigenen Reihen. Ernst Röhm, der Stabschef der SA, fand sich nur schwer mit der „legalen“ Machtergreifung ab, unverdrossen propagierten er und seine Führungsclique die Notwendigkeit einer „zweiten Revolution“, die sicherlich auch viel von dem verwirklichen sollte, was einst im „Strasserflügel“ der Partei propagiert worden war.

Gerade an einem derartigen gesellschaftlichen Umsturz aber konnte Hitler nicht gelegen sein. Ständig von der Furcht geplagt, daß „irgendein Idiot“ seinem Leben ein rasches Ende setzen konnte – obwohl „die Vorsehung“ es bislang immer gut mit ihm gemeint hatte –, konnte er nicht auf einen vollständigen revolutionären Neuaufbau warten. Wollte er sein Ziel, die Lebensraumgewinnung für die „germanische Rasse“ noch in überschaubarer Zeit, vor allem aber zu seinen Lebzeiten erreichen, so mußte er sich nolens volens der „alten" Kräfte aus Staat, Wehrmacht, Wirtschaft, Gesellschaft bedienen. Natürlich wäre auch Hitler eine „braune Armee", eine monopolistische, von Staats wegen gesteuerte Wirtschaft, eine nur aus der Partei erwachsene neue Ämterhierarchie lieber gewesen, und tatsächlich wurde auch all dies schon auf den Weg gebracht – zunächst aber kam es darauf an, das Machtmittel par excellence, die Reichswehr für sich zu gewinnen, gerade deswegen durfte sich Röhms SA nicht als „Ersatzarmee", gar als „Ablösung" der Reichswehr gerieren, sondern konnte nur probates Menschenreservoir für die Reichswehr sein.

Da Röhm die Zukunft der SA und der „Bewegung" ganz anders sah, war der Konflikt unausweichlich, auch wenn keine Rede davon sein kann, daß der Stabschef einen „Putsch" geplant hätte – zumindest nicht im Juni 1934, als sich die Dinge zuspitzten. Auch für diese Verschärfung des Konflikts war in erster Linie Hitler persönlich verantwortlich; die am 30. Juni mit beispielloser Brutalität durchgeführte Mordaktion, der neben der SA-Führung auch die Generäle Schleicher und von Bredow sowie Hitlers alter Freund und Feind Ritter von Kahr zum Opfer fielen, war des „Führers" persönliches Werk. Dieses Verbrechen, später auf hanebüchene Weise „legitimiert" (Carl Schmitt: „Der Führer schützt das Recht"), wäre freilich ohne die tatkräftige Mithilfe von SS und Reichswehr nicht möglich gewesen. Hitler verpflichtete sich damit beide Organisationen, wobei die Reichswehr damals noch nicht begriff, daß ihr mit der SS, vor allem der „Waffen-SS", ein weitaus gefährlicherer Rivale entstehen sollte.

Es paßte ins Bild, daß der Reichswehrminister Blomberg nach dem schon lange erwarteten Tod Hindenburgs am 2. August 1934 sich unaufgefordert beeilte, die Reichswehr mittels eines persönlichen Eides auf Hitler dem „Führer" auszuliefern, den „Loyalitätswettlauf" (Messerschmidt) mit SA und SS wollte man schon gewinnen. Hitler war entzückt, und nachdem er in einer unnachahmlichen Mischung aus Schwulst, Schmerz und verlogener Erhabenheit die Funktionen des Reichspräsidenten übernahm – aus lauter Bescheidenheit wollte er selbst nicht „Reichspräsident" werden –, war das letzte anachronistische Stückchen Weimar weggebrochen. Die Diktatur stand nun auf festen Füßen, das Volk, durch den 30. Juni nur mäßig irritiert, hatte schon im November 1933 mit überwältigender Mehrheit Hitlers Entschluß, aus dem Völkerbund und der Abrüstungskonferenz auszutreten, gebilligt. Der Weg war frei, die erste Stufe des politischen Programms in Angriff zu nehmen.

Und über ein „Programm" verfügte Hitler zweifellos – auch das ergab sich aus ‚Mein Kampf', insbesondere aber jenem Manuskript aus dem Jahr 1928, das als „Hitlers zweites Buch" in die Wissenschaft eingegangen ist. Sicherlich erwies sich Hitler auf dem Höhepunkt seiner innen- und außenpolitischen Erfolge auch als gewiefter Taktiker, als skrupelloser Opportunist, der sich ihm bietende Chancen zu nutzen verstand, darüber aber hielt er an seinen „Endzielen" unbeirrt fest, bis zum bitteren Ende, völlig ungerührt von einer Welt, die rings um ihn in Schutt und Asche sank.

Hitler wußte, daß das „Endziel" nicht in einem Zuge zu erreichen war, von daher hat man „Stufen" (Hillgruber) in seinem Programm erkennen wollen, bis hin zur Weltherrschaft. Unbestritten ist, daß er zunächst einmal auf dem aufbaute, das fortführte, was die Außenpolitik unter Stresemann und Brüning schon auf den Weg gebracht hatte. Natürlich bestritt er, irgend etwas aus der verteufelten Systemzeit der „Novemberverbrecher" zu übernehmen – in Wahrheit führte er die Revisionspolitik fort, ja gab sich in mancher Beziehung moderater als die Republik von Weimar.

Für die Abrüstungs- und Völkerbundspolitik galt dies freilich nicht, aber gerade Hitlers barsches Auftreten in Genf war wohl berechnet. Nichts lag ihm an einer möglichen Aufwertung dieses internationalen Gremiums, das sich zumindest theoretisch in die „inneren Angelegenheiten" des Reiches einmischen konnte, so wenn es um Fragen des Minderheitenschutzes oder auch der Abrüstung ging. Zum anderen konnte sich Hitler des Beifalls der Reichswehr, aber auch eines Teils des Auswärtigen Amtes sicher sein, wenn er nun verstärkt auf die Einlösung des „Wechsels" pochte, den die ehemaligen Siegermächte mit dem Zugeständnis der prinzipiellen militärischen Gleichberechtigung Deutschlands am 11. Dezember 1932 ausgestellt hatten.

Die Frage lautete: Wann und wie wird diese deutsche Gleichberechtigung in die Tat umgesetzt? Seit dem Februar 1932 tagte in Genf die Abrüstungskonferenz, deren Ziel bestand natürlich nicht in der Aufrüstung Deutschlands, sondern in der Abrüstung der anderen Staaten. „Gleichberechtigung“ hätte demnach vor allem auch die Abrüstung Frankreichs bedeutet – aber war es diesem Land zu verdenken, wenn es im Angesicht der nationalsozialistischen Machtübernahme dazu nicht die mindeste Lust verspürte? Wie konnte Deutschland im Ernst erwarten, daß Frankreich nun, da der Versailler Vertrag nur noch auf tönernen Füßen stand, einer Verschlechterung der militärischen Parität mit Deutschland zustimmte?

Tatsächlich hatten alle großen Mächte, die in Genf um das Prinzip Abrüstung rangen, kein wirkliches Interesse daran, Waffen zu verschrotten, Personal abzubauen, militärische Offenbarungseide zu leisten. Die Idee der Abrüstung konnte nur in einem Klima der internationalen Entspannung gedeihen; hatte es dazu 1927, als die vorbereitende Kommission der Abrüstungskonferenz zum ersten Mal zusammentrat, noch ein paar Hoffnungen gegeben, so waren sie nach den Vorgängen in Deutschland nun verflogen, es wäre konsequent gewesen, dem Reich die Gleichberechtigung erneut zu verweigern und selbst aufzurüsten – denn auch in London und Paris wußten die Fachleute: Hitler, das ist der Krieg.

Aber das ist eine post-festum-Spekulation. Der Geist der Zeit wehte in Westeuropa aus der genau entgegengesetzten Richtung, Entspannung und kollektive Sicherheit, darauf setzten die Staatsmänner.

Hitler nicht, daraus folgte der Genfer Eklat. Als sich England und Frankreich weigerten, die militärische Gleichberechtigung hic et nunc auch praktisch zuzugestehen – also sofort selbst auf Reichswehrniveau abzurüsten oder Deutschland die Aufrüstung auf ihr Niveau zu erlauben –, vollzog das Reich den Bruch mit Genf. Mit seinem Austritt aus dem Völkerbund und seiner Abrüstungskonferenz setzte Hitler zum ersten Mal ein deutliches außenpolitisches Signal. Wie wenig Ansehen die Genfer Gremien in Deutschland genossen, ergab die von Hitler anschließend veranstaltete Volksabstimmung in Form einer manipulierten „Reichstagswahl“: 92 Prozent der Stimmen fielen auf die NSDAP und billigten gleichzeitig die Genfer Entscheidung.

Das hätte im Ausland zu denken geben müssen, vor allem in Polen, Frankreich und England. Um diese drei Staaten ging es im außenpolitischen Pokerspiel, das Hitler unmittelbar nach dem Völkerbundsaustritt inszenierte.

Zunächst war es wichtig, den „Friedenswillen“ der Deutschen und ihres „Führers“ zu betonen. Schamlos hatte Hitler schon am 17. Mai 1933 die ja auch in Deutschland weit verbreitete Friedenssehnsucht zu einer „Friedensrede“ mißbraucht, die so bescheiden und vernünftig klang, daß sogar die SPD zustimmte (was ihr später bitter leid tat). Auch nach dem 14. Oktober, dem Datum des Völkerbundsaustritts, betonte Hitler bei jeder passenden Gelegenheit, daß dieser Schritt nichts am prinzipiellen Friedenswillen des Reiches ändere; im Gegenteil, nun wolle man sich um bilaterale Abkommen gerade mit den Staaten bemühen, die sich besonders besorgt zeigten.

So geriet automatisch Polen ins Blickfeld. Mit dem deutsch-polnischen Nichtangriffsvertrag vom 26. Januar 1934 gelang Hitler ein Schachzug, den auch viele seiner Kritiker als „genial“ empfanden. Polen hatte wie kein anderer Nachbar Deutschlands auf die Machtergreifung und deren Begleiterscheinungen allergisch, fast aggressiv reagiert – das war so recht Wasser auf die Mühlen der Revisionisten, zu denen auch ranghohe Vertreter des Auswärtigen Amts, an ihrer Spitze der neue Außenminister Freiherr von Neurath, zählten. Die alten Ideen von einem deutsch-russischen Zusammengehen gegen Polen wurden wieder wach.

Hitler drehte diese Muster um: Polen sollte in mittelfristiger Perspektive zum „Juniorpartner“, dann zum Satelliten des Reiches werden, zum Aufmarschgebiet für die „Germanen“, wenn die ihren „Lebensraum“ im Osten eroberten. Wäre Polen dazu bereit gewesen – niemals wäre es später zum Hitler-Stalin-Pakt gekommen.

Der Polenvertrag machte deutlich, daß es Hitler nur sehr bedingt um eine territoriale Revision im Sinne der „Grenzen von 1914" ging – die, so hatte er es schon in „Mein Kampf" ausgedrückt, seien ohnehin ein Unsinn sondergleichen gewesen. Später unterstrich seine Südtirolpolitik erneut, daß das Propagandaschlagwort vom „Heim ins Reich" nur taktisch, nicht aber wörtlich gemeint war.

Es kam Hitler nicht auf die „deutsche Nation", sondern auf die „germanische Rasse" an. Die aber ging in seinen Augen weit über die deutschen Staatsgrenzen, seien es nun die von 1848, 1871 oder 1919, hinaus. Nationale Grenzen waren nicht das non plus ultra des nationalsozialistischen Rassegebildes; im Osten sollten sie überhaupt in Form einer „Militärgrenze" fließend sein, im Westen hoffte er ein System errichten zu können, das seinen Visionen von einem „Neuen Europa" unter „germanischer" Führung entsprach.

Soweit waren die Dinge 1934 und 1935 freilich noch nicht gediehen. Der Vertrag mit Polen entlastete die deutsche Außenpolitik an ihrer bisher neuralgischsten Stelle – mit um so größerer Energie konnte Hitler sich seinem eigentlichen Nahziel zuwenden: dem Ausgleich, ja vielleicht sogar Bündnis mit England.

Hitler und England: das ist ein ganz besonderes Kapitel in der Geschichte des „Dritten Reiches", noch heute haftet ihm viel Spekulatives an, auch wenn die Grundstrukturen klar sind:

Die englische Nation zählte in Hitlers Weltbild zu den, wenn auch ein wenig heruntergekommenen, „germanischen" Rassen. England wirkte vorbildhaft, was seine Geschichte und die Errichtung seines Empires anging. England hatte anscheinend schon bewiesen, wozu Germanen fähig waren – aber die englische Größe war im Ersten Weltkrieg in Frage gestellt, nach dem Krieg immer rascher zusammengebrochen; England war, so meinte Hitler, nun „reif" für einen wahrhaft großen Handel, ein gigantisches europäisches Projekt: England sollte Deutschland freie Hand auf dem Kontinent und bei seiner Lebensraumgewinnung im Osten lassen – dafür würde Deutschland den Erhalt des Empires wo und wie auch immer garantieren, ja England sogar die eigene Flotte zur Verfügung stellen.

Vor dem Hintergrund der europäischen Geschichte der vergangenen zwei Jahrhunderte mutet diese Idee Hitlers grotesk an. Hatte England nicht immer den Hüter des europäischen Gleichgewichts gespielt und alle Hegemonialbestrebungen seit den Tagen Ludwigs XIV. zuschanden werden lassen? Hatte nicht noch Napoleon I. schmerzlich erfahren müssen, daß selbst die Kontrolle nahezu des gesamten europäischen Kontinents England nicht hatte zu Kreuze kriechen lassen? Und lagen die tiefsten Ursachen des Ersten Weltkrieges nicht in dem gescheiterten Versuch Deutschlands, aus der „halbhegemonialen" zu einer „hegemonialen" Stellung in Europa durchzubrechen?

Hitler kannte die Geschichte gut, aber er glaubte, daß er berufen sei, diese alten europäischen Handlungsmuster zu überwinden – er wollte wirklich ein „Neues Europa" schaffen, auch im Sinne einer Neuformulierung der vermeintlichen historischen „Grundgesetze" unseres alten Kontinents. Eben dies fügt den Verbrecher Hitler in die Ahnenreihe des modernen, in Zukunft geeinten Europa, wenn auch nur in der Rolle des Advocatus diaboli.

Es gab auch in England eine faschistische Partei, die solchen Gedankengängen nicht abgeneigt war; auf dem Höhepunkt der englischen Existenzkrise, in den Monaten Juni bis September 1940, hatte Churchill alle Hände voll zu tun, um den großen Versucher Hitler seinen Briten auszutreiben, aber es gelang, genauer: es gelang vom ersten Tag der Hitlerschen Herrschaft an, und so war die gesamte Hitlersche Englandpolitik von Anfang an auf Sand gebaut; niemals war das politisch verantwortliche England zu diesem „big deal" mit Deutschland bereit.

Zu kleineren Geschäften allerdings durchaus, auch das trug zu der letztlichen Fehlinterpretation Hitlers bei. Schon in den kritischen Jahren der Weimarer Außenpolitik war es ja England gewesen, das auf Frankreich besänftigend gewirkt hatte; ohne Chamberlain wäre der Locarnovertrag nicht zustande gekommen. Es war der sprichwörtliche „common sense", der England auch beherrscht reagieren ließ, als Hitler sich im März 1935 zum ersten Mal weiter vorwagte als je ein Weimarer Politiker. Die Wiedereinführung der allgemeinen Wehrpflicht, die Abschüttelung aller im Versailler Vertrag festgelegten Rüstungsbeschränkungen war – Genf hin, Genf her – ein eklatanter Bruch des Versailler Vertrages. Dessen Unterzeichner, also in erster Linie England und Frankreich, wären vollauf berechtigt gewesen, mit Sanktionen, Ultimaten, wenn es sein mußte auch militärischer Intervention zu reagieren.

Nichts von alledem geschah, Hitler hatte richtig spekuliert, die lahmen Proteste der „Stresafront", also Englands, Frankreichs, Italiens und des Völkerbundes, wirkten nur lächerlich in Anbetracht der Schwere der deutschen Verfehlung. Viel entscheidender war, daß England sich auch jetzt nicht davon abhalten ließ, die schon vorher mit Deutschland aufgenommenen Gespräche über einen Luft- oder Flottenpakt fortzusetzen. Deutlicher konnte nicht demonstriert werden, daß die formellen Proteste nur heiße Luft waren.

Hitlers Ansehen in der Bevölkerung stieg mit den Ereignissen vom März 1935 spürbar. Die „Rückkehr" des Saarlandes in das Reich war ein weiterer Triumph, der die Peinlichkeiten eines mißglückten nationalsozialistischen Putsches in Österreich, bei dem der Bundeskanzler und Außenminister Dollfuß „versehentlich" ermordet wurde, rasch überdeckte. Im Dreieck Berlin-Wien-Rom zeichneten sich danach zuerst Spannungen, dann neue Chancen ab; es bedurfte dann freilich erst eines äußeren Anstoßes, um die Italienpolitik auf den von Hitler gewünschten Kurs zu bringen.

Im Mittelpunkt der diplomatischen Bemühungen stand seit dem März 1935 verstärkt England; den Abschluß des deutsch-britischen Flottenvertrages am 18. Juni empfand Hitler als einen seiner größten außenpolitischen Triumphe; dies sei, so vertraute er seiner Umgebung an, sein „glücklichster Tag".

Das konnte sich kaum auf den bloßen Inhalt der Vereinbarung beziehen: Deutschland verpflichtete sich, höchstens 35 Prozent der britischen Überwassertonnage, 45 Prozent der Ubboottonnage in Dienst zu halten. Damit fügte sich das Reich in die ehemalige Washington-Relation, die das Stärkeverhältnis von 5:1,75 für Frankreich und Italien festgelegt hatte. England hoffte mit dem Vertrag, die Gefahr einer Zweitauflage des Wettrüstens unseligen Tirpitz'schen Angedenkens verhindern zu können; Deutschland, das praktisch nur eine Miniaturflotte besaß, konnte zunächst einmal alle maritimen Kapazitäten voll nutzen und hoffen, daß am Ende dieses Aufrüstungszeitraumes – 1939 – das eigentliche Ziel erreicht, der Flottenvertrag dann automatisch obsolet werden würde: das Bündnis mit England im Sinne der britischen kontinentalen und der deutschen maritimen „Juniorpartnerschaft". Als diese Hoffnungen trogen, hat Hitler das Abkommen im April 1939 ganz folgerichtig gekündigt – diese Option hatte von Anfang an der Marineführung die Zustimmung zum Flottenvertrag erleichtert.

Der politische „Nebeneffekt" dieses Vertrages bestand in der Anerkennung der einseitigen deutschen Revisionspolitik. Frankreich fühlte sich aus diesem Grunde von England düpiert, zumal jedermann nun damit rechnen mußte, daß der nächste außenpolitische Coup Hitlers sich gegen das Prinzip des entmilitarisierten Rheinlandes, damit gegen das Kernstück der europäischen Sicherheitspolitik richten würde: den Locarnovertrag. Diesen hatte ja auch Italien garantiert. Es fügte sich für die Hitlerschen Absichten daher glänzend, daß ausgerechnet dieses Land mit dem Überfall auf Abessinien im Oktober 1935 von der Weltöffentlichkeit und dem Völkerbund wie eben noch Deutschland auf die Anklagebank gesetzt wurde; dort rückten Hitler und Mussolini näher aneinander, was anderes wäre zu erwarten gewesen.

Aber die Bande zwischen diesen beiden Männern und ihren Systemen waren ja auch weltanschaulich begründet, schon deswegen hielten sie besser. Hitler hatte Mussolini immer bewundert; der Aufstieg des „Duce" zur Macht, gute zehn Jahre, bevor es Hitler schaffte, war ihm Vorbild. Daß Mussolinis „Marsch auf Rom" 1922 geklappt hatte, wo Hitlers „Marsch auf Berlin" 1923 scheiterte, verlieh Benito Mussolini in Hitlers Augen ein Prestige ganz eigener Art. Beide Männer trafen sich aber auch auf einer zwischenmenschlichen Ebene; es scheint, als sei Mussolini wirklich Hitlers Freund gewesen, vermutlich sogar der einzige.

Faschismus und Nationalsozialismus hatten von ihren jeweiligen weltanschaulichen Grundlagen her nur wenig gemein, dennoch fühlten sie sich miteinander verwandt im gemeinsamen Kampf gegen Demokratie, Parlamentarismus, Kommunismus. Das Herzstück der NS-Ideologie, die Rassentheorie, spielte im italienischen Faschismus nur eine untergeordnete Rolle – zumindest in den Anfangsjahren; der Faschismus wollte auch keinen „Lebensraum" erobern, sondern orientierte sich an dem „guten, alten Imperialismus" der großen Mächte vor 1914. Dieser vermischte sich in Mussolinis verquerer Denkweise mit romantisch verklärten Reminiszenzen an die vergangene altrömische Größe; das Leitmotiv aller italienischen Außenpolitik steckte in der Idee des Mittelmeeres als eines „mare nostro". Wer eine historische Karte mit der Zeit des Römischen Reiches vor Augen hatte, der konnte sich deswegen leicht ausrechnen, wohin sich die imperialistisch-faschistischen Begierden richten würden.

Aus welchen Gründen auch immer: das erste faschistische Opfer sollte Abessinien werden, Mussolini überfiel dieses Land am 3. Oktober ohne Vorwarnung und in erhabener Verachtung aller völkerrechtlichen Grundsätze – fast so wie 55 Jahre später Saddam Hussein Kuwait.

Damals freilich kam dem überfallenen Land niemand zu Hilfe, auch wenn die ehrenwerten Mitglieder des Völkerbundes, England und Frankreich an ihrer Spitze, wacker protestierten und mit Sanktionen drohten. Genau darauf hatte Mussolini nach den deutschen Erfahrungen von 1935 spekuliert, die Rechnung ging auf. Nachdem Hitler signalisierte, daß Deutschland die Sanktionspolitik nicht billige, durfte sich Mussolini seines Erfolges sicher sein.

Er wußte, daß der Preis dafür in Berlin zu entrichten war. Aber er war mäßig: weil Deutschland dem Abessinienabenteuer wohlwollend zugesehen hatte, würde Italien „am Fenster stehen und interessiert zusehen", sollte der „Führer irgend etwas unternehmen": Als dies der deutsche Botschafter in Rom Hitler meldete, fiel dessen Entscheidung: Am 7. März 1936 marschierten deutsche Verbände in die demilitarisierte Rheinlandzone ein, von der Bevölkerung herzlich begrüßt.

Das war der casus belli des Locarnovertrages. Dabei half es Hitler nichts, daß er seine Aktion mit der Ratifizierung des französisch-sowjetischen Beistandspaktes von 1935 begründete. Zum einen war dieser Pakt bloßer Ersatz für die von Hitler selbst zerstörte „kleine Entente", deren Kernstück das französisch-polnische Bündnis gewesen war, zum anderen konnte ein bloßer diplomatischer Vertrag niemals einen anderen völkerrechtlich gültigen Vertrag außer Kraft setzen.

Hitler selbst wußte das genau, und in den kritischen Stunden des Einmarsches konnte er seine Nervosität kaum bezähmen. Wenn die Franzosen auch nur mit der kleinsten militärischen Einheit nun ihrerseits in das demilitarisierte Rheinland einmarschiert wären, hätte er einen überstürzten Rückzugsbefehl an seine Truppen erteilt. Es waren die professionellen Soldaten, die Hitler am 7. März beruhigten: es werde alles gutgehen, die Franzosen schössen nicht.

Sie behielten, zum Unglück für die Welt, recht. Später hagelte es die bittersten Vorwürfe in Richtung England: warum hatte die Garantiemacht England Frankreich nun, da es darauf ankam, im Stich gelassen? Warum, so konterte London, hätten die Franzosen es trotz einer überwältigenden militärischen Überlegenheit nicht gewagt, den Aggressor einfach wieder hinauszuwerfen?

Es ist keine Frage, daß sie es problemlos hätten tun können, die deutsche Aufrüstung steckte noch in den Anfängen, der ständige Umbau der Wehrmacht ließ deren Einsatz praktisch gar nicht zu. Dennoch hatte es der französische Generalstab nicht gewagt, den Rubikon am Rhein zu überschreiten – denn wenn England und Italien beiseitestanden, waren die langfristigen Folgen eines militärischen Konflikts mit Deutschland unkalkulierbar. Jetzt rächte sich der seit 1919 ständig gepflegte Furchtkomplex Frankreichs vor dem „potentiel de guerre" seines östlichen Nachbarn.

Entscheidend war er möglicherweise dennoch nicht. In Wahrheit sah sich Frankreich 1936 psychologisch außerstande, einen Waffengang mit Deutschland zu wagen. Zwanzig Jahre nach Verdun steckte dem Land der letzte Krieg noch dermaßen in den Knochen, daß die bloße Vorstellung von einem neuen Krieg auf die Gesellschaft und ihre demokratische Führung regelrecht lähmend wirkte. Anders als in Deutschland hatte es in Frankreich keine „Militarisierung der Geister" gegeben; während schon in der Schlußphase der Weimarer Republik das Prinzip der Militanz in der Innen- wie Außenpolitik gepflegt worden war, verschrieb sich Frankreich den Idealen einer Politik, wie sie der Briand-Kellogg-Pakt skizzierte. Der Krieg als Mittel der Politik sollte ausgeschlossen sein – wenn die Deutschen mit deutschen Soldaten in deutsches Land einrückten: war das, Locarno hin, Locarno her, ein Kriegsgrund? Was würden die Veteranen sagen, die poilus?

Westeuropa war Mitte der dreißiger Jahre unendlich kriegsmüde. Um so bitterer empfanden die westlichen Demokratien die latente oder nun schon offene Militanz aller faschistischen und faschistoiden Systeme auf dem Kontinent. Wie ein Krebsschaden fraß sich der Faschismus durch Europa: nach Deutschland und Italien erhob er mit dem General Francisco Franco auch in Spanien sein Haupt, hier zuerst gerieten Demokratie und Faschismus blutig aneinander, der bald abzusehende Ausgang des spanischen Bürgerkrieges wirkte auf die Verteidiger der Freiheit und der Demokratie deprimierend.

Wenn nicht faschistisch, so doch autoritär-militant ging es aber auch noch in anderen Staaten Europas zu – in Portugal mit Salazar, in Ungarn mit Horthy, in Rumänien mit Antonescu, in Polen mit Pilsudski und seinen Nachfolgern, in Finnland mit Mannerheim – von einer Reihe kleinerer Staaten zu schweigen. Eine Spaltung Europas zeichnete sich seit 1936 deutlich ab: Autoritär-faschistische Systeme gegen parlamentarisch-demokratische, und im roten Osten wuchs unter der diktatorischen Gewalt Stalins eine womöglich noch größere, unkalkulierbare Gefahr für den Frieden empor. Aber mußte das alles unvermeidlich Krieg bedeuten, wo jedermann noch frisch in Erinnerung hatte, was Krieg in Europa bedeutete und wozu europäische Kriege führten?

Kriegsverhinderung und Krisenmanagement: das waren die beiden Eckpfeiler der kommenden westlichen Politik. Als sie dem entscheidenden Belastungstest unterzogen wurden, verschmolzen beide Begriffe zu dem des „Appeasement". Auf deutsch: „Befriedung": wie hätte dies ein verächtlicher Begriff sein können? War die Bewahrung des Friedens nicht der Güter höchstes? Besaß der alte Grundsatz „Pax optima rerum" nicht universale, absolute Gültigkeit? Vor allem in London setzte sich die Überzeugung fest, daß das Zeitalter der europäischen Bürgerkriege „eigentlich" zu Ende war. So ärgerlich auch das Abdriften großer Teile des Kontinents in Diktatur und Autokratie war – letztendlich war nur ein Land, eine Persönlichkeit imstande, noch einmal in Europa den Krieg auszulösen: Das Deutsche Reich unter Adolf Hitler.

Deswegen war es logisch, wenn sich sämtliche Appeasementbemühungen seit 1937 an die Adresse des „Führers" richteten. Weil dieser aber um diese Zusammenhänge wußte, glaubte er seine Forderungen immer höher schrauben zu können, ohne den großen, den Weltkrieg wirklich riskieren zu müssen. Je stärker das Reich dabei wurde, desto höher lag die Risikoschwelle, die paradoxe Folge: wenn Deutschland rasch und über die Maßen aufrüstete, war der Hitler-Friede sicherer.

Solche Überlegungen lösten jene rüstungs- und wirtschaftspolitischen Maßnahmen aus, die seit der Verkündigung des Vierjahresplans das Reich in eine einzige Rüstungsschmiede verwandeln wollten. Hitler persönlich hatte in seiner „Denkschrift zum Vierjahresplan" das Ziel benannt: In vier Jahren sollten Reich und Wehrmacht kriegsfähig und kriegsfertig sein.

Hieraus ergab sich der „Fahrplan" zur Lebensraumeroberung; der Lebensraumkrieg sollte spätestens 1940 möglich sein. Die Vorbereitungen hierzu wurden nun Zug um Zug getroffen, es ist müßig, die Fülle der entsprechenden Verordnungen, Gesetze, Gremien, Aktionspläne, sozialen Maßnahmen, der geistigen Aufrüstung im einzelnen darzulegen. Das nach außen hin eher „ruhige" Jahr 1937 war für die Weichenstellung hin zum Krieg entscheidend. Markante Stationen waren der Abschluß des „Achsenbündnisses" mit Italien (auf Kosten Österreichs und Südtirols), der Antikominternpakt mit Japan, das sich schon seit Juli 1937 im Krieg mit China befand, aber auch der Nürnberger Reichsparteitag, auf dem Hitler schon ganz unverhohlen der Sowjetunion drohte. Hinter den Kulissen führten diplomatische Sondierungen in Richtung London – nie vergaß Hitler über allem anderen das Ziel des englischen Bündnisses – nur zu weiterem Mißtrauen und atmosphärischen Trübungen, im Herbst 1937 schon dürfte Hitler die Hoffnungen aufgegeben haben, in absehbarer Zeit mit England in das so heiß ersehnte „große Geschäft" zu kommen.

Am 5. November 1937 zog der Diktator aus alledem seine Bilanz und stellte die Weichen für den kommenden Krieg. Bei der unter dem Namen des Wehrmachtadjutanten Hoßbach bekannt gewordenen Besprechung in der Reichskanzlei enthüllte Hitler zum ersten Mal im Zusammenhang und völlig offen seine kurz-, mittel- und langfristigen Ziele, so wie später eigentlich nur noch einmal, nämlich am 23. Mai 1939. Natürlich waren diese Ziele grundsätzlich bekannt, dennoch wirkte die Brutalität und Direktheit, mit der Hitler den Lebensraumkrieg als kurz bevorstehend ankündigte, auf einige der Teilnehmer wie ein Schock. Hitler war verärgert, als ihm anstelle blinder Begeisterung und Gefolgschaftstreue eher Ängstlichkeit und Zweifel entgegenschlugen; ein Wechsel an der Spitze des Auswärtigen Amtes schien ihm seitdem unabdingbar, tatsächlich wurde Neurath durch den ebenso rücksichtslosen wie beschränkt intelligenten Ribbentrop abgelöst.

Nicht ganz so einfach lagen die Dinge bei der Wehrmacht. Der Reichskriegsminister Blomberg und der Oberbefehlshaber des Heeres, Freiherr von Fritsch, hatten sich, der erste mehr, der zweite weniger, bisher allen Ansinnen des Diktators gebeugt; Blomberg erschien in Hitlers Augen als eine Art nützlicher Idiot. Mit Fritsch hatte er seine Schwierigkeiten, er vertraute diesem Grandseigneur alter Schule wenig, er paßte auch gar nicht in das eher doch gefreitenhaft-proletische militärische Weltbild Hitlers.

Im Januar 1938 stolperte Blomberg über eine private Heiratsaffäre, an der Hitler höchstens indirekt „schuldig" war, weil er der „unstandesgemäßen" Wahl des Ministers zugestimmt hatte. Von irgendwelchen sittlich-moralischen Skrupeln völlig frei, wäre es Hitler ziemlich egal gewesen, mit wem sich sein Kriegsminister einließ – es war die Wehrmacht selbst, die es mit ihrer Ehre und Würde nicht vereinbaren zu können glaubte, den angeblich kompromittierten Oberbefehlshaber zu tolerieren. Kurzum: Blomberg mußte gehen.

Sein Posten war frei, der einzig in Betracht kommende Nachfolger war Fritsch, den wollte Hitler unter keinen Umständen; Göring und Himmler inszenierten also eine schmutzige Intrige, der Fritsch, selbst völlig hilflos und naiv, prompt zum Opfer fiel. Anstelle des kantig-unbequemen Fritsch berief Hitler den biegsamen, auch mit persönlichen Problemen befrachteten und deswegen um so eifrigeren von Brauchitsch zum Oberbefehlshaber des Heeres, den Oberbefehl über die Wehrmacht aber übernahm er selbst, unterstützt nur durch einen kleinen, ebenso inkompetenten wie überforderten Stab, der den hochtrabenden Titel „Oberkommando der Wehrmacht" erhielt und durch eine Hitler völlig ergebene Kreatur, den General Wilhelm Keitel, geleitet wurde.

Die „Blomberg-Fritsch-Affäre" bildete den Schlußpunkt unter Hitlers „Machtergreifung". Nun konnte er die Wehrmacht nach Belieben einsetzen, keiner der „alten Schuster", wie er die Generalität aus Reichswehrzeiten nannte, würde ihm in die Parade fahren können. Das Revirement vom 4. Februar 1938 fügte sich nahtlos in die übrigen Kriegsvorbereitungen – wer Augen hatte zu sehen und Ohren zu hören, dem konnten diese Zusammenhänge auch gar nicht mehr entgehen.

Und so stellte sich die Frage nach dem Widerstand erneut, diesmal schärfer und grundsätzlicher denn je. Was bisher nur als vage Absicht gedeutet werden konnte, trat nun auf allen Ebenen von Regierung, Verwaltung, Wirtschaft und Wehrmacht in die Phase konkreter zeitlich definierter Planung. Wer etwas gegen Hitlers Krieg unternehmen wollte, durfte sich nicht mehr viel Zeit lassen.

Aber die Zeit arbeitete seit dem März 1938 in ungeahnter Weise für Hitler. Der „Anschluß" Österreichs, dem ein skrupelloses politisches und diplomatisches Spiel nach dem Muster von Katz und Maus mit Österreich voraufgegangen war, schien die bisher so erfolgreiche Hitlersche Außenpolitik zu krönen. Der Jubel, der Adolf Hitler in Linz, Wien und Berlin entgegenschlug, war weder bestellt noch manipuliert – das deutsche Volk freute sich zusammen mit der großen Mehrheit der Österreicher, daß nun endlich zusammengekommen war, was seit 1918 zusammengehört hatte und nur gewaltsam getrennt worden war. Der „Anschluß“ war die „Wiedervereinigung“ Deutschlands; keine Macht der Welt, so schien es, hätte die Deutschen davon abhalten können, sich brüderlich in die Arme zu fallen. Der Eindruck, den dieser „Blumenkrieg“ auf das Ausland machte, war enorm: viel stärker noch als bei der Rheinlandsache war zu spüren, daß gegen diese „spontane“ Vereinigung kein Kraut gewachsen, ein Krieg schon überhaupt unmöglich war. So besorgt man im Ausland damals auch auf die Gründung des „Großdeutschen Reiches“ reagierte – unterschwellig war doch auch Bewunderung und Respekt zu spüren. Die Deutschen waren wieder wer, und ihr Führer Adolf Hitler war der größte unter ihnen. Was war gegen diesen Mann noch zu unternehmen? Mehr als 99 Prozent aller Deutschen stimmten dem Anschluß in einem von Goebbels raffiniert inszenierten Plebiszit zu.

Das war der Hintergrund, vor dem der Widerstand gegen Hitler dennoch geplant wurde, um so achtungsgebietender erscheint das, was unter der rührigen Führung des Generalstabschefs Ludwig Beck versucht wurde, um das Regime Hitler zu stürzen.

Widerstand gab es 1938 auch in anderen gesellschaftlichen Gruppen. Beide Kirchen besannen sich nach dem anfänglichen lähmenden Schock ihres sittlichen Auftrages und suchten dem Unheil gegenzusteuern – gelegentlich und vorübergehend, wie in der Frage der Euthanasie, sogar erfolgreich. Nur noch aus dem Exil heraus konnten Funktionäre der ehemaligen SPD und KPD (immer noch auf getrennten Wegen) Einfluß auf die Politik im Reich zu nehmen hoffen: wer in Deutschland geblieben und in die innere Emigration gegangen war, besaß nahezu keine Möglichkeit, dem Widerstand zu dienen. Der braune Strom war zu braun und zu reißend, als daß ein gegen ihn schwimmendes Fischlein große Chancen gehabt hätte, dem Katarakt am Ende zu entkommen.

Chancen besaß tatsächlich nur die bewaffnete Macht des Reiches. Nur die Wehrmacht war theoretisch in der Lage, dem Spuk des Nationalsozialismus und dem Verbrecher Adolf Hitler ein Ende zu setzen.

„Theoretisch“: denn in der Praxis türmten sich schier unüberwindbare Hürden auf, vor allem: dieser Widerstand mußte sich gegen den Willen der überwältigenden Mehrheit des Volkes durchsetzen; seit dem „Anschluß“ war die Zustimmung zu Hitlers Politik, sie mochte so riskant sein, wie sie wollte, noch einmal gewaltig gestiegen.

Aber genau das war der Punkt, an dem Beck, Halder und die an der „Septemberverschwörung“ beteiligten Offiziere ansetzen konnten. So sehr nämlich Hitler umjubelt wurde – den „richtigen“, den großen Krieg wollte in Deutschland nahezu niemand, hier verhielten sich die Deutschen aller militanten Propaganda zum Trotz nicht so sehr viel anders als die Menschen in England, Frankreich, Italien. Die Grundidee des von Beck geplanten Staatsstreiches baute auf dieser Kriegsfurcht auf: Wenn es gelang, Hitler als den Mann zu entlarven, der bewußt und gewollt auf den Krieg hinsteuerte, im Begriff stand, ihn auszulösen – dann bestanden vage Hoffnungen, daß eine Absetzung Hitlers doch als patriotische Tat durchgehen konnte, weil das Vaterland in Gefahr war, der Krieg aber, wie es Beck in einer seiner großen Denkschriften formulierte, das „finis Germaniae“.

Daß das Reich nach dem „Anschluß“ bald wieder am Rand eines Krieges stehen würde, war den Kennern der Szene bewußt, denn schon kurz nach dem Unternehmen „Otto“ – also jenen militärischen Maßnahmen, die für den „Anschluß“ getroffen worden waren – hatte Hitler den Befehl erteilt, einen „Fall Grün“ zu bearbeiten: die Zerschlagung der Tschechoslowakei. Die Widerständler hofften, daß in diesem Falle die Westmächte nicht mehr abseits stehen, sondern der CSR zu Hilfe kommen würden: das hätte tatsächlich Krieg bedeutet.

Ob Hitler diesen Krieg auch wollte, ist umstritten; wer ihn zu kennen glaubte, war davon überzeugt, daß er ihn jedenfalls nicht vermeiden würde, sollten England und Frankreich ihn ihm „aufzwingen“. Hitler ging aber vorsichtig zu Werke, nach außen hin betonte er, es gehe ihm allein um die Wiedergutmachung des Versailler Unrechts, das den Sudetendeutschen angetan worden sei. Deren Führer Henlein ermunterte er, die Forderungen der sudetendeutschen Minderheit immer höher zu schrauben, gleichgültig was Prag auch immer zugestehen sollte.

Das Zusammenleben zwischen Deutschen und Tschechen stand seit 1918 unter einem unglücklichen Stern. Der noch aus K. u. K. Zeiten stammende militante Nationalismus der Tschechen rieb sich an dem nicht minder aggressiven „Deutschtum" der Sudetendeutschen, vergeblich hatte man in der Weimarer Zeit sich um einen modus vivendi, einen vernünftigen Ausgleich bemüht. Die Vorstellung, alle mehrheitlich von Deutschen besiedelten Gebiete um des lieben Friedens willen dann auch an Deutschland abzutreten, fand auch im westlichen Ausland, vor allem in London ihre Befürworter; eine Delegation unter Lord Runciman wußte auch keine andere Lösung.

Es lag auf der Hand, daß Prag sich auf diesen Plan kaum einlassen konnte. Die „Verstümmelung" des Staatsgebietes hätte völkerrechtlichen Grundsätzen widersprochen, ausschlaggebend war die Strategie: der starke Befestigungsgürtel im sudetendeutschen Grenzgebiet garantierte die Sicherheit des Landes, das sich ja nicht nur von Deutschland, sondern gleichermaßen von Polen, sogar von der Sowjetunion bedroht fühlte.

Um strategische Dinge ging es aber auch Hitler, die Sudetendeutschen interessierten ihn im Grunde nicht, und Henlein sollte nur eine Politik des Trojanischen Pferdes inszenieren. Entscheidend war die wehrwirtschaftliche und geopolitische Bedeutung der Tschechoslowakei: nachdem Österreich dem „Großdeutschen Reich" einverleibt worden war, bildete die CSR eine Art gigantischen Bollwerks inmitten des deutschen Machtbereichs. Schon aus strategischen Gründen war die Beseitigung dieses erratischen Blocks notwendig, vor allem, wenn es den Lebensraumkrieg zu führen galt.

Von nicht geringer Bedeutung waren ferner die wirtschaftlichen und rüstungsrelevanten Ressourcen des Industriestaates CSR. Die hemmungslose Aufrüstungs- und Ausbeutungspolitik im Inneren hatte zu einer ganzen Reihe von Wehrwirtschafts- und Devisenkrisen geführt; die von Hitler propagierte „Autarkie"politik änderte an diesem Dilemma nur marginal etwas, kurz und gut: wollte das Reich weiter für den „eigentlichen" Krieg rüsten, mußte es durch „kleine" Kriege wie den gegen die CSR seine wehrwirtschaftliche Basis stabilisieren und erweitern. Das hieß aber: die bloße Abtretung der sudetendeutschen Gebiete konnte nicht das „Endziel" der deutschen Politik gegenüber der CSR sein, nur der Besitz des ganzen Landes beseitigte die eigentlichen Probleme – wenigstens vorübergehend.

Von hier aus betrachtet war es an sich logisch, daß Hitler auf einen „billigen" Kompromiß, wie die Münchener Konferenz ihn dann schuf, keinen Wert legen konnte. Die Opposition hoffte, daß dieser die ja sehr weitgehenden Angebote der Westmächte und Italiens – alle auf Kosten der CSR, die nicht gefragt wurde – deswegen letztlich ablehnen und damit den Krieg auslösen würde: In diesem Moment wollte sie zuschlagen – alles wurde generalstabsmäßig geplant, die Vorbereitungen waren bis Ende September 1938 abgeschlossen, die maßgebenden Führer der Wehrmacht hatten sich zum Staatsstreich durchgerungen. Da sie jedoch seine Auslösung von Hitler abhängig gemacht hatten, blieb ihnen nur übrig, die Entwicklung in der Hoffnung abzuwarten, daß sich der „Führer" rollengerecht verhalten würde.

Zwischen dem 22. und dem 29. September spitzten sich die Dinge dramatisch zu. Schon im Mai hatte es erste Mobilmachungsvorbereitungen in der CSR und in England gegeben, weil man einen deutschen Angriff nicht mehr für ausgeschlossen hielt – Hitler hatte mit Unschuldsmiene, gekränkter Eitelkeit und der Versicherung reagiert, er werde nicht den ersten Schritt tun. Als er jedoch nun in ultimativer Form die Gewährung des „Selbstbestimmungsrechts" für die Sudetendeutschen forderte, die Prager Regierung auf „stur" schaltete, schien der Krieg unmittelbar bevorzustehen. Neville Chamberlains Treffen mit Hitler in Bad Godesberg galt in den Augen aller aufmerksamen Beobachter als verzweifeltes Manöver des letzten Augenblickes, und als Hitler hart blieb, den 1. Oktober als terminus post quem deutscher Gewaltmaßnahmen nannte, sanken die Friedenshoffnungen fast auf den Nullpunkt.

Die Initiative zu München ging dann von Mussolini aus: Der wollte zu diesem Zeitpunkt keinen Krieg und rechnete sich gute Chancen aus, sein lädiertes Image bei den Westmächten aufzubessern, wenn er nun als Friedensstifter auftrat. Tatsächlich waren England, Frankreich, letztlich auch die CSR erleichtert, daß

Hitler der Konferenz, deren Ergebnis schon feststand, zustimmte. Das bedeutete die Abtrennung der sudetendeutschen Gebiete und ihre Einverleibung in das Reich, es bedeutete aber auch die Verhinderung des Krieges. Wie groß die Erleichterung war – in ganz Europa, Deutschland eingeschlossen –, wird immer wieder aus jener denkwürdigen Filmszene deutlich, die Chamberlain nach seiner Rückkehr in England den „Frieden für unsere Zeit" verkünden ließ.

Dabei hätte er ahnen können, daß Hitlers Zurückweichen in München den Krieg erst recht unvermeidlich gemacht hatte – die Pläne der deutschen Opposition waren in London in groben Zügen bekannt. Zum ersten Mal hatte England im unmittelbaren Vorfeld von München energisch mit dem Säbel gerasselt – davor war Hitler, entgegen aller Annahmen der Opposition, in letzter Minute zurückgescheut, indem er der Sudetenlösung zustimmte. Damit war das so fein gesponnene Netz der Opposition an der entscheidenden Stelle zerstört: Hitler, das war nicht der Krieg, Hitler, das war ein fast unglaublicher Triumph einer zähen und risikoreichen – Friedenspolitik!

„Wundermann des Jahrhunderts", ein „neuer Napoleon" – so nannte man ihn nun. Er selbst war zutiefst niedergeschlagen: In der Krise hatte er zurückgezuckt; als die beiden Wagen aufeinanderzurasten, war er zuerst, nicht England, ausgewichen. Man kann nur erahnen, was das für das immer prekäre Selbstwertgefühl des Diktators bedeutete. Was es für den Fortgang der europäischen Geschichte bedeutete, war klar: In absehbarer Zeit war Hitler nicht zu stürzen, die Militäropposition zerfiel, das nächste Mal würde Hitler „durchhalten" – das war er allein seinem Stolz schuldig. Wenn das nächste Mal auch England „durchhielt", so bedeutete dies Krieg.

München bildete so gesehen den wahren Beginn des Zweiten Weltkrieges, läßt man die Vorgänge in Ostasien, wo er sich schon seit 1937 entzündet hatte, außer acht. In dieser Phase der Kriegsreife ging es dem Diktator darum, das Volk auf das Bevorstehende endgültig und abschließend vorzubereiten. Wie nötig das war, ergab sich aus der allenthalben spürbaren Erleichterung über das Ergebnis von München. Hitler reagierte hierauf höchst unwillig und wies Goebbels an, nunmehr von Friedensschalmeien auf Kriegstrompeten umzuschalten.

Es würde also Krieg geben – sofort tauchte die Frage auf: wer wäre daran schuld? Hitler und die Deutschen natürlich nicht, die Propaganda funktionierte reibungslos. Natürlich würden die alten Gegner schuld sein, Frankreich, England, Polen, Rußland, das verstand sich von selbst, auch hier tat die Propaganda alles Nötige. Freilich: solche Deutungsmuster genügten nicht. Hinter dem Komplott „der anderen" gegen das Reich standen, wie je und immer – die Juden.

Hitler und seine Paladine waren im November 1938 wieder gleichsam am Ausgangspunkt angelangt, sie kehrten ideologisch dorthin zurück, wo 1920 alles begonnen hatte: im hemmungslosen Antisemitismus. Gewiß hatten die Nationalsozialisten auch in der „Systemzeit" und in den Jahren der Herrschaftskonsolidierung an ihm festgehalten, aber sie hüteten sich, ihn in den Mittelpunkt ihrer Politik zu stellen. In genauer Parallele zum Machtgewinn und zur Machtausweitung verschärften sie ihn. Es begann mit ersten Boykotten gegen jüdische Geschäfte schon 1933, steigerte sich mit dem Gesetz zur Wiederherstellung des Berufsbeamtentums, erreichte einen ersten Höhepunkt 1935 mit den „Nürnberger Gesetzen", die die Juden fast schon vogelfrei machten. Seitdem begann die Massenauswanderung von deutschen Juden – aber viele, allzuviele blieben und wollten nicht glauben, was dennoch geschah.

Zuerst am 9. November 1938. Die „Reichspogromnacht", von den hämischen „Ariern" als „Reichskristallnacht" bezeichnet, paßte vorzüglich in die Politik der Kriegsvorbereitung, denn dieser Krieg sollte auch von der Bevölkerung keineswegs als Neuauflage des Ersten Weltkrieges, sondern als weltanschaulicher Rassenkrieg begriffen werden. Die Judenverfolgung vom 9. November war für Hitler auch ein Test – er fiel zu seiner Zufriedenheit aus. Sicherlich waren manche Bürger irritiert, andere empört, einige versuchten, den gehetzten Juden zu helfen: die Masse delektierte sich am Vandalismus von SA, SS und anderen braven Bürgern, problemlos konnte das Regime anschließend jene Verordnungen erlassen, die den Juden groteskerweise „Sühnezahlungen" auferlegten und sie endgültig aus der deutschen Wirtschaft und Gesellschaft vertrieben.

Der 9. November – wieder ein „deutscher" 9. November! – löste im Ausland Entsetzen und Empörung aus. Von diesem Moment an sah dieses im „Dritten Reich" keinen „Normalfall" der europäischen Geschichte mehr; wenn Hitler von Anfang an einen Weltanschauungskrieg führen wollte, so machten seine Gegner von nun an gleichsam mit. Es ging nicht mehr nur um die Eindämmung des Deutschen Reiches und seiner immer unverhohlener angemeldeten Hegemonieansprüche, es ging um die Verteidigung der tiefsten sittlichen Werte der Völkergemeinschaft, es ging um Humanität oder Barbarei.

Natürlich war das im Winter und Frühjahr 1939 noch nicht so deutlich zu erkennen, zumal sich auch im Westen viele Menschen vor solchen unbequemen Erkenntnissen drückten – man dachte an die schönen Tage der Olympischen Spiele in Berlin, wo man Hitler sogar mit seinem eigenen Gruß die Reverenz erwiesen hatte. Es bedurfte erst des nächsten brutalen Streiches des Diktators, um die Stimmung endgültig kippen und das Appeasement scheitern zu lassen.

Der erfolgte wieder zu den „Iden des März", wie es Goebbels effektvoll ausdrückte. Diesmal ging es um die „Erledigung der Resttschechei" – allein diese Wortwahl erübrigt eine Interpretation der Hitlerschen Ziele.

Die Westmächte reagierten diesmal nicht – sie hatten ihre Gründe, aber die ändern nichts am moralischen Versagen vor allem Englands, Frankreichs und der Sowjetunion. Die Vorwände für den Überfall – diesmal war es kein „Blumenkrieg", mit finsteren Mienen standen die Männer, weinend die Frauen und Kinder auf dem Wenzelsplatz, als die deutschen Panzer heranrollten – waren an den Haaren herbeigezogen. Aber Chamberlain weigerte sich einzugestehen, so wenige Monate nach München sich so fundamental getäuscht zu haben, außerdem war man mit den militärischen Vorbereitungen noch nicht fertig, vor allem: noch war man mit der Sowjetunion nicht zum Abschluß gekommen.

Die Krise um die Tschechei war noch im vollen Gange, als Hitler die nächste schon inszenierte, diesmal war Polen an der Reihe.

Weil dies in der ganzen Welt abzusehen gewesen war, hätte es Hitler nicht verwundern dürfen, wenn nunmehr England und die USA, die sich nach dem 9. November 1938 moralisch berechtigt fühlten, sich in die Heillosigkeiten auf dem europäischen Kontinent einzumischen, mit den potentiell durch Deutschland bedrohten Staaten Garantieverträge abschlossen, darunter war auch Polen.

Hitler war empört, aber niemand glaubte seinen Versicherungen, er habe nur noch eine einzige Forderung, diesmal an Polen zu richten: Rückgabe Danzigs, Lösung des „Korridorproblems". Die Polenkrise („Fall Weiß") nahm ihren Anfang – da nutzte das Abkommen von 1934 nichts mehr. Als Hitler im April 1939 endlich erkennen mußte, daß weder England noch Polen gewillt waren, die ihnen zugewiesenen Rollen zu übernehmen, kündigte er die beiden Verträge, deren Räson in dieser erhofften „Juniorpartnerschaft" gelegen hatte: den Flottenvertrag und den Nichtangriffspakt mit Polen.

Die Gegner des kommenden Krieges standen somit fest – bis auf einen. Hitler und Ribbentrop wußten, daß die Westmächte schon seit geraumer Zeit mit Stalin verhandelten, am 24. Juli 1939 kam es gar zu einem Beistandsvertrag zwischen England, Frankreich und Rußland. Aber die Verhandlungen mit dem Ziel einer Allianz gegen Deutschland und zum Schutze Polens kamen seitdem nicht mehr recht voran, man weiß nicht genau, woran das lag – immer noch stritten in der britischen Politik „realpolitische" mit „ideologischen" Prinzipien. Auch Stalin hatte Schwierigkeiten: was konnten die Westmächte ihm bieten, wenn nicht Territorialgewinne in Polen? Aber um dessen Integrität ging es ihnen ja gerade.

Man weiß heute, daß Stalins Skrupellosigkeit der des deutschen Diktators in nichts nachstand; so wenig man mit Hitler Verträge schließen konnte, so wenig war es wahrscheinlich, daß Stalin Verträge halten würde, wenn es ihm nicht paßte. Auch das mag ein Grund dafür gewesen sein, daß die Westmächte das schließliche Scheitern der Moskauer Verhandlungen relativ gelassen zur Kenntnis nahmen.

Man weiß auch nicht, wie Hitler die Chancen dieser Sondierungen einschätzte – auf alle Fälle trieben sie ihn zur Aktion. Mit dem Abschluß des Ribbentrop-Molotow-Abkommens (Hitler-Stalin-Pakt) am 23. August 1939 wurde nun doch noch verwirklicht, was schon seit Weimarer Zeiten ständige Versuchung war. Wo aber Stresemann standhaft geblieben war, empfanden Ribbentrop und Hitler keinerlei Hemmungen. Die UdSSR verpflichtete sich zu wohlwollender Neutralität, wirtschaftlicher Hilfe, Deutschland stimmte der vierten Teilung Polens und der Beseitigung der baltischen Staaten zu. Dieser „Teufelspakt" war nicht Ursache des Zweiten Weltkrieges, er löste diesen mit Hitlers Angriff auf Polen aber aus. Es hat fünfzig Jahre gedauert, bis die unseligen Folgen dieses absoluten Tiefpunktes deutscher Außenpolitik ansatzweise überwunden werden konnten – denkt man an Litauen, Lettland, Estland, so sind sie es wohl erst nach dem gescheiterten Putsch in der Sowjetunion vom August 1991.

Am 1. September hatte Hitler den Krieg, den er stets gewollt hatte, am 3. September den mit England und Frankreich, den er gerne noch ein wenig verschoben hätte. Das düsterste Kapitel der über tausendjährigen deutschen Geschichte war nun aufgeschlagen.

6. „Finis Germaniae":
Der Zweite Weltkrieg

Man hat später die Jahre 1914 bis 1945 gerne als die „Epoche der europäischen Bürgerkriege" (Nolte) bezeichnet und den Zweiten als mehr oder weniger logische Folge des Ersten Weltkrieges betrachtet. Dem Versailler Vertrag im speziellen, den Fehlentscheidungen der Pariser Friedenskonferenz im allgemeinen sei es zu verdanken, daß Europa nach einem Vierteljahrhundert erneut in einen „Bürgerkrieg" gestrauchelt sei. Wie im Ersten, so sei es auch im Zweiten Weltkrieg um die Frage der Hegemonie in Europa gegangen, die Ursachen des Zweiten Weltkrieges wären demnach – cum grano salis – die nämlichen, die den Ersten unvermeidlich gemacht hätten.

Das ist richtig und doch nur die halbe Wahrheit. Gewiß hat die Geschichte Europas seit dem 15., 16. Jahrhundert das Problem „Gleichgewicht oder Hegemonie" durchzogen, viele Kriege sind hieraus entstanden. Aber schon der Erste Weltkrieg gehorchte ja nicht mehr dem alten Modell; Schlagworte wie „Imperialismus", US-Intervention und „Kommunismus" machen deutlich, daß es keineswegs mehr nur um europäische Fragen ging. Die Völkerfamilie Europas war spätestens seit 1917 nicht mehr unter sich, die traditionellen Rivalitäten wurden durch ideologische und weit über Europa hinausreichende Probleme überlagert. Sie auch waren für das Bild verantwortlich, das Europa 1918 schließlich bot.

Das Scheitern des Friedens nach 1918 ergab sich deswegen aus neuen Gründen, die mit denen vor 1914 wenig gemein hatten. Denkt man an die Bemühungen der internationalen Diplomatie in den zwanziger Jahren, eine europäische Sicherheitspolitik zu begründen, so wird auch jene These unglaubwürdig, die das Scheitern aller dieser Bemühungen als unvermeidlich und notwendig behauptet. Tatsächlich war es in der Ära Stresemann, Briand, Austen Chamberlain nicht ausgemacht, daß die Locarnopolitik samt ihren Implikationen scheitern mußte. Auch die Weltwirtschaftskrise war nicht die alleinige Ursache für den Zusammenbruch dieses Friedensexperiments. Sie traf ganz Europa und führte dennoch nur in Deutschland zur Katastrophe des 30. Januar 1933. Aber selbst nach Hitlers Machtergreifung war der kommende Krieg nicht unvermeidlich: schon 1935, spätestens 1936 hätten die Westmächte mit vollem Recht Hitler militärisch stoppen können – sie taten es nicht und wurden deswegen, aber auch nur deswegen – am weiteren Verlauf der Geschichte mitschuldig.

Hitler und der Nationalsozialismus selbst leugneten energisch, daß der neue Krieg die Fortsetzung des „Ersten Weltkrieges" sei, Goebbels verbot es sogar der Presse, vom „*Zweiten Weltkrieg*" zu sprechen. Schon hier zeigt sich, daß das NS-Regime tatsächlich etwas völlig anderes zu verwirklichen trachtete als die kaiserliche Politik vor 1914. Der von Hitler geplante und angezettelte Krieg war in den Augen der überzeugten Nationalsozialisten nur am Rande ein „großdeutscher Freiheitskampf", entscheidend war seine Qualität als Lebensraum- und Rassenkrieg. Gerade deswegen ging der „Krieg gegen die Juden“ nun erst richtig los. Das war nicht etwa eine Begleiterscheinung des „normalen“ Krieges, sondern sein Herzstück, die eigentliche Räson des Krieges.

Das machte den Zweiten Weltkrieg mit allen vorangegangenen Kriegen in Europa historisch unvergleichlich, das machte seine Singularität aus – und die der Verbrechen gegen die jüdische Rasse. Deswegen aber mußten in diesem Krieg auch andere „Gesetze“ herrschen als in allen voraufgegangenen europäischen Kriegen – und zwar auf beiden Seiten, denn natürlich konnte man dem rassenmörderischen Raubsystem des Nationalsozialismus nicht mit jenen Mitteln begegnen, die bis dahin im Kriegsfall in Europa immer erprobt worden waren: mit neuen Allianzen, internationaler Diplomatie, großen Kongressen. Noch während des Ersten Weltkrieges war der Untergrunddialog zwischen den Kriegsgegnern nicht abgebrochen, man hat in Europa immer zugleich gekämpft und um den zukünftigen Frieden gerungen. Von alledem ist im Zweiten Weltkrieg nichts zu finden, Hitler selbst machte alle derartigen Ansätze – etwa von seiten Stalins – bewußt zunichte. Deswegen half gegen diese Ausgeburt der Geschichte nur Feuer und Schwert. Natürlich bedeutete dies auch eine ungeheure Verrohung der Kriegs„sitten“ bei allen Beteiligten – Dresden kommt nicht von ungefähr –, aber Ursache von alledem war das verbrecherische NS-Regime in Deutschland. Alles Schreckliche des Krieges war Folge des „unabänderlichen Entschlusses“ des Führers und Reichskanzlers Adolf Hitler, zuerst den „Lebensraum für die germanische Rasse“ zu erobern, zu diesem Behufe das jüdische Volk auszurotten, um anschließend die Weltherrschaft anzustreben.

In der ersten Phase des Krieges schien es, als setzte sich Hitlers Siegeszug auf dem Feld der Außenpolitik nun bruchlos auf dem des Krieges fort. Die Deutschen nahmen den Blitzsieg über Polen überrascht und erfreut zur Kenntnis, wie überhaupt niemand gegen den „Fall Weiß“ war – selbst nicht diejenigen unter der militärischen Führung, die im Jahr zuvor den Staatsstreich geplant hatten. Zu tief waren die antipolnischen Ressentiments in die

Seele der Deutschen gegraben, als daß mit dem geringsten Mitleid für dieses Land zu rechnen war – als das Komplott mit Stalin offensichtlich, Polen wie vereinbart geteilt und erneut wie 1795 von der Landkarte Europas verschwunden war, löste das in Deutschland keinerlei Betroffenheit aus, Hitler schwamm auf einer Woge der Zustimmung. Nur gelegentlich drangen damals schon Gerüchte über Grausamkeiten an der Zivilbevölkerung durch – daß Hitlers Schergen unverzüglich mit der „Vernichtung der lebendigen Kräfte" Polens begannen, wurde nicht zur Kenntnis genommen.

Fast konnte man im Herbst 1939 den Eindruck gewinnen, als gälte dies auch für die militärischen Verbündeten Polens, England und Frankreich. Warum nur waren diese Staaten in den Krieg gezogen, wenn sie ihrer großartigen Ankündigung, die Unversehrtheit Polens garantieren zu wollen, nun nur einen „drolligen", einen „sitzenden" Krieg im Westen folgen ließen? Wenn sich Hitler während des Polenfeldzuges hütete, im Westen offensiv zu werden, so war das verständlich, denn einen Zweifrontenkrieg galt es möglichst zu vermeiden. Frankreich und England hinwiederum konnten dem bedrängten Polen nur indirekt zur Hilfe kommen, wenn sie im Westen angriffen – aber gerade hier rechneten sie sich geringe Chancen aus. Schon im Ersten Weltkrieg hatte sich die Verteidigung dem Angriff überlegen gezeigt, inzwischen schien die für unüberwindlich gehaltene Maginotlinie der Verteidigung alle Trumpfkarten in die Hand zu geben. Außerdem hatten die Briten Schwierigkeiten, ihr Expeditionskorps rechtzeitig und schlagkräftig über den Kanal zu bringen. Kurz und gut: aus operativen und militärtechnischen Gründen hielt man Abwarten für den klügeren Teil der Strategie.

Das war eine grobe Verkennung der völlig gewandelten technischen, taktischen, operativen, logistischen und auch strategischen Bedingungen dieses Krieges. Aber nur wenige alliierte Fachleute hatten die Zeichen der Zeit erkannt, in Frankreich zählte zu ihnen General de Gaulle, in England Liddell Hart – sie setzten sich nicht durch. In Deutschland hingegen hatte infolge des erzwungenen Neuaufbaus aus dem militärischen Nichts die Chance bestanden, die Möglichkeiten der modernen Kriegstechnik auch taktisch und operativ neu zu bewerten – hieraus entstanden jene Konzeptionen, die in der Anfangsphase des Krieges die deutschen Panzer- und Stukaverbände schier unüberwindlich machten. Hinzu kam, daß man aus den Fehlern des Ersten Weltkrieges durchaus gelernt hatte: die Franzosen verharrten in den Denkkategorien von 1914, die Deutschen überwanden erfolgreich die Geister von Schlieffen und Ludendorff. Persönlichkeiten wie Beck, Manstein oder Guderian entwickelten neue Angriffsverfahren, Hitler, zu Kriegsbeginn ein ebenso aufmerksamer wie lernwilliger Stratege, gab den neuen Kräften und Ideen – gelegentlich gegen den Willen des Oberbefehlshabers des Heeres – Raum, die Erfolge blieben nicht aus.

Während der Krieg im Westen nicht in Gang kommen wollte, vollzogen sich im Osten und an der Nordflanke Europas dramatische Veränderungen. Diese waren nur teilweise geplant – so die Einrichtung des „Generalgouvernements“ Polen, das Vorrücken der Roten Armee in jene Gebiete, die im Hitler-Stalin-Pakt genannt worden waren. Durchaus überraschend wirkte in Berlin der Angriff Stalins auf Finnland am 30. November 1939, denn damit ging der rote Diktator über die Moskauer Vereinbarungen hinaus. Der finnische Widerstand war überraschend stark und löste überall Bewunderung aus, aber natürlich besaß das kleine Land auf Dauer keine Chance gegen die Sowjetunion. Diese drohte sich damit im nordeuropäisch-skandinavischen Raum und an der Ostsee ebenso festzusetzen wie in den ehemals polnischen Gebieten. Aber das Reich war mit der UdSSR mehr oder weniger verbündet, unbehaglich verfolgte Hitler die unverhohlenen Expansionsgelüste des von ihm ebenso bewunderten wie gehaßten roten Rivalen in Moskau.

Der sowjetisch-finnische Krieg drohte aber eine Kriegslawine ganz anderer Art loszutreten: Die Westalliierten machten aus ihren Sympathien für Finnland kein Hehl; wollten sie dem Land zu Hilfe kommen, so bot sich strategisch und geographisch nur ein Weg an: der über Norwegen und Schweden.

Aber Skandinavien war nicht ganz plötzlich in den Brennpunkt der Strategie geraten. Schon seit den zwanziger Jahren gab es eine Diskussion unter Fachleuten, was der Gewinn norwegischer Basen für Deutschland oder England bedeuten konnte. Sollte England Norwegen besetzen, so wäre die deutsche Flotte mit Leichtigkeit und vollständig vom Atlantik abgeschnitten worden, jeder Versuch, die atlantischen Seeverbindungen zwischen England und Amerika zu unterbrechen oder gar die britische Flotte zum Kampf zu stellen, wäre von vornherein aussichtslos gewesen. Schlimmer: Norwegen unter englischer Kontrolle hätte das Ende der deutschen Eisenerzeinfuhr über Narvik und damit einen schwer zu kompensierenden Einbruch in die Rüstungsindustrie bedeutet. Umgekehrt: wenn sich die Deutschen in Norwegen festsetzten, bestanden Chancen, aus dem „nassen Dreieck" der Deutschen Bucht in den Atlantik zu gelangen. Die Erzzufuhr konnte zuverlässig geschützt werden.

In Deutschland hatten diese Überlegungen zum Ergebnis geführt, daß eine Besetzung Norwegens durch England unter allen Umständen verhindert werden mußte. Da die eigenen maritimen Kräfte jedoch nicht ausreichten, eine Besetzung Skandinaviens – Dänemark mußte nolens volens mit – erhebliche Mittel auf Dauer beanspruchen würden, wäre den Deutschen eine garantierte norwegische Neutralität am liebsten gewesen. Nun aber wurde die Gefahr einer britisch-französischen Intervention unter dem Vorwand der Finnland-Hilfe akut, also holte man die alten Denkschriften und Pläne aus den Panzerschränken und begann die Operation „Weserübung" auszuarbeiten, die Besetzung von Norwegen und Dänemark.

Da war am 12. März der finnische Krieg einigermaßen plötzlich zu Ende. Nach Abschluß des Moskauer Friedens fiel der Vorwand für die Westalliierten, Norwegen zu besetzen, fort. Aber damit war natürlich die grundsätzliche Gefahr eines britischen Eingreifens in Skandinavien nicht gebannt. Die Deutschen standen also nur noch vor der Wahl, sich ständig für einen entsprechenden Kriegsfall bereitzuhalten – oder aber die Flucht nach vorne anzutreten.

Genau dafür entschieden sich der Oberbefehlshaber der Kriegsmarine, Erich Raeder, und natürlich, Hitler. Das war die Genese des deutschen Überfalls auf Dänemark und Norwegen am 9. April 1940.

Daß man einer britischen Norwegenaktion nur um wenige Stunden zuvorgekommen war, wußte man damals nicht – deswegen wäre es ganz falsch, in diesem typischen nationalsozialistischen Überfall auf zwei neutrale Staaten einen „Präventivkrieg" zu sehen – es war ein blanker, völkerrechtlich durch nichts gerechtfertigter Angriffskrieg und fügte sich in das Muster, nach dem die Deutschen wenig später mit Holland verfuhren.

„Weserübung" wurde zum strategischen Erfolg. Daß es ein Pyrrhussieg war, stellte sich erst später heraus, zunächst war im Hauptquartier Hitlers Erleichterung spürbar.

Diese war allerdings nur Folge des deutschen Angriffs auf Frankreich, Belgien und die Niederlande, der am 10. Mai 1940 begann. Erst seitdem nämlich gaben die Alliierten ihre Sache in Nordnorwegen ganz verloren, das schon zurückeroberte Narvik fiel wieder in deutsche Hand.

Denn natürlich konnte die Kriegsentscheidung nur in Frankreich fallen. Ebenso sah es die deutsche Generalität, deswegen scheute sie vor einem Angriff im Westen zurück. Die Erinnerungen an die Marne waren noch zu frisch, was die neuen taktischen, operativen und strategischen Verfahren wert waren, blieb abzuwarten, in dieser Hinsicht lieferte der mit so ungleichen Kräften geführte Polenfeldzug kaum Erkenntnisse.

Etwas weiteres, Grundsätzlicheres kam hinzu: Obwohl der Krieg nun schon ein Dreivierteljahr dauerte, hing alles immer noch irgendwie in der Schwebe zwischen Krieg und Frieden. Den „Sitzkrieg" im Westen konnte man auch als Signal der Westmächte begreifen, vielleicht doch noch den großen Krieg zu vermeiden. Auch Hitler hatte ja bis zum Schluß gehofft, England und Frankreich vom Kriegseintritt abhalten zu können. Jedermann wußte: wenn die Deutschen im Westen „wirklich" angriffen, waren auch die letzten vagen Friedenschancen dahin.

Füglich ergab es sich von selbst, daß die Opposition, die im September 1938 so dramatisch und kläglich zugleich gescheitert war, wieder Hoffnungen schöpfte und neue Fäden zu spinnen begann, als seit dem Oktober 1939 erkennbar wurde, daß Hitler den Krieg im Westen tatsächlich doch wollte. War das nicht in gleichsam größerem Maßstab eine ähnliche Konstellation wie im

September 1938? Wieder wurden Beck und der Leipziger Oberbürgermeister Carl-Friedrich Goerdeler zur Seele des Widerstandes, wieder ließen sie England wissen, daß sie ein Attentat auf Hitler planten – da brachen alle Planungen am 8./9. November 1939 urplötzlich zusammen, der Grund war – ein Attentat auf Hitler.

Ein Schreinergeselle namens Georg Elser hatte es im Bürgerbräukeller ausgeführt. Völlig allein, auf sich und sein Gewissen gestellt, versuchte ein einzelner, was der ganzen hochgestellten Riege der Militärs und Diplomaten nicht gelingen sollte. Und fast wäre es geglückt – wieder war es nur die „Vorsehung", die Hitler bewahrte. Von nun an an den Diktator auch nur noch heranzukommen, war fast unmöglich. Diese Folge des Elser-Attentates läßt Persönlichkeit und Tat dieses Helden als besonders tragisch erscheinen. Fast schien es, als habe die „Vorsehung" es den Deutschen bestimmt, Hitler und sein System bis zur Neige auszukosten.

Immer wieder gelang es dem Generalstab des Heeres, die von Hitler verfügten Angriffstermine im Westen zu verschieben. Meist mußte das Wetter herhalten, das aber wurde seit dem April immer besser, und „Weserübung" war abgeschlossen. Wenn man angreifen wollte, gab es Anfang Mai keinen militärisch vernünftigen Grund mehr, den Angriff hinauszuzögern, zumal die englische und die hinter ihr schon wirksam werdende amerikanische Hilfe nur größer werden konnten.

Der Westfeldzug begann am 10. Mai 1940 mit einem kühnen, quer durch die bislang für Panzer als unwegsam geltenden Ardennen geführten Panzervorstoß, dessen Planung auf Manstein zurückging. Die Franzosen und Belgier, die eher eine Wiederholung des Schlieffenplans erwartet hatten, wurden von diesem „Sichelschnitt" vollkommen überrascht. Binnen weniger Tage mußten Holland und Belgien kapitulieren, die so hochgelobte Maginotlinie erwies sich als nutzlos, weil sie weiträumig umgangen wurde, konsterniert und zunehmend kopflos ließen sich Franzosen und Engländer in Belgien in die Falle locken, mit Müh und Not nur konnte sich das britische Expeditionskorps nach Dünkirchen retten, wo es von den deutschen Verbänden vollständig eingekesselt wurde. Unterdessen stießen die wieder freigewordenen Panzerverbände General von Kleists bis zur Sommemündung vor: der „Sichelschnitt" war zu Ende, in der zweiten Phase der „Schlacht um Frankreich" ging es eigentlich nur noch um das Aufräumen, Abdrängen, Inbesitznehmen des im vollkommenen militärischen und zivilen Chaos versinkenden Frankreich. Es war Hitler, der den Engländern in Dünkirchen das letzte Desaster ersparte, als er die anrückenden Divisionen stoppen ließ und damit rund 300 000 Mann die oft abenteuerliche Flucht über den Kanal ermöglichte. Ob dieser Entschluß eher strategisch oder politisch begründet war, läßt sich bis heute nicht entscheiden.

Als am 22. Juni 1940 der Waffenstillstand geschlossen wurde, stand Hitler im Zenit seines Ruhmes. Die gespenstige Wiederholung der Geschichte im Walde von Compiègne, im nämlichen Eisenbahnwaggon, in dem die Deutschen am 11. November 1918 den Waffenstillstand hatten unterzeichnen müssen, wirkte nicht nur auf die faszinierten Deutschen wie eine Droge – selbst die französischen Unterhändler ließen sich davon anstecken und machten das historische Spektakel rollengerecht mit. Nie war Frankreich vollständiger besiegt und gedemütigt worden. Zweimal Versailles, 1871 und 1919, nun zweimal Compiègne, 1918 und 1940 – sollte das ewig so weitergehen, war die Geschichte Deutschlands und Frankreichs nur noch ein absurdes, sich ständig wiederholendes Computerprogramm irgendeiner „höheren" Weisheit? Wenn sich seit 1940 im deutsch-französischen Verhältnis grundsätzlich Neues anbahnte, so war das auch Folge dieser Erfahrungen, gegen die sich schon der gesunde Menschenverstand wenden mußte. In Deutschland, man denke etwa an Ernst Jünger, war es übrigens ebenso, und so mag man den Anfang des neuen Zeitalters in der deutsch-französischen Schicksalsgemeinschaft tatsächlich auf den 22. Juni 1940 legen.

Der französische Schock des Juni 1940 war auch Folge der Erkenntnis, daß das englische Bündnis nicht geholfen hatte. Churchills Vorschlag, eine englisch-französische „Union" zu bilden, konnte am 16. Juni im Angesicht der sicheren französischen Niederlage auf Reynaud, den französischen Ministerpräsidenten, nur wie bittere Ironie wirken, er lehnte ab und trat zurück. Mit dem ehr- und sagenumwobenen Sieger von Verdun, dem greisen Marschall Pétain, schien in Frankreich ähnlich wie seinerzeit in Deutschland nun der Rückgriff auf die „alte Größe" die einzige Chance zu bieten, der Moral des Volkes aufzuhelfen. Pétain selbst fühlte sich als Patriot, der dem Wohl des Vaterlandes in seiner dunkelsten Stunde nur durch eine begrenzte Zusammenarbeit mit dem Sieger dienen zu können glaubte. Dadurch hoffte er die Basis für einen späteren Wiederaufstieg der grande nation gewinnen zu können. Das war die Räson jener „Kollaborations"politik, die das Vichy-Regime später in so üblen Verruf brachte und den Ruhm Pétains demontierte.

Vielleicht gab es noch einen anderen Grund, fragt man nach den Ursachen für den relativ „milden" Waffenstillstand, den Hitler Frankreich gewährte. Nach allem nämlich, was dieser Mann in den vergangenen zwanzig Jahren über Frankreich gesagt und geschrieben hatte, wäre es nicht verwunderlich gewesen, wenn er nun das getan hätte, was schon Bismarck erwogen hatte: Frankreich zu „zerstückeln". Aber das war nicht der Fall, gewiß nicht aus humanen Gründen.

Die Gründe lagen anderswo und verweisen erneut auf Hitlers „Programm", das eigentliche Ziel seines Krieges: die Lebensraumgewinnung im Osten.

Schon zu diesem Zeitpunkt nämlich begann sich der Diktator Gedanken über den „eigentlichen" Krieg zu machen, den gegen Rußland. Er stand nach der Niederlage Frankreichs auf dem Höhepunkt der Macht. Noch kurz vor Toresschluß war Italien auf deutscher Seite – übrigens zum Mißvergnügen der deutschen Führung – in den Krieg eingetreten, in Spanien signalisierte der erschrockene Franco sein Wohlwollen. Gewiß, England war noch nicht vollständig geschlagen, aber Göring war guter Hoffnung, daß seine Luftwaffe die Voraussetzung für eine baldige Invasion schaffen würde. Im Grunde, so mochte es Hitler erscheinen, war die erste, die vorbereitende Stufe seines „Programms" schon erfüllt – warum also sollte er mit der Verwirklichung seines Lebenstraumes noch länger zögern?

Er wollte keinen ordinären Krieg gegen Rußland führen, das hatte nie in seiner Absicht gelegen. Es ging nicht um irgendwelche territorialen Verschiebungen, um einen siegreichen Feldzug, an dessen Ende ein „normaler" Friedensvertrag à la Brest-Litowsk stehen würde. Hitler war der Führer der germanischen Rasse. Diese war von der „Vorsehung" dazu bestimmt, ganz Europa unter ihren Fahnen zu vereinen. Europa sollte kein Kontinent von Sklaven sein, Europa war das Zukunftsland der Germanen und aller verwandten Stämme, die slawischen Massen im Osten: das waren die zukünftigen Arbeitssklaven. Zur Rasse der „Arier" zählten neben den Briten natürlich auch die „Franken", die „Gallier" – warum sollten die nicht auch mitmachen, wenn es nun den finalen „Kreuzzug Europas" gegen das bolschewistische Judentum zu führen galt?

Aus solchen rasseideologischen Vorstellungen heraus gewann Hitler seine europäischen Visionen – in sie paßte der Waffenstillstand mit Frankreich vorzüglich. Was England anging, so mußte dieses gewaltsam zum germanischen Europa „bekehrt" werden, dafür sollte noch gesorgt werden. Aber es ging Hitler in diesen letzten Juni- und den ersten Julitagen des Jahres 1940 weiß Gott nicht darum, Rußland anzugreifen, um England den letzten „Festlandsdegen" aus der Hand zu winden – das waren in Hitlers Augen völlig antiquierte, längst von der Geschichte überholte Vorstellungen. Seine Vorstellung war einfach: das „Neue Europa" unter großgermanischer Führung mußte nun den „Lebensraum für die germanische Rasse" erobern. Auf „Deutschland" kam es Hitler dabei am wenigsten an. Berlin, so berichtete sein Architekt Albert Speer, sollte zur Hauptstadt „Germaniens" werden, „Germania" sollte es heißen. Die „schönste germanische Stadt" sollte Trondheim sein, das lag bekanntlich in Norwegen. Die phantastischen, an Science Fiction erinnernden Pläne aus dem Jahr 1940 – auf nahezu allen Feldern von Gesellschaft und Politik im übrigen aufspürbar – waren die schon vorweggenommenen Folgen des kurzen, auf sechs bis acht Wochen berechneten Feldzuges gegen die Sowjetunion. Der aber stand zumindest seit dem 31. Juli 1940 fest. Die Entschlußbildung zu „Barbarossa" hatte weder mit dem ungeschlagenen England noch mit irgendwelchen Präventivkriegsideen zu tun. Hitler und seine Generäle waren durch die Bank davon überzeugt, daß die Gelegenheit günstig, das Risiko gering, der Erfolg sicher sei.

In Deutschland ahnten die Menschen im Sommer 1940 von alledem nichts. Hitlers Rückkehr in die Reichshauptstadt gestaltete sich zum größten Triumph seines Lebens. Die Identität zwischen Führer und Volk war vollkommen, jedermann – fast jedermann – war wirklich davon überzeugt, daß der „Führer" der „größte Feldherr aller Zeiten" war. Man konnte im Juli 1940 so weit in die deutsche Geschichte zurückgehen, wie man wollte: eine vergleichbare Heroenfigur gab es nicht, selbst Friedrich der Große, Bismarck und Hindenburg verblaßten vor dem Genius Adolf Hitlers.

Bis tief in den Juli hinein glaubte Hitler, daß England nun „vernünftig" werden und doch noch dem big deal (wenn auch zu veränderten Bedingungen) zustimmen würde. Aber seine „Friedensrede" vom 19. Juli wurde von London umgehend zurückgewiesen, diese verschmähte Liebe kränkte den Diktator, nun sollte Göring beweisen, was „seine" Luftwaffe vermochte.

Die „Luftschlacht um England" wurde entgegen allen Erwartungen zur ersten, dem Volk natürlich verheimlichten Niederlage des NS-Regimes. Tragisch nahm man das in Berlin freilich nicht: England ließ sich auch dann besiegen, wenn man sein „Rückgrat" brach, das durch das Mittelmeer über Suez und Aden bis Indien reichte. Eine Mittelmeerstrategie gegen England erschien um so leichter realisierbar, als Italien ja nun im eigenen Lager stand. Mussolini hatte sich, anders als es Italien einst im Ersten Weltkrieg getan hatte, seinem „Achsenpartner" anvertraut, es war ein kardinaler Fehler, wie sich sehr rasch herausstellen sollte.

Die Planungen für „Barbarossa" gingen seit Anfang August 1940 kontinuierlich und konsequent weiter, im übrigen war die deutsche Kriegsstrategie eher ratlos. Man stand zwar an den Küsten des Atlantiks, am Englischen Kanal, in Narvik und Kirkenes – aber eine entsprechende Flotte besaß das Reich noch immer nicht, und die Bauplanungen, im Juni 1940 wieder aufgenommen, brauchten für ihre Verwirklichung rund zehn Jahre Zeit. Sie zielten daher auch gar nicht mehr auf diesen Krieg, sondern auf den letzten aller Kriege, der im Anschluß an den Zweiten Weltkrieg gegen die USA, Japan und deren Verbündete auf den Ozeanen der Welt ausgefochten werden mußte.

Wenn das mit Deutschland seit dem Abschluß des „Dreimächtepaktes“ sogar verbündete Japan hier auf der Gegnerseite stand, so läßt sich das nur aus den unverrückbaren weltanschaulichen Positionen der Nationalsozialisten und aus dem Wunsch nach einer wirklichen „Weltherrschaft“ erklären. Was die USA anging, so war die deutsche Einstellung „verständlich“: Schon kurz nach Kriegsbeginn zeichnete sich nämlich ab, daß Roosevelt England zuerst weniger, dann mehr unterstützte. Zwar war die amerikanische Hilfe alles andere als uneigennützig – man denke an das Zerstörer/Inselabkommen –, und die USA warteten erst ab, ob England tatsächlich weiterkämpfen und sich die „Investitionen“ „lohnen“ würden – aber seit dem Pacht- und Leihgesetz vom März 1941 konnte England längerfristig mit der vollen Unterstützung der nur noch formal neutralen USA rechnen. Wenn sich die Deutschen in diesen Monaten darüber noch nicht sonderlich die Köpfe zerbrachen – mit Ausnahme der Seekriegsleitung –, so lag das wieder an der sicheren Erwartung des Sieges über die Sowjetunion; der Dreimächtepakt zwischen Deutschland, Italien und Japan skizzierte ja schon den Rahmen für einen gigantischen eurasiatischen Machtblock – was hätte einer derartigen Machtballung auf Erden noch widerstehen sollen?

Man sieht, wie sich in diesen formativen Monaten des Jahres 1940 Hybris, Hoffnung und Irrationalismus mit Skrupellosigkeit und krimineller politischer Energie unentwirrbar vermischten. Der Krieg ging unterdessen „irgendwie“ weiter, dazu gehörten italienische Angriffe in Nordafrika, dann auf Griechenland, sehr zum deutschen Mißvergnügen, denn wie erwartet, entsprachen den bombastischen Ankündigungen Mussolinis die militärischen Leistungen keineswegs. In kurzer Frist gerieten die Faschisten sowohl in Afrika als auch in Albanien ins Hintertreffen – aber sein Freund Hitler haute Mussolini heraus, freilich nur um den Preis der zukünftigen deutschen Richtlinienkompetenz in allen strategischen Fragen.

Die Kriegsausweitung in Nordafrika und auf dem Balkan zeichnete sich schon im Spätherbst 1940 ab, aber erst im Frühjahr 1941 griff Hitler mit der Wehrmacht ein; danach zeigte Rommel in Afrika, was eine wohldisziplinierte, von einem ebenso genialen wie charismatischen und eitlen General geführte Truppe zu leisten vermochte, und auf dem Balkan lieferten die Wirren in Jugoslawien den bequemen Vorwand, um gleichsam in einem Aufwasch auch ganz Griechenland und, wenn auch nach einigen Mühen, Kreta zu besetzen. Der Krieg war also dahin gelangt, wo er 1914 begonnen hatte. Diesmal jedoch gab es für das auserkorene Opfer, die Sowjetunion, keine Hoffnung auf ein Dardanellen- oder Salonikiunternehmen. England war froh, wenn es seine Mutterinsel verteidigen und im Mittelmeer die Entscheidung wenigstens offenhalten konnte.

Dieser Machtausweitung der Hitlerschen Herrschaft entsprachen nicht weniger gewalttätige Ambitionen Stalins. Nachdem dieser die baltischen Staaten wider Recht und Gesetz annektiert hatte, richtete sich sein Appetit auf den Balkan; Bulgarien und Rumänien, daraus machte Molotow bei seinem Besuch in Berlin im November 1940 gar kein Hehl, sollten ebenso wie Finnland in den sowjetischen Machtbereich gehören.

Auch eine andere deutsche Regierung als die Hitlers hätte solchen expansionistischen Ansinnen sicherlich widersprochen, Hitler kamen sie gerade recht, bewiesen sie doch anscheinend unwiderleglich die bösen Absichten Stalins. Das beeindruckte vor allem die Militärs, deren letzte Skrupel an der Legitimität von „Barbarossa“ damit leicht ausgeräumt werden konnten.

Was eigentlich waren die wahren Ziele und Absichten Stalins? Heute scheint ziemlich sicher zu sein, daß der Diktator im Kreml an den kommunistischen Maximen vom Klassenkampf, dem Endkampf zwischen Kapitalismus und Kommunismus ähnlich unbeirrt festhielt wie Hitler an seiner Weltanschauung. Das hieß: Stalin wartete nur eine günstige Gelegenheit ab, um sich als „lachender Dritter“ in den Kampf der kapitalistischen Systeme mit dem Ziel ihrer Beseitigung einzumischen. Der auch ihn überraschende Kriegsverlauf dürfte seine Hoffnungen dann freilich gedämpft haben, es wäre töricht gewesen, den anscheinend unumschränkten Herrscher Mittel-, West-, Nord- und Südeuropas ausgerechnet in einem Moment herauszufordern, der für die Sowjetunion ungünstiger gar nicht sein konnte. Tatsächlich hatte Stalin seit den großen Säuberungen der Jahre 1937 bis 1939, die seine Armee buchstäblich kopflos gemacht hatten, mit einem gigantischen Aufrüstungsprogramm zu Lande und zur See begonnen, aber alles war 1941 noch im Umbruch, steckte in den Anfängen, kurzum: Stalin war im Sommer 1941 keineswegs kriegsbereit, auch wenn das der eine oder andere Heißsporn im Politbüro sowie im Außen- und Kriegskommissariat meinen mochte. 1942, so die Spekulationen, würde alles schon anders aussehen.

Solange galt es, den unberechenbaren und gefährlichen deutschen „Führer" zu beruhigen und zugleich nervös zu machen, genau das gelang Molotow. Da Hitler jedoch auch im November 1940 wie im April und Mai 1941, schlecht, ja unverantwortlich vom Generalstab, vor allem der Abteilung „Fremde Heere Ost" beraten, von Rußland als dem „Koloß auf tönernen Füßen" ausging, konnte auch zu diesem Zeitpunkt keine Rede von einem Präventivkrieg sein. Wahrscheinlich aber ahnte Hitler auch nicht im entferntesten, welche Gedanken Stalin wirklich bewegten. Er war davon überzeugt, daß dieser seine Schwäche kannte und sich wohl hüten würde, ihm den „Liebesdienst eines Angriffs" zu erweisen, wie es der Generalmajor Marcks in der ersten Operationsstudie zu „Barbarossa" genannt hatte. In der „Weisung Nr. 31 für die Kriegführung" entwarf das OKW auf Anordnung Hitlers schon die Fortführung des Krieges nach der Niederwerfung der Sowjetunion: Rommel sollte Ägypten nehmen und über Palästina in Richtung Irak vorstoßen, ein Expeditionsheer über den Kaukasus in die iranische Tiefebene vordringen, vielleicht würde man sich irgendwo in Indien mit seinem japanischen Verbündeten treffen, der inzwischen bei seinem Siegeszug bis in den Indischen Ozean gelangt sein konnte.

Man sieht: der Angriff auf die Sowjetunion war weder dira necessitas des englischen Krieges noch ein Präventivkrieg. Es war vielmehr der in sich stimmige Versuch, nun den Krieg zu führen, auf den es Hitler seit 1920 angekommen war: den Krieg gegen die Bolschewisten und die Juden zum Zwecke der Lebensraumgewinnung.

Er begann im Morgengrauen des 22. Juni 1941; über drei Millionen deutsche Soldaten überschritten die Grenze; Finnland, Rumänien, Italien machten mit, bald strömten aus allen Ecken Europas Freiwillige unter die Fahnen der SS: der „Kreuzzug Europas" hatte begonnen.

Der Kriegsplan spiegelte Können, Vertrauen und Größenwahn der deutschen militärischen Führung zugleich wider. In drei Heeresgruppen rückten die Divisionen auf Leningrad im Norden, Moskau in der Mitte, die Ukraine, die Krim, den Kaukasus im Süden vor. In gewaltigen Grenz- und Kesselschlachten wurden große Teile der Roten Armee, die mit Masse ganz vorne disloziert war, vernichtet. Hitler hatte recht: so etwas hatte die Weltgeschichte noch nicht gesehen. Schon am 3. Juli glaubte Halder, der kluge und wägende Generalstabschef, daß der Krieg gewonnen sei. Es war ihm wie den meisten seiner Offizierskameraden unvorstellbar, daß Stalin derart gigantische Verluste an Menschen und Material verkraften konnte.

Auch in England und Amerika gab man für Rußland nach dem 22. Juni keinen Pfifferling mehr. Die Wetten bewegten sich nur zwischen der Frage, ob der Krieg vierzehn Tage oder doch sechs Wochen dauern würde. Zwar hatte Churchill, alle ideologischen Bedenken über Bord werfend, Stalin sofort eine Allianz angeboten, die dieser akzeptierte, aber daß sich daraus eine wirkliche Entlastung für das um seine Existenz kämpfende Britische Empire ergeben konnte – das glaubten auch die größten Optimisten nicht. Hitler hatte bisher schon „Blitzkriege" geführt – dies hier, so glaubte jedermann, würde eine Art von „Weltblitzkrieg" sein. Europa stand vor dem Abgrund seiner Geschichte, am Ende seiner Möglichkeiten. Das Böse triumphierte.

Wieso kam alles anders? Wieso hatten sich alle so ungeheuer verrechnet?

Seit den Tagen des Krimkrieges gehörte es zu den Traditionen der europäischen Diplomatie, Rußland zu unterschätzen, und denkt man daran, daß Rußland nicht nur diesen, sondern eigentlich alle folgenden Kriege (von den Expeditionen gegen das marode Osmanische Reich abgesehen) verloren hatte – sogar gegen Japan und gegen das doch fast schon geschlagene deutsche Kaiserreich –, erinnert man sich an das unvorstellbare Elend, das die kommunistische Diktatur über das Volk in Rußland gebracht hatte, stellte man die brutalen „Säuberungen“ in Rechnung, denen gerade die Intelligenz und die Fachleute zum Opfer gefallen waren, und dachte man schließlich daran, daß die Masse der Bevölkerung keineswegs freiwillig die Diktatur des roten Terrors ertrug – so sind die Fehlspekulationen verständlich.

Und es mag sein, daß es gar keine Fehlspekulationen hätten bleiben müssen, denn die ersten Kriegswochen zeigten, daß die apathische russische Bevölkerung in weiten Landstrichen freiwillig, ja freudig den deutschen Soldaten entgegenkam, darüber gibt es zahlreiche Berichte.

Es dauerte dann aber keine zwei Monate, bis die Stimmung vollkommen umschlug – Folge der beispiellosen Grausamkeit und Menschenverachtung, mit der Hitlers Soldaten und Einsatzgruppen in Rußland vorgingen.

All dies geschah mit Bedacht und war sorgsam geplant: Die russischen Soldaten waren „keine Kameraden“, die Kommissare waren sofort zu erschießen, die Kriegsgefangenen ließ man systematisch verhungern, vom ersten Tag des Krieges an setzte nun die blutige Judenverfolgung ein – vor den Augen der entsetzten einheimischen Bevölkerung, wie etwa in den Baltischen Staaten. Bialystok, Minsk, Kiew, Wjasma, Brijansk: Mit diesen Namen waren gewaltige Kesselschlachten verknüpft, bei denen über eineinhalb Millionen sowjetische Kriegsgefangene gemacht wurden – dennoch gelang es der Wehrmacht weder im Sommer und Herbst 1941 noch jemals später, die numerische Überlegenheit der Roten Armee zu brechen. Mit der Einschließung Leningrads und der Eroberung Kiews im September 1941 hatten die Heeresgruppen Nord und Süd ihre ersten Ziele erreicht, entgegen mancher Bedenken aus dem Generalstab entschloß Hitler sich, noch vor Beginn des Winters Moskau zu erreichen, am 2. Oktober 1941 begann die Operation „Taifun“.

Das Schicksal Rußlands schien besiegelt. Hitler befahl, Leningrad und Moskau dem Erdboden gleichzumachen, eine Kapitulation dieser Millionenstädte sollte nicht angenommen werden, das hätte einen unvorstellbaren, historisch beispiellosen Massenmord an der Zivilbevölkerung bedeutet. Es ist deprimierend, daß auch dieser verbrecherische Befehl in der Wehrmacht auf keinen Widerstand stieß – dabei schienen die Chancen, ihn verwirklichen zu können, zu diesem Zeitpunkt ausgezeichnet.

Das änderte sich mit dem Einsetzen der Schlammperiode, der ein verfrühter Winter folgte. Darauf war die Wehrmacht nicht vorbereitet – die Folgen waren katastrophal. Am 1. Dezember meldete der Oberbefehlshaber der Heeresgruppe Mitte, daß die Kraft der Truppe erschöpft sei, vier Tage darauf brach die sowjetische Gegenoffensive los, die Front wankte. Wahrscheinlich war es tatsächlich nur der fanatische Durchhaltewillen Hitlers, sein striktes Verbot zurückzugehen, die eine Katastrophe verhinderten; später hat der „größte Feldherr aller Zeiten" immer wieder in manischer Besessenheit dieses verzweifelte Rezept anzuwenden gesucht – aber es funktionierte später nie mehr, sondern trug vielmehr zu noch größeren Katastrophen, wie der bei Stalingrad, auf der Krim, in Kurland, bei.

Mit der Dezemberkrise 1941 war nicht nur der Feldzug gegen die Sowjetunion gescheitert – dieses Marne an der Moskwa bedeutete die endgültige Kriegswende, Hitler selbst ahnte dies durchaus. „Weltmacht oder Niedergang" – die alte Devise aus dem Ersten Weltkrieg erhob sich wie ein steinerner Gast vor den Augen Hitlers; wo aber Bethmann Hollweg und Ludendorff noch um einen Ausweg gerungen hatten, da ergab sich Hitler fortan jener apokalyptischen Götterdämmerungspathetik, die er an Richard Wagners Opern schon seit Jugendtagen bewundert hatte und nun im Weltmaßstab selbst inszenieren wollte. Bis zum Dezember 1941 war der Diktator rationalen Erwägungen und Vorschlägen noch nicht völlig verschlossen, das änderte sich nun.

Der Dezember 1941 wurde zum Monat der „Kriegswende". Am 7. Dezember überfiel Japan die amerikanische Flotte in Pearl Harbor, damit flammte der bisherige Wirtschaftskrieg zwischen den USA und Japan zum heißen Krieg auf. Mit Deutschland und Italien im „Dreimächtepakt" verbunden, setzte das Land des Kaisers Hirohito auf eine Schwächung und Ablenkung seiner Gegner durch die Achsenmächte. Tatsächlich erklärte Hitler am 11. Dezember 1941 den USA den Krieg – das war logische Folge der bisherigen short-of-war-Politik Roosevelts. Aber wenn dieser den Krieg auch gewollt hatte – daß Hitler ihn erklärte, damit war in Washington nicht unbedingt zu rechnen gewesen, der amerikanische Präsident und Churchill waren erleichtert.

Natürlich wurden in Berlin und Tokio fortan großartige Pläne und Szenarien für ein weltweit wirkendes Zusammengehen der Dreierpaktmächte geschmiedet – aber alles blieb im Bereich des Spekulativen und Dilettantischen stecken, im Grunde liefen die Interessen Deutschlands und Japans nicht zusammen, die große Zange um die Sowjetunion blieb ein unfrommer Wunsch, desgleichen der große maritime Plan eines deutsch-japanischen Zusammenwirkens im Indischen Ozean. Das lag nicht allein an den fehlenden Machtmitteln. Für Japan blieben der Kampf gegen die USA, die Gewinnung und Behauptung der „ostasiatischen Wohlstandssphäre" ausschlaggebend, für Deutschland die Niederwerfung der Sowjetunion zum Zwecke der Lebensraumgewinnung und des Völkermordes an den Juden. Diese Zielsetzungen waren zu unterschiedlich, als daß es zu einem echten strategischen Zusammenwirken hätte kommen können. Wenn die Alliierten sich daher entschlossen, „Germany first" zu besiegen, so konnte das bestenfalls der japanischen Kriegführung vorübergehende Entlastung bringen, für das Reich verschlechterten sich die strategischen und wirtschaftlichen Bedingungen seit dem Kriegseintritt der USA in kriegsentscheidender Weise.

Die Peripetie des Krieges war erreicht, auch wenn die Volksgenossen davon ebensowenig ahnten wie von der folgenschwersten und verbrecherischsten Entscheidung der NS-Führung überhaupt: der zur „Endlösung" der Judenfrage. Am 20. Januar 1942 fand jene berüchtigte Konferenz in einer Villa am Wannsee statt, deren Folgen die deutsche Geschichte bis in Zeit und Ewigkeit belasten werden: Systematisch von West nach Ost, so legten es die Herren auf Vorschlag Heydrichs fest, sollte Europa „durchgekämmt" und ein Land nach dem andern „judenfrei" gemacht werden. Schon bisher hatten die Judenverfolgungen alle historischen Dimensionen weit hinter sich gelassen; unter der pedantischen Leitung Adolf Eichmanns wurde nun jedoch ein

Völkermord bürokratisch organisiert, als gelte es eine Entlausungsanstalt zu betreiben.

Daß Juden verfolgt und getötet wurden, wußte ein großer Teil der Deutschen, denn daraus hatten die Nationalsozialisten niemals ein Hehl gemacht. Was in den Konzentrationslagern im Reich vor sich ging, hätte jedermann wissen können, viele schienen es dennoch nicht zu wissen, weil sie es nicht hätten aushalten können, wenn sie es gewußt hätten. Was in den sogenannten „Vernichtungslagern" Chelmno, Belzec, Sobibor, Treblinka, Majdanek und Auschwitz geschah, wußten nur die unmittelbar daran Beteiligten – niemand wird heute mit hinreichender Sicherheit sagen können, wieviele Personen das waren; es gibt Schätzungen, die gehen bis zu 250000 Menschen. In den Vernichtungslagern wurden mindestens 5,7 Millionen Juden ermordet; jüngste Schätzungen deuten sogar über die 6-Millionen-Marke hinaus. In deutschem Namen wurde hier das größte bekannte Verbrechen der Weltgeschichte begangen. Seine Dimensionen machen seine Sühne und seine Bewältigung für immer unmöglich. Seitdem ist die deutsche Geschichte „anders" als die aller anderen Staaten, und es hilft gar nichts, wenn man auf die entsetzlichen Verbrechen Stalins hinweist. Dadurch wird auch nicht der Mord an einem einzigen Juden gerechtfertigt.

Der historische Betrachter, vom Grauen geschüttelt, wenn er den Namen „Auschwitz" hört, neigt nur allzu leicht dazu, die übrigen nazistischen Verbrechen dieser Jahre zu relativieren. Dabei grenzte das, was Wehrmacht, SS und Einsatzgruppen der russischen Bevölkerung antaten, durchaus an das, was man einen Völkermord nennen könnte. Allein die Konsequenzen aus dem „Generalplan Ost" bedeuteten für Hunderttausende, ja Millionen Menschen Vertreibung und Tod; einen „Garten Eden" wollte Hitler aus seinem „Lebensraum" machen – aus ihm war alles zu vertreiben und auszurotten, was der NS-Vision vom Paradies widersprach. Nur der seit Dezember 1941 nicht mehr „programmgemäß" laufende Krieg verhinderte, daß der „Endlösung der Judenfrage" eine „Endlösung der slawischen Frage" folgte.

All das war qualitativ mehr als eine bloße „Verrohung der Sitten". Diese hatte es oft gegeben, man denke an den Dreißigjährigen Krieg. Freilich entschuldigte dies keineswegs jene barbarische Luftkriegführung, die seit 1942 nun auch die deutsche Zivilbevölkerung traf: wenn Lübeck „so schön brannte“, viel Fleiß auf die perfekte Auslösung von „Feuerstürmen“ in Wohnvierteln verwandt wurde, dann hatte auch das mit strategischen oder operativen Fragen nichts mehr zu tun, und wenn in der Schlußphase des Krieges gleichsam „offiziell“ von einem so sensiblen Dichter wie Ilja Ehrenburg zum Mord auch an deutschen Frauen und Kindern ungestraft aufgerufen werden konnte, so bleibt auch dies völlig unentschuldbar – das waren die sattsam bekannten „misères de la guerre“ eines Callot, eines Grimmelshausen, eines Tolstoi.

Aber die Wunden, die diese Grausamkeiten in Europa geschlagen haben, sind ein halbes Jahrhundert später weitgehend vernarbt, die Gegner von einst haben sich über den Gräbern der Getöteten und Ermordeten die Hände gereicht. Ein Handschlag über den Krematorien von Auschwitz ist unmöglich.

Obwohl der Krieg für Deutschland im Grunde schon verloren war, erfuhr der deutsch-italienische Machtbereich in Europa im Sommer 1942 seine größte Ausdehnung. Die Winterkrise wurde allenthalben überwunden, die Fronten im Osten stabilisierten sich, in Nordafrika wagte es Rommel zum zweiten Mal und schienen erfolgreich, mehr Aufmerksamkeit denn je kam dem Seekrieg zu, denn die „Schlacht im Atlantik“ schien nun, da alle Hemmungen gegenüber den USA gefallen waren, siegreich zu verlaufen, vielleicht gelang es den Ubooten doch noch, die Lebenslinien zwischen der Neuen und der Alten Welt zu durchtrennen.

Die Phase der Blitzkriege war nun vorbei und damit die Hoffnung, man könne auch ohne Mobilisierung der letzten menschlichen und wirtschaftlichen Ressourcen diesen Krieg gewinnen. Folgerichtig wurde nun erst die deutsche Kriegsmaschine neu organisiert und auf höhere Leistung getrimmt; der junge, agile Albert Speer entwickelte neue Organisationsverfahren, die sich als zukunftsträchtig erwiesen: Obwohl der Himmel über dem Reich den alliierten Bomberflotten 1944 völlig offen stand, eine Stadt nach der anderen in Schutt und Asche sank, erreichte die deutsche Kriegsproduktion im Juli 1944 ihren höchsten Stand – zu einem Zeitpunkt also, als der Krieg definitiv verloren war. Dieses angebliche „Rüstungswunder" sollte später oft als eine Art Vorläufer des „Wirtschaftswunders" der fünfziger Jahre gedeutet werden, was er keineswegs war; es zeigte jedenfalls, daß die theoretisch so straff nach dem „Führerprinzip" organisierte Wirtschaft und Gesellschaft des „Dritten Reiches" in der längsten Zeit ihrer Existenz weit weniger effektiv war als das, was beispielsweise in den USA seit 1941 angekurbelt wurde. Jene verbreitete These, nach der Diktaturen Kriege besser zu planen und zu führen verstünden als Demokratien, wurde im Zweiten Weltkrieg glänzend widerlegt.

Galt das aber auch für die Planung des Friedens? Schon der Erste Weltkrieg hatte bewiesen, wie schwierig, ja nahezu unmöglich es war, eine große Allianz auf klare, einheitliche Kriegsziele festzulegen. Diesmal lagen die Dinge wesentlich komplizierter. Die „Anti-Hitler-Koalition" war ja selbst nur negativ definiert, denn zu erwarten, daß aus der „unheiligen" Allianz zwischen „Kapitalismus" und „Kommunismus" ein positives Friedenskonzept resultierte, war wohl von Anbeginn eine leere Hoffnung. Tatsächlich war es Churchill, der diese Koalition zusammengeschmiedet hatte, es war auch nicht so sehr um irgendwelche positiven Kriegsziele, als vielmehr schlicht um die Verhinderung der finalen Niederlage gegangen.

Aber dieser negative kleinste Nenner der Allianz reichte auf Dauer nicht aus, schon gar nicht in den Vereinigten Staaten, die aus sicherer Distanz leichter über Sinn und Zweck des Krieges und seine Folgen nachdenken konnten. Die Verkündigung der „Atlantikcharta" knüpfte an die alten Ideen Wilsons vom Selbstbestimmungsrecht der Völker an und deutete zum ersten Mal auch einen möglichen kommenden Konflikt innerhalb der Anti-Hitler-Koalition an – denn auch die Sowjetunion hatte aufs gröbste in der Phase der deutsch-russischen Zusammenarbeit gegen das Selbstbestimmungsrecht der Völker verstoßen.

Aber die sich hieraus irgendwann einmal unvermeidlich ergebende Diskussion im Lager der Alliierten wurde zunächst zurückgestellt, denn wenn auch die Wende des Krieges erreicht war, so bedurfte es doch noch kaum absehbarer Anstrengungen und Zeiträume, um Nationalsozialismus, Faschismus und japanischen Imperialismus auszurotten. Die Notwendigkeiten des Krieges hielten die Allianz nolens volens zusammen, ja zwangen die „großen Drei" zu einer engeren Kooperation auch auf dem politischen Feld. Die großen „Kriegskonferenzen" von Teheran, Jalta und Potsdam stellten nur die jeweiligen Höhe- und Kreuzungspunkte in diesem Dialog dar.

Nach den dramatischen Ereignissen des Winters 1941/42 verharrte der Krieg einen Moment, auch wenn weiter gelitten, gestorben und gemordet wurde. Hitler versuchte seit dem 28. Juni 1942 in einem „zweiten Feldzug" die Sowjetunion doch noch zu besiegen. Die Kräfte reichten freilich nur noch zur Schwerpunktbildung in einem Raum. Das Unternehmen „Blau" zielte auf die Gewinnung der kaukasischen Erdölfelder, Hitler beharrte jedoch darauf, daß auch das industrielle und psychologische Herzstück des Südens der Sowjetunion erobert und zerstört wurde, Stalingrad.

Der Generalstab trug hiergegen einige Bedenken vor, durchschlagend waren sie nicht, selbst Halder glaubte, nicht zuletzt durch falsche Prognosen Gehlens („Fremde Heere Ost") beeinflußt, an den Erfolg dieser in zwei Angriffsfächer aufgespalteten Offensive. Es war also nicht nur Hitler, der an dem Desaster von Stalingrad schuld hatte.

Anfangs rückten die Deutschen ziemlich problemlos vor, die Krim wurde gewonnen, bald wehte die Hakenkreuzflagge auf dem Elbrusgebirge. Aber anders als im Jahr zuvor hatten sich die Sowjets geschickt jeder größeren Einkesselung entzogen, sie wichen elastisch und in Ordnung zurück, das wurde den Generälen an der Front unheimlich.

Die unguten Ahnungen bestätigten sich dann im Drama um Stalingrad. Vergeblich hatte der Generalstab Hitler um eine rechtzeitige Rücknahme der 6. Armee gebeten, wohl auch nicht nachdrücklich genug; als alles sichtbar schief ging, kam es zum Eklat zwischen Hitler und Halder. Dieser ging, das war ihm nur recht, vielleicht hatte er alles sogar selbst inszeniert: Die Verantwortung für den Untergang der 6. Armee wollte der Generalstabschef lieber Hitler allein überlassen.

Die Katastrophe von Stalingrad löste zum ersten Mal in der deutschen Bevölkerung Angst vor dem Verlust des Krieges aus, erst jetzt begann sie zu begreifen, daß die Kriegswende eingetreten war. Neben Stalingrad verblaßten die übrigen Niederlagen, deren Fernwirkung von nicht geringerer Bedeutung war: Im November 1942 geriet das Afrikakorps endgültig in die Defensive, die letzten Reste kapitulierten zusammen mit den völlig demoralisierten italienischen Verbänden im Brückenkopf Tunis im Mai 1943. Am 7. November 1942 landeten die Alliierten in Nordafrika und bildeten damit zum ersten Mal eine „Zweite Front". Der Stoß richtete sich gegen den „weichen Unterleib" der Achse, das Mittelmeer und Italien waren seitdem aufs höchste gefährdet. Deutschland reagierte mit der Besetzung Restfrankreichs: Das war das formale Ende aller Kollaborationspolitik mit dem Regime in Vichy. Die deutschen Kriegsaussichten waren am 18. Februar 1943, als Goebbels vor einer fanatisierten Menge im Berliner Sportpalast den „totalen Krieg" verkündete, so trübe wie nie zuvor.

Rasch wurden sie noch trüber, ein Desaster folgte nun dem anderen. Im Osten gelang es nur mühsam, auf verkürzten Linien die Front zu halten, die russischen Offensiven steigerten sich von Mal zu Mal, ihre Abwehr wurde immer schwieriger, Leningrad wurde nach 900 Tagen von der Roten Armee wieder entsetzt. Im Mai 1943 ging die „Schlacht im Atlantik" endgültig verloren, von nun an war es hoffnungslos, die Seeverbindungen Englands über den Atlantik zu unterbrechen. Der strategische Luftkrieg der Alliierten wirkte sich 1943 zwar immer noch nicht „kriegsentscheidend" aus, verwandelte aber weite Stadtregionen des Reiches in Trümmerwüsten. Vergeblich versuchte Hitler im Kursker Bogen noch einmal eine – wenn auch nur noch bescheidene – Sommeroffensive: Längst war der Roten Armee alles bekannt, längst hatte sie ihre Abwehrmaßnahmen getroffen, nahezu unverzüglich folgte dem Scheitern der Operation „Zitadelle" eine strategische Großoffensive der Roten Armee: von nun an war kein Halten mehr, ständig in schwerste Kämpfe verwickelt – und in ihnen schier Übermenschliches leistend –, gingen die deutschen Divisionen zurück, im Osten war das Ende absehbar.

In dieser Phase des Krieges wurden schon die Weichen für die Nachkriegszeit gestellt. Die Forderung nach bedingungsloser Kapitulation, wie sie in Casablanca formuliert worden war, weckte in Deutschland weniger Trotz als Furcht vor der Zukunft, selbst Goebbels fiel es seitdem immer schwerer, die Massen im rechten braunen Glauben zu halten. In der „Europäischen Beratenden Kommission" (European Advisory Commission, EAC), auf der Moskauer Konferenz eingesetzt, entstanden die ersten Pläne für das Schicksal Deutschlands nach dem Krieg. Die Konferenz von Teheran galt im November/Dezember 1943 sowohl der Errichtung einer „Zweiten Front" als auch der Zukunft des gesamten mittel- und ostmitteleuropäischen Raumes; schon damals mußte den Westmächten klar werden, daß Stalin nicht gewillt war, das, was er mit Hitlers Hilfe errungen hatte, jemals wieder herauszugeben. All dies versprach für die Zukunft Unruhe, Unsicherheit, Konfrontation. Noch war der Zweite Weltkrieg nicht zu Ende, da zeichneten sich schon die Strukturen eines neuen, nun wahrhaften „Kriegs der Kontinente" ab.

Der „Abfall" Italiens im Juli 1943 und der Sturz Mussolinis trafen den „Führer" auch menschlich schwer; die Befreiung des auf dem Gran Sasso inhaftierten „Duce" durch ein tollkühnes Fallschirmunternehmen, die Errichtung eines ephemeren norditalienischen faschistischen Staates waren eher romantische Ausläufer einer für Hitler zusammengebrochenen Vision, alles bedeutungslos.

Entscheidend war seit dem Herbst 1943 nur noch eine Frage: Würde es den Alliierten gelingen, eine „Zweite Front" zu errichten, die Stalin seit Jahr und Tag gefordert hatte, oder konnte sich die „Festung Europa" langfristig gegen den Ansturm aus Ost und West behaupten? Selbst nüchterne Generäle, Admiräle und Diplomaten hielten diese Frage zu Beginn des Jahres 1944 noch nicht für entschieden. Sollte die ständig erwartete Invasion im Westen nämlich scheitern, dann bestanden Aussichten auf eine Art von „Hubertusburger Frieden" – so zumindest spekulierten diejenigen, die dem irrationalen Fanatismus und Fatalismus der nationalsozialistischen Führung noch nicht vollständig erlegen waren.

Zu ihnen zählte auch Erwin Rommel, den Hitler mit der Verteidigung im Westen beauftragte. Dieser hochdekorierte Held des Krieges war ein ganz typischer Vertreter jener führenden Schicht in Deutschland, die ihre Distanz zur Weltanschauung des Nationalsozialismus nie aufgegeben hatte, von den enormen Anfangserfolgen des Systems gleichwohl fasziniert war. Wenn die Opposition, die seit dem Herbst 1939 vielerlei versuchte und immer wieder gescheitert war, sich nun Rommel annäherte, dieser zumindest still hielt, so konnten neue Hoffnungen keimen: Gelang es im Osten die Front zu stabilisieren, im Westen die Invasion abzuwehren, Hitler zu beseitigen – dann konnte der Krieg vielleicht doch noch glimpflich enden.

Man erkennt die fatalen Zusammenhänge: Indem sich Rommel und General Carl-Heinrich von Stülpnagel, der Oberbefehlshaber in Paris, energisch für die Invasionsabwehr einsetzten, halfen sie dem NS-System zu überleben und im Osten weiter zu morden, aber nur wenn die Invasionsabwehr erfolgreich war, konnte ein Putsch gegen Hitler mehr bedeuten als eine bloß moralische Tat.

Die immer wieder zum Mißvergnügen Stalins verschobene Invasion begann am 6. Juni 1944; drei Wochen später traten die Roten Armeen im Osten zur entscheidungssuchenden Offensive an. Binnen weniger Tage war klar, daß die Invasion erfolgreich war; als die Alliierten bei Avranches aus den gewonnenen Brückenköpfen ausbrachen, bedeutete dies den militärischen Zusammenbruch im Westen, wenig später konnte de Gaulle mit seinen „freien Franzosen" im Triumph nach Paris einziehen. Im Osten schrammte das Heer seit Juli 1944 nur haarscharf an einer endgültigen Katastrophe vorbei. In unendlicher Ferne lagen nun die Hoffnungen, die „Festung Europa" doch noch halten zu können. Im Südosten und Süden brach alles zusammen, die Amerikaner drangen in Italien vor; geordnet zwar, aber unaufhaltsam gingen die deutschen Truppen auch hier zurück.

Die Lage war also aussichts- und hoffnungslos, als das von Oberst i. G. Claus Schenk Graf von Stauffenberg verübte Attentat auf Hitler am 20. Juli 1944 scheiterte. Mit milderen Friedensbedingungen war zu diesem Zeitpunkt nicht mehr zu rechnen, es kam also nur noch darauf an zu beweisen, daß es auch in Deutschland Männer gab, die dem Unrecht wehren, den Verbrecher an der Spitze des Staates beseitigen wollten – unter Einsatz des eigenen Lebens, ohne Hoffnung, das Schicksal Deutschlands wenden zu können. Allein aus sittlichen Gründen, wie es einer der Verschwörer nannte, mußte dieser Versuch gewagt werden. Tatsächlich ist die Tat des 20. Juli bis heute ein helles Licht in der Finsternis dieser Zeit, und wesentlich auch auf die Frauen und Männer des Widerstandes geht es zurück, wenn nach 1945 ein neues Deutschland entstehen konnte. Die damnatio memoriae, der Göring, Himmler, Dönitz – um drei der fanatischsten und hemmungslosesten Anhänger Hitlers aus der Schlußphase des Krieges zu nennen – damals Stauffenberg und seine Kameraden überantworten wollten, hat sich gegen die Verbrecher selbst gewendet – es gibt keine Göring- oder Himmlerstraßen, sehr wohl aber ehrt nahezu jede große Stadt in Deutschland den fröhlichen, tapferen Claus Schenk von Stauffenberg im Namen von Straßen, Plätzen, Schulen.

Auf die NS-Führung übte das Attentat nur einen vorübergehenden Schock aus, Hitler war seitdem „felsenfest" davon überzeugt, daß die „Vorsehung" ihn schütze – diesen Irrglauben bezahlten Millionen Soldaten und Zivilisten mit dem Leben, denn die größten Zerstörungen und Verluste des Krieges erfolgten erst seit dem Sommer 1944. Endlich hatten die Alliierten die praktischen Verfahren zur Zerstörung der rüstungswichtigen Industrien perfektioniert; als die systematische Bombardierung von Hydrieranlagen und Verkehrsknotenpunkten begann, mußte Speer das nahe Ende der deutschen Rüstungsproduktion melden. Alles war nun absehbar, aber Hitler war entschlossen, es zu keinem zweiten 11. November kommen zu lassen – wenn auch in Bitternis und Trauer: immer noch folgten die meisten Deutschen ihrem „Führer", wenn er diesmal bis „fünf nach zwölf" weitermachte.

Das Kriegsreich Adolf Hitlers konnte seit August 1944 nur noch hilflos auf den immer enger werdenden Ring der Gegner reagieren. Frankreich wurde rasch von den Westalliierten zurückerobert, die Rote Armee überrollte den Balkan und etablierte hinter den Fronten sofort kommunistische Regimes, Teile Ostpreußens gingen schon im September 1944 verloren – dann freilich verhielt die Ostfront, die ständigen Anstrengungen hatten Kraft und Moral auch der Roten Armee erschöpft, Stalin mußte eine Pause einlegen.

Was es für die Zivilbevölkerung im Osten bedeutete, von den sowjetischen Truppen überrollt zu werden, wußte inzwischen jedermann im Reich, Goebbels Greuelpropaganda beschrieb tatsächlich nur die entsetzliche Wirklichkeit. Nun schlug auf die Deutschen zurück, was ihre Führung den Völkern der Sowjetunion zugedacht hatte. Von nun an ging es den Frontkommandeuren auch nicht mehr so sehr um irgendwelche strategischen oder gar politischen Dinge, wenn sie den Ansturm der Roten Armee aufzuhalten suchten, es ging nur noch um die verzweifelte Verteidigung der Heimat, der eigenen Väter, Mütter, Brüder und Schwestern. Sicherlich verlängerte auch dieser Widerstand die Lebenszeit des Hitlerschen Regimes und kostete, da das Morden in den Todeslagern fast bis unmittelbar vor dem Ende weiterging, ungezählte Menschen das Leben – wer aber will hier verdammen, wenn es die Haltung der Wehrmacht in dieser Endphase der Apokalypse zu werten gilt?

Anders lagen die Dinge im Führerhauptquartier. Inzwischen war wohl jedermann aus Hitlers Umgebung klar, daß dieser Mann mit normalen rationalen Maßstäben nicht mehr zu messen war. Hitler wollte den Untergang; die berüchtigten „Nerobefehle“, in denen er die Lebensgrundlagen des deutschen Volkes selbst zu zerstören befahl, lassen daran keinerlei Zweifel.

Es war deswegen irgendwie nur konsequent, wenn Hitler dem Untergang des deutschen Ostens tatenlos und gleichgültig zusah. Was an militärischer Kraft noch verfügbar war, warf er vielmehr nun nach dem Westen; die von Anfang an aussichtslose „Ardennenoffensive“ war wie das letzte Umsichschlagen eines schon vom Tode Gezeichneten.

Der Vormarsch der Amerikaner, Engländer und Franzosen wurde durch die Ardennenoffensive bestenfalls um drei Wochen verzögert. In dieser Zeit entschied sich Deutschlands Schicksal im Osten: Am 12. Januar 1945 begann die letzte sowjetische Großoffensive aus den Weichselbrückenköpfen heraus – binnen weniger Tage zerbrach die deutsche Front. Sie war viel zu schwach, um auch nur hinhaltenden Widerstand leisten zu können. Die Truppen des Oberbefehlshabers der 1. Weißrussischen Front, Marshall Schukows, überrollten die unendlichen Flüchtlingstrecks auf der Flucht gen Westen, hinter den Fronten im Winter 1945 spielten sich Szenen wie aus dem Danteschen Inferno ab.

Daß es zu diesem Grauen kam, war natürlich Schuld Hitlers. Es war aber in viel größerem Maß Schuld all derer, die auch in diesem Moment ihrem „Führer" folgten, und sei es in das finale Verderben. Schon zu Zeiten Schlieffens hatte der Große Generalstab wenig Verantwortungsgefühl für den deutschen Osten bewiesen; was die Herren Keitel, Jodl vom OKW, Dönitz von der Kriegsmarine und der gesamte Generalstab des Heeres nun auf sich luden, indem sie der Ardennenoffensive zustimmten und damit auf den Schutz des Ostens mit allen verbleibenden Mitteln verzichteten, bleibt unverzeihlich.

Das Ende ist rasch erzählt: Bis zum Schluß klammerte Hitler sich an ein neues „Mirakel des Hauses Brandenburg", das keineswegs eintrat, als Roosevelt starb, an irgendwelche imaginären Entsatzarmeen, die niemals ankamen; erst als die Sowjets in das Berliner Regierungsviertel eindrangen, machte der „Führer" seinem Leben ein Ende. Sein Nachfolger Karl Dönitz brachte die Kriegsmaschine dann so rasch und so gut es ging zum Stillstand – das zumindest bleibt das Verdienst dieses allergläubigsten Jüngers des Adolf Hitler. An der Elbe trafen die Amerikaner mit den Russen zusammen, ganz Deutschland wurde von den Siegern besetzt. Als die Wehrmacht am 7. bzw. 9. Mai 1945 kapitulierte, gab es das „Dritte Reich" de facto nicht mehr, auch wenn in Flensburg noch eine Schattenregierung unter Dönitz zehn Tage lang zu amtieren suchte. Der Zweite Weltkrieg war in Europa zu Ende, es schien, als sei es die Geschichte Deutschlands in diesem Europa ebenfalls. Ein Eiserner Vorhang senkte sich quer über den rauchenden Trümmern eines Kontinents, der nach tausend Jahren einer ebenso stolzen wie tragischen, dramatischen wie vielfältigen Geschichte einer düsteren Zukunft entgegensah. Und Deutschland? Ludwig Beck, ein Opfer des zwanzigsten Juli 1944, hatte es 1938 schon prophezeit, nun schien es eingetreten, das „finis Germaniae".

III. Die Teile und das Ganze 1945–1990

1. Der Weg aus den Trümmern

Das tausendjährige Deutsche Reich war untergegangen, es hatte die „tausend Jahre" des sogenannten „Dritten Reiches" nicht überlebt, und wenn das spätere Bundesverfassungsgericht ebenso wie viele aufrechte Frauen und Männer trotzig darauf beharrte, daß das Reich dennoch nicht untergegangen sei, so erinnerte dies bloß an jene fruchtlosen und blutleeren Diskussionen, die schon 1806 nichts vom Ende des Heiligen Römischen Reiches Deutscher Nation hatten wissen wollen. Tatsächlich, ungeachtet seines juristischen Fortbestandes, existierte das Deutsche Reich seit 1945 nicht mehr; wie gründlich und unwiderruflich es untergegangen war, machten nicht zuletzt Namen und Begriffe deutlich: Zwar gab es fortan und bis in die Gegenwart hinein eine „Reichsbahn" oder einen „Reichsbund" (der Kriegsopfer und Verfolgten des Nazi-Regimes) und gewiß noch so mancherlei anderen Verein, der das „Reich" im Titel führte – die Gemeinwesen, die sich aus den Trümmern von 1945 langsam hochrappelten, mieden das Wort „Reich" wie der Teufel das Weihwasser; vergeblich, ja fast lächerlich wirkten vage vorgetragene Anregungen eines nachmaligen Bundestagspräsidenten, es vielleicht doch noch einmal mit dem Namen „Reich" zu versuchen – da war alles schon entschieden: Deutschland sollte fortan eine Bundesrepublik oder eine Demokratische Republik sein, das Reich war und blieb tot.

Bedauern hat das übrigens, ähnlich wie 1806, nirgendwo ausgelöst. Die ungeheuerlichen Verbrechen im Namen von Volk und Reich, deren sich die Deutschen zwischen 1939 und 1945 schuldig gemacht hatten, haben den Begriff „Reich" auf Zeit und Ewigkeit für Deutsche diskreditiert – auch dies war ein Preis, der für Auschwitz zu entrichten war, vielleicht noch der geringste.

Europa nach 1945

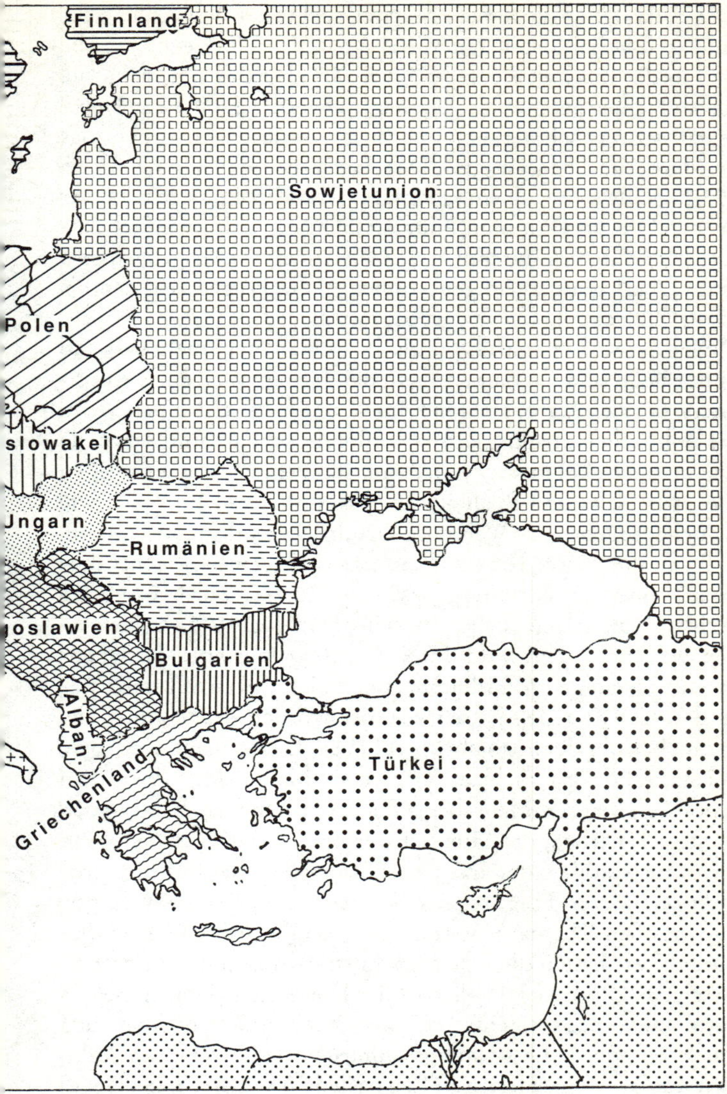

Finnland
Sowjetunion
Polen
slowakei
Ungarn
Rumänien
goslawien
Bulgarien
Alban.
Griechenland
Türkei

Weil das Reich nicht mehr bestand, rückte das Wort „Deutschland" wie von selbst in den Mittelpunkt aller Überlegungen, die sich in die Zukunft richteten. Daß es sich dabei um nicht viel mehr als einen geographischen Begriff handelte, sollte den Deutschen später schmerzlich deutlich werden, war doch das berühmte und berüchtigte „Deutschland in den Grenzen von 1937" nichts weiter als eine geographische Hilfskonstruktion der großen Drei von Potsdam – nur auf die Geographie nämlich hatten sich Truman, Churchill und Stalin damals als Ausgangspunkt ihrer Überlegungen einigen können –, die Folgen reichten bis 1990, vielleicht noch weit darüber hinaus.

Weil es Deutschland als politische Einheit nicht mehr gab, gab es nur noch seine Verankerung in der Topographie eines Kontinents, der sich Europa nannte. Im Grunde war es simpel: Wenn die politischen Strukturen sich auflösen, scheint an ihrer Stelle wie in einem Palimpsest das ältere, stabilere Muster auf – eben dies war Geist und Realität Europas, des „alten Europa", wie manche es nicht ohne Wehmut auszudrücken pflegten.

Denn alles Gerede ob einer „Stunde Null", eines „Machtvakuums", eines „Staatsuntergangs" im Herzen Europas nutzte nichts: Deutschland blieb auch nach dem 9. Mai 1945 ein gewaltiger „Brocken", eine wild durcheinandergewürfelte Menschenmasse von einigen 70 Millionen, unendlich viel an Substanz war in den letzten Kriegsjahren zerstört worden – unendlich viel mehr aber war dennoch übrig geblieben, Deutschland war keine Wüste, schon gar nicht atomar verstrahlt; im Mai 1945, dem schönsten Mai seit Menschengedenken, blühte das Land in den buntesten Farben, der Himmel war blau, sogar über der Ruhr, wenn auch bloß ob des drastischen Rückgangs der Industrieproduktion. Was in Frankreich schon nach dem Ersten Weltkrieg zum großen Thema geworden war, erfuhr seine Wiederbelebung: Zwar hatten die vereinten Anstrengungen der Kriegsalliierten das „Potentiel de guerre" der Deutschen ziemlich restlos vernichtet – das „Potentiel de paix" blieb erhalten, wenn auch nicht voll, denn die Rüstungsschmieden des Reiches an Ruhr, Saar und in Oberschlesien sollten nach dem Willen einiger Sieger dauerhaft von Deutschland abgetrennt werden.

Das Kriegsende hatte wohl auf die meisten Menschen in Europa wie ein Schock gewirkt; der Ausrottung des Nationalsozialismus und des „preußisch-deutschen Militarismus“ mit Feuer und Schwert war überall die bange Frage gefolgt: Was nun? Darüber täuschten auch nicht die Freude und die Erleichterung hinweg, mit der die Menschen in Paris, Moskau oder London „V-Day“ feierten. Anders als nach allen anderen Kriegen Europas stand nämlich am Ende nicht der Versuch, in einem großen, allgemeinen Friedenskongreß den Kontinent neu zu ordnen – diesmal war nur der Krieg totgeschlagen worden, vom Frieden aber war weit und breit nichts zu sehen, fast unverzüglich glitt die Welt vom „heißen“ in den „kalten“ Krieg. Daß dem Zweiten sehr bald ein dritter Weltkrieg folgen würde, davon waren viele Menschen in ganz Europa zutiefst überzeugt. Das „Zeitalter der Weltkriege“ schien die Signatur des restlichen 20. Jahrhunderts zu sein; ob Frieden jemals überhaupt noch möglich sein konnte?

Diese Frage war durchaus neu. Der Zweite Weltkrieg hatte, rein technisch gesehen, nicht so viel anders begonnen als der Erste Weltkrieg endete. Im August 1945 aber gab es etwas unerhört Neues, etwas noch nie Dagewesenes, etwas schier die menschliche Vorstellungskraft Übersteigendes: die Atombombe.

Gewiß: Jene Militärs, die die erste Bombe am 16. Juli 1945 bei Alamogordo zündeten, und die, die die beiden ersten Bomben über Hiroshima und Nagasaki am 6. bzw. 9. August abwarfen, vermochten in der Bombe anfangs nur das neue, zwar beträchtlich wirkungsvollere, dennoch ins Arsenal des allgemeinen Schreckens gehörende Mittel des Krieges zu sehen, und es sollte noch einige Jahre dauern, bis den Machern des „Manhattan-Projekts“ überhaupt klar wurde, was sie angerichtet hatten. Das galt nicht so sehr für die Wissenschaftler, denen doch hier und da Zweifel an der Moral der Bombe kamen, wohl aber für die politisch Verantwortlichen. Noch 1948/49 konnten amerikanische Militärs allen Ernstes und aus tiefster Überzeugung Adenauer belehren, daß es sich bei der Atomwaffe um die „Fortentwicklung der Artillerie“ handele. Die psychologischen und geistesgeschichtlichen Schockwellen der ersten Atomexplosionen erreichten die Gesellschaften in Europa wie in Amerika nur mit einer Verzögerung von einem guten halben Jahrzehnt, es waren die Jahre, die man im nachhinein als die gefährlichsten der ganzen Weltgeschichte bezeichnen kann, sie bildeten eine „Risikozone", deren Bedeutung den Menschen seinerzeit ebensowenig klar geworden ist wie einst dem Reiter die des gefrorenen Bodensees.

Warum freilich ging der „Ritt über den atomaren Bodensee" anders aus als bei Gustav Schwab? Warum, so ist am Ende unseres, des 20. Jahrhunderts zu fragen, hat die Menschheit überlebt, warum steht zu hoffen, daß sie noch eine gute Weile überleben wird? Warum hat es, entgegen aller Erwartungen in den Jahren nach 1945 keinen dritten Weltkrieg gegeben, warum erscheint die Geschichte Deutschlands, Europas, der ganzen Welt so fundamental verwandelt?

Man hat in den Jahren nach 1945 die atomare Gefahr gesehen, ihre Konsequenzen nicht annähernd begriffen – deswegen war es auch nicht so sehr höhere politische Weisheit, die uns am Abgrund verharren ließ, als vielmehr pures Glück. Wenn Jacob Burckhardt einst über Glück und Unglück in der Weltgeschichte sinniert hatte, so war er von einem wenn vielleicht auch nicht stetigen Wechsel beider ausgegangen, seit Hiroshima aber wäre das wahre Unglück der Weltgeschichte auch das letzte gewesen – das veränderte das ganze Muster der Geschichte, das forderte ein neues Denken. Daß die Deutschen unmittelbar nach der von ihnen mehrheitlich als Katastrophe empfundenen Niederlage anscheinend willens waren, Altes endgültig über Bord zu geben, zu neuen politischen, gesellschaftlichen und sittlichen Ufern aufzubrechen, war angesichts dessen, was sie angerichtet hatten, nicht weiter verwunderlich. Anders als nach dem Ersten Weltkrieg fühlten sie sich nicht als bloße Unschuldige, anders als damals gab es auch nicht ansatzweise eine „Dolchstoßlegende", die Deutschen gingen in Sack und Asche, und dies zu Recht.

Wie aber sah es im übrigen Europa aus, vor allem: Wie gedachten die Sieger ihren Sieg zu gestalten, zu bewahren, wie wollten sie mit den Besiegten umgehen, wo, woran konnten sie anknüpfen?

Für die Deutschen war die jüngste eigene Vergangenheit kein irgendwie brauchbares Muster für die Zukunft, so wenigstens schien es zunächst. Die Sieger freilich verfügten nur über Erfahrungen aus ihrer Vergangenheit, wenngleich der Krieg und seine Gesetze alles Bestehende, alles als wertvoll und erhaltenswert Empfundene in weiten Teilen rücksichtslos zerschlagen hatten. Schon 1918/19 hatten die Alliierten kaum noch an die Zeit vor 1914 anknüpfen können, und wo sie es versucht hatten, waren sie kläglich gescheitert. 1945 gab es ein Zurück nach 1939 noch viel weniger, ja viele glaubten, daß es eben die Vergangenheit selbst gewesen sei, die ihnen das Unglück von 1933 oder 1939 eingebrockt hatte. Der Versailler Vertrag galt nicht nur bei vielen Deutschen als causa prima allen Unglücks, die Völkerbund- und Appeasementpolitik der Vorkriegszeit schien ebenfalls an der Katastrophe schuld zu sein, weitverbreitet war die Ansicht, daß die Weltwirtschaftskrise von 1929 Auslöser allen Übels gewesen sei, die „unheilige Allianz" zwischen Deutschland und der Sowjetunion, die den Krieg im August 1939 losgetreten hatte, wurde freilich nur gleichsam hinter vorgehaltener Hand für alles Böse mit haftbar gemacht.

An diesem Punkt zeichneten sich schon die neuen Un-Möglichkeiten einer zukünftigen Friedenspolitik in und für Europa ab. Man hatte den Teufel Hitler mit dem Beelzebub Stalin ausgetrieben, der forderte nun seinen Preis und seinen Triumph, sehr zum Mißvergnügen der beiden anderen Großen, Churchill und Roosevelt, bald Attlee und Truman. Hatte man am Ende des Ersten Weltkrieges die kommunistische Gefahr erkannt und dann doch annähernd gebannt, denn Trotzki und Lenin zählten nicht zu den Siegern über Deutschland, so stand es 1945 außer Frage, daß die Union der sozialistischen Sowjetrepubliken nicht allein den größten Anteil an den Opfern des Krieges, sondern auch an der Zerschlagung des Nazismus gehabt hatte. Das schuf völlig neue Probleme. Hatten noch in den letzten Kriegstagen in Deutschland Typen wie Goebbels und Himmler gehofft, in einem Manöver des letzten Augenblicks die Westalliierten zum Allianzwechsel mit dem Ziel der Zurückdrängung des Stalinschen Kommunismus bewegen zu können, so machten die Amerikaner unter Roosevelt und Truman ihren Verbündeten nun drastisch klar, daß sie wild entschlossen waren, die Allianz mit „den Roten" nicht nur aufrechtzuerhalten, sondern zur Grundlage einer neuen Weltfriedensordnung zu machen. Diese Vision ging den Erfahrungen und den Traditionen der alten europäischen Staaten dermaßen zuwider, daß die amerikanischen Hoffnungen von Anfang an Traumgespinste waren. Auch wenn die Sowjetunion nicht von sich aus alle Ansätze zum friedlichen Retablissement der Welt zerstört hätte – die Westeuropäer wären mehrheitlich wohl niemals bereit gewesen, diese pax americana-sovietica als Grundgesetz Europas zu akzeptieren.

Ob es ein europäisches „Grundgesetz“ überhaupt noch oder wieder geben konnte, war eine 1945 unbeantwortete Frage. Der Einbruch außereuropäischer Mächte, der schon seit 1917 den Ersten Weltkrieg mitbestimmt hatte, erwies sich nun als schlechthin konstitutiv. Nicht Franzosen, Engländer, Polen und Italiener – um einige der größeren europäischen Mächte zu nennen – bestimmten über das Schicksal des europäischen Zentrums, es waren Russen und Amerikaner. Als sich an der Elbe bei Torgau zum ersten Mal sowjetische und amerikanische Soldaten die Hände reichten, da war dies ein Menetekel für die Zukunft Europas. Ob dieses je wieder so stark würde, um sein Geschick in die eigenen Hände zu nehmen? Oder war fortan Europa nur noch Tummelplatz amerikanischer und kommunistischer Ideologien und Potenzen, schlimmstenfalls Schlachtfeld transatlantischer und transuraler Ambitionen der neuen Weltmächte? Schon 1919 hatten die Nachdenklicheren unter den in Paris versammelten Staatsmännern den Krieg als Unglück für ganz Europa begriffen – diesmal brauchte man darüber nicht einmal mehr nachzudenken, die machtpolitische Zerstörung des alten Kontinents war die härteste Tatsache aus dem Mai 1945.

All dies relativierte das Schicksal Deutschlands und der Deutschen von Anfang an. Deutschland hatte, obwohl geschlagen, 1919 dennoch im Mittelpunkt Europas gestanden, eines politisch und geistig strukturierten Europas, das sehr rasch wieder zu sich selbst zu finden suchte – mit mehr oder eher weniger Erfolg. Diesmal hatte sich über ganz Europa die amerikanische und sowjetische Käseglocke gestülpt. Die Masse des Kontinents lag zwar immer noch im Zentrum, aber sie war in jeder Hinsicht amorph. Das war Folge des moralischen Zusammenbruchs des

Deutschen Reiches; die Siegermächte ließen anfänglich keinen Zweifel daran, daß damit nicht nur die Gegenwart, sondern in Bausch und Bogen auch die Vergangenheit der Deutschen gemeint war. Die gesamte neuere Geschichte der Deutschen schien ein einziger Irrweg gewesen zu sein, angefangen von Luther, über Friedrich den Großen, Bismarck, Wilhelm II., bis hin zu Hitler, der Inkarnation alles Bösen in der deutschen Geschichte schlechthin. Um so unverständlicher war es, daß der Kreuzzug der „Guten" gegen die „Bösen" nun offensichtlich nicht zur Errichtung des Paradieses zumindest in Europa, sondern zu einer neuen Konfrontation noch ungeahnten Ausmaßes führen sollte. Genugtuung ob des Sieges und ungeheure Frustrationen ob der Wiederkehr des Bösen, nunmehr im Gewand des stalinistischen Bolschewismus, bestimmten die geistigen Landschaften in Europa; daß die als naiv empfundenen Amerikaner noch einige Monate dennoch glaubten, mit Stalin das Geschäft des Friedens betreiben zu können, trug zur verbreiteten Hoffnungslosigkeit und Resignation nur noch bei.

War nicht ohnehin alles für alle Zeit vergeblich? War das „finis Germaniae" nicht auch das „finis Europae", vielleicht bald schon der ganzen zivilisierten Welt? Der Apokalypse des Zweiten Weltkrieges knapp entronnen, fühlten sich die Europäer von ungleich entsetzlicheren Apokalypsen förmlich umstellt. Stoisches Zusehen, existentialistisches Akzeptieren, Flüchten in die Vergangenheit – all dies bestimmte die geistige Szenerie in den Monaten zwischen Kriegsende und neuer Weltkriegsfurcht. Mochten die Deutschen fortan „draußen vor der Tür" bleiben, die Hölle war auch andernorts in uns selbst, und die platte Coca-Cola-Kultur, die über den Atlantik schwappte, schien nur Konsequenz aus dem Unvermögen Europas, sich selbst aus dem Sumpf zu ziehen. Die Helden des Krieges waren nicht mehr gefragt, mitten in der weltbewegenden Konferenz von Potsdam wählen die Briten ihren Heros Churchill einfach aus dem Amt; daß Roosevelt in merkwürdiger Parallele dem Tod am Ende des Krieges ebensowenig entrann wie Hitler, paßte ins existentialistische Bild der Epoche. Und während in Frankreich de Gaulle, der Befreier, ins Netzwerk kleinlicher politischer Querelen geriet, schon damals hart ans Lächerliche streifend, erfreute sich die bête rouge im Kreml unverschämter Gesundheit, tastete die Rote Armee weiter nach Westen, schluckte die „befreiten" kleinen Staaten Ostmitteleuropas; dem hemmungslosen ideologischen Appetit des roten Ostens schien nichts und niemand widerstehen zu können.

All dies war vielleicht pure Phantasie, gelegentlich ins politisch Pathologische streifend, aber es sollte in den kommenden Jahren geschichtsmächtig werden. Der Zweite Weltkrieg hatte Europa, insbesondere Deutschland, barbarisiert; die auf dem alten Kontinent tief verwurzelte Furcht vor den Fremden, den Anderen, den Hunnen, den Slawen, den Gelben, den Roten, erwies sich auch nach der Niederwerfung der NS-Ideologie und ihres barbarischen Machtinstrumentes als erstaunlich beständig. Die Kommunistenfurcht, schon seit 1919 ein wichtiges Element im Denken der westlichen Demokratien, wuchs nun noch an, nachdem man der primären Gefahr des Nationalsozialismus und des Faschismus erfolgreich die Stirn geboten hatte. Man war 1939 und 1941 auch gegen eine Ideologie zu Felde gezogen, am Ende des Krieges beherrschten Ideologien stärker denn je das politische Feld. Sich gegen die rote Ideologie abzuschotten, sie einzudämmen, nach Möglichkeit zurückzuwerfen, das enthielten die Schlagworte „Eiserner Vorhang", „Containment" und „Roll back" – Schlüsselbegriffe für das dem Krieg folgende halbe Jahrhundert.

Des Beweises, daß der Kommunismus aggressiv und expansionistisch war, bedurfte es dabei nicht mehr. Gleichgültig auf welch subtile Weise beispielsweise Stalin oder Schdanow das stetige Vorrücken des Kommunismus im Osten Europas begründeten, ungeachtet aller Einkreisungs- und Vorfeldthesen (an ihnen herrschte kein Mangel, und sie konstituierten bald das Substrat auch für die Deutungen der sowjetischen Politik in den politischen und historischen Wissenschaften) – in der harten politischen Realität war eben nicht daran vorbeizukommen, daß nacheinander Polen, Ungarn, Bulgarien, Rumänien, Jugoslawien, Albanien, die Tschechoslowakei der kommunistischen Diktatur des Kreml anheim fielen. Daß diese sich im Osten Deutschlands, in der sowjetischen Besatzungszone ebenfalls etablierte, verstand sich füglich von selbst. Erst die Bedrohung der Türkei und Griechenlands sollte dann die Wende, genauer: den Stillstand der kommunistischen Expansion in Europa einleiten – aber bis dahin war noch ein langer Weg.

Es spielte also keine Rolle, aus welchen Motiven heraus Stalin „sein" Europa und „seinen" Teil Deutschlands zu gestalten suchte. Die Menschen sahen nur vollendete Tatsachen, es schien höchst plausibel, wenn politische Kassandras, vor allem in den USA und in England, vor der „roten Flut" warnten, die zweifellos bis zum Atlantik dränge. Daß die Kommunistenfurcht dabei teilweise groteske Blüten trieb, war erklärlich, und McCarthy bloß das Produkt einer kaum noch steuerbaren unterschwelligen Grundfurcht vor der kommunistischen Ideologie und ihren zweifelhaften Segnungen. So vermischten sich die gerade überstandenen Schrecken des Krieges mit der Angst vor neuer intoleranter Gewalt, und die Hoffnungen aus dem Mai 1945, die politischen, wirtschaftlichen und gesellschaftlichen Strukturen Europas vernünftig und ruhig neu aufbauen zu können, wichen dem Gefühl, in aller Eile etwas gegen die neuen Gefahren tun zu müssen. Es gab also auch für die Siegermächte, geschweige denn die ersten Opfer der stalinistischen Expansion kein Atemholen, keine schöpferische Pause, wie eh und je mußte sich Europa durchzuwursteln versuchen, und was als zukunftsweisende Idee propagiert wurde – etwa de Gaulles Allianz mit Moskau –, war meist nur Requisit aus der Vergangenheit des letzten halben Jahrhunderts.

Diese Requisiten erwiesen sich rasch als untauglich. Europa war keineswegs mehr das, was es bis 1939 gewesen war. Es war zerrissen, der Riß ging mitten durch Deutschland, ließ den Kontinent in West- und Osteuropa auseinanderfallen. Es gab in den ersten Jahren nach dem Krieg keine Konvergenzen, sondern die beiden Teile drifteten oft dramatisch rasch weiter auseinander. Sehr bald gewöhnten sich die Menschen westlich des „eisernen Vorhangs" daran, unter dem Begriff „Europa" nur noch Westeuropa zu begreifen. Was sich hinter dem Vorhang abspielte, löste zwar Betroffenheit, stille, ohnmächtige Wut, dann zunehmend Gleichgültigkeit aus, hatte aber auf die innere Gestaltung des sogenannten „freien“ westlichen Europas keinerlei Einfluß. Die Teilung der Welt, Kennzeichen des sich entwickelnden „Kalten Krieges“, fand in der Teilung Europas den deutlichsten Ausdruck. Das Europa, das sich im Westen seit 1945 konstituierte, hatte mit den alten Europabegriffen vergangener Jahrhunderte deswegen nichts mehr zu tun. Zwar blieben die gleichen Wörter und Begriffe – aber sie meinten nun etwas ganz anderes.

Dabei stand es „an sich“ von Anfang an außer Frage, daß die Europäer nur dann die Chance der Freiheit besaßen, wenn sie sich neu formierten, nach Möglichkeit vereinigten, um den aus dem Krieg hervorgegangenen „Supermächten“, den USA und der UdSSR, einigermaßen gleichberechtigt zu werden. Lange vorbei war es mit den Ideen von einem Großmächtesystem, innerhalb dessen zumindest England, Frankreich und Deutschland eine führende Rolle spielten. Das Reich existierte nicht mehr; Frankreich war völlig auf die Hilfe der Amerikaner angewiesen, es hatte sich selbst nicht befreien können; England fand sich im Strudel des Untergangs seines Empires wieder. Italien war, wenn man so will, mit einem blauen Auge davongekommen, doch die alten Träume vom neuen Römischen Reich wirkten nun nur noch absurd. Spanien, die andere große Mittelmeermacht, hatte sich in den kritischen Jahren durchlaviert, blieb jedoch in den Augen der Westmächte letzter Zufluchtsort des faschistischen Ungeistes. Alle kleineren Staaten im Westteil des Kontinents aber hatten alle Hände voll mit ihrer Erholung von Krieg, Besatzung und Ausplünderung zu tun. Daß jede Nation, allein auf sich selbst gestellt, die Zukunft nicht gewinnen konnte, trug zum Aufblühen der europäischen und kollektiven Ideen der nachfolgenden Jahre zweifellos bei. Aus reiner Not und schlimmem Elend erwuchsen nach 1945 alle Vorstellungen von einem einheitlichen oder zumindest einheitlicheren Europa.

Auch auf diesem Feld konnte man auf Vergangenes zurückgreifen, noch waren vielen Europäern die Träume eines Coudenhove-Kalergi von einem „Pan-Europa“ ebenso geläufig wie Briands großartiger Europaplan aus dem Jahr 1930. All dies waren seinerzeit blutleere Konstruktionen gewesen. Der erste ernsthafte Versuch, Europa zu „einigen“, war von der europafremdesten und inhumansten „Bewegung“ ausgegangen, dem Nationalsozialismus. Hitlers „Neues Europa“ war eine bloße Zwangsinstitution gewesen, wenngleich es in den Jahren von 1940 bis 1943 im Binnenbereich – etwa des industriellen oder landwirtschaftlichen Sektors – Ansätze zu europaübergreifenden Konstruktionen gegeben hatte, die, isoliert betrachtet, eigentümlich modern wirken konnten. Dennoch lag es auf der Hand, daß von Hitlers Europa kein Weg zu einem neuen vereinigten Europa führen konnte; noch unter dem Eindruck der deutschen Kriegsverbrechen war es für viele Westeuropäer unvorstellbar, auf ein neues Europa unter Einschluß der Deutschen zuzusteuern. Wer allerdings nüchtern dachte, dem entging schon 1945 nicht, daß Europa immer nur mit, niemals aber ohne Deutschland lebenskräftig werden konnte. Man war dazu verdammt, Europa mit Deutschland zu bauen oder auf den Bau überhaupt zu verzichten.

Das war übrigens keine ganz unrealistische Option, denn was sich seit 1917 bereits abgezeichnet hatte, schien nun nahezu vollendet: die atlantische Brücke zwischen Westeuropa und Amerika. Die Frage lautete: War die Wiederherstellung Europas als eines einheitlichen kulturellen, wirtschaftlichen, ja politischen Raumes überhaupt noch notwendig oder wünschenswert? Lag die Zukunft nicht im Einzugsbereich des gewaltigen Beckens des nordatlantischen Ozeans? Tatsächlich gab es „Atlantiker“, die von der Vision geleitet wurden, eine einheitliche freiheitlich-westliche, maritim bestimmte Kultur um das „Mittelmeer des Zwanzigsten Jahrhunderts“, den atlantischen Ozean, aufbauen zu können. In dieser Konstruktion wäre Nordamerika die Funktion des einen Pfeilers der atlantischen Brücke zugefallen, Westeuropa die des anderen. Zweifellos hätte dies einen gewaltigen Bruch in der Tradition der europäischen Geschichte bedeutet – aber wäre er nicht wirklich logische Folge der weltpolitischen Entwicklung seit 1917 gewesen? Attraktiv erschien die Chance, auf diese Weise mit dem deutschen Problem elegant fertig zu werden: Wie immer Deutschland in Zukunft politisch strukturiert sein sollte, es wäre zuverlässig in den europäischen Grundpfeiler eingebaut worden. Die schiere politische, wirtschaftliche und militärische Potenz der beiden atlantischen Hauptmächte jedoch, der USA und Englands, hätte eine überwältigende Garantie gegen alle denkbaren deutschen Revisionsgelüste dargestellt. Was 1919 mit den Garantieverträgen scheiterte, wäre auf einer ungleich solideren Basis erneuert worden.

Voraussetzung zu alledem wäre das fortgesetzte Engagement der Amerikaner selbst gewesen. Diese aber wurden ebenfalls von ihrer Geschichte und ihren historischen Illusionen eingeholt. Schon 1919 galt als populärste Parole im amerikanischen Wahlkampf das „get the boys home"; nachdem man, nicht zuletzt dank der Atombombe, den anderen Hauptfeind im Fernen Osten überraschend rasch zum Einlenken bewogen hatte, erscholl diese Parole über den ganzen nordamerikanischen Kontinent. Kein amerikanischer Politiker konnte es wagen, an diesem mächtigen Volkswunsch vorbeizugehen, kurz und gut: die Amerikaner würden in kurzer Frist aus Europa abziehen, guten Gewissens, denn sie allein besaßen die Bombe, und Stalin würde es wohl doch nicht wagen, die Rote Armee bis zum Atlantik vordringen zu lassen.

Es war nicht nur die Bombe, die den Rückzug der USA aus Europa 1945 und 1946 möglich zu machen schien. Es waren jene Monate, in denen die amerikanische Administration unverdrossen auf die Etablierung eines weltweit wirksamen Friedensinstrumentariums setzte, die Gemeinschaft der Nationen, die UNO.

Denn der Völkerbund, dieses unglückliche Kind des amerikanischen Idealismus, war tot, an seine Stelle waren 1944 die Vereinten Nationen getreten. Selten schien es einfacher zu sein, aus der Geschichte zu lernen: Warum der Völkerbund nicht funktioniert hatte, lag klar auf der Hand, was man diesmal besser machen mußte, war keine Frage, am guten Willen konnte es nicht fehlen, nachdem die mächtigsten Staaten dieser Erde, in einer Kriegsallianz verbündet, buchstäblich gemeinsam im Dreck gelegen und aus ihm sich triumphierend herausgearbeitet hatten. Die Idee war von Anfang an zu schön, um in der historischen Wirklichkeit bestehen zu können, aber es war tatsächlich die großartigste Vision für die zweite Hälfte des 20. Jahrhunderts.

Der Völkerbund hatte seinen Anspruch, den Frieden der Welt zu sichern, nicht erfüllen können, weil die Egoismen der Nationalstaaten nicht zu überwinden gewesen waren. Diesmal schien alles anders zu sein: Die beiden Supermächte mußten sich nur einigen, dann blieb allen anderen Staaten im Grunde kaum etwas anderes übrig, als sich dem wohlwollenden Diktat der beiden Weltmächte unterzuordnen. Daß diese die Teilung der Weltherrschaft unter sich mit hübschen Bildern metaphorisch verbrämten – man denke an die „vier im Jeep" – sollte die Errichtung der neuen Weltfriedensordnung auch für diejenigen schmackhaft machen, die immer noch an den anscheinend überholten Ideen von der Souveränität des Nationalstaates festhielten. Immerhin: Wenn die Idee UNO Wirklichkeit werden konnte, so brauchten sich auch die Europäer keine allzu große Sorgen mehr um die Zukunft ihrer Sicherheit zu machen; die uralte Vorstellung von der „one world", seit den Zeiten eines H. G. Wells die schönste aller Utopien, schien zum ersten Mal mehr als bloße Phantasie, zumal die Binnenstruktur der UNO mehr Effizienz versprach als weiland die des Völkerbundes.

Wie rasch alle solche Hoffnungen trogen, hätten nüchterne Beobachter schon aus den ersten Zusammenkünften der UNO ablesen können. Binnen weniger Monate erwies diese sich als bloßer Papiertiger; der sich herausbildende Antagonismus zwischen den USA und der UdSSR sprengte die UNO zwar nicht selbst, lähmte aber deren Geist und Handlungskraft. Der Gegensatz der Blöcke und der Ideologien setzte sich rigoros durch, die UNO sank zu einem Schatten herab, ihr schien dasselbe Schicksal beschieden wie dem Völkerbund.

Erst sehr viel später sollte sich das als Irrtum herausstellen, es dauerte Jahrzehnte, bis die UNO zu ihrer eigenen Räson fand, die eben nicht mehr ins alte Genf der zwanziger Jahre schielte; es wäre nur ungerecht, wollte man den Schöpfern der UNO den Vorwurf machen, sie hätten die Entwicklung der Weltgeschichte nicht richtig prognostiziert. Im Abstand eines halben Jahrhunderts erscheint der kühne Griff, mit dem die UNO 1944 geschaffen wurde, als einer der glücklichsten Momente der neueren Geschichte.

1945, 1946, 1947 tröstete dies naturgemäß niemanden, am wenigsten die Europäer und die Deutschen, für die die UNO fern und blutleer, die kommunistische Gefahr nah und realistisch erschien. An sich hätte es einem gleichsam natürlichen historischen Reflex entsprochen, wenn sich die freien europäischen Nationen so rasch wie möglich gemeinsam gegen die kommunistische Gefahr zusammengetan hätten; wenn dies dennoch quälend lange Jahre hindurch nicht möglich war, so aus einem im nachhinein kaum glaublichen, aus der Zeitsituation aber durchaus verständlichen Grund: der Furcht vor der Rache der Deutschen.

Es wurde schon erwähnt: Eine Dolchstoßlegende gab es 1945 nicht, deswegen war auch einem Revisionismus Weimarer Spielart von Anfang an der Boden entzogen. Niemals haben die Deutschen nach 1945 im Traum an eine gewaltsame Revision, eine Neuauflage des Krieges gedacht, die eigenen Erfahrungen und die Reeducation der Sieger wirkten zusammen, um aus den Deutschen binnen zweier Generationen das friedliebendste Volk der Erde zu machen – so friedliebend, daß es die anderen zunehmend irritierte.

Aber wer konnte dies damals in London, Paris, Brüssel oder Den Haag wissen? Politisches Planen und Handeln kann sich unvermeidlich immer nur auf historische Erfahrungen stützen – diese aber schienen, was den Volkscharakter der Deutschen anging, eindeutig zu sein. Nicht von ungefähr stand deswegen die „Ausrottung des Nazismus und Militarismus“ an erster Stelle der Umerziehungsbemühungen. Die totale Entwaffnung der Deutschen bis hin zum Taschenmesser schien für die dafür Verantwortlichen nur die logische Konsequenz aus den negativen Erfahrungen aus der Vergangenheit; niemals wieder, so glaubten die Sieger, durften Deutsche Waffen tragen – damit aber fiel das Zentrum Europas aus, wenn es den Widerstand gegen Stalin zu organisieren galt. Schlimmer noch: Bis 1948 beharrte Frankreich darauf, daß die deutsche Gefahr letztlich größer als die sowjetische sei; wenn sich Europa einigte, so sollte dies nicht nur ohne, sondern sogar gegen Deutschland geschehen. Nur: Was wäre dann noch von Europa übrig geblieben? Und war die Gefahr eines deutschen Schwenks nach Osten, in die Arme Stalins, wirklich nur theoretisch? Konnte es nicht sein, daß die von den Westmächten gebeutelten, unterdrückten, verachteten Deutschen sich einem Regime anvertrauten, das schon unmittelbar nach dem Krieg mit Aplomb behauptet hatte, nicht die Deutschen, nur die Nazis seien an allem Schuld?

Gewiß: Unmittelbar nach 1945 wäre es den Deutschen rein physisch unmöglich gewesen, sich für den Osten und den Kommunismus zu entscheiden, Deutschland war zur Gänze besetzt und unterlag alliiertem Besatzungsrecht, es selbst verfügte über keinerlei Rechte, geschweige denn die nationale Souveränität. Aber sollte auf Zeit und Ewigkeit das Besatzungsregime fortdauern? Und was würde geschehen, wenn das „get the boys home" die ausgepowerten „Groß"mächte England und Frankreich mit Deutschland allein auf dem westlichen europäischen Kontinent zurückließ? Immer wieder wurde vor allem Churchill von einem wahrhaftigen Cauchemar du Communisme verfolgt, wenn er an die Zukunft Europas ohne Amerikaner dachte. Er selbst wußte nur zu genau, daß der Versuch, Frankreich wieder an der Macht in Europa, an der Besetzung und Kontrolle Deutschlands zu beteiligen, es zum Aufbau einer antikommunistischen Front zu bewegen, nur ein kläglicher Ersatz für die wirtschaftliche, militärische, nun vor allem auch atomare Macht der Vereinigten Staaten sein konnte.

Deswegen gehörte Winston Churchill zu den vehementesten Befürwortern eines europäischen Zusammenschlusses – unter Einschluß Deutschlands. Deswegen galt seine Zürcher Rede vom 19. September 1946 als Initialzündung für den langwierigen Prozeß der europäischen Einigung. Obwohl schon andere vor ihm Ähnliches propagiert hatten, seine Ideen also nicht besonders originell waren, verlieh ihnen sein Prestige – auch wenn er nicht mehr englischer Premier war – ein Gewicht eigener Art. Und als der amerikanische Außenminister James Francis Byrnes am 6. September 1946 in Stuttgart ebenfalls ein halbwegs positives europäisches Konzept unter Einbeziehung Deutschlands für denkbar hielt, ging durch Europa und Deutschland zum ersten Mal nach dem Krieg ein gewisses Aufatmen: Sollte es nicht doch möglich sein, Europa wirklich zu schaffen? In rascher Folge sprossen überall europäische Vereinigungen und Ligen aus dem Boden, meist wenig einflußreich, dennoch schon aus psychologischen Gründen bedeutsam: Seit 1946 war die Idee des vereinten Europa nicht mehr auszurotten, und zwar eines Europa, dem alle Völker und Staaten angehören sollten, die sich den Grundsätzen der Freiheit und der Demokratie verpflichtet fühlten.

Der Europagedanke war aber von Anfang an mit einer großen Hypothek belastet: Er war nicht „freiwillig" entstanden, er war „nur" eine Antwort auf die unmittelbar drohenden Gefahren. Die Frage war, wie lebenskräftig die Idee Europa sein würde, sollte es diese einmal nicht mehr geben. Sie ist auch heute noch nicht endgültig beantwortet.

Im Mai 1945 brauchten sich die davongekommenen Deutschen um ihre politische Zukunft keine Gedanken zu machen, das war Sache der Sieger, die daran auch keinerlei Zweifel ließen. Die „Regierung Dönitz" wurde von den Engländern unter, wie sie meinte, unwürdigen Umständen in die Gefangenschaft abgeführt, die Hauptkriegsverbrecher – soweit man ihrer habhaft werden konnte, vielen gelang die Flucht nach Südamerika und anderwärts – wurden aufgegriffen, in Lager verfrachtet, vor Gericht gestellt, die Prominentesten in Nürnberg; ein paar von ihnen büßten mit ihrem Leben, manche erhielten lebenslänglich, es kennzeichnet die grundsätzliche Fairneß des Internationalen Militärtribunals, daß einige NS-Größen mit zehn Jahren davon kamen oder sogar freigesprochen wurden. Natürlich fühlten sich viele Deutsche, vor allem die, die nie etwas gewußt und Hitlers „Mein Kampf" nie gelesen hatten, ungerecht behandelt, dazu trugen groteske Fehler der Umerzieher, ein ärgerlich hilfloses Entnazifizierungsverfahren, die gleichsam „natürliche" Arroganz so manchen „Siegers" bei. Im großen und ganzen jedoch war es erstaunlich, wie reibungslos sich die gleichgeschaltete, durch und durch fanatisierte „Volksgemeinschaft" in die neuen Zeiten zu schicken wußte, wie problemlos die Ausrottung des Nationalsozialismus funktionierte, wie willig sich die meisten Deutschen, anfangs sogar in der sowjetischen Besatzungszone, den Machtsprüchen der Alliierten beugten. Das war gewiß auch

Überlebenstechnik, denn auf das simple Überleben kam es zunächst an, es zeigte jedoch, daß die zwölf Jahre nationalsozialistischer Diktatur offensichtlich nicht ausgereicht hatten, um den Deutschen auch die letzten Reste von Verantwortungsbewußtsein und Einsichtsfähigkeit, Anstand und Sitte zu rauben. Die zwölf Jahre mögen manchem tatsächlich wie eine halbe Ewigkeit, wie die mittelalterlichen „tausend Jahre" vorgekommen sein – man muß diese Zeitspanne aber nur einmal von unserer Gegenwart (1993) auf das Jahr 1981 zurückrechnen, um zu erkennen, wie ephemer dieses „Dritte Reich" im Licht der tausendjährigen deutschen Geschichte gewesen ist.

Natürlich war seine geistige Prägekraft dennoch enorm, und es stimmt, daß die Jahre der NS-Diktatur völlig unvergleichlich waren und es auch heute noch sind. Man könnte gar geneigt sein, vom Phänomen einer Zeitdilation zu sprechen; es ließe sich darauf hinweisen, daß auch in Frankreich zwischen 1789 und 1799, als die Revolution formell beendet wurde, die Zeit im Schneckentempo lief. Umgekehrt: Die Historie hatte sich in den dutzend Jahren von 1933 bis 1945 dermaßen zusammengeballt, daß es unabsehbar lange dauern mußte, bis dieser gordische Knoten gelöst war – und eben nicht à la Alexander durchhauen. Unter dem merkwürdigen Schlagwort „Vergangenheitsbewältigung" sollte es in den kommenden Jahrzehnten, bis hinein in die Gegenwart, immer wieder Versuche geben, die Resultate und den Ungeist des Nationalsozialismus neu zu beschreiben, einzukreisen, anzuprangern, auszumerzen. Da aber die politisch denkenden und handelnden Menschen auch nach 1945 die gleichen waren wie vor diesem Datum, mußte sich der Versuch, mit der schrecklichen Vergangenheit fertig zu werden, zu einem langwierigen Generationenkonflikt auswachsen. Während in den ersten Jahren nach dem Krieg noch (fast) jedermann wußte, was der Nachbar in den Jahren des Nationalsozialismus getrieben hatte, Verfolgung der nazistischen Verbrechen und Verzeihung der nationalsozialistischen „Verführung" zu einem durchaus funktionsfähigen modus vivendi verknüpft wurden, entfremdete diese Vergangenheit später die Älteren von den Jüngeren und zwar weit über das „natürliche" Maß hinaus. Die Vergangenheitsbewältigung wurde unmittelbar nach 1945 eher geschäftsmäßig betrieben, und da auch die Besatzungsmächte gar kein Interesse an einer wirklichen Katharsis der Deutschen zeigten – diese hätte im Rahmen des Programms der „moralischen Aufrüstung" gegen den Kommunismus nur kontraproduktiv gewirkt –, war die Reintegration der „Mitläufer", selbst mancher „Belasteter" in die sich neu formierende Gesellschaft Deutschlands verhältnismäßig problemlos möglich. Weitverbreitet war die Überzeugung, daß Hitler ein Dämon gewesen sei, ein schrecklicher Verführer, aber eben ein Einzelfall. Die deutsche Geschichte im Zeitalter des „Führers" erschien als historisches Unglück, solche Unglücke pflegen hehr und anonym zu sein, Schuldige sind kaum auszumachen, ein paar Sündenböcke genügen. Die Masse arrangierte sich mit den ehemaligen Nationalsozialisten rasch, zumal die Besatzungsmächte mit ihren durch und durch untauglichen Entnazifizierungsmethoden das probate Alibi lieferten: Wer das Verfahren erfolgreich durchlaufen hatte (Tricks gab es genügend), besaß seinen „Persilschein" und stand für den Wiederaufbau bereit.

Daß dieser nicht nur materiell nötig war, verstand sich von selbst. Die Flächenbombardements der Alliierten hatten ab Ende 1943 die deutschen Stadtlandschaften in wahre Trümmerwüsten verwandelt, sie zu beseitigen wurde zur ersten Aufgabe jener legendären „Trümmerfrauen", deren Mythos bis in die Gegenwart der bundesrepublikanischen Sozialgesetzgebung hineinreichen sollte. Ohnehin bebte das Pathos der Kriegsjahre lange noch nach, die martialische Diktion in Film und Funk wich keineswegs sofort moderateren Tönen, trotz aller Zerknirschung meinten einige, den Wiederaufbau des Landes nach dem Muster der alten „Erzeugungsschlachten" organisieren zu können. Wenn dies in der unmittelbaren Nachkriegszeit dann doch nicht gelang, so lag dies am Fehlen einer simplen Voraussetzung: einem flächendeckenden Organisationsrahmen.

Tatsächlich war die Lage chaotisch. Das war Folge des blitzartigen Zusammenbruchs der Administration im Gefolge der Entmachtung der alten Eliten und Hierarchien, es war Folge der völlig ungenügenden Organisationskraft der Besatzungsmächte, die sich zwar allerlei Gedanken über die ferne Zukunft Deutschlands machten, aber vor Ort nur ziemlich hilflos mit „schwarzen“ und „weißen“ Listen operierten, um die „schwarzen“ NS-Schafe von den „weißen“ NS-Gegnern trennen zu können. Letztere wurden dann als Bürgermeister, Landräte, Verwaltungsbeamte „eingesetzt“, manche wurden mit den ihnen gestellten Aufgaben fertig, andere machten sich bald wieder mißliebig – so Schäffer, der bayerische Ministerpräsident, oder Konrad Adenauer, der Kölner Oberbürgermeister –, viele waren schlicht überfordert. Seit dem 5. Juni 1945 fiel es auch verantwortungsbewußten Deutschen zudem nicht mehr schwer, sich jeglicher Verantwortung für das Funktionieren der Gemeinwesen – auf welcher Ebene auch immer – enthoben zu wähnen, denn mit ihren Machtsprüchen löschten die Siegermächte alle deutsche Eigenverantwortung aus. Sie und nur sie waren fortan verantwortlich – und zwar für die Dinge im großen wie für die im kleinen und kleinsten; daß das nicht funktionieren konnte, lag auf der Hand.

Anderes funktionierte gleichsam „von allein“. Das vielleicht bedeutendste Phänomen lag in den gigantischen Flüchtlingsströmen von Ost nach West. Fast 12 Millionen Menschen aus den Ostgebieten wurden vertrieben und keineswegs, wie in Potsdam beschlossen, ordnungsgemäß „ausgesiedelt“. Diese Flüchtlingsmassen ergossen sich seit dem Spätherbst 1944 vor allem nach Norddeutschland, aber auch nach Bayern, und wirbelten hier alle Verhältnisse weit gründlicher auf, als es die Sprüche der NSDAP und die Bemühungen der Kreis- und Gauleiter je vermocht hatten. Ganz unbeabsichtigt entwickelte sich vor allem Westdeutschland, die spätere „alte“ Bundesrepublik, zu einem wirklichen „melting-pot“. Was an „Stammes“eigentümlichkeiten in Deutschland noch überlebt hatte, geriet nun erst in die Krise; wie der Erste, so hat auch der Zweite Weltkrieg in ungeahnter Weise zur Durchmischung der Gesellschaft beigetragen; daß es die jahrhundertealten konfessionellen Probleme nach 1945 bald nicht mehr geben sollte, war nur eine Folge dieser Bevölkerungsverwirbelung. Diese fand auch im Osten, also in der sowjetisch besetzten Zone statt, aber doch in weit geringerem Ausmaß. Erst nach der Wiedervereinigung Deutschlands im Jahr 1990 wurde langsam deutlich, was dies für das nationale Selbstverständnis der Deutschen bedeutete, welche Probleme sich daraus ergaben. Sie sind bis heute nicht gelöst.

Die Integration der Flüchtlinge gelang rascher und auch problemloser, als dies viele für möglich gehalten hätten. Hatten die Nationalsozialisten nicht zuletzt mit der wirkungsvollen Parole „Volk ohne Raum" einst Anhänger gewonnen, so stellte sich nun heraus, daß das Volk sogar auf einem weit kleineren Raum fortexistieren konnte als dem aus der „Systemzeit". Die ganze groteske Verlogenheit der NS-Propaganda wurde erst jetzt vielen Deutschen klar, dies trug zur Immunisierung gegen das Gift eines neuen Rechtsradikalismus zweifellos bei.

Man mußte also enger zusammenrücken, ob freiwillig oder gezwungen, spielte in der Praxis keine Rolle. Wenn es darüber nicht zu Mord und Totschlag kam, nicht zu revolutionären Erscheinungen, wie manche aus Moskau heimgekehrte KP-Funktionäre anfangs hofften, so lag das nur zum geringsten Teil an der alliierten Oberaufsicht in „Trizonesien". Es lag in gleichem Maß an der Kommunistenfurcht – und an der einfachen Tatsache, daß allzuviele Männer im besten „Revolutionsalter" in den Kriegsgefangenenlagern dahinschmachteten (vor allem in Rußland und Frankreich) oder in den blutigsten Kriegsjahren, 1944 und 1945, gefallen waren. Wenn es „Trümmerfrauen" gab, so war dies zunächst nur Folge des Umstands, daß da keine Männer waren, die die Trümmer hätten beiseite räumen können.

Die Nachkriegsgesellschaft war also eine Gesellschaft der Frauen und der Kinder. Deren gab es viele – ein weiteres Erbe der NS-Zeit. Aus diesen Verhältnissen resultierte politische Nüchternheit, ein auf das Notwendigste gerichtetes Wollen und Handeln, die Absage an alle Heroismen, ja Ideale, die Konzentration auf die eigene Familie und Sippe, die Abneigung gegen alles, was an Volks- und Schicksalsgemeinschaft im alten NS-Sinne auch nur erinnerte. Gesunder Egoismus vertrieb die mythischen Schwaden des Dritten Reiches – daß dieser sich später bis zu einer „Ellenbogenmentalität" fortentwickeln konnte, mußte wohl in Kauf genommen werden. Die Gesellschafts- und Mentalitätsgeschichte der Deutschen wurde in den ersten Nachkriegsjahren, also in dem Jahrfünft von 1945 bis 1950, wesentlich vorgeprägt, das war der Grund, auf dem 1949 die Bundesrepublik und die DDR entstehen sollten.

Kennzeichnend war es, daß die Masse der Bevölkerung an irgendwelche Staatsneugründungen in diesen Jahren nicht dachte, ja mehrheitlich nicht das geringste Interesse daran besaß. Wenn schon 1945 und 1946 auf Anordnung der Alliierten administrative Einheiten gebildet wurden, so bestand deren Räson einzig und allein in der Sicherstellung von Ernährung, Heizmaterial, Wohnraum für die ab Herbst 1945 hungernde und frierende Bevölkerung, alles was darüber hinausging, war entweder verboten oder interessierte ohnehin niemanden.

Wahrscheinlich haben selbst die Alliierten nicht voll begriffen, welche Verantwortung sie sich aufhalsten, als sie die Aufteilung ganz Deutschlands in vier Besatzungszonen beschlossen und die gesamte Verwaltung in eigene Regie übernahmen – dergleichen hatte es in der Weltgeschichte bislang noch nicht gegeben. So machtvoll, brutal und selbstherrlich siegreiche Armeen samt ihren Kriegshelden in Feindesland auch aufzutreten pflegten – die Sorge für das Leben, Arbeiten, das soziale Miteinander der „Eingeborenen" blieb diesen selbst überlassen.

Diesmal war es anders. Die Totalisierung des Krieges zeigte sich eindrucksvoll auch in den totalen Konsequenzen des Sieges. Als die „großen Drei" am 17. Juli 1945 in Potsdam zu ihrer dritten großen Kriegskonferenz zusammentraten – also nach Teheran 1943 und Jalta im Januar 1945 –, wurden sie mit Problemen konfrontiert, die in all den schönen Plänen der EAC – der European Advisory Commission – wenn überhaupt, dann nur höchst vage vorbedacht worden waren. Man hatte nun die Masse Deutschland, diesen „geographischen Begriff", wie sich Stalin ausdrückte, am Hals, und Churchill nahm nicht nur das alte Goebbels'sche Bild vom „Eisernen Vorhang" wieder auf, sondern fühlte sich oft in der Lage eines Mannes, dem ein Mühlrad am Hals hängt. Verhältnismäßig unbeschwert wirkte nur Truman – denn dessen Hauptproblem lag in Potsdam gar nicht in Deutschland, sondern in Japan. Dort nämlich ging der Krieg auch nach dem 9. Mai 1945 fort, und im professionellen worst-case-Denken der Joint Chiefs of Staff spukte die Horrorvision, daß eine Million amerikanischer Soldaten die Eroberung der japanischen Mutterinseln mit ihrem Leben würde bezahlen müssen. Was die Atombombe da zu helfen vermochte, war noch nicht klar, wenngleich das Ereignis von Alamogordo einen Tag vor Eröffnung der Konferenz stattfand und Truman mit Zufriedenheit erfüllte. Sehr viel realistischer schien es, jene Macht gegen Japan zu mobilisieren, die in den vergangenen Jahren zur größten und erfahrensten Landmacht der Erde geworden war. Stalin war mit den amerikanischen Vorschlägen um so mehr einverstanden, als die ihm dafür angebotenen Kompensationen – fast im Stil der absolutistischen „Handsalben" – wohl über das hinausgingen, was er nach den Erfahrungen von Teheran und Jalta für möglich gehalten hätte. Kurzum: die Kriegsbeendigung im Fernen Osten sollte wesentlich auf deutsche Kosten zustande kommen. Niemandem ist daraus im Rückblick ein Vorwurf zu machen, das ehrwürdige „vae victis" galt in der Weltgeschichte ungebrochen fort.

Das war der Hintergrund der Verhandlungen und Vereinbarungen in Schloß Cecilienhof. Königsberg, Nordostpreußen waren mit Billigung Churchills und Trumans a priori verloren. Die Grenzziehung Oder-westliche Neiße, schon lange vereinbart, wurde bestätigt. Da alles völkerrechtlich korrekt zugehen sollte – unter dieser Fahne war England einst in den Krieg gezogen –, mußte eine zukünftige Friedenskonferenz diese Territorialregelungen noch absegnen – Churchill und Truman ließen keinen Zweifel daran, daß die Sowjetunion und Polen auch dann behalten würden, was ihnen hier und heute in Potsdam zugestanden wurde. Wer immer die amerikanischen und sowjetischen Protokolle der Konferenz liest, wird sich nur wundern können, wie es dann doch möglich wurde, fast 45 Jahre lang das Phantom eines „Deutschland in den Grenzen von 1937" als Zielvorstellung deutscher, ja westlicher Politik aufrechtzuerhalten. Aber vielleicht war diese buchstäblich säkulare Lebenslüge als Katalysator für den politischen Prozeß unvermeidlich, der die Deutschen ins atlantische, ins demokratische und freiheitliche Lager führen sollte – und zwar, wie man heute sieht, alle Deutschen; also auch jene aus der späteren DDR.

Die Teilung Deutschlands und Berlins, der Verlust der deutschen Ostgebiete: Das war das eigentliche Ergebnis von Potsdam, das war das Fundament, auf dem später die „beiden deutschen Staaten" entstehen sollten. Potsdam war so gesehen tatsächlich ein „Grundlagenvertrag" – wenngleich in diametral anderer Interpretation als jener, die bald in Westdeutschland stereotyp werden sollte.

Für die Deutschen war es ein Segen, daß der Winter gerade vorbei war, als der Krieg für sie endete. So blieb den Siegern ein wenig Zeit, sich auf den kommenden Winter vorzubereiten – in Potsdam wurden auch dafür minimale Vorbereitungen getroffen. Der „alliierte Kontrollrat" für Deutschland sollte die Verantwortung für die zukünftige Finanz-, Verkehrs-, Industrie- und Handelspolitik übernehmen, deutsche „zentrale Verwaltungsabteilungen" auf seine Weisungen hin das Notwendige veranlassen. Wenn die Alliierten sich in Potsdam darin einig waren, Deutschland als Wirtschaftseinheit zu behandeln, so war damit keineswegs so etwas wie eine politische Einheit Deutschlands beabsichtigt. Den Siegermächten ging es nicht um das staatliche Schicksal der Deutschen, sondern um möglichst viel Reparationen. Stalin hatte schon seit Jalta unentwegt 20 Milliarden Dollar gefordert – die Summe schien den Westmächten viel zu hoch, war jedoch bescheiden, wenn man an die ungeheuren Verluste und Verwüstungen dachte, die die Deutschen in der Sowjetunion angerichtet hatten. Sehr rasch sahen sich die alliierten Staatsmänner vor das klassische Dilemma jeder Siegermacht gestellt: Wollte man, wie vereinbart und feierlich beschworen, Deutschland komplett entmilitarisieren und dafür Sorge tragen, daß es niemals wieder eine Gefahr für den Weltfrieden werden konnte, so mußte man, wenn nicht gerade auf die famosen Pläne Morgenthaus, so doch auf all das zurückgreifen, was auf eine dauerhafte Agrarisierung Deutschlands, eine Beschränkung seiner Industrie, seines Know-Hows hinauslief. Dann aber wäre dieses zerschlagene Land niemals in der Lage gewesen, den Reparations- und Wiedergutmachungswünschen vor allem der Sowjets und der Franzosen nachzukommen, ganz im Gegenteil: wollte man Deutschland nicht dem Hungertod preisgeben, mußten die Sieger früher oder später mit ihren eigenen wirtschaftlichen Ressourcen helfen. Es galt also die Kuh, die gemolken werden sollte, einigermaßen am Leben zu erhalten – dies und nichts anderes war die Räson der wirtschaftlichen Einheit Deutschlands.

In Wahrheit war es ein circulus vitiosus, und am Bemühen ihn zu lösen, zerbrach die alliierte Einheit schon im Herbst und Winter 1945. Später wurden ganze Bibliotheken mit der Frage gefüllt, wer am Auseinanderfall der Koalition, am Entstehen des „Kalten Krieges" „schuld" war. Die einen behaupteten, alles sei bloß Folge der unersättlichen Annexionslust Stalins gewesen, und bis 1948 schienen die Fakten für sie zu sprechen; die anderen sahen in Stalins Politik nur den – vielleicht untauglichen – Versuch, den so schwer errungenen Sieg dauerhaft zu garantieren, nachdem die Westmächte, an ihrer Spitze die USA, kein Hehl daraus machten, zumindest ihren Teil Europas, besser noch ganz Europa einem „Dollar-Imperialismus" zu unterwerfen. Die wirtschaftliche Konfrontation, die sich an der ungelösten und unlösbaren Reparationsfrage entzündet hatte, schlug in die ideologische Konfrontation um – beide Seiten, so ein vermittelnder Standpunkt, seien eher unbeabsichtigt und zwangsläufig in den Strudel des Konflikts geraten, der von der Sache her deswegen eben unvermeidlich war.

Schon wenige Monate nach dem Potsdamer Abkommen war jedermann klar, daß sich die vier Besatzungszonen unterschiedlich entwickelten. Jede Besatzungsmacht war bestrebt, über ihr Territorium soviel Einfluß wie möglich auf die anderen zu gewinnen, erst der ständig wachsende Gegensatz zwischen den Westmächten und der UdSSR gestaltete dann die Demarkationslinie zwischen der sowjetisch besetzten Zone und den drei Westzonen qualitativ anders als die zwischen den westlichen Zonen. Die Abschottung zwischen West und Ost war wirtschaftlich und ideologisch begründet: Nachdem Stalin seine Ansprüche an Reparationen auch aus den westlichen Zonen nicht bereit war aufzugeben, seinerseits aber wenig Neigung zeigte, vor allem mit Agrarprodukten (die er selber bitter nötig hatte) im Westen auszuhelfen, kam es in rascher Eskalation zur Durchtrennung der „einheitlichen“ deutschen Wirtschaftsorganisation. Dazu trug die vielleicht nicht unbegründete Furcht bei, ein sowjetisches Mitspracherecht im Ruhrgebiet könnte sich zu einem Hebel beim Versuch erweisen, ganz Deutschland dem kommunistischen System zu unterwerfen. Nachdem Stalin in einer ebenso berühmten wie berüchtigten Rede „dem Kapitalismus“ erneut den Fehdehandschuh hingeworfen hatte, entsannen sich vor allem die Amerikaner wieder stärker ihrer alten antikommunistischen Tradition, und schon gab es geschickte Politologen und Diplomaten – an ihrer Spitze George Frost Kennan –, die aus der wirtschaftlichen Konfrontation eine weltanschauliche machten, oder, um es andersherum zu formulieren, hinter der Stalinschen Reparations- und Demontagepolitik das ideologische Konzept witterten. Noch bevor der „Kalte Krieg“ gleichsam formal „ausgebrochen“ war, also in einer politischen Grauzonenphase, wurden die ersten wichtigen Weichenstellungen für die zukünftige Binnenorganisation Deutschlands getroffen. Von Anfang an gehorchte diese also nicht allein nüchternen praktischen und ökonomischen Erfordernissen und Bedürfnissen, sondern ideologischen Befürchtungen, Hoffnungen, wenn gewiß auch keinem „kapitalistischen“ oder „kommunistischen“ „Masterplan“, wie Kennan in Moskau warnend raunte.

All dies wurde für die deutsche Zukunft entscheidend. Gerade weil sich die Ideologie von Anbeginn als Antriebsmotor erwies, konnte manches nicht oder nicht so verwirklicht werden, wie es sich eine geschäftsmäßige Besatzungs- und Verwaltungsplanung normalerweise vorgestellt hätte. Natürlich lief einiges auch „normal“. Normal war es, daß die von den Nationalsozialisten verbotenen und aufgelösten Parteien sich möglichst rasch neu zu konstituieren suchten, konnten deren Vertreter doch zu Recht darauf verweisen, daß der Untergang der Demokratie nicht ihr Verschulden gewesen sei. Das galt in erster Linie für die Sozialdemokratie. Sicherlich: Auch diese Partei hatte in der hektischen Schlußphase der Republik von Weimar politisch „gesündigt“, aber sie allein hatte schließlich in der denkwürdigen Reichstagssitzung vom 23. März 1933 dem Ermächtigungsgesetz nicht zugestimmt, sie allein konnte daher 1945 den Anspruch erheben, die Geschicke Nachkriegsdeutschlands in die Hand zu nehmen.

Auch den Besatzungsmächten wäre es schwer gefallen, sich gegen die fast unmittelbar nach der Kapitulation in Arbeitsgruppen zusammenfindenden ehemaligen Parteimitglieder – nicht allein der SPD – zu wenden. Während die Sowjetische Militär-Administration in Deutschland (SMAD) die Tätigkeit „antifaschistischer" Parteien in der SBZ fast unmittelbar nach dem Ende des „Dritten Reiches" erlaubte, brauchten die Westmächte geraume Zeit, um der Neugründung deutscher Parteien zuzustimmen. Infolgedessen kam das Parteileben zuerst in der SBZ, hier vor allem in Berlin in Gang; mit der (Wieder-)Begründung von SPD und KPD versuchten sich jene Kräfte zu regenerieren, die sich in der Weimarer Zeit am heftigsten befehdet und nur im Unglück ihres eigenen Unterganges wenn nicht zueinander, so doch Respekt voreinander gefunden hatten. Daß die Funktionäre der KPD, um die „Gruppe Ulbricht" zentriert, von Anfang an nicht daran dachten, der Vision eines bürgerlich demokratischen Staates nachzujagen, war den Genossen von der SPD anfangs keineswegs klar, viel vernünftiger schien es doch, aus den Fehlern der Vergangenheit zu lernen, um in womöglich ferner Zukunft ein zwar sozialistisches, nach Volksfrontmuster organisiertes, keineswegs aber kommunistisches, gar stalinistisches System zu errichten. Da aber auch die Orthodoxen von Stalins Gnaden genau wußten, daß die Mehrheit der Deutschen einen reinrassigen Bolschewismus à la KPdSU vehement ablehnten, blieb zunächst nur eine Politik des Trojanischen Pferdes übrig. Stalin selbst unterstützte solche Camouflage, indem er großzügig versicherte, es gehe ihm keineswegs um die Etablierung eines stramm kommunistischen Deutschland. Wie sehr all dies Lug und Betrug war, sollte sich bald schon erweisen.

In den Westzonen fand die SPD nach und nach zu sich selbst, geschart um eine charismatische Führerpersönlichkeit, die in den ersten Nachkriegsjahren wie kaum eine andere dem Image vom „guten" Deutschen entsprach. Kurt Schumacher, verwundet, vertrieben, verfolgt, wurde in raschem Prozeß zum Kristallisationskern einer neuen SPD, die bewußt und radikal mit der Vergangenheit brach und sich von Anbeginn den kommunistischen Schalmeienklängen verweigerte. Es war weniger die Wiederaufnahme der alten Ideale von 1918, als der pointierte Antikommunismus auf der einen, der nicht minder leidenschaftliche Nationalismus auf der anderen Seite, der die „neue“ (West)-SPD zu einem breiten Sammlungsbecken von links bis rechts zu machen versprach. Denn soviel hatten sie alle aus der Geschichte des märchenhaften Aufstieges der NSDAP gelernt: Es genügte nicht, Partei einer bestimmten Klientel zu sein, es kam darauf an, das Programm der Partei möglichst für jedermann akzeptabel und einsichtig zu machen. Dies schien der Schumacher-SPD ganz zu Beginn auch zu gelingen – dann aber kam alles ganz anders, wieder zeigte sich, daß man aus der Geschichte keine Rezepte ableiten kann.

Lernen konnte man aus ihr allerdings, und das gelang den „Bürgerlichen“ am Ende besser als den „Sozialisten“. Freilich waren die bürgerlichen Parteien auch mehr gebeutelt worden als die SPD: Während diese 1933 mit fliegenden Fahnen, im Herzen ungebrochen, untergegangen war, hatte sich die Masse der bürgerlichen Parteien schon vor Hitlers Machtergreifung aus der politischen Arena verabschiedet, und dies schäbig und peinlich genug. Während die SPD – und in Grenzen die KPD – also keine Schwierigkeiten hatte, da anzuknüpfen, wo sie 1933 hatten abbrechen müssen, kam für die bürgerliche Mitte ein Wiederanknüpfen an „Weimar“ praktisch nicht in Frage. Abgesehen von dem generellen Makel der Zustimmung zum Ermächtigungsgesetz hatten sie in der bürgerlichen Gesellschaft Deutschlands bis 1933 allen Boden verloren – wie weit also wollte, mußte man zurück, um zu seinen Wurzeln zu gelangen?

Einige Parteien probierten es mit historischen Traditionen, so etwa das „Zentrum“. Andere drapierten sich ein wenig um und versuchten, den alten Wein in neuen Schläuchen zu verkaufen. Aussichtsreich war dies alles nicht. Wollte man das Feld nicht kampflos den „Linken“ überlassen, gab es nur zwei Möglichkeiten: Was bürgerliche „Mitte“ war, mußte völlig neu definiert werden, und eine neue bürgerliche Partei, die Aussicht auf Erfolg haben wollte, mußte wie die SPD Sammlungs- und Volkspartei werden.

Das heißt: Auch wenn man an einigen politischen Grundsätzen festhielt, mußte das Parteiprogramm auch als „Antwort" auf die Herausforderungen von Vergangenheit und Zukunft, als Angebot zum Zusammenwirken aller demokratischen Kräfte verstanden werden.

Seit jeher hatte es in der politischen Parteienlandschaft Deutschlands nicht nur „sozialistische" und „bürgerliche" Kräfte gegeben, viel sinnvoller erschien eine grundsätzliche Dreiteilung in sozialistische, liberale und konservative Kräfte. Das hatte die partei- und innenpolitischen Geschicke Deutschlands seit den Tagen der Paulskirche in erstaunlicher Kontinuität bestimmt. Auch wenn politische „Sammlungs"bewegungen seit Kaisers Zeiten immer wieder einmal diskutiert und von Fall zu Fall mit mehr oder weniger Erolg praktiziert worden waren – wie in einem Kaleidoskop stellte sich das alte dreiteilige Grundmuster immer wieder her.

In der Nachkriegszeit war es nicht anders, das bürgerliche „Lager" wurde wesentlich durch eine konservative und eine liberale Partei bestimmt: die CDU und die FDP.

Oder ist dies bloß eine nachträgliche Deutung, nachdem die CDU inzwischen zusammen mit der CSU als Hort des „Konservatismus" gilt? Und kann man die FDP wirklich als eine klassisch „liberale" Partei ansehen?

Die Gründung der CDU und in Bayern der CSU war auf der einen Seite das Werk einiger aufrechter und politisch denkender Christen, auf der anderen Resultat logischen Denkens und damit schier unvermeidlich. Sicherlich hätte die CDU ihren Aufstieg, vor allem die Wahlsiege von 1949 und 1953 ohne die Leitfigur Konrad Adenauers, des ehemaligen Kölner Oberbürgermeisters, des preußischen Staatsrats, des Fast-Reichskanzlers aus Weimarer Zeiten kaum schaffen können, wer aber logisch und nicht sozialistisch dachte, dem mußte das Parteiprogramm der CDU einleuchten: Ohne an christlichen und national-bürgerlichen Idealen Abstriche vorzunehmen, gelang es im „Ahlener Programm" doch überzeugend darzutun, daß in Zukunft eine strikte Kontrolle der wirtschaftlichen Kräfte, eine präzise zu vereinbarende soziale Politik mit den Hauptübeln der ehemaligen kapitalistischen Systeme und damit der Klassengesellschaft aus monarchischer und republikanischer Zeit aufräumen sollte. Vielleicht wesentlicher war, daß ein ausgesprochen christliches Menschenbild nicht mehr in konfessioneller Spaltung verkommen sollte. Zwar waren die Hauptinitiatoren der neuen Partei zum größten Teil überzeugte praktizierende Katholiken, und der geistige Einfluß des Klosters Walberberg ist nicht gering zu veranschlagen, es gab aber von Anfang an ebenso überzeugte evangelische CDU-Politiker, die mit großem Ernst und bewundernswerter Lernfähigkeit das christliche Prinzip über alle katholischen Attitüden der sich langsam artikulierenden Partei stellten. Desgleichen gelang es, der Partei den Geruch des „rheinischen Klüngels" zu nehmen, indem Persönlichkeiten wie Hermann Ehlers oder Jakob Kaiser – jeder auf seine Weise – die norddeutsche bzw. ostdeutsche Komponente mit ins Spiel brachten. Sowohl geographisch wie konfessionell und wirtschaftlich wurde die CDU auf diese Weise zur ersten wirklich neuen Partei. Da die CDU traditionslos war, von der Vergangenheit noch weniger als die SPD eingeholt werden konnte, besaß sie die Chance zur autochthonen freien Entwicklung, frei von den ewig niederziehenden Gespenstern der deutschen Vergangenheit, und zwar auch jener jenseits von Hitler bis hin zu Bismarck. Nur so wurde die Etablierung eines wahrhaft modernen Staatswesens möglich, nur so eröffneten sich Chancen, die ewigen Konfrontationsmuster auf dem europäischen Kontinent endgültig zu überwinden, nur so wurde das unselige Erbe Hitlers nicht zu einem unerträglichen, alles in den Abgrund ziehenden Gewicht.

Im nachhinein ist all dies leicht einsehbar – die handelnden Persönlichkeiten ahnten dies mehr, als daß sie es wußten, und selbst die kühnsten Neuerer waren vor der Gefahr ärgerlicher Rückfälle in längst überwunden Geglaubtes keineswegs gefeit. Daraus sollten sich Krisen, Skandale und Skandälchen entwickeln – aber keine einzige war von jener verheerenden Qualität wie etwa der Kapp-Putsch, die Bayernkrise von 1923 oder gar die Endkrise der Republik. In diesem Sinne gab es in Deutschland doch so eine Art „Stunde Null" – an der gesamtpolitischen und gesellschaftlichen Verantwortung für die Taten und

Untaten der Vergangenheit, für die Kontinuitäten in Staat und Gesellschaft ändert dies natürlich nichts.

Auch die FDP war eine moderne Partei und nicht bloß die Neuauflage jener Gebilde aus Bassermanns oder Stresemanns Zeiten, die es auch eher schlecht denn recht gemacht hatten. Das Grunddilemma des deutschen Liberalismus blieb der neuen FDP freilich erhalten und sollte ihr Bild bis zur Gegenwart bestimmen: die innere Gliederung in einen mehr „national"-liberalen und einen mehr „fortschrittlichen" Teil. Was jedoch innerhalb der sozialistischen und der konservativen Bewegung zu dauernder Abspaltung, zum Zerreißen geführt hatte, erwies sich im Liberalismus als fruchtbar – eben weil es oberhalb dieser Gegensätze das Prinzip des Liberalismus und einer weitergespannten Toleranz allen „Abweichlern" gegenüber gab. Auch wenn die Gegner der FDP dieser ein dauerndes „Umfallen" bzw. „Anbiedern" vorwarfen: Die Mitte war nur zu halten, der Liberalismus als politische Grundidee nur zu retten, wenn man genau das vermied, was die potentiellen Koalitionspartner der FDP immer anrieten: prinzipiell zu werden und zu bleiben. In einem Punkt waren sich die meisten Parteien freilich einig: nie mehr durfte eine Entwicklung eintreten, wie sie zum 30. Januar 1933 und dessen Folgen geführt hatte, der demokratische Konsens mußte in Zukunft der unerschütterliche rocher de bronce der Staatsräson sein. Weimar war in diesem Punkt kein Vorbild, deswegen gab es auch niemals eine Chance, die Weimarer Republik gleichsam wiederaufleben zu lassen. In der späteren Sentenz eines Journalisten: „Bonn ist nicht Weimar" wurde dies schlagwortartig klar. Immer dann, wenn sich ganz rechts oder ganz links radikale Kräfte regten, gar Teilerfolge errangen – wie die NPD in Baden-Württemberg, später die Republikaner –, wurde das Weimarer Gespenst beschworen. Als Menetekel sollte es fortan eine durchaus nützliche Funktion gewinnen.

Der Bruch mit der Vergangenheit spiegelte sich besonders drastisch in den territorialen Neugliederungen, die auf Geheiß der Alliierten und unter deren Regie stattfanden. Das spektakulärste Ereignis, und dies war typisch für den Geist der Zeit, fand dabei die geringste öffentliche Beachtung: Mit dem Kontrollratsgesetz

Nr. 46 wurde am 25. Februar 1947 der preußische Staat formell aufgelöst. Dieser Staatsuntergang war viel einschneidender als der des Reiches (an den viele zudem nicht glaubten). Mit Preußen ging ein gut Stück deutscher Identität unter – aber genau das war der tiefere Sinn der alliierten Maßnahme, die übrigens ja nur vollstreckte, was der geborene Österreicher Adolf Hitler für die siegreiche Nachkriegszeit schon geplant hatte. In Preußen schien sich für die ehemaligen Gegner Deutschlands der Ungeist des Militarismus, des Absolutismus, des Nazismus besonders typisch ausgeprägt zu haben – daß Preußen auch das Land der Toleranz, des Fortschritts, des militärischen Widerstandes gegen Hitler gewesen war, wollte damals niemand wahrhaben. Erst viel später begann man über Preußen und seine Rolle in der Geschichte Deutschlands und Europas nachzudenken, es dauerte quälend lange Jahrzehnte, bis der Geist Preußens wenigstens zum Teil wieder lebendig wurde – aber noch die Umbettung Friedrichs des Großen nach Sanssouci konnte 1991 mit dem Unwort des Jahres diffamiert werden – mit Preußen ist immer noch längst nicht alles abgemacht.

Manche Länder blieben wie sie waren, andere wurden aus alten Wurzeln neu errichtet, einige waren vollkommene Kunstprodukte. Nur Bayern kam ungeschoren davon, es war das überhaupt einzige Land mit ungebrochener territorialer Kontinuität – was fortan zum bayerischen politischen Selbstbewußtsein wesentlich beitragen sollte. Bayern war auch das erste Land, dem die Amerikaner einen Ministerpräsidenten verordneten, und wenn es in der unmittelbaren Nachkriegszeit überhaupt einen Ort gab, an dem sich neue politische Macht kristallisieren konnte, so war dies zweifellos München – tatsächlich sollte die berühmt-berüchtigte Ministerpräsidentenkonferenz, auf der die Teilung Deutschlands wenn nicht entschieden, so doch offenkundig wurde, in dieser „heimlichen Hauptstadt" Deutschlands stattfinden.

Die Zerschlagung Preußens machte wie von selbst die Etablierung neuer Länder nötig und möglich; gelegentlich hielt sich die dort herrschende britische Besatzungsmacht an die alten Provinzgrenzen – so mit der Gründung von Schleswig-Holstein.

Niedersachsen war wesentlich der Zusammenschluß von Hannover, Braunschweig und Oldenburg, Nordrhein-Westfalen war ein völlig willkürlich geschnittenes Gebilde. Auch Hessen „profitierte" vom Untergang Preußens; Württemberg-Hohenzollern, Württemberg-Baden und Baden waren die einzigen Länder, die sich später freiwillig zusammenschlossen. Rheinland-Pfalz war wie Niedersachsen aus den Territorien ehemaliger Länder aus Weimarer Zeiten zusammengefügt. Hamburg und Bremen konnten ihren Status als unabhängige Hansestädte bewahren, Lübeck gelang dies nicht. In der SBZ wurden hauptsächlich aus den preußischen und sächsischen Gebieten fünf Länder geschnitten, die bald untergingen, um erst 1990 wiederzuerstehen.

Alles in allem war die Neugliederung Deutschlands Produkt der unterschiedlichen Besatzungsrichtlinien, zwingender wirtschaftlicher Notwendigkeiten und auch Folge der gewaltigen demographischen Verschiebungen. Alle Länder- und Wiedergründungen hatten mit einem übergeordneten raumpolitischen Konzept – etwa im Rahmen einer späteren gesamtstaatlichen Lösung – nichts zu tun, sie waren willkürlich, aus der Not und aus dem Augenblick geboren – und haben sich dennoch als erstaunlich lebenskräftig erwiesen. Dies galt nicht nur für so heterogene, aber wirtschaftlich potente Länder wie Nordrhein-Westfalen und Niedersachsen, sondern auch für ein so kleines, seinerzeit nicht zuletzt aus französischen Prestigeerwägungen geschaffenes Gebilde wie Rheinland-Pfalz. Es zeigte sich, daß die tausendjährige föderative Tradition im Zentralland Europas ungemeine Kräfte entfalten konnte, wie sie in anderen Regionen des Kontinents kaum wirksam waren. Die föderative Struktur: Das wollten die Sieger, das wollten die Deutschen, das entsprach wie nur etwas der Räson der deutschen Geschichte. Aber um so dringender stellte sich damit auch die Frage nach dem einigenden Band. Auch die schärfste föderative Ausbildung hatte niemals auf den Kontrapunkt eines territorial- und länderübergreifenden unitarischen Moments verzichten können; je selbständiger die Einzelstaaten wurden, desto heftiger wurde die Frage nach dem „darüber" diskutiert – das hatte sich wie ein roter Faden durch die deutsche Geschichte gezogen.

Es hatte in der Vergangenheit viele Lösungen gegeben, ein Prinzip jedoch herrschte immer vor: Die Klammer um das Ganze sollte in erster Linie symbolisch und geistig sein. Die Macht des Kaisers lag in seiner Würde, in seinem Prestige, das „Reich" galt immer auch als sakraler, transzendenter Begriff.

Genau so etwas aber wollten die Alliierten (und die meisten Deutschen) unter keinen Umständen. Wenn es daher in den Jahren bis 1949 Organisationsformen gab, die über den Ländern etabliert wurden, so immer nur aus sehr banalen ökonomischen Erfordernissen. Der „Länderrat", aus den Ministerpräsidenten Hessens, Bayerns und Württemberg-Badens bestehend, sollte in der amerikanischen, der „Zonenbeirat", ein von der Militärregierung berufener Ausschuß, in der britischen Zone die Besatzungsverwaltung in ihren Aufgaben unterstützen. Prinzipiell nicht anders hatte sich der „Wirtschaftsrat" zu verstehen: Alle diese Zusammenschlüsse, bald pseudoparlamentarisch auf Grund der Gemeindewahlergebnisse zusammengesetzt, hatten nur eine Aufgabe: Die Siegermächte bei der Bewältigung der immer höher brandenden Wirtschafts- und Ernährungskrise zu beraten und zu unterstützen.

Dieser Aufgabe unterzogen sich die deutschen Vertreter in diesen Gremien durchaus erfolgreich; Länderrat, Zonenbeirat und Wirtschaftsrat wurden zu den „Spielwiesen" des kommenden demokratisch-parlamentarischen Systems in der Bundesrepublik, hier traten die dramatis personae der frühen Republik erstmals überregional in Erscheinung, hier schon formierten sich die möglichen zukünftigen Koalitionen und Oppositionen. Niemals wäre der Bundesrepublik 1949 jener „fliegende Start" gelungen, der allenthalben bewundert wurde, wenn die maßgebenden politischen Kräfte und Persönlichkeiten nicht in diesen alliierten politischen „Kindergärten" auf ihre Aufgabe vorbereitet worden wären.

Natürlich brachten die dort beratenden und unter Aufsicht handelnden deutschen Politiker auch eine gehörige Portion an eigenen Erfahrungen mit – die meisten hatten schon in Weimarer Zeiten an politischen Entscheidungsprozessen mitgewirkt, viele in der Zeit der Emigration Gelegenheit gehabt, demokratische

Systeme kennenzulernen. Schließlich gab es auch eine nur verdeckte, im Grunde jedoch ungebrochene demokratische Tradition aus der Vergangenheit der deutschen Länder. Alles dies war wichtig, wichtiger jedoch blieb die Tatsache, daß ganz anders als früher diese ersten gesamtstaatlichen Aktivitäten sich nur aufs Praktische, Pragmatische und Ökonomische richteten. Es war das glatte Gegenteil von dem, was einst in der Paulskirche geschehen war, es war die andere Form der Demokratie, die hier eingeübt wurde; die unsentimentale, nicht-nationale, nichttranszendente. Ökonomische Effektivität als Antriebsaggregat für alles andere, nur darum ging es. Schon lange bevor sie formell gegründet wurde, war die Bundesrepublik so gesehen ein Wirtschaftswunderland, oder, anders gewendet: Die Räson der Republik entstand auf dem Boden der ökonomischen Zwangslagen, Pläne, Wunschträume.

Die Folgen von alledem waren damals kaum zu erkennen, und es sollte Jahrzehnte dauern, bis die ökonomische Potenz und das wirtschaftliche Know-How auch in politische, militärische, geistige Macht umgesetzt wurden, und noch heute ist dieser Prozeß offensichtlich nicht abgeschlossen. Die Wurzeln für die ökonomische Grundmentalität der deutschen Gesellschaft des Westens aber lagen in den frühen Jahren der Besatzung, diese wirken also immer noch nach.

Vor diesem Hintergrund war es eine Ironie der Geschichte, wenn die Alliierten den völlig untauglichen Versuch unternahmen, die wirtschaftliche und industrielle Entwicklung des künftigen Deutschland durch schlichten Befehl, genannt „Industrieplan“, künstlich festzulegen. Die Hilflosigkeit des Versuches löst heute nur noch Kopfschütteln aus – tatsächlich war die Absicht, Deutschland ein Wirtschafts- und Industrie-Design zu verpassen, das an einer magischen Grenze des Bruttosozialprodukts und der Lebensqualität (das Wort gab es noch nicht) orientiert war (die Produktionshöhe sollte 50–55 % der Werte von 1938 nicht übersteigen), aberwitzig. Man konnte sich an die untauglichen Versuche der Siegermächte von 1919 erinnert fühlen, das deutsche Militärpotential vermittelst des Versailler Vertrages und entsprechender Kontrollkommissionen dauerhaft auf einem niedrigen Niveau zu stabilisieren. Der Wirtschafts- bzw. Industrieplan war natürlich auch aus ganz praktischen Motiven heraus entstanden, lieferte er doch den probaten Vorwand für die vor allem in der SBZ nun rigoros durchgeführten Demontagen. Zwar sollten diese nicht flächendeckend und wahllos, sondern in gleichsam chirurgischer Manier erfolgen, aber darauf nahm die sowjetische Besatzungsmacht keinerlei Rücksicht, so daß die SBZ systematisch ausgeplündert wurde, wovon sich dieser Teil Deutschlands in Grunde nie erholt hat.

Im Westen erwiesen sich die Demontagen bald als wahrer Bumerang: Zum einen ließen sich die Demontagepläne nicht immer und überall durchführen, weil der Widerstand der betroffenen Arbeiter vor Ort so stark war, daß ihn die Alliierten aus politischen Gründen nicht gewaltsam zu brechen wagten, zum anderen hatte man übersehen, daß gerade hochspezialisierte Maschinen und Industriebetriebe rasch veralten, so daß es kaum lohnte, sie anderswo in Frankreich oder England wieder aufzubauen. Umgekehrt erwies sich die Demontagepolitik in manchem Wirtschaftsbereich als wahrer Segen – denn nachdem der wirtschaftliche Aufschwung begann, und das war sichtbar schon vor der Währungsreform von 1948 der Fall, konnten an Stelle der veralteten Maschinen die jeweils modernsten Produktionsmittel installiert werden – auch dies sollte zum phänomenalen wirtschaftlichen Aufschwung der fünfziger Jahre beitragen.

Eine Analyse der wirtschaftlichen Situation in Deutschland mußte schon Ende 1946 zu ganz unterschiedlichen, jedoch dialektisch aufeinanderbezogenen Schlüssen führen: Auf der einen Seite ging es mit der Ernährung der Bevölkerung steil bergab, bald konnten nicht einmal mehr die verordneten 1500 Kalorien pro Person sichergestellt werden, 1946/47 durchlitten die Deutschen einen der kältesten und längsten Hungerwinter, die Älteren wurden an 1916/17 erinnert; auf der anderen Seite begann sich die Grund- und Schwerindustrie überraschend schnell zu erholen; was noch fehlte, waren die politischen, wirtschaftlichen, vor allem auch finanziellen und währungspolitischen Rahmenbedingungen. Die schon unter Speer auf den Weg gebrachte Umstellung von der Kriegs- zur Friedensproduktion hatte ihre Latenzperiode erfolgreich durchlaufen – nun wartete man auf den Startschuß.

Daß er kommen würde, war eigentlich schon seit Beginn des Jahres 1947 klar, seit dem 1. Januar 1947 tickte die Uhr. An diesem Tag trat der Zusammenschluß der amerikanischen und der britischen Besatzungszone in Kraft, zum ersten Mal zeichneten sich die Konturen eines zukünftigen Weststaates ab.

Aber genau damit begannen, zum ersten Mal nach dem Krieg, Probleme aufzutauchen, die über die bisherigen bloß ökonomischen hinausgingen. Latent waren sie schon seit dem Mai 1945 vorhanden, aber erst jetzt stellte sich für die den Alliierten zur Hand gehenden deutschen Politiker und Wirtschaftsfachleute die eigentliche Gretchenfrage: Wieweit konnte, durfte man den augenscheinlichen Bemühungen um eine engere Vereinigung der westlichen Besatzungszonen zustimmen, ohne das nationale Grundanliegen aller Deutschen zu verraten: dermaleinst wieder in einem gemeinsamen Vaterland leben zu können?

Anfangs schien dies keine besonders aktuelle Frage zu sein, denn man wiegte sich im Glauben, daß der Alliierte Kontrollrat, vor allem aber die Anstrengungen der Außenminister der Alliierten, doch auf eine Lösung der „deutschen Frage" hinauslaufen würden, zumal Stalin aus freilich durchsichtigen Gründen immer wieder betonte, er wolle ein einiges Deutschland, dies sei auch das wahre Ziel aller aufrechten Kommunisten und Sozialisten in seiner Besatzungszone. Daß ein zukünftiges Deutschland antinazistisch und antimilitaristisch sein mußte – nun, davon waren auch alle Menschen im Westen tief überzeugt.

Das Ziel schien also klar zu sein, aber auf welchen Wegen sollte man es erreichen? Bis Mitte 1947 deutete vieles auf eine gewisse Vorreiterrolle der SBZ hin, rascher als im Westen schuf die SMAD zentrale Verwaltungsorgane, die bewußt als Keimzellen für eine spätere deutsche Zentralregierung konzipiert wurden. Parallel dazu ging freilich eine drastische Umgestaltung der ökonomischen und gesellschaftlichen Verhältnisse einher, die in der Bodenreform vom Herbst 1946 zum ersten Mal auch für breite Schichten der Bevölkerung erkennen ließ, daß Stalin keineswegs, wie es die Kommunisten feierlich versichert hatten, auf die endliche Durchsetzung eines Sowjetsystems in seiner Zone – und darüber hinaus in ganz Deutschland – zu verzichten bereit war. Viel gravierender war freilich ein anderes Ereignis – dieses erst zerschnitt das Tischtuch zwischen West und Ost in Deutschland, obwohl der „Vereinigungsparteitag" zwischen KPD und SPD natürlich das genaue Gegenteil suggerierte.

Die Gemeindewahlen in der SBZ hatten der KPD in aller wünschenswerten Deutlichkeit klargemacht, daß mit einer „legalen" Machtergreifung (à la NSDAP 1933) vermittelst freier Wahlen niemals zu rechnen war. Wenn der Kommunismus in Deutschland an die Macht kommen wollte, so bedurfte er dafür eines Vehikels, und dieses konnte nur die SPD sein.

Warum erkannten Grotewohl und andere SPD-Genossen (auch im Westen) diese Politik des politischen Schmarotzertums nicht gleich? Warum erlagen sie der bombastischen Farce der Vereinigung von KPD und SPD zur SED? Zum einen, weil die Kommunisten logen, daß sich die Balken bogen, sie waren in der Anwendung ihrer propagandistischen Mittel noch hemmungsloser als es die Nationalsozialisten einst gewesen waren. Zum anderen, weil sie glaubten, aus der Geschichte gelernt zu haben: Die Vernichtung zuerst der KPD, dann der SPD durch die Nationalsozialisten schien auch deswegen so problemlos gewesen zu sein, weil sich diese beiden Parteien im Angesicht der finalen eigenen Katastrophe bis aufs Messer bekämpft hatten. Was wäre geschehen, so räsonierte man in den kommunistischen und sozialdemokratischen Emigrantenkreisen nach 1933 immer wieder, wenn beide Parteien samt ihren Anhängern, Sympathisanten und, nicht zu vergessen, Parteiarmeen („Rotfront" und „Reichsbanner") gemeinsame Sache gemacht hätten? Hätte Hitler wirklich den Sprung zur Macht wagen können? Und wäre ein Bürgerkrieg zwischen den „Braunen" und den vereinigten „Roten" wirklich zugunsten ersterer ausgegangen?

Nur vor dem Hintergrund solch bitterer Betrachtungen zur „deutschen Katastrophe" (Meinecke) war die Vereinigung zwischen KPD und SPD in der SBZ überhaupt möglich. Natürlich gab es von seiten der KPD und der hinter ihr stehenden SMAD sanften Druck, der aber hätte gewiß nicht ausgereicht, wenn nicht führende Funktionäre der SPD selbst davon überzeugt gewesen wären, mit der Vereinigung ein neues Kapitel der deutschen Gesellschaftsgeschichte aufzuschlagen.

Die bösen Folgen zeigten sich rascher, als auch die Pessimisten unter den Mitgliedern der SPD es erwartet hatten, vor allem machte Kurt Schumacher unmißverständlich klar, daß es eine Zusammenarbeit zwischen SPD und SED unter keinen Umständen geben würde. Damit erwies sich der „Vereinigungsparteitag" als Trennungszeremonie, fortan war schwer abzusehen, wie die deutsche Einheit aufrechterhalten werden konnte, wenn es beim strammen Marsch der Kommunisten durch die Institutionen bleiben sollte.

Schlimmer noch: Konnten die Bemühungen in der SBZ um die Schaffung zentraler Verwaltungsorgane als positive Vorleistung für ein zukünftiges einiges Deutschland angesehen werden, so waren alle derartigen Maßnahmen nun nur noch unter zwei gleichermaßen unerfreulichen Aspekten zu bewerten: entweder dem der endgültigen Teilung Deutschlands oder dem der schließlichen Sozialisierung, dann Bolschewisierung des gesamten Staates.

Auf Letzteres wies 1946 bis 1948 alles hin; mochte dabei manches in der ersten virulenten Phase des Kalten Krieges auch schlimmer aussehen, als es – vielleicht – gemeint war. Zwei Ereignisse machten die Ausweglosigkeit dann drastisch klar: Das eine war die Errichtung der „Deutschen Wirtschaftskommissionen" auf Befehl der sowjetischen Besatzungsmacht, das andere fand in München statt.

Die DWK waren bewußt als Rahmen für eine gesamtdeutsche Zentralregierung konzipiert. Damit verfügten die Ministerpräsidenten der fünf SBZ-Länder über einen organisatorischen Vorsprung, denn im Westen war den Ministerpräsidenten strikt verboten worden, sich „politische" Gedanken zu machen, also über Pläne und Ziele jenseits der in den einzelnen „Räten" eng umschriebenen Aufgaben nachzudenken.

Eben dies schien die Chance der östlichen Ministerpräsidenten zu sein; sie in München auszuspielen, war der eigentliche

Zweck jener Konferenz, die später als weithallendes Symbol für den Beginn der deutschen Teilung angesehen werden sollte.

Zwar haben auch die westlichen Ministerpräsidenten keineswegs unbesehen den alliierten Anordnungen Folge geleistet, es war aber klar, daß sie nicht gleichzeitig gegen alliierte Vorbehalte verstoßen und die sowjetzonalen Zentralpläne auch nur diskutieren konnten. Schon deswegen war das Treffen von Anfang an zum Scheitern verurteilt, es erwies sich am 6. Juni 1947, daß die SBZ-Ministerpräsidenten sogar auf die Erörterung zentraler Wirtschaftsfragen zu verzichten bereit waren, wenn damit nicht gleichzeitig eine Diskussion um die zukünftige politische Zentralregierung einherging. Sie schadeten damit natürlich auch ihren eigenen wirtschaftlichen Interessen – aber inzwischen begannen ideologische Erwägungen ökonomische deutlich zu überwuchern, und der Eklat der Konferenz – die ostdeutschen Politiker reisten noch vor deren offiziellem Beginn mit Aplomb wieder ab – war so gesehen der eigentliche Startschuß für jenen politischen Prozeß, der am Ende zur Gründung der Bundesrepublik und der Gegengründung der DDR führte.

Das ahnten die Betroffenen schon damals, deswegen wurde später immer wieder die quälende Frage gestellt, ob man in München nicht eine Chance vertan habe – so wie dann noch einmal, 1952, als es um die berühmte „Stalinnote" ging. In Wirklichkeit hatten die Deutschen in West wie in Ost politisch zu diesem Zeitpunkt noch nichts zu melden – selbst wenn man sich in München über alle Ordres hinweggesetzt hätte (im Westen), selbst wenn die SBZ-Ministerpräsidenten über den Schatten der SED gesprungen wären: niemals wären die SMAD im Osten, die Militärregierungen im Westen bereit gewesen, ein von den Deutschen geschaffenes fait accompli hinzunehmen. Inzwischen war Deutschland nämlich in das Spannungsgeflecht des Kalten Krieges geraten; nicht mehr das deutsche Schicksal interessierte die Siegermächte in erster Linie, sondern ihr eigenes, und das schien ungewisser denn je, seitdem die Kriegsallianz zerbrach und die feindlichen Lager sich allenthalben sammelten. Alles, was seit Mitte 1947 sich in Deutschland abspielte, gehorchte den Regeln des sich rasch verschärfenden Ost-West-Konfliktes. Wenn dessen Nahtlinie mitten durch Deutschland ging, so war dies natürliche Folge des Krieges. Nachdem sich die amerikanischen Truppen auf Grund der Vereinbarungen von Potsdam aus Thüringen, Mecklenburg und Sachsen zurückgezogen hatten, bildete die Grenze zur SBZ das solideste Stück des „Eisernen Vorhanges", den Churchill in seiner berühmten Fulton-Rede von der Ostsee bis an die Adria niedergehen sah.

War die Trennung Deutschlands, Europas, der Welt damit schon perfekt? Und war die Schaffung eines westdeutschen Staates damit nicht zwingend erforderlich, wollte man in der sensibelsten Region des Konflikts nicht hoffnungslos in die Hinterhand geraten? Was also wog schwerer: die deutsche Einheit oder die westliche Freiheit?

Daß Letztere massiv bedroht wurde, stand für die amerikanische Administration unter Truman und Marshall, dem Außenminister, seit den klugen Analysen ihres Moskauers Botschafters fest. Dieser hatte – und das war symptomatisch für den propagandistischen und ideologischen Charakter des Konfliktes – in einem aufsehenerregenden Artikel unter dem Pseudonym „Mr. X" die These verfochten, daß nur ein systematisches „containment" Europa und die Welt vor dem ständigen Vordringen des Kommunismus retten könnte. Churchill, politisch ohne Verantwortung, aber als Kriegsheros von ungebrochenem Prestige, hatte in das gleiche Horn gestoßen, ebenfalls öffentlich, Truman reagierte zügig und gründlich.

Doktrin gegen Doktrin: Die kommunistische, so tönte es aus Moskau, sei die der Zukunft und werde sich siegreich auf Erden durchsetzen. Die freiheitlich-westlich-kapitalistische, so gab Truman am 12. März 1947 zurück, werde eben dies nicht zulassen und alle unterstützen, die sich gegen die kommunistische Gefahr zu wehren hätten. Damit war der Kampfplatz den Ideologen freigegeben, in dieser Arena vollzog sich fortan die Weltgeschichte – oder doch ein gut Teil von ihr.

Es lag auf der Hand, daß die Deutschen in West und Ost, ob sie es wollten oder nicht, von beiden Seiten zwangsrekrutiert wurden, darüber gab es keinerlei Debatte, weder hüben noch drüben. Während jedoch den Deutschen im Osten die nun einsetzende heiße Phase des Kalten Krieges Opfer um Opfer abverlangte, ohne daß die Masse der Bevölkerung der dahinterstehenden kommunistischen Ideologie irgend etwas Positives abgewonnen hätte, griffen in Westdeutschland sehr bald die ökonomischen Segnungen, die mit der Trumandoktrin verbunden waren. Da zudem der Antikommunismus in Deutschland eine eigenständige, zuletzt durch den Nationalsozialismus grausam übersteigerte Tradition besaß, gelang die Integration der „Trizonesier" in das westliche Lager, unter amerikanischer Führung, relativ problemlos. Vor allem der Plan zur wirtschaftlichen Gesundung und zum Wiederaufbau Europas (ERP), der unter dem Namen des amerikanischen Außenministers George C. Marshall in die Geschichtsbücher einging, trug zur Akzeptanz der kapitalistisch-westlichen Ideologie bei. Gewiß war die causa prima dieses Planes nicht die Hilfe für das notleidende Deutschland – diese wurde in jenen Jahren vielmehr durch die private Hilfsorganisation „Care" in die Wege geleitet. Sollte er aber funktionieren, so blieb aus rein ökonomischen Erwägungen am Ende gar nichts anderes übrig, als auch Westdeutschland in ihn einzubeziehen. Dabei war gar nicht so sehr der Umfang der finanziell-materiellen Hilfe ausschlaggebend (nach späteren Maßstäben berechnet blieb sie eher gering), als der damit verbundene grundsätzliche Kurswechsel: Mit dem ERP-Programm wurde die Politik des (ohnehin gescheiterten) „Industrieplans" und der Demontagen hinfällig; wenn fortan in Westdeutschland Kapital investiert wurde, so galt dies als Zukunftsinvestition. Und da die infrastrukturellen Voraussetzungen in Deutschland trotz aller Kriegszerstörungen und Verluste ausgesprochen gut waren, mußte das, was man später fälschlicherweise als „Wirtschaftswunder" bezeichnete, füglich von selbst eintreten.

Alles wurde besser, die Kosten hatten die Menschen in der SBZ zu tragen, und da man im Westen ein kommunistisches Gesamtdeutschland weder wollte noch von den Westmächten je zugestanden erhalten hätte, gab es auch mit der Gründung der Bundesrepublik keine moralischen Probleme – die überließ man den „Brüdern und Schwestern in der Zone", wie der scheinheilige Slogan der fünfziger Jahre lautete.

Skrupel hätten alles auch nur kompliziert. Zum ersten Mal zahlte sich der bewußt geförderte ökonomische Pragmatismus aus, als die formalen und tatsächlichen Voraussetzungen zur Gründung des Weststaates geschaffen werden mußten.

Denn seit dem Juni 1947 existierten auf Grund einer Abmachung zwischen den USA und England drei funktionsfähige Zentraleinrichtungen: der aus Mitgliedern der Länderparlamente zusammengesetzte Wirtschaftsrat, der aus Ländervertretern gebildete Exekutivrat und ein Direktorium als eine Art Pseudoregierung. Diese schuf binnen weniger Wochen Zentralverwaltungen für Wirtschaft, Ernährung, Landwirtschaft und Forsten, Finanzen, Verkehr, Post- und Fernmeldewesen, also einen wesentlichen Kern einer allgemeinen Zentralregierung. Die ökonomische „Schlagseite" dieses Unternehmens ergab sich aus dem, was fehlte: Es fehlten Behörden, die beispielsweise für die inneren Verhältnisse, für die Justiz, das Bildungs- und Wissenschaftswesen, die innere und äußere Sicherheit verantwortlich gewesen wären. Die Wirtschaft war das Schicksal, Justitia und sämtliche Musen hatten zu schweigen, es war eben Kriegszeit, wenn auch nur „kalte".

Inzwischen hatten die vier Siegermächte ihre fruchtlosen Bemühungen um einen modus vivendi in der Deutschlandfrage endgültig satt. Eine ganze Serie von Außenministerkonferenzen führte zu nichts, verschärfte die Gegensätze nur weiter und bestärkte die Protagonisten in ihren längst schon abgesteckten Kursen. Gewiß gelang es, in Paris mit den meisten ehemaligen Feindstaaten so etwas wie „Friedensverträge" auszuhandeln, aber das blieben unbedeutende Formalien, längst überrollte der Ost-West-Konflikt alle alten Allianzen und Gegnerschaften.

Es wurde augenscheinlich Zeit, sich auf den Dritten Weltkrieg vorzubereiten. Zwar gehorchten die ersten militärischen Absprachen unter den westlichen Demokratien noch alten Mustern – der auf fünfzig Jahre geschlossene britisch-französische Beistandspakt von Dünkirchen richtete sich formell gegen das Phantom eines wiedererstarkten und revisionistischen Deutschland – in Wahrheit waren die Militärs fieberhaft dabei, Vorsorge für den gefürchteten Tag X zu schaffen, dessen Kommen die Pessimisten für sicher, die Optimisten immerhin für wahrscheinlich hielten. Zwar verfügten bis zu diesem Zeitpunkt die Amerikaner noch über das Atombombenmonopol, aber zum einen gab es keine halbwegs vernünftigen Einsatzkonzepte für diese Waffe, zum anderen war es nur eine Frage kurzer Zeit, bis die Sowjetunion gleichziehen würde. Vergeblich hatten die Amerikaner mit einem Konzept, dem der Senator Baruch den Namen lieh, schon 1945 die Einhegung der atomaren Gefahr beschworen – nachdem Stalin verständlicherweise einen einseitigen Verzicht auf die Atombombe abgelehnt hatte, blieb bis zum atomaren Patt der Supermächte nur eine befristete Zeit – sie war am Ende viel kürzer, als die Experten erwartet hatten. Die dann aufglimmenden Gefahren aber schienen unkalkulierbar. Während sich die Amerikaner bis Mitte 1948 nahezu vollständig vom europäischen Kontinent zurückgezogen hatten, hielt Stalin die Rote Armee auf Kriegsfuß. Nicht nur in Amerika und Westdeutschland ging die Kriegsfurcht um, England und Frankreich fühlten sich gleichermaßen bedroht, und über das vermeintlich probate Mittel einer atomaren Abschreckung verfügten beide Länder noch nicht. Zusammen mit Belgien, den Niederlanden und Luxemburg schlossen sie am 17. März 1948 den Brüsseler Vertrag ab, der sich nun nicht mehr gegen Deutschland, sondern die allgemeine – sprich: sowjetische Bedrohung richtete. Dünkirchen und Brüssel wurden zur Keimzelle einer europäischen Verteidigung, genauer: es sah lange so aus, als könnten sie es werden. Da aber die beiden Hauptprobleme ausgeklammert blieben, war von Anfang an Skepsis geboten: Die Westzonen, die in jedem Fall zumindest zum Schlachtfeld werden mußten, bildeten ein sicherheitspolitisches Vakuum, nur ganz unzureichend durch die englischen und französischen und den Rest der amerikanischen Besatzungstruppen geschützt, und alle Verteidigung war von Anfang an auf Sand gebaut, wenn die Vereinigten Staaten nicht mithalfen – das zumindest hatten die Europäer aus den beiden Weltkriegen gelernt. Und auch Stalin: Fortan mußte es der sowjetischen Politik, mochte sie von ihren Intentionen her nun defensiv oder aggressiv sein, darauf ankommen, als Minimum die Neutralisierung ganz Deutschlands bzw. die Konsolidierung der SBZ als Glacis für den eigenen Aufmarsch anzustreben, als Maximum ganz Deutschland zum Satelliten zu machen und die Amerikaner aus Europa dauerhaft zu vertreiben. Mitte 1947 war noch nicht absehbar, welches der beiden Ziele – oder welcher Kompromiß aus beiden Zielen – realisiert werden konnte, im Westen jedenfalls wuchsen die Befürchtungen, und bald schon glaubte man dazu auch allen Grund zu haben.

Die unverhohlene Interventionsdrohung Stalins in Griechenland und in der Türkei hatte die Trumandoktrin recht eigentlich provoziert; daß sie unter Umständen auch anderwärts angewendet werden konnte, vielleicht mußte, machte die Londoner Außenministerkonferenz vom Dezember 1947 deutlich. Als diese nämlich scheiterte, vollzogen die Westmächte eine schicksalsschwere Wende: Von nun an waren sie entschlossen, das Deutschlandproblem in ihrem Sinne zu lösen. Das hieß: Auf eine einheitliche Deutschlandpolitik wurde fortan verzichtet, Westdeutschland, das war nun der Spatz in der Hand der Westalliierten, der Taube auf dem Dach mochte Stalin nachstellen, im Westen schickte man sich energisch an, es ihm zu verleiden. Die alliierten Vorgaben an die deutschen Politiker waren präzise: Erweiterte Befugnisse des Wirtschaftsrates und die Errichtung eines Länderrates zeichneten die Konturen von Parlament und Länderkammer, zu der entscheidenden Londoner Sechsmächtekonferenz, auf der die kommende Bundesrepublik in allen wesentlichen Punkten projektiert wurde, wurden die Russen, auch wenn sie protestierten, gar nicht mehr eingeladen. Was Wunder, wenn Stalin dies als Affront begriff, aber zum ersten Mal zeigten die Westmächte die Zähne, seit dem März 1948 erreichte der Kalte Krieg eine neue Eskalationsstufe, und das Mittel dazu lieferte Westdeutschland.

Die nächsten Schritte erfolgten zügig und zielgerichtet. Die drei westlichen Besatzungsmächte wußten genau, was sie wollten, der zukünftige westdeutsche Staat, selbstverständlich ein föderatives und demokratisches Gebilde, sollte in die Front des Kalten Krieges genau eingepaßt werden – dies und nichts anderes war die Räson der Londoner Beschlüsse. Unfreundliche Reaktionen von östlicher Seite wurden in Kauf genommen, man mochte meinen, regelrecht provoziert – und tatsächlich verhielt sich Stalin mit dem Boykott des Kontrollrates und der Berliner alliierten Kommandantur rollentypisch. Das kam den Westmächten gerade recht, brauchte man auf Einwände „der Russen" in Zukunft doch keinerlei Rücksicht mehr zu nehmen. Diese Handlungsfreiheit besaß freilich ihren Preis: In ihrer Zone konnten die Sowjets nun schalten und walten, wie sie wollten. Mehr denn je schienen die Deutschen in West wie in Ost der Willkür der Sieger ausgeliefert. Konnten jene westdeutschen Politiker, die in den verschiedenen Zonengremien auf Geheiß der Besatzungsmacht deutsche Zukunft planten, diese Entwicklung akzeptieren? Drohten sie nicht von Anfang an zu bloßen Handlangern zu werden, zu Agenten im Kalten Krieg? Steckte in dem berüchtigten Zwischenruf Kurt Schumachers, an die Adresse Konrad Adenauers gerichtet, er sei der „Kanzler der Alliierten", nicht doch ein Körnchen Wahrheit?

Aber die Dinge lagen komplizierter, das machte der nächste Zug im Turnier des Kalten Krieges deutlich. Er war logische Folge einer ebenso logischen Entscheidung der Westmächte: vermittelst einer Währungsreform dem neuen Weststaat ökonomischen Anschub zu verleihen, der notwendig war, um das Wirtschaftssystem in Schwung zu bringen.

Später wurde die Währungsreform vom Juni 1948 als entscheidende Grundlage für die ökonomische Wiedererstarkung, ja das Wirtschaftswunder selbst gedeutet, und dieser Trugschluß sollte noch im Juli 1990 fatale Folgen haben. In Wirklichkeit wurde mit der Geldumstellung 1:10 damals nur eine finanztechnische Operation vollzogen, die am Ende eines langwierigen Reorganisations- und Gesundungsprozesses stand. Nicht die neue Währung machte das Wunder, das keines war, sondern nur weil die ökonomischen Rahmenbedingungen schon geschaffen waren, die Konjunktur trotz aller Hemmnisse schon anlief und die große Politik es wollte, wurde die neue Währung zu einem großen Erfolg.

Für die Sowjetunion und ihre Besatzungszone war die Währungsreform ein Schock, durchtrennten die Alliierten mit ihr doch offensichtlich die bisher immer noch bestehenden wirtschaftlichen Verbindungen zwischen den beiden Teilen Deutschlands. Es war nicht verwunderlich, daß die Machthaber in der Sowjetzone mit einer Gegenwährungsreform für ihr Hoheitsgebiet reagierten. Da aber in der SBZ anders als im Westen die Voraussetzungen für das neue Geld fehlten, war dies ein ohnmächtiger Schlag ins Wasser, der die wirtschaftliche Krise im östlichen Teil Deutschlands eher verschärfte.

Die eigentliche Reaktion erfolgte denn auch auf einem ganz anderen Feld. Es war raffinierte Machtpolitik, die sich im Entschluß Stalins zeigte, Berlin vollständig zu blockieren, zumindest zu Lande und zu Wasser. Die Währungsfrage war nur Anlaß, vorgeschoben, irrelevant. Entscheidend war ein anderer Gesichtspunkt: Nachdem die Westmächte die Gründung einer eigenen, „ihrer" Bundesrepublik unter Ausschluß der Ostzone definitiv beschlossen hatten, war ganz Westberlin in Zukunft zum Dasein einer politischen „Insel" verdammt. Die sowjetischen Überlegungen waren logisch: Falls er, Stalin, dieses fait accompli letztlich, wenn auch zähneknirschend, akzeptierte – konnte er auf „Kompensationen" – fast im Stil des 18. Jahrhunderts – pochen! Was hätte näher gelegen, als die „unnütze" Insel Westberlin zu ergattern! Die Sache, so meinte er, mußte auch für den Westen attraktiv sein, bot sich nun nicht die Chance, sich auf Kosten der Berliner und damit aller Deutschen zu arrangieren? Ließ sich nicht ein modus vivendi finden, in dem der Sowjetunion die ganze Macht bis zur innerdeutschen Grenze zugestanden wurde, während sie in allen Angelegenheiten, die den Westteil Deutschlands betrafen, fortan stillhielt?

Solche Spekulationen waren nicht absurd. Tatsächlich sollte es 1961 mit dem Bau der Berliner Mauer zu genau diesem „Kompromiß" kommen, freilich nicht unter Aufopferung Westberlins. 1948 war die Situation offen, und Stalin mag sich echte Chancen ausgerechnet haben, wenn nun nicht ganz Deutschland, so doch dessen ganze Hauptstadt mit stillschweigendem Einverständnis der Westmächte an sich bringen zu können.

Aber dieser „big deal" kam nicht zustande, denn zum ersten Mal nach dem Zweiten Weltkrieg siegte das, was man mit dem mißverständlichen, aber unvermeidlichen Begriff „Moral" umschreiben muß. Diese siegte über die Kaltschnäuzigkeit bloßer

Konvenienzpolitik. Wer letztlich den Ausschlag dafür gab, daß das große Spiel um Berlin nicht auf dem Rücken Deutschlands ausgetragen wurde, mag dahinstehen; Lucius D. Clay und Truman auf amerikanischer, Ernst Reuter auf deutscher Seite wurden zumindest zu Helden der „Frontstadt“ Berlin. Natürlich sprachen auch objektive Gründe für das Aushalten in Berlin, denn diese Stadt war ein bedeutsamer Wirtschaftsfaktor, ein wichtiger Brückenkopf auf dem Schlachtfeld des Kalten Krieges; entscheidend war, daß weder die betroffenen Berliner noch die herausgeforderten Westmächte in Berlin den Affront hinnahmen und nicht um des lieben Friedens willen zurückwichen.

Blockade, Luftbrücke, Ernst Reuters „Seht auf diese Stadt!“: das wurden die ersten politischen Symbole der sich in Gründung befindenden westdeutschen Republik. Als deutlich wurde, daß die Luftbrücke möglich war und trotz enormer logistischer und technischer Schwierigkeiten erfolgreich zu werden versprach, kippte die deutsche Mentalität: aus den Amerikanern und in ihrem Gefolge den Briten, ja selbst den Franzosen wurden Freunde und Verbündete. Zwar nicht formell und im klassischen Sinn, wohl aber nach jenen Begriffen von Recht, Freiheit und Demokratie, für die nun Amerika, England und Frankreich in Berlin standen. Was alle Umerziehungsmaßnahmen, alle „Amerika-Häuser“ und „Centres culturels“ nicht geschafft hatten, gelang den tapferen Besatzungen der „Rosinenbomber“; die Berliner feierten sie, die Deutschen gewannen ihr Selbstbewußtsein zurück; indem sie der Blockade trotzten, verpflichteten sie sich unwiderruflich, Gewalt und Diktatur zu widerstehen. Die Berliner Blockade wurde so zur größten Schmiede der „moralischen Aufrüstung“ – erst mit ihr und ihren Folgen konnte das Experiment der Weststaatsgründung gelingen.

Dennoch blieben bei den Verantwortlichen Zweifel, sie hatten Hemmungen. Denn das war gewiß: Mit der Gründung der Bundesrepublik mußte die Einheit Deutschlands in unabsehbare Ferne rücken, die Teilung des Landes wurde sanktioniert.

Nicht freilich die Teilung der Nation, das wurde ausschlaggebend. Es war ausgerechnet der Heros der Stunde, der Berliner Oberbürgermeister Ernst Reuter, der in der entscheidenden Sitzung der Ministerpräsidenten auf Schloß Niederwald alle Skrupel vom Tisch wischte, indem er die Behauptung der Freiheit als das oberste politische Gebot und das höchste Gut der Menschheit pries. Die Teilung Deutschlands sei real ja schon vollzogen – nur in der Errichtung eines freien, demokratischen Gemeinwesens, wenigstens in einem Teil des ehemaligen Reiches, läge die Hoffnung auf die Überwindung dieser Teilung – in Freiheit.

Genau dies sollte zum Leitmotiv der Zukunft werden. Es blieb nicht unangefochten, am Ende aber hat es sich triumphal durchgesetzt, nicht nur in Deutschland, sondern im größten Teil des ehemals kommunistisch beherrschten Europas. Von der Berliner Luftbrücke und Ernst Reuter läßt sich ein gewaltiger Bogen zum 9. November 1989 und zu jenem denkwürdigen Konzert in der Berliner Philharmonie vom 10. November 1989 schlagen, in dem wie von selbst aus der „Freude" die „Freiheit" zum schönen Götterfunken wurde.

Unversehens, ungewollt und ungeplant war durch die Ereignisse des Jahres 1948/49 dem jungen Staat nun doch noch ein symbolisches einigendes Band beschert worden. Die Bundesrepublik war nicht mehr nur ein ökonomisch notwendiges Gebilde, ein Ressourcen- und Waffenlieferant im Kalten Krieg. Es gehört gewiß zu den größten Glücksfällen der deutschen Geschichte, daß diese neue Staatsgründung, die unter so egoistischen und materialistischen Vorzeichen auf den Weg gebracht wurde, nun doch noch durch das Pathos der Freiheit geadelt wurde: das verlieh ihr zähe Lebenskraft und fügte sie in die Kette jener Staatsgebilde, die in der deutschen Geschichte zwar selten, aber doch vorhanden waren: dem Reich von 1848, der Republik von 1918.

Gemeinhin gelten die „Frankfurter Dokumente" als das Grundgesetz vor dem Grundgesetz. Nach vielem Hin und Her, nach Überwindung von Bedenken aller Art wurden sie von den Ministerpräsidenten letztlich akzeptiert. Die Treffen auf dem „Rittersturz" bei Koblenz (es gibt ihn heute nicht mehr, nichts kündet von seiner Geschichte!) und auf dem Niederwald besiegelten die Staatsgründung, und dank der Reuterschen Intervention setzten sich die Ministerpräsidenten am Ende über alle Skrupel hinweg. Aber sie beharrten auf einigen anscheinend bloß formalen Änderungen: Es sollte keine „Nationalversammlung" zusammentreten, sondern ein „Parlamentarischer Rat", es sollte keine „Verfassung" ausgearbeitet werden, sondern ein „Grundgesetz". Der Grund lag auf der Hand: Von Anfang an galt der neue Staat als ein notwendiges und unvermeidliches „Provisorium". Man kann es schärfer ausdrücken: die Brücke, über die die von Gewissensbissen und bösen Ahnungen geprägten Väter des neuen Staates dessen Ufer erreichen wollten, war die Behauptung, daß man gar nichts Endgültiges, sondern nur die Voraussetzung schaffen wolle: für ein ungeteiltes Deutschland.

Bis weit in die Mitte der achtziger Jahre hinein wurde diese intellektuelle Hilfskonstruktion von vielen mit einem sacrificium intellectus gleichgesetzt. Die Gründer der Republik erschienen in dieser Deutung bestenfalls als Tölpel und Toren, schlimmstenfalls als üble Vaterlandsverräter. Selbstverständlich hätten sie wissen müssen, daß die Sachen nicht an den Begriffen hängen, daß es eine „normative Macht des Faktischen" gebe, daß sie schlicht und einfach ein Drittel von Deutschland, ja das halbe Deutschland, wenn man die Ostgebiete hinzurechnete, auf dem Altar des Dollar-Imperialismus und seiner kapitalistischen „Ideale" geopfert hätten. Von der „Lebenslüge" der Republik war die Rede, von der Verlogenheit und Heuchelei, mit der man Kerzen in die Fenster stellte und gemeinsam skandierte: „Macht das Tor auf"!

Alles ist anders gekommen, Kassandra wurde widerlegt. Gleichwohl machte man es sich zu leicht, wollte man die Gründung der Bundesrepublik als einen langfristig angelegten, notwendig erfolgreichen Meisterplan ansehen, der am Ende – also 1990 – zum Erfolg führen mußte. Wie immer, so ist die deutsche Geschichte in Europa und der Welt auch zwischen 1948 und 1990 keineswegs monokausal verlaufen, und es ist zwar banal, aber dennoch richtig, wenn man darauf hinweist, daß alles auch ganz anders hätte kommen können. Das Denken und Handeln sowohl der verantwortlichen westlichen Besatzungsmächte wie der ihnen zuarbeitenden deutschen Politiker kann nur aus der Situation der Zeit heraus gedeutet werden – und deren Zukunft schien im Frühjahr 1948 durchaus offen. Ob Düsternis, ob Silberstreif: das konnte damals niemand wissen, das also war die Basis, von der alles aus behandelt und entschieden werden mußte.

Am 1. September 1948, auf den Tag genau neun Jahre nach der Entfesselung des Zweiten Weltkrieges, trat im Museum König zu Bonn der Parlamentarische Rat zusammen, nachdem ein Verfassungskonvent in Herrenchiemsee den Entwurf eines Grundgesetzes beraten und beschlossen hatte.

Solche Momente hatte es in der deutschen Geschichte mehrfach gegeben – man denke an den Einzug der Abgeordneten in die Paulskirche oder die Eröffnung der Weimarer Nationalversammlung. Auch der Zusammentritt des Ersten Reichstages, 1871, gehört zu diesen demokratischen Sternstunden der deutschen Geschichte. Was aber war aus alledem geworden? Skepsis und Nüchternheit waren daher geboten, zumal alles ja nicht, wie in derlei Lagen üblich, für die Ewigkeit bestimmt war. Wie der Staat, so sollte auch sein Grundgesetz ein „Provisorium" sein – die eigentliche Wiedergeburt Deutschlands lag in unbestimmter Ferne, in Bonn wurde gleichsam nur eine Baubaracke entworfen –, tatsächlich sollte eine der größten Parteien anschließend Jahrzehnte in einer „Baracke" residieren, das war gewolltes Symbol.

Dieses Prinzip der Vorläufigkeit hat manche Entscheidungen erleichtert, manche Debatte entkrampft, das kam dem Werk, das hier entstand, durchaus zugute. Die vielzitierten „Mütter und Väter des Grundgesetzes" leisteten vor dem Hintergrund einer anscheinend verfehlten Geschichte eines ganzen Säkulums gründliche, auf wissenschaftliche Erkenntnisse zurückgreifende Arbeit. Später wurden bundesdeutsche Politiker bei allerlei feierlichen Anlässen nicht müde, vom Grundgesetz als der „besten Verfassung" der deutschen Geschichte zu sprechen; tatsächlich mußte der Entwurf dieser Verfassung verhältnismäßig leicht fallen und konnte professionell in die Wege geleitet werden. Zum einen übten die westlichen Besatzungsmächte auch auf diesem Feld eine wohlwollende Oberaufsicht aus, so daß es anders als streng demokratisch und föderalistisch gar nicht zugehen konnte, zum anderen konnten die Verfassungsväter aus der Fülle der deutschen Verfassungsgeschichte schöpfen. Gelehrsamkeit und historisches Bewußtsein ließen sich zwanglos verknüpfen, Carlo Schmid, zusammen mit dem Vorsitzenden der CDU, Konrad Adenauer, einer der großen Beweger der ersten Stunde, verkörperte in nahezu idealer Weise eine unnachahmliche „Mischung" aus Geist und Vernunft, Geschichtsbewußtsein und politischem Perspektivenreichtum. Wie es der Zufall wollte, gedachten die Deutschen zur gleichen Zeit der hundertjährigen Wiederkehr der Paulskirchenverfassung, und so manches aus diesem ersten großen Dokument der Demokratie in Deutschland fand nun auch im Grundgesetz Eingang. Das galt vor allem für den Grundrechtekatalog: man kehrte zu den „prinzipiellen" Debatten von 1848 zurück, das war eine späte Reverenz an das so oft verunglimpfte „Professorenparlament" von 1848.

Die Zukunft zeigte, daß das Grundgesetz praktisch, flexibel, erweiterungs- und variationsfähig war, es genügte im großen ganzen den politischen und gesellschaftlichen Herausforderungen einer 1948 noch ungewissen Zukunft. Aber all dies war nicht entscheidend. Ausschlaggebend war der erste Teil der Verfassung, der Grundrechtekatalog. Gewiß, diesen hatte es auch in der Weimarer Reichsverfassung (als zweiten Teil) gegeben, dennoch hinderte die Verfassung seine Perversion und Abschaffung am Ende nicht. Diesmal wurden die Menschenrechte über das parlamentarische Prinzip gleichsam ins Absolute verlagert: sie standen fortan für keine Macht auf Erden mehr zu Disposition. Man mußte sich ihnen anheimgeben oder konnte sie nur verletzen; pervertieren und „legal" abschaffen, wie am 23. März 1933, konnte sie niemand mehr. Wie mißtrauisch die Schöpfer des Grundgesetzes dem Parlament und dem „gesunden Volksempfinden" gegenüber waren, ergab sich aus der Konstruktion des Bundesverfassungsgerichtes. Dieses hatte über die Verfassung und die Innehaltung der Grundrechte zu wachen. Später wurde immer wieder darüber diskutiert, ob auf diese Weise das durchgängige demokratische Prinzip nicht an einem entscheidenden Punkt durchbrochen worden sei. Die Antwort ist klar: Es wurde durchbrochen, weil die Historie die Deutschen gelehrt hatte, daß auch eine demokratisch gewählte Mehrheit irren, entarten, ja Verbrechen fördern konnte.

Man kehrte also in ungeahnt stringenter Weise zur „Prinzipienpolitik" zurück. Nicht mehr das „von Gottes Gnaden", nicht mehr ein „rex legibus absolutus", auch kein Hegelscher „Weltgeist" durchbrach die Idee der selbstverantworteten freiheitlich-demokratischen Grundordnung, es war das uralte Sittengesetz, wie es in der Epoche der Aufklärung postuliert worden war, es war ein „Gesellschaftsvertrag" von jenem Muster, das Philosophen wie Locke und Montesquieu einst vage vorgeschwebt haben mag. Der Staat aber war nicht mehr die Inkarnation irgendeiner höheren Weisheit, sondern dazu bestimmt, die Würde des Menschen, seine Freiheitsrechte zu wahren, zu schützen, zu verteidigen, ohne daraus Anspruch auf besonders transzendente Verehrung ableiten zu können. Im Grundgesetz der Bundesrepublik sammelt sich wie im Brennpunkt einer Linse die Erfahrung der deutschen, ja der gesamteuropäischen Geschichte der Neuzeit. Das machte diese Verfassung zur modernsten und effektivsten ihrer Zeit; diese Verfassung zu schützen aber mußte Verpflichtung für alle Kräfte in Staat und Gesellschaft sein, die diesen sittlichen Prinzipien grundsätzlich zustimmten.

Die Bundesrepublik war also kein Derivat des „Dollar-Imperialismus", kein Katalysator des westlichen Kapitalismus, nicht auch bloßes „Bollwerk gegen den Kommunismus". Das war sie alles auch, und daraus sollten sich in den kommenden Jahren die heftigsten Kontroversen und schwerwiegende politische Verwerfungen ergeben. Sie war aber vor allem die Antwort der in Freiheit lebenden Deutschen auf ihre eigene Vergangenheit und eine sehr ernstzunehmende Blaupause für die Zukunft. Sie blieb handfesten materiellen Bedingungen und Verpflichtungen unterworfen, es gab aber einen idealen Überbau, der dem neuen Staat und seinem Grundgesetz Dauer und auch Würde verlieh.

Wer immer das Grundgesetz studiert, dem wird auffallen, an welchen Punkten man unmittelbar aus der Geschichte gelernt hatte – das bezog sich beispielsweise auf die Funktion des Bundespräsidenten, die Stellung des Bundeskanzlers zu Präsident, Bundestag und Bundesrat, es fand sich im Wahlrecht wieder, das die realen und vermeintlichen Fehler Weimars zu vermeiden trachtete, es spiegelte sich im Konstruktiven Mißtrauensvotum, das „Präsidialkanzler“ a priori unmöglich machte – auf Schritt und Tritt stand die historische Erfahrung Pate, so daß das Grundgesetz zugleich etwas vollkommen Neues und etwas aus uralter Tradition Erwachsenes war. Die Präambel, die Artikel 23 und 146 (von deren Existenz die allermeisten Deutschen erst etwas nach dem 9. November 1989 erfuhren) unterstrichen den provisorischen Charakter und das Prinzip Hoffnung: Hoffnung darauf, daß mit der Gründung der Bundesrepublik die Tür zur Wiedervereinigung nicht zugeschlagen, sondern eigentlich erst geöffnet worden sei.

Am 23. Mai 1949 trat das Grundgesetz mit seiner offiziellen Verkündigung in Kraft, zugestimmt hatten die Alliierten, die Parteien, der Parlamentarische Rat, die Länder, nur Bayern nicht, aber das war egal.

2. Lauter Wunder? Der Phönix aus der Asche

Ob das, was am 23. Mai 1949 entstand, wirklich und wahrhaftig ein Staat war, schien ungewiß, solange die Alliierten die Oberaufsicht führten und durch bloße Machtsprüche die Entwicklung grundsätzlich bestimmen konnten. Man entließ die Deutschen – das galt bald auch für die in der SBZ – nur sehr bedingt in eine relative Freiheit, von „Souveränität“ im völkerrechtlichen Sinne konnte keine Rede sein, sie zu gewähren wäre Sache der Sieger gewesen, diese aber hüteten sich, allzu freigiebig mit derlei Wohltaten und Geschenken zu sein. Zu tief noch wurzelte das Mißtrauen Deutschland gegenüber, zu frisch waren noch die Wunden des Krieges, die Staatsgründung war, von Washington, London und Paris aus gesehen, eine, wenn auch notwendige, Frühgeburt, Folge der Weltverhältnisse, der Zwangslage, in die man infolge des West-Ost-Konfliktes in den beiden vergangenen Jahren geraten war. Von Bonn, der provisorischen Hauptstadt aus gesehen, erfüllte dieser Konflikt die Rolle eines nützlichen Katalysators, schnelle Hochrechnungen der westlichen Ressourcen und Kapazitäten machten deutlich, daß auch die Westmächte, ungeachtet aller ihrer Machtvollkommenheiten, faute de mieux auf die Deutschen angewiesen blieben. Deren Einbeziehung in das westliche Lager war also nicht bloß die sprichwörtliche Großzügigkeit Cäsars, sondern dira necessitas – genau dieser Umstand aber eröffnete der bundesrepublikanischen Politik von Anbeginn Freiräume, vor allem brauchte sie nicht zu Kreuze zu kriechen, denn Adenauer wußte genau, was das deutsche Potential in der Rechnung der Alliierten wert war; es unter Wert anzubieten, kam dem schlauen Fuchs niemals in den Sinn.

Konrad Adenauer: Viele haben ihn mit den größten deutschen Staatsmännern verglichen; mustert man die Reihe der deutschen Kanzler, so nötigt sich der Vergleich mit dem ersten wie von selbst auf. Adenauer selbst hätte ihn vehement abgelehnt. Sein politisches Selbstverständnis hatte mit dem Bismarcks nahezu nichts zu tun – dennoch ließe sich zeigen, daß beide Männer in vielerlei Form ähnlich dachten. Wie Bismarck, so stand auch Adenauer vor der Aufgabe, ein neues Staatsgebilde in das europäische Konzert zu fügen, wie dieser, so mußte auch er die Grundlagen und die Rahmenbedingungen für das gesellschaftliche Miteinander in einem föderativen Staatsgebilde schaffen. Wie Bismarck, so wurde auch Adenauer von mehr als einem „cauchemar des coalitions" geprägt, wie dieser nach 1871, sah auch Adenauer in der Bewahrung des Friedens der Güter höchstes. Und beide Männer waren sich gewiß auch im Stellenwert einig, der dem Prinzip der Freiheit zukam.

Damit freilich enden die Gemeinsamkeiten, die Divergenzen werden deutlicher: Bismarck konnte sich die Zukunft Deutschlands nur im Rahmen des Konzerts selbständiger, nationaler Mächte vorstellen. Adenauer jagte schon seit den zwanziger Jahren dem Traum eines supranationalen europäischen Gemeinwesens nach. Bismarck stand an der Spitze eines dreifach siegreichen Staatsgebildes, Adenauer an der eines zweimal schwer geschlagenen Reiches. Bismarck konnte guten Gewissens und moralisch aufrecht Deutschlands Geschicke bestimmen, Adenauer war auch Konkursverwalter der deutschen Hybris, der deutschen Verbrechen von Staats wegen. Nicht nur, daß das Reich zwei Kriege verloren hatte – zumindest am zweiten war es unzweifelhaft schuld. Schließlich das Phänomen der Macht: Bismarck verfügte über sie, die Nennung des Namens Moltke mag genügen. In der Bundesrepublik von 1949 erntete Empörung, wer in der Öffentlichkeit auch nur laut über die Möglichkeit deutscher Streitkräfte nachdachte.

Tatsächlich empfand sich Adenauer nur höchst bedingt in der Tradition der deutschen Geschichte, aber Deutschland, das war für ihn, wie er es oft nannte, das „Vaterland". Das wirkte schon 1949 anachronistisch und trug ihm Spott ein. Aber er glaubte daran – bis hinein in die sauren Monate, als er seine Memoiren schrieb. Die widmete er – seinem „Vaterland".

Was aber war Adenauers, was war der Bundesrepublikaner „Vaterland"? Die Bonner Republik konnte es nicht sein. Da das Grundgesetz formulierte, daß die Westdeutschen auch für jene handelten, denen mitzuwirken verwehrt war, konnte nur das „größere" Vaterland gemeint sein. Der „Alleinvertretungsanspruch", in der Folgezeit mehr als einmal in Frage gestellt, kurz vor der Wende von 1989 nahezu abgeschafft, bezog sowohl die SBZ als auch die unter polnischer und sowjetischer Verwaltung stehenden Gebiete des ehemaligen Deutschen Reiches „in den Grenzen von 1937" mit ein. Nicht vergessen durfte man das Saargebiet, das die Franzosen durch die Errichtung einer Zollgrenze zu „ihrem" Besatzungsstaat Rheinland-Pfalz augenscheinlich vom Ganzen abzutrennen hofften.

Dennoch war dieses hypothetische Gebilde von „1937" nicht das „Vaterland", das Adenauer meinte. Daraus ergaben sich erhebliche Irritationen, die das innen- und deutschlandpolitische Bild der Adenauer-Ära maßgeblich bestimmten.

Von einer „Ära Adenauer" darf man in der Tat so sprechen wie vom „Zeitalter Bismarcks" oder der „Ära Tirpitz". Die frühe Bundesrepublik wurde vom Willen und Wollen dieses Mannes in erstaunlicher Weise geprägt, respektvoll und despektierlich sprach man vom „Autokraten" Adenauer, vom „Bonner Patriarchen", der Begriff „Kanzlerdemokratie" wurde zum geflügelten Wort. Wieder erwies sich, daß immer noch und schon wieder – trotz „Führer", trotz „Duce" – Männer die Geschichte machten, da mochten die Verhältnisse sein, wie sie wollten.

Der Aufstieg Adenauers hatte sich seit 1945 nicht ohne Brüche und Probleme vollzogen. Adenauer wurde rasch zur Leitfigur „seiner" Partei, der CDU, deren Räson sich in seiner Persönlichkeit geradezu idealtypisch verkörperte. Bikonfessionell war er zwar nicht, ansonsten verknüpften sich alle traditionellen und alle neuartigen Facetten dieser „Union" in seiner Persönlichkeit. Das machte ihn zwar nicht unangreifbar – das hätte Adenauer sogar bedauert –, wohl aber wesentlich immun gegen die üblichen Garstigkeiten und Schäbigkeiten demokratischer Alltagspolitik.

Mit deren Problemen verstand er glänzend fertig zu werden, zumindest in der Hochphase seiner Regierung, also zwischen 1949 und 1956. Wie er die Rivalen in der eigenen Partei ins Abseits manövrierte, sie für seine Zwecke zu benutzen verstand – prominentes Beispiel sollte Jakob Kaiser sein –, das hatte ihn an die Spitze gebracht, Bundeskanzler war er damit freilich noch nicht.

Die innere Logik der Geschichte schien zunächst nämlich für Kurt Schumacher und die SPD zu sprechen, es war gewiß ein Fehler der Sozialdemokratie, daß sie die Macht schon in ihren Händen glaubte, ohne rechtzeitig zu erkennen, daß die Deutschen mehrheitlich eben nicht an alte Traditionen anzuknüpfen wünschten, sie mochten so ehrenhaft sein, wie sie wollten. Das Ergebnis der ersten Bundestagswahlen war für die SPD eine bittere Enttäuschung, auf Anhieb hatte die CDU sie überflügelt, wenn auch nur knapp. Die Tektonik der Parteienlandschaft insgesamt war erstaunlich konservativ – im Sinne einer Wiederaufnahme der politischen Dreiteilung, wie sie seit 1848 in Deutschland in „normalen" Zeiten üblich gewesen war. Die CDU mit 31 %, die SPD mit 29,2 %, die FDP mit 11,9 % repräsentierten fast eine Dreiviertelmehrheit der wahlberechtigten westdeutschen Bevölkerung, alle anderen Parteien blieben bedeutungslos. An dieser Konstellation sollte sich jahrzehntelang nichts ändern, im Grunde blieb sie bis heute erhalten, auch wenn sich die Gewichte innerhalb der drei Parteien immer wieder einmal zugunsten der einen oder anderen verschoben. Das Wahlergebnis von 1949 wurde auf diese Weise zum stärksten Faktor einer ungebrochenen politischen Kontinuität in Deutschland, und solange diese Bestand hatte – und Bestand hat –, kann man davon ausgehen, daß Deutschland ein solide gefestigter demokratischer Staat ist.

Die Wahl Adenauers zum Kanzler war die unvermeidliche Folge der ersten Bundestagswahl, später spannen sich einige Legenden darum wie jene, er habe sich selbst gewählt. Natürlich hat er das, aber seine Stimme war unter den 202 für ihn abgegebenen nicht die ausschlaggebende. Es hätte auf der Hand gelegen, den Unterlegenen nun zum Bundespräsidenten zu machen – aber dieses Amt war so unpolitisch nicht, und Adenauer sorgte mit seiner Kamarilla und der FDP dafür, daß mit Theodor Heuss ein Altliberaler das höchste Amt erhielt. Das war für Schumacher enttäuschend, für die SPD insgesamt tragisch, der Hinweis auf den typischen Undank der Geschichte den Genossen schwacher Trost.

Adenauer hatte mit der rigorosen Abblockung der SPD von allen Schalthebeln der Macht eine Grundsatzentscheidung getroffen, von der niemand wissen konnte, wie sie sich auf das zarte Pflänzchen der neuen bundesrepublikanischen Demokratie auswirken würde. Viele fürchteten, daß der an sich wünschenswerte Konsens aller demokratischen Kräfte, vor allem im Angesicht der gigantischen Herausforderungen von Gegenwart und Zukunft damit unmöglich werde. Aber Adenauer wollte keinen demokratischen „Block", „große Koalitionen" waren ihm prinzipiell zuwider (auch wenn er am Ende seiner Regierung und seines Lateins einmal mit ihr spielte), er wollte eine möglichst „normale" Demokratie aus Regierungsparteien und Opposition; Machterhalt war für ihn mehr als nur Mittel zum Zweck – Adenauer war das genaue Gegenteil jener esoterischen SPD-Politiker, die zwischen 1918 und 1920 sich der Macht eher schämten und sie sich allzu willig hatten aus der Hand nehmen lassen. Adenauer war überzeugt, daß es besser war, politische Gegensätze mit allen legalen (und einigen „hinterfotzigen") Mitteln auszutragen, als Gemeinsamkeiten auf dem Rücken des demokratischen Systems zu suchen. Auf diese Weise gelang ihm binnen kurzer Zeit die Festigung der Bonner Demokratie – eben weil er sie nicht als zartes Pflänzchen im Glashaus ansah, sondern als knallharten Mechanismus, der das Wohl des Vaterlandes zu besorgen hatte.

Natürlich war ihm bewußt, daß diese Parforcetour zur „Normalisierung“ nur gelingen konnte, wenn den politischen *essentials* auch der übrigen Parteien, vor allem aber der SPD seitens der Regierung Rechnung getragen wurde. Adenauer besaß ein hervorragendes Gespür für die Grenzen, bis zu denen er gehen konnte – ein-, zweimal übertrat er sie, beide Male hielt er selbst erschrocken inne und machte kehrt, ungeachtet allen Spottes: so in der Frage seiner Bundespräsidentschaft und bei seinem Versuch ein Regierungsfernsehen zu installieren.

Zu diesen Grundanliegen gehörte die Verfassung der Wirtschaft. Diese war das Schicksal, und sollten die Deutschen mit ihm fertig werden, so kam es auf einen breiten ökonomischen Konsens in der Gesellschaft wesentlich an.

Die Ausgangslage wurde von den tradierten sozialistischen Vorstellungen der SPD einerseits, dem „Ahlener Programm“ der CDU andererseits bestimmt. Diese Programmatik erwies sich rasch als falsch, aber die CDU lernte schneller als die SPD, die noch bis 1959 brauchte, um ihr antiquiertes Parteiprogramm durch das von Godesberg zu ersetzen. Die CDU hingegen warf das untaugliche „Ahlener Programm“ rasch über Bord und ersetzte es durch das Prinzip der „Sozialen Marktwirtschaft“, ein ebenso neuartiges wie geniales Programm, das das politische Überleben der CDU auch in wirtschaftlich schlechten Zeiten sichern sollte. Müller-Armack war der „Vater“, Ludwig Erhard der „Held“ der Sozialen Marktwirtschaft, die der frühen Republik wie nichts sonst ihren Stempel aufdrückte, sie zu einem unverwechselbaren, ganz neuartigen deutschen Staatsgebilde machte.

Dieses Programm war logische Folge der deutschen Geschichte, und es korrelierte mit der Neudefinition des Parteienbegriffs: Anders als in der Zeit der Monarchie und der Weimarer Republik sollten die Parteien, in das Grundgesetz eingebunden, dem Wohl des Ganzen dienen, dazu waren sie verfassungsmäßig verpflichtet, es lag nicht in ihrem Belieben, „Volkspartei“ zu sein oder nicht. Ähnlich wurden nun auch „das Kapital“ und „die Wirtschaft“ in die Pflicht für das gesellschaftliche Ganze genommen. Daß Eigentum verpflichtet, war bislang ein bloß moralischer

Grundsatz gewesen, jetzt wurde er zum Staatsgesetz. Das Konzept der Sozialen Marktwirtschaft war die logische Fortentwicklung des Sozialismus auf kapitalistischer Basis; wie die CDU insgesamt, so war auch dieses Konzept eine Mischung aus tradierten Elementen und völlig neuartigen Prinzipien. Damit waren in Parteipolitik und Wirtschaft moderne zukunftsgerichtete Fundamente gelegt, auf denen der Aufbau der Republik in die Wege geleitet werden konnte. Daß das Erhardsche Programm hervorragend geeignet war, der noch Jena und Gotha verpflichteten SPD vollends den Wind aus den Segeln zu nehmen, war in den Augen der Regierungskoalition und besonders in denen von Adenauer ein nützlicher Nebeneffekt.

Zur Schaffung der gesellschaftlichen Grundlagen des neuen Staates gehörten gleichermaßen der Aufbau eines effektiven Gewerkschaftssystems – es gehorchte den nämlichen Grundideen, knüpfte also nicht an das englische System an – und die rasche Integration der 12 Millionen Flüchtlinge. Das Lastenausgleichsgesetz sollte hierbei eine weit über das Materielle hinausreichende psychologische Funktion erfüllen, denn mit ihm erkannten die „Einheimischen" das Recht der „Vertriebenen" auf einen Ausgleich der Verluste grundsätzlich an. Nichts hat zur Integration der Flüchtlinge mehr beigetragen als der „Lastenausgleich", später ähnlich wie die Währungsreform ein Mythos, der immer wieder einmal zu Recht oder zu Unrecht als Modell beschworen wurde.

Eine Folge des Lastenausgleichsgesetzes und seiner Verordnungen bestand in der Akzeptanz der Vertreibung selbst, anders gewendet: indem den Vertriebenen die Mittel und Möglichkeiten zur Errichtung neuer Existenzen im Westen gegeben wurden, verzichteten sie implizit auf eine Revision, auf die Wiedergewinnung des Verlorenen – wenn nicht formal und öffentlich, so doch in der Praxis der ganz gewöhnlichen Lebensschicksale der einzelnen. Dieses hatte ungeheuerliche Konsequenzen – vielleicht wäre das Experiment Bundesrepublik von Anfang an zum Scheitern verurteilt gewesen, wenn die Integration nicht gelungen wäre. Sicherlich gab es damals und auch späterhin Moralapostel, die mit der biblischen Geschichte vom Linsengericht rasch bei der Hand waren, der materielle Grundzug der BRD-Staatsräson wurde beklagt – aber mit den Wohltaten der Regierungen Adenauer an die Adresse der Heimatvertriebenen und Entrechteten, der Bereitschaft, trotz „Sozialer Marktwirtschaft" den Tüchtigen fast nach dem alten Motto des „laissez-faire" und des „enrichissez-vous!" Tür und Tor zum individuellen Wohlstand zu öffnen, wurde der Schlange des Revanchismus à la 1918 der Kopf zertreten. Das war eine der größten historischen Leistungen der frühen Republik, und indem die SPD sie trotz allem weitgehend mittrug, des gesamten Gemeinwesens.

All dies war nicht selbstverständlich. Schon ein flüchtiger Blick über die Demarkationslinie, nun die „innerdeutsche Grenze", machte das deutlich.

Natürlich folgte der westdeutschen Staatsgründung die ostdeutsche auf dem Fuß. Das hatte jedermann gewußt, das hatte man bewußt im Westen in Kauf genommen. Am 7. Oktober 1949 wurde die „Deutsche Demokratische Republik" formell gegründet, nachdem die völlig ins Fahrwasser der KPdSU geratene SED in dem vorangegangenen halben Jahr alle Voraussetzungen geschaffen und die entscheidenden Weichen mit Billigung Moskaus gestellt hatte.

Diese zweite deutsche Staatsgründung war zugleich höchst traditionell-konservativ und völlig neuartig. Sie entbehrte von Anfang an jeder zukunftsträchtigen Idee, indem sie sich die „siegreiche Sowjetunion" zum einzigen verbindlichen Vorbild nahm. Damit hatte dieser Staat a priori keine historische Chance, sein Ziel war im Sinne der höchsten Lehren Lenins und Stalins seine Selbstaufgabe in der utopischen Vereinigung der Proletarier aller Länder über alle Grenzen und Staatsindividualitäten hinaus. Insoweit war die DDR weit mehr „Provisorium" als der Bonner Staat, auch wenn es äußerlich und in den Ritualen der DDR ganz anders aussehen mochte. „Volksrat" und „Volkskongreß" als Gremien, die eine Verfassung auszuarbeiten hatten, die „Volkskammer" als gelenktes akklamatorisches Pseudo-Parlament, über allem herrschte die SED mit dem „Zentralkomitee" und dem „Politbüro". Auch das war ein nicht ganz unbekanntes politisches Modell – einst hatte ja auch die NSDAP eine Art

„zweiten Staat“ zustande gebracht, der alles lenkte, wie es überhaupt richtig ist, von der DDR als einer Parteidiktatur von Anfang an zu sprechen.

Den „Brüdern und Schwestern in der Zone“ wurde dies am schmerzlichsten bewußt, als die Partei unter Leitung des ebenso bornierten wir rücksichtslos-orthodoxen Walter Ulbricht (Westdeutscher Slogan: „Der Spitzbart muß weg!“) die „Sozialisierung“ der Produktionsmittel und die „Kollektivierung“ der Landwirtschaft vorantrieb, ohne auf das Schicksal der davon betroffenen Menschen die mindeste Rücksicht zu nehmen. Der blinde Fanatismus, mit dem die SED den Ansinnen Stalins und der SMAD nachzukommen suchte, stieß auch diejenigen ab, die ursprünglich in der Idee „SED“ tatsächlich einen möglichen Neuanfang gesehen hatten. Nicht minder entsetzt reagierte die Bevölkerung auf die immer engere Abriegelung der innerdeutschen Grenze, das löste die ersten Fluchtwellen und damit das aus, was am Ende zum Untergang dieses Staates führen sollte.

Wenn er sich in diesen Jahren dennoch einigermaßen über Wasser hielt, so war dies nicht bloß auf den Zwang, das System von Denunziation und Terror zurückzuführen, sondern auf den vermeintlichen Wunsch der Partei, die Wiedervereinigung Deutschlands zu betreiben. Solange das kommunistische System noch nicht vollkommen installiert, das Phantom vom „besonderen deutschen Weg zum Sozialismus“ am Leben erhalten wurde, brannte die Hoffnung, daß mit der Wiedervereinigung der ganze Ulbricht-Spuk vorbei sein würde. Während die SED-Propaganda nicht müde wurde, den Bonner „Spalterstaat“ und seinen „gekauften“ Oberhäuptling Adenauer anzuprangern – natürlich werde diesem der Prozeß gemacht –, versuchte sich die DDR als die eigentliche Sachwalterin der deutschen Einheit auszugeben – das hielt viele davon ab, gegen die SED-Führung lauthals zu protestieren. Daß solcher Protest im übrigen keineswegs ungefährlich war, ahnte man in der DDR schon bald: Dissidenten verschwanden, Schauprozesse wirkten abschreckend, die Justiz ähnelte verzweifelt jener aus unseligen NS-Zeiten, später wurde die „rote Hilde“ (Benjamin) unter der Hand mit Roland Freisler verglichen. Die Zerschlagung der Länder und der damit prinzipiell wie im Westen föderativen Struktur des SED-Herrschaftsbereiches gehorchte ebenfalls alten Mustern, „Gaue“ gab es zwar nicht mehr, aber die „Bezirke“ erinnerten doch sehr stark an vergangene Zeiten. Die Beseitigung aller regionalen Traditionen, die Uniformierung der Gesellschaft, vor allem der Jugend (FDJ), der Aufbau eines Spitzelsystems mit dem euphemistischen Namen „Staatsicherheit“ gehörten zu den sattsam bekannten Requisiten einer modernen Diktatur. Die Gründung der kasernierten „Volkspolizei“ deutete an, daß dieser Staat von Stalins Gnaden in das Sicherheitssystem des „Ostblocks“ ebenso integriert werden sollte wie die Bundesrepublik in das des Westens.

Für die Strategen im Pentagon war die Bundesrepublik, nachdem sie nun einmal existierte, natürlicher Bestandteil der Verteidigungsplanung, das konnte anders gar nicht sein, alles andere wäre sinnlos und zutiefst unprofessionell gewesen. In Westdeutschland war man sich dieser Zusammenhänge anfangs jedoch nicht voll bewußt, viele wollten es auch gar nicht wissen, daraus ergaben sich die ersten schwerwiegenden innenpolitischen Auseinandersetzungen, der erste große politische Diskurs in der Geschichte der Bundesrepublik. Die erste und die Hälfte der zweiten Legislaturperiode wurden von der Sicherheitsfrage bestimmt. Sie wirkte für fast jedes Politikfeld wie ein Katalysator und war damit viel mehr als ein bloßes Sachproblem.

Soviel war von Anfang an klar: wollte die Bundesrepublik jemals ihre „Souveränität“ erringen, so war dies nur um den Preis der festen Integration in das westliche Bündnis möglich. Am Anfang der Republik stand nämlich nicht nur das Grundgesetz, sondern ein weiteres Fundamentalgesetz: das Besatzungsstatut. Dieses war gleichsam das Netz, das die Westmächte für den Balanceakt der westdeutschen Staatsgründung aufgespannt hatten. Mochte Adenauer auch noch so pointiert auf den „roten Teppich“ treten – die berühmte Szene von Petersberg ist in den heroischen Legendenschatz der Bundesrepublik eingegangen –, am Besatzungsstatut und seiner Räson war nicht vorbeizukommen, insofern hatte Schumacher mit seinem „Kanzler der Alliierten“ durchaus recht.

Unrecht hatte er freilich, betrachtete man die Verhältnisse von einer höheren, also „staatsmännischeren“ Warte aus. Dann ergab sich, daß das Statut von den Staatszielen der Republik gar nicht weit entfernt war. Hick-Hack im Kleinen, manchmal im Großen, ein zähes Ringen um jeden Zentimeter auf dem Weg zur Souveränität täuschte doch nicht darüber hinweg, daß die „Hohen Kommissare“ – die Nachfolger der Militärregierungen – mit der jungen Republik zusammenarbeiten wollten, ja mußten, sollte die nächste Runde im Kalten Krieg zumindest nicht verlorengehen. Genau das aber war auch das Interesse der Bundesregierung, darüber hinaus der allermeisten Deutschen, das war der Grundkonsens, der Adenauer zur gleichen Zeit so „willfährig“ und so „stur“ machte. „Willfährig“, wenn es um den besten Weg zu diesem Ziel ging, „stur“, wenn dieser auf dem Rücken der Deutschen gesucht werden sollte.

Adenauer war sich dieser Zusammenhänge bewußt, aber das machte ihn keineswegs frei von Sorgen. Dieser Mann hatte zuviel gesehen und erlebt, um bloß „der Geschichte“ anheimzugeben, was kommen würde. Gewiß, die Weltverhältnisse hatten die Bundesrepublik auf eine bestimmte Bahn gedrängt, von der sie nicht ohne weiteres abweichen konnte, aber das war alles andere als eine Garantie für eine vernünftige Entwicklung, sei es im Inneren, sei es in der äußeren Politik. Politik mußte „gemacht“ werden, es genügte nicht, wie einst Bismarck auf das berühmte Wehen des Mantels Gottes durch die Geschichte zu warten. Adenauers Glauben war ein jenseitiger, auf Erden war es seine Pflicht und Schuldigkeit, notfalls mit aller Chuzpe das Wohl der Nation zu fördern.

Worin lag dies? Adenauer war für seine schlichten Wahrheiten berühmt, das trug zu seinem Erfolg bei, jedermann konnte begreifen, was er meinte: Die Rückführung des deutschen Volks in die Gemeinschaft der freien und demokratischen Nationen. Das war das eine. Die Verteidigung gegen den kommunistischen Feind im Osten. Das war das andere. Die Aussöhnung mit Frankreich als Grundlage für den Bau eines vereinten Europas. Das war das dritte, das freilich wollte erklärt sein, selbstverständlich war es nicht.

„Die Hochzeit der Feinde“ war zeitlebens Adenauers Ideal, dem er mit List, Zähigkeit, Leidenschaft nachstrebte. Ohne eine deutsch-französische Freundschaft, die viel mehr sein mußte als eine der üblichen Allianzen, im Stil des 19. und 18. Jahrhunderts, sah Adenauer für die Deutschen, für Europa, ja für das „Abendland“ keine langfristige Chance. Es war nicht nur die Herausforderung der kommunistischen Ideologie, die ihn dieses Ziel anstreben ließ; ohne die als global empfundene Bedrohung hätte er dieses Ziel vielleicht so weit nicht gesteckt.

Entscheidend war, daß die große Politik den Zusammenschluß Europas gebieterisch zu fordern schien. Anders als im 19., anders auch als in den zwanziger und dreißiger Jahren des 20. Jahrhunderts schien es zu einem vereinten freien Europa gar keine Alternative, es sei denn das bolschewistische Universalreich, zu geben. Das verlieh der frühen Europapolitik Adenauers und seiner Mit- und Gegenspieler eine Realistik, die sie von bloßer politischer Träumerei abhob.

Noch ein anderer Umstand wirkte als Anschub: Gerade wenn die Bundesrepublik sich als „Provisorium“ empfand, mußte und konnte das „Definitorium“ nur in Europa liegen, denn daß die Sieger von 1945 eine Wiedervereinigung im Sinne des alten europäischen Mächtekonzerts zulassen würden, das hielt Adenauer – und mit ihm die Mehrheit der Bevölkerung – für ganz unwahrscheinlich. Nur über Europa war ganz Deutschland zu haben, das wurde für Adenauer zum Grundaxiom seiner Politik.

Das war dialektisch gedacht und deswegen nicht so einfach zu verstehen. Ungleich „dialektischer“ war eine weitere Grundmaxime, die mit dem stark vereinfachenden und daher stets mißverständlichen Begriff „Politik der Stärke“ umschrieben wurde. Der Westen, Westdeutschland eingeschlossen, mußte so stark werden, so attraktiv – materiell und ideell –, daß über kurz oder lang die Sogwirkung auf die unattraktiven, geschundenen Satelliten Moskaus unwiderstehlich würde. Dem Kreml bliebe dann gar nichts anderes übrig, als sich ins Unvermeidliche zu schicken: die Satelliten freizugeben, die Wiedervereinigung Deutschlands zuzugestehen. Diese „Magnettheorie“ geriet in den Jahrzehnten bis etwa 1970 immer wieder ins Kreuzfeuer der Kritik, sehr häufig wurde die „Politik der Stärke“ als bloßes plumpes Mittel zur Verschleierung der wahren Ziele Adenauers angesehen: der rücksichtslosen Einordnung nur Westdeutschlands in ein möglichst hochintegriertes Westeuropa. Bewußt, so seine Gegner, wollte Adenauer auf die Wiedervereinigung verzichten, denn die „Politik der Stärke“ werde nicht magnetisch wirken, sondern abstoßend: Eine Verschärfung der Fronten und der Ideologien, eine rigorosere Abgrenzung der beiden Systeme müßte die Folge sein.

Man weiß, wie aus dieser Kritik sich im Verlauf der späten sechziger und der frühen siebziger Jahre eine prinzipielle Gegenposition entwickelte, die mit Begriffen wie „Wandel durch Annäherung“ und „Entspannung“ gekennzeichnet wurde. Man kann lange darüber streiten, ob diese Begriffe nicht doch auch schon – als eine Art Kontrapunkt – in der Adenauerschen Politik latent enthalten waren. In der Wirklichkeit der frühen fünfziger Jahre stellten sich solche Fragen nicht und nirgendwo, denn der Krieg der Systeme, der Krieg der Welten schien heraufzudämmern, der Kalte Krieg wurde kälter, der Zeitpunkt seines Umschlagens in den heißen Krieg, der ein Atomkrieg sein mußte, schien unaufhaltsam näherzurücken. Nicht Theorie war gefragt, sondern Praxis, nicht Erörterungen des „systemischen Konflikts“, sondern militärische Macht, auch deutsche.

Damit war der Horizont der politischen Möglichkeiten und Unmöglichkeiten schon in den ersten zwei, drei Jahren der Republik weit aufgerissen. So harmonisch und zielgerichtet im nachhinein die innere Ausgestaltung der Bundesrepublik erscheinen mochte – die Zeitgenossen waren von der Furcht geplagt, mitten im Frieden durch den Krieg überrascht zu werden. Was an sich lange zu diskutieren war, mußte nun rasch entschieden werden, die Theoriefeindlichkeit der frühen Bundesrepublik war auch Folge dieses harten Muß, im Jetzt und Heute.

Im August 1949 explodierte die erste sowjetische Atombombe, einige Zeit früher, als die Fachleute es erwartet hatten. In China siegte die kommunistische Revolution, fortan war die Sowjetunion nicht mehr die einzige große kommunistische Macht, nur noch „die führende“. Die Bipolarität der Welt trat deutlich in Erscheinung, immer weniger konnten allein nationale Bemühungen genügen, um mit den Gefahren für den Weltfrieden fertig zu werden.

Die Gründung der Nordatlantischen Verteidigungsgemeinschaft am 4. April 1949 stellte sich erst im nachhinein als ein wahrhaft welthistorisches Datum heraus; zunächst war der Zusammenschluß der USA, Kanadas, Großbritanniens, Frankreichs, Italiens, der Benelux-Staaten, Portugals, Dänemarks und Norwegens zu einer militärischen Allianz mehr Absicht als Realität. Dennoch ließ sich diese NATO mit nichts sonst aus der langen Geschichte der Militärbündnisse vergleichen: Sie richtete sich gegen die Bedrohung durch die Sowjetunion, war aber nicht für irgendeinen konkreten Krisen- oder Kriegsfall abgeschlossen, sondern stellte die Verteidigung der eigenen politischen und gesellschaftlichen Werte, genauer: das freiheitlich-demokratische System in den Mittelpunkt. Es war also von Anbeginn keine allein militärische, sondern eine eminent politische Allianz, eine Wertegemeinschaft als „Antwort" auf die kommunistische Ideologie. Das Prinzip der Solidarität und der Subsidiarität verlieh der NATO Kräfte, die größer waren als die bloße Summe der militärischen Potenzen, die ihr assigniert wurden.

Die NATO war etwas Neues, aber sie baute auf weit zurückreichenden historischen Erfahrungen auf. Sie funktionierte, weil sie Traditionen aufnahm, die die europäische Geschichte und die des Verhältnisses des alten zum neuen Kontinent maßgebend bestimmt hatten. Kern der NATO waren nämlich mit den USA, Großbritannien und Frankreich jene Mächte, die schon seit 1917 in einem atlantischen Dreieck zusammengewirkt hatten; die „special relationship" gab es zwischen Amerika und England wie auch im Verhältnis der USA zu Frankreich. Diese Traditionen waren sogar noch älter, man muß bis in die Zeiten der Großen Französischen Revolution zurückgehen, um ihre Wurzeln zu entdecken. Die Idee einer „atlantischen Brücke" war 1922 in Washington zum ersten Mal in „Friedenszeiten" verwirklicht worden; während des „short of war", also zwischen 1939 und 1941, erwies sie sich trotz aller Frustrationen und Ungereimtheiten ihre Tragfähigkeit. Es hatte ja zu den größten Enttäuschungen Hitlers gehört, etwas Analoges mit England und den USA nicht verwirklichen zu können.

Der tiefere Grund lag genau da, wo auch jetzt die eigentliche Räson der NATO zu finden war: im Gegensatz der gesellschaftlichen Systeme, oder im Werturteil ausgedrückt: im Gegensatz zwischen Freiheit und Unfreiheit, Demokratie und Diktatur. Die Gründung der NATO war so betrachtet nur die Rückbesinnung auf Prinzipien, wie sie im vergangenen halben Jahrhundert in den beiden schrecklichsten Kriegen der Weltgeschichte am Ende erfolgreich verteidigt worden waren. Sich diesen säkularen Erfolg, diesen „V-Day of Freedom" nicht erneut nehmen zu lassen – das war der Sinn der NATO, das ließ sie am Ende triumphieren.

Es war logisch, daß die Deutschen, Demokraten, die sie nun waren, in das System NATO einbezogen werden mußten. Was aber schon für die ersten gemeinsamen Verteidigungsorganisationen gegolten hatte, galt auch jetzt: Die Bundesrepublik war weder materiell noch ideell in der Lage, die mit der NATO verbundenen Verpflichtungen einzugehen, immer noch schwangen bei den ehemaligen Siegermächten auch Ängste ob eines möglichen deutschen Revanchismus mit. Wer nüchtern und strategisch dachte, dem war gewiß von Anfang an klar, daß auch das Schicksal der NATO untrennbar mit dem Deutschlands verknüpft war – aber wie auf so vielen anderen Feldern supranationaler Integration, bedurfte es auch jetzt einer gemessenen Frist, bis Deutschland den Platz einnehmen konnte, der „eigentlich" natürlich war. Wieder war eine Grauzone zu durchlaufen, wieder mußten sich in der Bundesrepublik Diskussionen um die Form des zukünftigen deutschen Beitrages zur Verteidigung der westlichen Welt entzünden.

Wieviel Zeit durfte man sich dafür erlauben? Im Juni 1950 schlug der Kalte Krieg zum ersten Mal, in Korea lokal begrenzt, in einen heißen Krieg um, das Vordringen nordkoreanischer Truppen über den 38. Breitengrad nach Süden löste in der ganzen Welt eine Schockwelle aus. Zum ersten Mal auch hatte sich die junge UNO zu bewähren – sie konnte es nur, weil die sowjetische UN-Politik ungeschickt genug war, den USA die Initiative zu überlassen, die diese entschlossen nutzten. Der Koreakrieg schien zweierlei deutlich zu machen: Die UNO war doch nicht das, was Mao Tse Tung später, auf Amerika bezogen, einen „Papiertiger" nennen sollte, aber sie verfügte über keinerlei abschreckende Wirkung, Krieg war tatsächlich möglich, und er war da – trotz Atombomben auf beiden Seiten. Das löste Ängste ganz eigener Art aus. An den deutschen Stammtischen sah man schon die Kasernierte Volkspolizei über die Demarkationslinie an der Elbe marschieren, die deutschen Hausfrauen hamsterten Öl, Mehl und Zucker, der fröhliche wirtschaftliche Aufschwung drohte ins Stocken zu geraten. In den Bonner Amtsstuben machte sich eine seltsame Mischung aus Gelassenheit, Ratlosigkeit und Resignation breit. Gelassen konnte man auf den Schutz verweisen, den die Alliierten via NATO auch dem bundesrepublikanischen Staatsgebiet zukommen lassen würden, sollten sich die schlimmsten Befürchtungen bewahrheiten. Ratlos war man angesichts des Fehlens aller Voraussetzungen für eine irgendwie sinnvolle Verteidigung, mit den zweieinhalb US-Kampfdivisionen, die inzwischen nur noch auf dem westeuropäischen Kontinent standen, war die Rote Armee gewiß nicht aufzuhalten. Resignation mußte befallen, wer an die möglichen Folgen dachte: den Einsatz plumper Atombomben mitten in Deutschland, die verwüsten mußten, was sie schützen sollten. Und innenpolitisch: Wenn sich West gegen Ost nun wappnete, mußte die innerdeutsche Grenze zur Frontlinie werden – an eine Wiedervereinigung wäre weniger denn je zu denken, man müsse auf diese, so lauteten die internen Analysen im Bundeskanzleramt, auf absehbare Zeit eben verzichten.

Laut konnte das damals kein Regierungspolitiker sagen, aber natürlich kamen die Medien und die Opposition sehr rasch dahinter, daß sich im Sommer 1950 entscheidende Weichenstellungen anbahnten. Die ersten Vorüberlegungen zu einem deutschen Verteidigungsbeitrag, in dem versteckten Kloster Himmerod in der Eifel angestellt, in einer berühmten Denkschrift unter dem Namen des Klosters zusammengefaßt, alarmierten alle, für die die bloße Idee, daß es wieder deutsche Soldaten geben sollte, Anathema war.

Als der Bundesinnenminister Gustav Heinemann deswegen im Oktober 1950 unter Protest zurücktrat, geriet die Regierung Adenauer in ihre erste ernsthafte Krise. Heinemanns Schritt nämlich war ein Fanal und konnte der nun aufbrandenden „Ohne-mich"-Bewegung politische Durchschlagskraft verleihen.

Was hieß „ohne mich"? Verteidigung der Republik – meinetwegen, aber „ohne mich"? Oder: Es gibt nichts zu verteidigen, was das Risiko eines Krieges wert sei. „Lieber rot als tot", lautete ein Slogan derjenigen, die alles „Soldatenspielen" restlos satt hatten, triumphierend konnten sie auf die harschen Verdikte der einstigen Siegermächte verweisen: nie wieder sollten Deutsche Waffen tragen – dabei, bitte schön, müsse es nun bleiben, möge die westliche Welt darüber auch zugrunde gehen. Die Moralapostel, die Ethiker, die Zyniker, die Pessimisten, die vom Grauen des Zweiten Weltkrieges Gebrochenen, das war 1950 eine virulente gesellschaftliche Schicht, sie reichte quer durch die Parteien, wollte Adenauer sie ausmanövrieren, so bedurfte es starker Argumente – und starker Furcht.

Die Angst vor „den Roten" wurde von Adenauer deswegen bewußt geschürt. Natürlich entbehrte sie aufgrund der Erfahrungen der letzten Jahre und nun des Koreakrieges nicht der realen Grundlage, intern freilich glaubte man in Bonn nicht daran, daß die Sowjetunion mitten in Europa ein zweites Korea inszenieren würde – die Abschreckungsdoktrin der NATO begann hier schon zu wirken. Das Mittel war skrupellos, vor allem weil es auch an die einstige NS-Propaganda anknüpfte (man sehe sich beispielsweise die Wahlplakate der CDU von 1953 an), aber es war wahrscheinlich das einzige, das für Adenauer den Weg nach Europa und zu einer europäischen Verteidigungsgemeinschaft, damit aber auch zur deutschen Souveränität (wenn auch ganz anderer Art) ebnete. Die deutschlandpolitischen Folgen lagen auf der Hand, schon aber hatte im Denken der Westdeutschen ein Verdrängungsprozeß eingesetzt: man bedauerte zwar die „Brüder und Schwestern in der Zone", man war aber immer weniger bereit, irgend etwas von den „Errungenschaften" des „Wirtschaftswunders" zugunsten der Deutschen jenseits der Elbe aufzugeben. Die Verteidigung des Westens war die Verteidigung des jungen Wohlstandes, das Ziel eines vereinten Europa half über die hier und dort noch vorhandene, jedoch immer seltener formulierte nationale Malaise hinweg.

Besonders fein war das alles nicht, und die vermeintlichen Ideale der fünfziger Jahre waren zu oft nur Camouflage krasser materieller Egoismen. Die Kriegsgeneration, die das Land zuerst zerstört hatte, baute es nun mit Vehemenz wieder auf, das hielt die bürgerlichen Mehrheiten zusammen, das war Adenauers gesellschaftspolitisches Fundament; die Jungen, die für alles, was 1933 ff. geschehen war, nichts konnten, hatten das Gehorchen gelernt und machten sich erst eine halbe Generation später vom Geist der fünfziger Jahre frei. Es waren die Jahre, in denen die Republik in einer ununterbrochenen Anstrengung den Erfordernissen des modernen Sozialstaates angepaßt wurde, was Wunder, wenn die Eltern mit Unverständnis, ja Erbitterung reagierten, wenn ihre Kinder von den fünfziger Jahren als der „bleiernen Zeit“ sprachen.

In Wirklichkeit war die erste Hälfte der fünfziger Jahre durch das Legen jener Fundamente bestimmt, auf denen die europäische Union, wie sie 1997 ins Leben treten soll, aufgebaut wurde. Daß die Väter Europas – wenn man Persönlichkeiten wie Churchill, Léon Blum, Alcide de Gasperi, Paul-Henri Spaak, Robert Schuman und schließlich auch und vor allem Konrad Adenauer so nennen will – das zukünftige europäische Haus auf zwei Stützpfeiler zu stellen suchten, nämlich einen ökonomischen und einen militärischen, war nur Reflex all jener vergeblichen Europabemühungen aus dem 19. und frühen 20. Jahrhundert, die sich um die Machtfrage und das damit verbundene Problem des nationalen Souveränitätsverzichts gedrückt hatten, weil es mit den Mitteln und Mentalitäten ihrer Zeit unlösbar gewesen war. Tatsächlich basierte der schließliche Erfolg der Europapolitik darauf, daß es allen Partnern im europäischen Haus wirtschaftlich und sicherheitspolitisch besser gehen sollte als außerhalb dieses Gebäudes. Das Europa der fünfziger Jahre war deswegen ebenso wie die Bundesrepublik ein aus materiellen Interessen und einigen Idealen zusammengesetztes Gebilde. Mit dem „Committee of European Economic Co-Operation“ (CEEC, dann OEEC), dem „General Agreement of Tariffs and Trade“ (GATT) und dem „European Recovery Programme“ (ERP) standen drei Mechanismen bereit, die den Weg zur Europäischen Wirtschaftsgemeinschaft wesentlich ebneten; diese ökonomischen Vereinbarungen wurden mit der Bildung des Europarates dann aber auch sozial und geistig überhöht – wieder wird der materiell-ideelle Doppelaspekt der Genesis Europas deutlich. Mit dem Petersberger Abkommen, das das Besatzungsstatut zugunsten einer erweiterten deutschen Selbstbestimmung abänderte, wurde der Bundesrepublik der Zugang zu allen diesen protoeuropäischen Institutionen geöffnet; der durch die Koreakrise nur kurz unterbrochene wirtschaftliche Aufschwung im Westen Deutschlands verlieh dabei der deutschen Stimme ein gleichsam ökonomisch-natürliches Gewicht und half mit, Widerstände und Ängste bei den kleineren westeuropäischen Staaten, vor allem aber auch Frankreich, abzubauen.

In Ordnung war das deutsch-französische Verhältnis Mitte 1950 freilich noch lange nicht, dazu trug die ungelöste Saarfrage ebenso bei wie die strikte Weigerung Frankreichs, eine Wiederbewaffnung Deutschlands auch nur in Erwägung zu ziehen. Das hatte im übrigen weniger reale denn psychologische Gründe, hatten die Franzosen das Trauma von 1871, 1914 und 1940 doch noch keineswegs überwunden, und immer noch konnte man in populärwissenschaftlichen, aber auch durchaus seriösen Darstellungen lesen, Deutschland habe Frankreich dreimal hintereinander „überfallen“. Die unheimliche Macht jenseits des Rheins nun ein für allemal zu zähmen – das war der größte Konsens in der ansonsten eher wirren und richtungslosen Außen- und Deutschlandpolitik der „Vierten Republik“.

Adenauer war klar, daß man Frankreich mehr als auf dem halben Wege entgegenkommen mußte, sollte das Kernstück der europäischen Einigung, die schon 1946 von Churchill angemahnte deutsch-französische Aussöhnung, zustande kommen. Ein so töricht wirkender Vorschlag wie der einer politischen Union zwischen Frankreich und Deutschland war dabei ganz auf die Psychologie berechnet, wie einst im Juni 1940 Winston

Churchill die französisch-englische Union nicht als reale Möglichkeit, sondern als psychologisches Signal verstanden hatte.

Das Kernproblem im deutsch-französischen Verhältnis spiegelte wie im Mikrokosmos das ganz Westeuropas: Wie konnten die ökonomischen Ressourcen koordiniert, kontrolliert, die militärischen gestaltet und integriert werden?

Robert Schuman und René Pleven liehen ihre Namen für jene beiden großartigen Pläne, die auf den schon geschaffenen handels-, zoll- und sicherheitspolitischen Grundlagen aufbauen und zugleich zwei Fliegen mit einer Klappe schlagen wollten: die Aussöhnung zwischen Deutschland und Frankreich und die Schaffung einer europäischen Wirtschafts- und Verteidigungsgemeinschaft.

Was den Schuman-Plan betraf, hatte es Vorbilder und historische Erfahrungen gegeben – aber gleichsam als negative Folie. Man wußte 1950/51 genau, was man vermeiden mußte, was es zu verbessern galt, wo die entscheidenden Fehler in der Vergangenheit gelegen hatten. Man wußte – noch – nicht, wie die Wirtschaftsgemeinschaft positiv zu schaffen war, hier mußte vieles den Experten, einiges dem Zufall und auch dem Glück überlassen werden. Wenn die Montanunion am 18. April 1951 in Paris unterzeichnet werden konnte, so ging dies auf die historische Erfahrung zurück, daß Kohle und Stahl in der Vergangenheit die entscheidenden Parameter jeder Rüstung gewesen waren. Darüber hinaus galten Kohle und Eisen immer noch als die Rohstoffe par excellence; weder Schuman noch Adenauer hatten vergessen, daß es 1923 ob der Ruhrkohle fast zu einem deutsch-französischen Krieg gekommen war.

Wenn eine supranationale, europäische Kontrolle der Montanindustrie ein Mittel war, um jene vertrauensbildenden Maßnahmen in die Wege zu leiten, die am Anfang jeder engeren Allianz mit dem Ziel einer politischen europäischen Gemeinschaft stehen mußten, so bildete die Idee einer integrierten militärischen Organisation die notwendige Ergänzung. Schuman- und Plevenplan waren nur die beiden Seiten einer Medaille. Es kennzeichnet den euphorischen Schwung der Jahre 1950 bis 1952, daß parallel dazu auch schon an eine genuin politische europäische

Gemeinschaft, also an eine Integrationsstufe gedacht wurde, die über die wirtschaftliche und militärische hinausging. Freilich sollte sich allzu rasch zeigen, daß die Völker Europas für eine EPG, also eine Europäische Politische Gemeinschaft, noch nicht reif waren. Diese nämlich hätte einen Souveränitätsverzicht erfordert, der vor allem in England, wohl aber auch in Frankreich über das hinausgegangen wäre, was die Nationen ihren Regierungen zu erlauben bereit gewesen wären.

Adenauer war davon überzeugt, daß der Weg nach Europa unumkehrbar würde, wenn es zunächst gelänge, die wirtschaftliche und die sicherheitspolitische Einigung über den Punkt der Irreversibilität hinauszutreiben. Deswegen wurde er nun zum Antreiber in Sachen der Europäischen Verteidigungsgemeinschaft. Der überzeugte und pointierte Zivilist, der gerne damit kokettierte, daß er niemals ein Gewehr in der Hand gehabt hatte, entwickelte sich in den folgenden beiden Jahren zu etwas, was man in älteren Zeiten vielleicht sogar mit dem Begriff des „Militaristen" umschrieben hätte. Dieser Militarismus der frühen Adenauer-Ära war allerdings von Anfang an nur Mittel zum Zweck, das haben seine Gegner, in erster Linie Kurt Schumacher und dann, nach dessen frühzeitigem Tod, Erich Ollenhauer, sein Nachfolger, nie begriffen. Die vehemente Ablehnung der deutschen Bewaffnung („Wiederbewaffnung" setzte eigentlich ein geeintes Deutschland voraus) durch die Sozialdemokratie war zwar ehrenhaft, beruhte aber auf einem fundamentalen Mißverständnis der Zielsetzungen Adenauers. Dieser war trotz aller versöhnlichen Gesten der drei Westmächte und deren Stellvertreter auf dem Petersberg davon überzeugt, daß die Bundesrepublik und damit Deutschland nur dann noch eine historische Chance besaß, wenn sie sich rückhaltlos und engagiert der westlichen Weltanschauung anpaßte, ja, sich an die Spitze der westlichen Wertegemeinschaft setzte und entschlossen war, sie mit allen, also auch militärischen Mitteln zu verteidigen. Wie ein Gespenst erschien Adenauer immer wieder die Möglichkeit eines Arrangements zwischen West und Ost auf dem Rücken Deutschlands; der „cauchemar des coalitions" feierte in Adenauers Weltbild sehr unfröhliche Urständ. Alle Verbrüderungsszenen – bis hin zu jenen in Arlington und Reims – täuschten den alten Mann nicht: In der Welt ging es rauh zu, es genügte nicht, daß man mit John Foster Dulles, dem amerikanischen Außenminister, dann mit de Gaulle, dem politischen Wunderknaben und historisch erratischen Block, über Gräbern oder in gotischen Domen sich die Hände reichte – in dieser Welt, in der die Dinge sich hart im Raume stießen, galten immer noch die uralten Regeln der Konvenienz, der Staatsräson, des sacro egoismo – Adenauer blieb in seinem politischen Denken doch auch tief dem 19. Jahrhundert verpflichtet.

Die Montanunion hätte ein guter Ausgangspunkt für die EWG sein können – aber sie hatte auf jene Komponenten gesetzt, die in raschem Prozeß unwichtiger wurde. Das Zeitalter der Kohle und des Eisens neigte sich dem Ende zu. Aber auch ein anderes potentielles Integrationsfeld erwies sich als unfruchtbar: Schon zu Hitlers Zeiten hatten die Fachleute auf die Notwendigkeit einer gemeinsamen europäischen Agrarwirtschaft hingewiesen. In Anbetracht eines agrarischen Weltmarktes, der den Europas ohne weiteres aufzurollen vermochte, war ein europäischer Agrarmarkt eine zwingende Notwendigkeit. Tatsächlich wäre er wohl auch dann zustande gekommen, wenn es die politische Idee eines vereinten Europas gar nicht gegeben hätte – das sollte seine Stärke, das sollte zunehmend seine Schwäche sein: Die „normative Macht des Faktischen" trieb die Bauern Europas ins gleiche Boot, da dieses jedoch nur vom krassesten, wenngleich verständlichen Agraregoismus seiner Besatzung getrieben wurde, mußte es über kurz oder lang zu einem unendlich komplizierten Zick-Zack-Kurs kommen, jede politische Idee vertrocknete. So wie einst die Eisenbahnen Deutschland trotz aller kluger Prophezeiungen eben nicht „gemacht" hatten, so sollten es die Agrarmärkte für Europa ebenfalls nicht tun.

Für Adenauer blieb als wichtigstes Integrationsmittel tatsächlich das Militär. Das war ein ferner Reflex aus den Tagen, in denen sich die Macht der Staaten und die Reputation der Nationen an der Zahl von Divisionen und Schlachtschiffen ablesen ließ. Weil dies so war, war aber auch der Plevenplan von Anfang an auf Sand gebaut, denn seine Ausgestaltung war mit der Quadratur des Kreises zu vergleichen: Adenauer persönlich wäre bereit gewesen, zugunsten der EVG-Idee auf eine deutsche militärische „Gleichberechtigung“ weitgehend zu verzichten – diese gerade vermittelst der EVG sicherzustellen aber war das natürliche Ziel der deutschen Unterhändler in Paris, vor allem der Militärs. Während der französische Kriegsminister mit seinem Plan das deutsche militärische Potential fest einbinden, die Deutschen von der Mitsprache bei seinem Einsatz möglichst ausschalten wollte – die Integration deutscher Truppen sollte bis auf Bataillonsebene hinunterreichen –, setzten die deutschen Militärs, an ihrer Spitze Speidel und Heusinger, gelehrte militärische Schöngeister und knallharte Unterhändler zugleich, in zähen Verhandlungen das Prinzip der militärischen Gleichberechtigung durch – wohl ohne recht zu merken, daß sie damit der EVG den Todesstoß versetzten. Anzunehmen, daß die Franzosen sich auf eine Ebene mit den Deutschen stellen würden, wo doch schon absehbar war, daß das Militärpotential der Deutschen letztlich stärker als das der Franzosen sein konnte, grenzte an Naivität. Von daher hat man sich später die Frage gestellt, wie ernst die Verhandlungen um die EVG überhaupt gemeint waren – war alles nicht nur ein grandioses, gleichwohl abgekartetes Spiel, eine Art Multimediashow, einzig und allein auf den Ostblock berechnet?

Fast könnte man es meinen, denn die EVG-Verhandlungen produzierten etwas Unerhörtes: Im März 1952 bot Stalin die deutsche Wiedervereinigung an, falls dieses Deutschland neutral würde (samt kleiner Nationalarmee) und den Weg in die europäische Gemeinschaft stoppte. Dieser war ja nicht nur durch die EVG vorgezeichnet, sondern auch durch den „General“- oder Deutschlandvertrag, in dem die Bedingungen der deutschen Souveränität festgelegt waren. Zu diesen zählte natürlich die feste Einbindung der Bundesrepublik in das westliche Lager, wobei die EVG nur eine Möglichkeit war, der deutsche NATO-Beitritt die andere.

Im nachhinein ist leicht erkennbar, wie die EVG-Verhandlungen mit doppeltem Boden geführt wurden, denn entgegen einer gut erfundenen Legende des britischen Außenministers, Sir Anthony Edens, war schon lange vor dem Scheitern der EVG die Auffangposition NATO-Beitritt mit tatkräftiger Unterstützung der Amerikaner aufgebaut worden. Nur weil die Verantwortlichen in allen Lagern wußten, daß sie nicht ins Bodenlose fallen würden, sollte das EVG-Konzept scheitern, konnten sie sich die forsche, oft dramatische Verhandlungsführung überhaupt leisten. Sie führten wohl tatsächlich auf dem diplomatischen Parkett ein Stück auf, das in erster Linie Stalin beeindrucken sollte – mit vollem Erfolg.

Die berühmten „Stalinnoten" von 1952 gehörten zumindest bis 1990 zu den heikelsten Problemen des deutschen nationalen Selbstverständnisses. Nur die Tatsache, daß die Wiedervereinigung von 1990 sie endgültig zur Historie hat werden lassen, konnte zu einer gelasseneren Beurteilung führen, dennoch bleibt die Frage legitim, ob die deutsche Politik damals nicht eine Sternstunde verpaßt und damit 17 bis 18 Millionen Menschen einer fast vierzigjährigen Fron in der Diktatur ausgeliefert hat. Das Argument: Ende gut, alles gut, kann von hier aus gesehen nur zynisch wirken.

Man weiß immer noch nicht, ob der alternde und kränkelnde Stalin die März-Angebote ernst oder bloß taktisch gemeint hat. Einiges spricht für letzteres, mehr für ersteres. Zum einen entwickelte sich die DDR keineswegs so, wie sich Stalin das vorgestellt hatte. Die Kollektivierung der Landwirtschaft lief nicht wie gewünscht, die Industrieproduktion stagnierte, sank gar, die Unzufriedenheit in der Bevölkerung wuchs, die Führungskader um Pieck, Grotewohl, vor allem Ulbricht zeigten sich starr, oft hilflos, kurzum, „seine" Zone machte „ihm" keine rechte Freude.

Ob er sie deswegen schon zu opfern bereit gewesen wäre, mag dahingestellt bleiben, entscheidend war etwas anderes: Stalin gehörte jener Generation sowjetischer Funktionäre an, die vom Trauma der alliierten Intervention von 1918 und von dem des deutschen Überfalls von 1941 tief geprägt war. Deutschland galt seit Lenins Zeiten als das Herzstück von Europa. Wenn dessen größter und wirtschaftlich sowohl militärisch potentester Teil endgültig im Lager des Klassenfeindes landete, so verschob sich die Machtbalance entscheidend zugunsten des Westens, der Kalte Krieg drohte verlorenzugehen, vielleicht blieb nur noch der heiße Atomkrieg übrig. Die Zündung der ersten amerikanischen Wasserstoffbombe, der überraschend schnell eine russische folgte, eine immer hektischere Atombombentesterei mit immer größeren, bald beängstigend wirkenden Megatonnenexplosionen in der Atmosphäre kontrapunktierten den Kalten Krieg auf unheilvolle, menetekelartige Weise. Lag es nicht im Interesse der Sowjetunion, sich die Neutralität Deutschlands durch die Freigabe der Zone zu erkaufen? Wenn das neue deutsche Reich erst einmal alleine stand, keine Verbündeten mehr besaß, die Amerikaner frustriert dem Kontinent den Rücken gewandt hätten – dann würde man sehen.

Dann würde Deutschland kommunistisch, und sollte es den Schalmeienklängen aus Moskau und Ostberlin folgen, wäre alles verloren: So schlicht war Adenauers Argumentation, mit der er gegen den Widerstand selbst aus den eigenen Reihen auch nur die „Auslotung“ der Stalinschen Angebote vehement ablehnte. Er hat dies zu einer Frage von Sein oder Nichtsein gemacht. Er hat sein Prestige, sein Renommee, seine ganze Autorität voll in die Waagschale geworfen; indem er sich durchsetzte, legte er die Richtlinien der deutschen Außen- und Sicherheitspolitik für die nächsten 38 Jahre fest.

Die Sirenenklänge aus Moskau beschleunigten die Vertragsverhandlungen, anstatt sie zu verzögern, schon im Mai wurden der Generalvertrag und die EVG unterzeichnet, obwohl vieles noch unklar war. Aber Adenauer kam es auf hohes Tempo an, nachbessern würde man immer noch können. Die Einbeziehung der Bundesrepublik in die Gemeinschaft des Westens stand nun außer Frage, die Zustimmung der Bevölkerung zu Adenauers außenpolitischem Kurs wuchs, schon rechnete sich die CDU die schönsten Siegeschancen für die Bundestagswahlen vom September 1953 aus. Tatsächlich kam der wirtschaftliche Aufschwung nach dem Ende des Koreakrieges nun erst richtig in Gang, das Volk begann, die Segnungen des „Wirtschaftswunders“ so richtig zu genießen, einer „Freßwelle“ folgten schon die des Reisens, des Wohnens, die Republik wandelte ihr Gesicht, Lastenausgleich und Wiederaufbau gingen stürmisch voran, in den zerbombten Städten wurden die letzten Trümmer beseitigt, in den Planungsbüros die ersten neuen Autobahnen trassiert.

Die satte Wohlgefälligkeit, diese in der Rückschau „goldene Zeit" wurde Mitte des Jahres 1953 jäh für ein paar Tage unterbrochen.

Der Aufstand in der Sowjetzone, für den das Datum des 17. Juni 1953 steht, kam überraschend – freilich nur für diejenigen, die ihren Blick von den Verhältnissen in der „Zone" abgewendet hatten, das war wohl die Mehrheit der westdeutschen Bevölkerung. Daß das System Ulbricht in die Krise geriet, wäre leicht zu erkennen gewesen; daß die untauglichen Versuche zur Behebung der Krise – etwa durch die Erhöhung von Arbeitsnormen bei gleichzeitiger Lockerung der Zügel zu unkontrollierbaren Reaktionen, schließlich zum Aufstand führten, überraschte auch die politischen Auguren in Bonn.

Sicher waren die Arbeitsnormen der Auslöser, die Bauarbeiter von der pompösen Stalinallee machten den Anfang. Das war nicht ohne symbolische Bedeutung, denn der Tod des Diktators am 5. März 1953, die sich anschließende Führungskrise- und Schwäche im Kreml hatten Ulbricht und Genossen sichtlich beunruhigt. War man gewohnt, den Machtsprüchen und Leitlinien des Kreml zu folgen, so kamen von dort nun unklare Signale, die wie von selbst die latenten Widersprüche innerhalb des SED-Politbüros aufflammen ließen. Die Folgen zeigten sich in einer schwankenden Politik zwischen Zuckerbrot und Peitsche, eben dies hat die Menschen ermutigt, sich zum ersten Mal energisch zu Wort zu melden. Die Dinge entwickelten sich in den Tagen seit dem 15. Juni nämlich in typisch deutscher Weise: Der Protest richtete sich gegen die Verschärfung der Arbeitsnormen, erst die unsicheren Reaktionen der Herrschenden trieben die Forderungen weiter, schließlich der dialektische Umschlag vom bloß Materiellen zum Grundsätzlichen: Freiheit und Einheit, darauf spitzte sich am 17. Juni alles nun zu; als die sowjetische Besatzungsmacht eingriff, hatte sich der Protest zur Revolution ausgeweitet, die nun flächendeckend das Land durchraste und nur mit Gewalt zertreten wurde. Alles ballte sich in 48 Stunden zusammen, aber das minderte die revolutionäre Qualität dieses Ereignisses nicht. Zum ersten Mal seit 1918, eigentlich seit 1848, hatten sich Deutsche darauf besonnen, daß auch sie Erben der Revolution und ihres Freiheitspathos waren. Der 17. Juni knüpfte an die großartigsten Momente der deutschen Gesellschaftsgeschichte an, es sollte 36 Jahre dauern, bis das Fanal des 17. Juni wieder aufgenommen, eine zweite, diesmal erfolgreiche Revolution folgen sollte.

Sie saßen an den Lautsprechern ihrer neuen Radios und manches alten Volksempfängers, anders als 1989 war dies noch kein Fernsehspektakel. Aber die atemlosen Berichte der Berliner Reporter gingen den Menschen in Westdeutschland unter die Haut, jäh waren sie aus ihrer Ruhe aufgestört, und Adenauers allzu glatte Rechnung drohte nicht mehr aufzugehen. Tatsächlich reagierte die amtliche Bonner Politik genau so, wie sie unter der Kuratel des Besatzungsrechts reagieren konnte: Hilflos. Der schöne Schein einer doch fast schon errungenen Souveränität, mit der Adenauer sein Volk gelockt hatte, um die Verträge unter Dach und Fach zu bringen, verblaßte von heute auf morgen, als man ohnmächtig durch die Lautsprecher mitanhören mußte, wie der Schrei nach Freiheit im Bellen der Maschinengewehre erstickt wurde. Dramatischer konnten die Deutschen in der DDR die „Deutsche Frage“ den Brüdern und Schwestern in Westdeutschland nicht vor die Füße werfen. Der 17. Juni blieb fortan, umgehend zum Staatsfeiertag erhoben, der entscheidende Stachel im Fleisch der westdeutschen Selbstgerechtigkeit. Der 17. Juni hatte ein Feuer entzündet, das unter der Asche der nächsten Dezennien weiterglimmte, auch wenn dies im Getriebe der Alltagsgeschäfte die meisten Westdeutschen (und auch viele im Osten) gar nicht mehr merkten. Gerade deswegen verkam der 17. Juni sehr bald zu einer zusätzlichen „sozialen Errungenschaft“, auf die niemand mehr verzichten wollte; ideal zu Beginn der schönsten Jahreszeit gelegen, zog man am 17. Juni mit Kind und Kegel in die blühende Natur, wer zynisch war, dem fiel der Sedanstag von einst als Parallele ein.

Den Menschen hat der 17. Juni in der „Zone“ wenig genutzt, auch wenn fortan die Gangart in der SED-Diktatur weniger brutal erschien. Genutzt hat dieser Tag nur den Westdeutschen, nicht sie hatten etwas zur Verbesserung des Loses der Landsleute „von drüben“ unternommen (ebensowenig wie im Oktober 1989), sondern diese Sand ins allzu geölte Getriebe der westdeutschen Politik gestreut – mit durchaus positiven Folgen. Seitdem nämlich war es mit dem bloßen Fortschieben der „Deutschen Frage“ auch für die West-Politiker vorbei; was schon während der Monate der Berliner Blockade zu beobachten gewesen war, zeigte sich erneut: Die Westmächte, also die zukünftigen Verbündeten der Bundesrepublik, wurden auf ihre Verantwortung für ganz Deutschland drastisch hingewiesen. Der Aufstand hatte eine viel durchschlagendere Wirkung, als sie auch die diplomatischsten Schriftstücke aus dem Bundeskanzleramt besaßen. All dies sollte sich mehr als drei Jahrzehnte später auszahlen. Aber für die Opfer des Aufstandes, die Erschossenen, Hingerichteten, nach Bautzen und sonstwohin Verfrachteten gab es kein Happy End, und so ist es richtig, auch nach der Wiedervereinigung an jedem 17. Juni sich ihrer in Dankbarkeit und mit Respekt zu entsinnen.

Natürlich wurde es nach dem 17. Juni mit der schon sichergeglaubten absoluten Mehrheit der CDU in den Bundestagswahlen vom 6. September nichts. Nicht das war erstaunlich, sondern der Realismus und die politische Nüchternheit, die im Wahlergebnis sich spiegelten. Die Integration Westdeutschlands in das westliche Lager und die Tatsache der deutschen Teilung wurden von der überwältigenden Mehrheit der Bevölkerung akzeptiert, zu Recht konnte Adenauer in seinen Gesprächen mit den Diplomaten und Regierungen der Westmächte nun darauf verweisen, daß die Deutschen die Probe der Demokratie bestanden hätten und für die Entlassung in die Souveränität reif seien. Seit Beginn des Jahres 1954 wurde allerdings deutlich, daß die 1952 unterzeichneten und ausgehandelten Konditionen nicht mehr durchsetzbar waren, vor allem Frankreich zog sich von der Idee der EVG und den in ihr enthaltenen Folgen sichtbar zurück, unter dem Ministerpräsidenten Mendès-France, der bislang stärksten Figur der Vierten Republik, suchte das im Inneren und in seiner Außen- und Sicherheitspolitik in die Krise geratene Land nach Konsolidierung. Die schwärende Wunde eines endlos sich hinziehenden Kolonialkrieges in Indochina erlaubte am Ende nur die schmerzhafte Amputation, Dien-Bien-Phu wurde zum „Stalingrad Frankreichs", wie manche Medien meinten, tatsächlich läutete der Fall der Festung viel mehr ein, als das Ende des französischen Kolonialreiches. Die Kapitulation der ehrwürdigen europäischen Kolonialmacht vor den barfüßigen Truppen des Viet-Minh unter General Giap eröffneten ein neues Kapitel der Geschichte. Man mag es mit Nord-Süd-Konflikt, mit dem irreführenden Begriff der „dritten" oder gar „vierten" Welt bezeichnen, sicher ist, daß von Dien-Bien-Phu auf gewaltsame, von der Konferenz von Bandung, ein Jahr später, auf diplomatische Weise eine wirklich neue Epoche der Weltgeschichte ausgegangen ist, deren Verlauf und Ende heute unabsehbar sind.

Die französische Katastrophe in Indochina schlug auf die europäischen Verhältnisse unmittelbar zurück, auch wenn es wohl kein formuliertes Geheimabkommen zwischen Moskau und Paris gegeben hat, in dem Frankreich in Indochina die Gesichtswahrung gegen die Torpedierung der EVG zugesagt wurde. Aber allein, daß derartige Vermutungen schon den Zeitgenossen plausibel erschienen, genügte, um die Interdependenzen zwischen Europa und Südostasien deutlich zu machen. Zehn Jahre später wurde diesem ersten Kapitel ein sehr blutiges zweites hinzugefügt, diesmal sollte es die Weltmacht par excellence sein, die sich ähnlich wie 1954 die Franzosen im Dschungel Vietnams rettungslos militärisch und moralisch verhedderte.

Der 30. August 1954 war für Adenauer ein „schwarzer Tag". Anscheinend lagen alle Visionen mit der Ablehnung der EVG durch das französische Parlament in Trümmern, aus den ersten Regungen der Verzweiflung und der Resignation heraus mochte es scheinen, als habe der tote Stalin am Ende doch noch triumphiert – ohne die „Zone" opfern zu müssen.

Aber das war nur das vordergründige Bild. Natürlich hielt die Opposition dem gedemütigten Kanzler genüßlich das vollkommene Scheitern seiner Westpolitik vor, in Wirklichkeit traten nun gleichsam automatisch jene Mechanismen in Kraft, die die Integration der Bundesrepublik und ihrer zukünftigen Armee in das NATO-Bündnis schon vorbereitet hatten. So wie man vor dem Datum des 30. August gezögert und gezaudert hatte, in den Pariser Verhandlungen von einer Sackgasse in die andere gestolpert war – so zügig ging es nun voran, und alle machten mit, auch Frankreich, dem ja keineswegs daran gelegen sein konnte, die volle Souveränität der Bundesrepublik, für die USA und England beschlossene Sache, nur ohnmächtig hinnehmen zu müssen. Aber trat nun nicht noch einmal eine verführerische Versuchung an Adenauer und die Deutschen heran? Konnte das Scheitern der EVG das Tor für eine völlig unabhängige deutsche Nationalarmee nicht doch noch öffnen?

Adenauer hatte das deutsche Volk für demokratisch „reif" erklärt (auch wenn er das privatim keineswegs glaubte), diese Reife zeigte sich darin, daß es in der Bundesrepublik nach dem 30. August keine ernsthafte Debatte über einen nationalen Sonderweg gab. Wie selbstverständlich stimmte Adenauer vielmehr jenen militärischen Beschränkungen zu, die schon im EVG-Vertrag enthalten gewesen waren, und es war ebenso selbstverständlich, daß der Aufnahme der Bundesrepublik in die NATO auch Frankreich seinen Segen gab. Zügig wurden die Pariser Verhandlungen zu Ende geführt, die Verträge passierten überall – wenn mitunter auch recht dramatisch – die parlamentarischen Gremien, am 5. Mai 1955 traten die Pariser Verträge in Kraft, die Bundesrepublik wurde souverän, Fußballweltmeister war sie schon 1954 geworden.

3. Der Blick nach Westen: Die Ära Adenauer

Man hatte sich hochgerappelt, man war wieder wer, die Zeit des Krieges war erst zehn Jahre vorbei, dennoch schien sie den meisten Bundesbürgern so fern wie das Mittelalter. Das schlechte Gewissen von 1945 wich dem Stolz auf die ökonomischen Wunder, die größten politischen Turbulenzen schienen nach dem 5. Mai 1955 (5. 5. 55, eine „Schnapszahl") überstanden, die souveräne Bundesrepublik war in voller Fahrt hin zu den Gestaden eines zumindest wirtschaftlich vereinten Europa in einem starken atlantischen Bündnis. Die Beziehungen zur Außenwelt waren gut, teilweise herzlich, Adenauers Moskaubesuch schien ein

Zeitalter diplomatischer Normalität einzuläuten; als die letzten Kriegsgefangenen aus Rußland heimkehrten, die verhärmten Männer, die weinenden Frauen dem Kanzler voller Dankbarkeit und Ehrfurcht fast zu Füßen sanken, war das westdeutsche Selbstverständnis wieder in Ordnung. Normalität und ständig steigender Wohlstand, die innere Genugtuung, von jedermann in der Welt als eine der führenden Wirtschaftsmächte anerkannt zu werden, bestimmten das Bild, das die Deutschen sich selbst von sich machten. Daß man fortan „keine Experimente", gar „sozialistischer" Art wagen sollte, trieb die Mitgliederzahlen in der CDU hoch, dieser Erfolg ließ die SPD zuerst nachdenklich werden, bald warf sie ihre alten Banner und Requisiten auf den Müllhaufen der Geschichte. Als Herbert Wehner 1959 im Bundestag die große Wende von Bad Godesberg erläuterte, ging eine Ära zu Ende, die vor fast genau hundert Jahren begonnen und gewiß auch sonst dazu beigetragen hatte, die deutsche Gesellschaft innerlich zu spalten.

Einen „klassischen", „reinrassigen" Sozialismus gab es seitdem auf deutschem Boden nicht mehr; was in der DDR sich dennoch so nannte, war Farce, Perversion, gefährliche Lächerlichkeit. Deutschland war endgültig bürgerlich geworden, flugs wurde der letzte unzähmbare Rest mit der KPD per Urteil des Bundesverfassungsgerichtes verboten, dafür rührte es sich wieder am äußersten rechten Rand; als sie gegründet wurde, konnte noch niemand wissen, daß nach der „Reichspartei" auch die „NPD" ein ephemeres politisches Gewächs bleiben würde.

Nach der außenpolitischen Dramatik und Hektik des vergangenen Jahrfünfts trat nun eine Art Ruhe ein. Aus den großen Affären wurden die kleinen Ärgernisse, auch im Umgang mit den neuen Verbündeten in der NATO. Schon bald stellte sich etwas völlig Neues heraus: Wie schief die Dinge im Verbund des Westens oft auch laufen sollten, wie schmerzlich manche Rückschläge waren – so der Austritt Frankreichs aus der Militärorganisation der NATO oder das (vorläufige) Ende der EWG-Hoffnungen Großbritanniens –, aus alledem hat sich nie mehr ein Fundamentalgegensatz der Staaten im Stil des 19. oder frühen 20. Jahrhunderts ergeben. Schon Ende der fünfziger Jahre war klar: In Westeuropa würde es unter Westeuropäern nie mehr Krieg geben – dieser Prozeß, der den Menschen überhaupt nicht verdeutlicht wurde, weil er als bare Selbstverständlichkeit galt, gehörte zu den größten, nein: war der größte Erfolg der gesamteuropäischen Politik, wie sie seit 1945 auf den Weg gebracht worden war. Wenn man sich im vereinten Reich von 1871 auch bald keinen Krieg mehr zwischen – nun, sagen wir: Preußen und Bayern vorstellen konnte, obwohl der letzte Krieg zwischen beiden Staaten keine zehn Jahre her war, so galt dieses Phänomen nun für den halben europäischen Kontinent. Natürlich schloß dies Familienkräche aller Art nicht aus, aber diese blieben meist regional beschränkt und hatten eher den Charakter von lokalisierten Bürgerkriegen – wie zwischen Iren und Briten, Basken und Katalonen, selbst Türken und Griechen. Auch in diesen Konflikten, denen sich inzwischen viele andere hinzugesellt haben, wurde gelitten und gestorben, dennoch konnte man sie nicht mit den europäischen „Normal"kriegen der Vergangenheit vergleichen – deren Zeitalter war vorbei. Gewiß hatten daran besonnene Staatsmänner in fast allen Staaten ihren Anteil, ausschlaggebend war das, was man mit allem Vorbehalt doch gerne als Fortschritt im Bewußtsein der Freiheit und der Verantwortung nennen möchte. Die Völker waren wirklich weiser geworden, und man sollte nicht aus falscher Scham dieses Faktum, so mancher gepflegten Dekadenztheorie zum Trotz, verschweigen.

Freilich kann man die Befriedung Westeuropas auch von einer anderen Warte aus sehen: Sie erfolgte zum möglicherweise letzten Zeitpunkt im Getriebe der Weltgeschichte, denn diese schickte sich gerade in den fünfziger Jahren an, den homo sapiens in bisher ganz ungeahnter Weise herauszufordern. Kein Staat allein, auch keines der bisher üblichen, nur auf Zeit und zu Sonderzwecken zustande gekommenen Bündnisse konnte mit diesen Herausforderungen alleine fertig werden. Nur das Zusammenrücken der entwickelten Nationen eröffnete eine Chance, dem finalen Verhängnis vielleicht doch noch zu entrinnen.

Es stellte sich dar wie die apokalyptischen Reiter: der eine drohte die atomare, der zweite die ökologische, der dritte die ökonomische Weltvernichtung zu bringen. Wie um die Größe der Gefahren und die Einheit der Erde zu unterstreichen, gelang den Menschen in den Jahren zwischen 1956 und 1969 etwas vollkommen Neues: Sie konnten die Erde verlassen. Dies buchstäblich und nicht metaphorisch: Am 4. Oktober 1957 startete die Sowjetunion ihren „Sputnik", das erste Objekt, das der irdischen Schwerkraft erfolgreich Paroli bot, am 20. Juli 1969 landeten die ersten Menschen auf dem Mond. Der Sputnik löste einen „Schock" aus, der sich zunächst auf die vermeintliche Unterlegenheit der USA bezog, längerfristig jedoch das Bewußtsein schärfte, tatsächlich mit einem „Raumschiff Erde" sich zu bewegen, einem Himmelskörper, den die Menschen zwar immer noch nicht nach Belieben zu lenken vermochten (wie in der zeitgenössischen Science Fiction prognostiziert), wohl aber zu zerstören, und zwar gleich dreifach: atomar, ökologisch, ökonomisch.

Das Nächstliegende war die atomare Katastrophe. Wenn irgend etwas die satte Selbstzufriedenheit der Westeuropäer und der Amerikaner in den späten fünfziger und den sechziger Jahren zu stören vermochte, so waren es die immer größeren Atompilze über Wüsten, Atollen und Tundren, die dumpfe Furcht vor unberechenbaren Strahlen- und Klimafolgen der Bombenexplosionen, vor allem natürlich das atomare Damoklesschwert selbst, das in den Krisen der fünfziger und sechziger Jahre nur an einem seidenen Faden zu hängen schien. Die ökologische Katastrophe begann demgegenüber sich erst langsam ins Bewußtsein der Menschen einzunisten, der SPD-Wahlslogan von 1957, der Himmel über dem Ruhrgebiet müsse wieder blau werden, galt als Skurrilität und brachte der SPD keine Stimmen. Nachdenklicher stimmte schon, daß die Schwimmbäder an den Flüssen, an Rhein, Weser, Donau nacheinander geschlossen werden mußten, und ganz Mutige begannen sich zu fragen, ob die „autogerechte Stadt" – das Prunk- und Protzobjekt hybrider Stadtplaner – wirklich der Weisheit letzter Schluß war. Was die ökonomische und demographische Apokalypse betraf, so kam sie zunächst im verführerischen Gewand eines schier unerschöpflichen humanen Energiestromes daher: Millionen von ausländischen Arbeitern strömten aus dem Süden gen Norden. Die älteren Einwohner der Bundesrepublik konnten sich an Ähnliches durchaus noch erinnern, so war man flugs dabei, einen weiteren Euphemismus zu erfinden, der aus den Zwangsarbeitern von einst nun Gastarbeiter machte. Daß dieses Proletarierheer aus purer Not handelte und nur erster Vorläufer einer gewaltigen Flutwelle war, die von der südlichen Erdhälfte in deren nördliche schwappte, erkannte damals kaum jemand, das sollte die fatalsten Folgen haben.

Das Sekuritätsgefühl der fünfziger Jahre wurde freilich immer wieder unterbrochen, dafür sorgte der Ost-Westkonflikt, der seit 1955 an Schärfe wieder zunahm. Zwar gab es einige neue Anläufe zur Verbesserung der allgemeinen Lage, der „Neue Kurs“ in der Sowjetunion deutete eine gemäßigtere sowjetische Politik an, der XX. Parteitag der KPdSU und Chruschtschows Abrechnung mit Stalin wirkten als Sensation, aber die rasche und durchaus flexible Reaktion Moskaus auf die Entscheidungen des Westens zeigte, daß an eine längerfristige Entwarnung nicht gedacht werden konnte. Die russische Wasserstoffbombe und der Sputnik im militärtechnischen Bereich, die Gründung bzw. Wiederbelebung des „Rats für gegenseitige Wirtschaftshilfe“, des COMECON im wirtschaftlichen, schließlich die formelle Gründung des „Warschauer Pakts“ auf dem militärpolitischen Feld deuteten vielmehr einen Konzentrations- und Modernisierungsschub an; anders als Stalin und dessen engste Mitarbeiter verstand es der neue Generalsekretär Nikita Chruschtschow darüber hinaus, die Medien und die Öffentlichkeit – auch die des Westens – durch eine geschickte Mischung aus Propaganda, Drohung und Lockung wenn vielleicht auch widerwillig zu faszinieren. Hatte man im Westen gehofft, das rote Reich werde berechenbarer, so setzte Chruschtschow seine „Unberechenbarkeit“ sehr bald kühl berechnet in Szene. Das verführerische Schlagwort von der „friedlichen Koexistenz“ wurde durch die militant verkündeten Pläne, die allesamt die Überflügelung des Westens zum Ziel haben sollten, durchaus in Frage gestellt; zum ersten Mal trat auch die sogenannte „Dritte Welt“ in den Gesichtskreis möglicher zukünftiger Aktionsfelder, und es konnte nicht zweifelhaft sein, daß sowohl in Südostasien wie auch in Teilen Schwarzafrikas, ja sogar Mittel- und

Südamerikas die kommunistische Propaganda und Doktrin auf fruchtbaren Boden fiel. Der seit 1945 mehr gezwungen denn freiwillig in Gang gekommene Entkolonialisierungsprozeß ergriff nur die Kolonien der einstigen westlichen Kolonialmächte, während die Sowjetunion wie selbstverständlich an ihrem Kolonial- und Satellitenreich festhielt, ja dieses durch entsprechende innen- und sozialpolitische Maßnahmen noch stärker auf die Bedürfnisse der Moskauer Kremlführung hin auszurichten trachtete. Und weil es der sowjetischen Propaganda anfangs hervorragend gelang, in den Drittweltländern den Eindruck zu erwecken, daß sie eben keine Kolonialmacht sei, es auch nie gewesen wäre, sprach der äußere Anschein für die politische Uneigennützigkeit der Sowjetunion, wenn es um die Befreiung vom kapitalistischen Kolonialjoch ging.

Versuchte Chruschtschow in der Dritten Welt einen guten Eindruck zu machen, so entlarvte sich seine Politik in Europa drastisch: Mit der brutalen Niederwerfung des ungarischen Aufstandes vom Herbst 1956 und der rigorosen Unterbindung aller polnischen Bemühungen um ein bißchen mehr Freiheit unter Gomulka gab die Sowjetunion zu verstehen, daß sie keinerlei Spaß verstand, wenn es um die Absicherung ihres eigenen Herrschaftsbereiches in Europa ging. Wieder reagierte der Westen entsetzt und hilflos auf das Rasseln der Panzerketten in Budapest, denn da England und Frankreich im Gefolge der Verstaatlichung des Suezkanals durch Gamal Abdel Nasser in Ägypten mit militärischen Mitteln, fast im Stil der unsäglichen Kanonenbootpolitik aus längst vergangenen imperialistischen Zeiten antworten zu müssen glaubten, manövrierten sie sich selbst, das von ihnen getriebene und von ihnen profitierende Israel in eine ausweglose Lage, aus der sie nur massive Drohungen der Sowjetunion und energische Vorhaltungen der USA unter schwerem Gesichtsverlust wieder befreiten. An eine einigermaßen einheitliche und kraftvolle Reaktion auf die sowjetischen Völkerrechtsverletzungen in Ungarn war deswegen nicht zu denken. Später meinten einige, die Suezkrise wäre dem Westen sogar ganz recht gekommen, um das erklärte Nichtstun in Ungarn halbwegs zu rechtfertigen – eins jedenfalls stand nach den schlimmen Oktobertagen des Jahres 1956 fest: Der Ostblock zeigte sich entschlossen, jede Freiheitsregung in seinem Machtbereich notfalls mit blanker Waffengewalt zu unterbinden, der Westen wagte keinen Widerstand, denn Chruschtschow ließ keinen Zweifel daran, daß dies den Atomkrieg bedeuten würde. Vor dem aber schreckte der Westen zurück.

Möglicherweise aber doch auch der Osten. Suez- und Ungarnkrise enthüllten, deutlicher noch als die DDR-Krise vom Juni 1953, einen Mechanismus, der bis zum Ende des Kalten Krieges gültig bleiben sollte: den der atomaren Abschreckung vermittelst der „gesicherten wechselseitigen Vernichtung".

Die Dialektik der atomaren Abschreckungsdoktrin war kompliziert und gehörte seit den späten fünfziger Jahren zu den sensibelsten und zugleich wirksamsten Instrumentarien der Weltpolitik der beiden Supermächte. Sie war so kompliziert und so dialektisch, daß es hoher politischer Intelligenz bedurfte, um sie zu begreifen. Da diese nach allen Regeln der Erfahrung jedoch in der Gesellschaft und ihren Repräsentationen – also Parteien, Verbänden, Gewerkschaften usw. – nicht vorhanden ist, kam es zu der prekären und doch unvermeidlichen Situation, daß nur ein ganz kleiner Kreis von hochrangigen Politikern, Militärs und Experten das wahrhaft existentielle atomare Spiel betrieb, seine Regeln festlegte und sich in deren Einübung und Anwendung jahrzehntelang übte. Diese politische Atomgilde ähnelte einem mittelalterlichen Orden strenger Observanz, die atomaren Geheimnisse im System der nuklearen Abschreckungsphilosophie waren das glatte Gegenteil des Ideals von der weltoffenen, freien, alles selbstverantwortenden Völkergemeinschaft. Die Dynamik des nuklearen Gleichgewichts war aber tatsächlich das, was die Welt im Innersten – und dies war wieder wörtlich zu nehmen – auf Dauer zusammenhielt. Wäre sie außer Kontrolle geraten, hätte der eine oder andere Spieler das große Spiel nicht mehr mitgemacht oder seine Spielregeln in unprofessioneller Weise verletzt – die atomare Apokalypse wäre sicher gewesen.

Man weiß von alledem nicht viel. So wie man von Geheimgesellschaften nicht viel wissen kann, wenn sie ihrem Namen Ehre machen. Auch die Historiker stehen vor den verschlossenen

Panzerschränken, den verschlossenen Minen der atomaren Würdenträger, und es steht nicht zu erwarten, daß sie in diesem Jahrhundert noch geöffnet werden. Man ist weitgehend auf Vermutungen angewiesen, diese sind freilich begründet.

Die ganze Problematik und die ungeheuerlichen Dimensionen der Nukleardrohung waren schon den Erfindern der „Bombe" und den ersten Politikern klar, die mit ihr umgehen mußten. Errettung aller oder Weltvernichtung: Das war schon die Parole von Baruch gewesen. Der Lauf der Geschichte und die militärischen Verhältnisse, die im Zeichen des Kalten Krieges nicht so waren, wie sich dies die Joint Chiefs of Staff gewünscht hätten, führten vorübergehend zu einer Verharmlosung der Bombe und zu ebenso brutalen wie unsinnigen Plänen; Begriffe wie „Halfmoon", „Offtackle", „Radfordplan" mögen genügen, um die Denkrichtung anzuzeigen. „Massive Vergeltung", das Drohen mit dem großen atomaren Hammer auch dann, wenn es vielleicht nur die Insel Bornholm von „den Kommunisten" wiederzugewinnen galt – das war in dem Moment unglaubwürdig, in dem die Auswirkungen eines all-out-Atomkrieges auch ins Bewußtsein der breiteren Öffentlichkeit in Amerika und Europa gerieten. Die Medien, aber auch Wissenschaftler und Künstler taten das ihre, um dieses Bewußtsein zu wecken, der Appell der „Göttinger Achtzehn" war nur ein besonders spektakuläres Beispiel.

Infolgedessen mußte die Strategie geändert werden, um „glaubhaft" zu erscheinen. Aus der „massiven Vergeltung" wurde die „flexible response", aus der unwahrscheinlich wirkenden „Vorwärtsverteidigung" die „Vorneverteidigung" (auch die war anfangs unglaubhaft).

Das Strategiespiel wurde durch das der Abrüstung und Rüstungskontrolle kontrapunktiert. Im nachhinein ist erkennbar, daß vor allem die Idee der atomaren Abrüstung bzw. Rüstungskontrolle in eine ehrwürdige historische Tradition gehörte, die bis zur ersten Haager Konferenz von 1899 zurückreichte. Schon damals hatten die Staatsmänner das grundsätzliche Dilemma jeder Abrüstung erörtert und begriffen. In den zwanziger Jahren wurde dann noch deutlicher, daß alle Abrüstungsideale – so das sowjetische von 1922, das französisch-amerikanische von 1928, schließlich das Genfer von 1932 – notwendig scheitern mußten, wenn es nicht gelang, eine Basis des internationalen Vertrauens als Voraussetzung zu schaffen.

An diesem Mechanismus änderte sich auch im Zeichen der nuklearen Herausforderung nichts. Vergeblich hatten die USA schon 1946 erste atomare Rüstungskontrollvorschläge unterbreitet, die ebenso zuschanden wurden wie 1955 sowjetische, und eine nicht abreißende Kette von Rüstungskontroll- und Abrüstungsverhandlungen führte zum immer gleichen Ergebnis: solange die Welt antagonistisch gespalten war, das atomare Wettrüsten, dem sich das auf dem Feld der Raketen bald zugesellen sollte, munter fortging, war an irgendwelche Rüstungskontrollverhandlungen nicht zu denken.

Dennoch sind sie am Ende zustande gekommen – fast wider alles Erwarten, denn die Historie hielt nur negative Beispiele bereit. Der Fortschritt auf diesem Feld ergab sich aus der schieren Größe der atomaren Gefahr: weil diese auch für die atomaren Zauberlehrlinge in Washington und Moskau außer Kontrolle zu geraten drohte, schälte sich schon Ende der fünfziger Jahre ein gemeinsames professionelles Interesse an einer Einhegung der Nukleargefahren heraus. Zum ersten Mal auch in der Weltgeschichte verschränkten sich atomare mit ökologischen Probleme zu einem politischen Aktionsfeld; die Verträge, die die Antarktis, den Meeresboden, den Mond und den Weltraum als jene Zonen umschrieben, die von der atomaren Seuche verschont bleiben sollten, deuteten ebenso wie der Atomwaffensperrvertrag, schließlich die Verträge zur Begrenzung bzw. dem Verbot überirdischer Kernexplosionen auf den einsetzenden Lernprozeß der Mächtigen und der Klugen hin. Schließlich trugen jene Abmachungen, die das Kürzel „SALT“ im Titel führten, entscheidend dazu bei, daß das atomare Monsterspiel mit den strategischen Raketen auf einem vergleichsweise sauber abgesteckten Feld mit vergleichsweise klaren Spielregeln vorbereitet werden konnte. Da diese Vorbereitungen selbst aber kein Spiel waren, sondern in vollem Ernst, d. h. „glaubhaft“ erfolgten, trat der dialektische Atomeffekt tatsächlich ein, und die beiden atomaren Weltmächte paralysierten wechselseitig die atomare Versuchung – solange, bis tatsächlich „vertrauensbildende Maßnahmen" griffen und eine reale Abrüstung möglich machten: 1987 mit dem INF-Vertrag, dem ersten wirklichen Abrüstungsvertrag der Weltgeschichte überhaupt, später mit weiteren Abmachungen zur Reduzierung der Atomwaffen.

Nachdem alles überstanden zu sein scheint, kann man der Atomgeschichte der Supermächte zwischen 1945 und 1990 einigermaßen gelassen zusehen. Der glückliche Ausgang bedeutete freilich nicht, daß es sich hier um einen unvermeidlichen, notwendigen Prozeß gehandelt habe. Die Geschichte war auch 1945 wie immer durchaus offen, und es hat zwischen 1945 und 1985 internationale Krisen von einer „Qualität" gegeben, die in vorausgegangenen Jahrhunderten allemal als Auslöser für große Kriege „gut" gewesen wären. Das galt schon für die Berlinkrise von 1948, es galt in ungleich höherem Maße für den Koreakrieg von 1950, den DDR-Aufstand vom 17. Juni 1953 und den in Ungarn 1956. Dramatisch spitzte sich der West-Ostkonflikt dann in der zweiten Berlinkrise von 1958 bis 1961 zu, damals schien nicht viel an der Auslösung der Katastrophe zu fehlen. Schlimmer wurde es dann noch einmal im Zusammenhang mit der Kubakrise von 1962, damals fuhren die Atomfrachter schon auf Kollisionskurs mit der amerikanischen Marine; was sich hier binnen weniger Stunden dramatisch schürzte, bevor die Peripetie kam und der Frieden noch einmal gerettet wurde, baute sich seit 1964 ständig und ständig gefährlicher werdend in Vietnam auf – auch hier drohte die Dauerkrise mehr als einmal in den unkontrollierbaren großen Atomkrieg umzukippen. Im Krisenreigen verdient sicherlich auch die brutale Niederwerfung des „Prager Frühlings" von 1968 Erwähnung, hier aber zeigte sich so deutlich wie nie zuvor, daß die beiden Supermächte diesen Krieg am Ende doch nicht wollten, ja ihn selbst unter Gesichtsverlusten zu verhindern suchten. Das hatte 1962 für die Sowjetunion in Kuba gegolten, 1968 für die Europäer in Prag, 1972 für die USA in Saigon. Es war wohl gerade diese psychologische „Entblößung" auf beiden Seiten, die die Auslösung eines Krieges aus reinen Gründen der Prestige- und Gesichtswahrung, wie es noch in den „Standard"-Kriegen des 19. Jahrhunderts der Fall gewesen war, zuverlässig verhinderte.

Die Europäer und unter ihnen die Deutschen konnten diesem atomaren Krisen- und Krisenmanagementspiel nur ohnmächtig zusehen, da half die französische „force de frappe" ebensowenig wie die englischen Atomuboote. Es waren die Jahrzehnte, in denen einzig und allein die atomaren Supermächte über das Schicksal dieses Planeten entschieden. Es war aber gerade die Größe dieser Aufgabe, die ihnen die unkontrollierte Verfolgung der eigenen Machtinteressen verbot, das etablierte die Balance des Schreckens, ein System nicht unähnlich jenem, das Bismarck einst im „Kissinger Diktat" vorgeschwebt hatte – diesmal freilich waren die Mittel tatsächlich vorhanden, die den Verlust der Balance zur Katastrophe für alle gemacht hätten. So sehr man die Weitsicht und Weisheit so manchen Atom-Politikers in Ost und West bewundern mag, die die Welt vor dem atomaren Inferno bewahrt haben – da alle im gleichen Boot saßen, hätte nur ein in der Weltgeschichte seit Masada nicht mehr vorhandener kollektiver Selbstmordwahn oder ein außer menschliche Kontrolle geratender Eskalationsprozeß das Ende der zivilisierten Menschheitsgeschichte einläuten können.

Die Deutschen saßen besonders hilflos im Proszenium, manchem kam es als Witz der Weltgeschichte vor, daß die Bundesrepublik ihre „Souveränität" mit dem Verzicht auf die „eigentliche" Souveränität des späten 20. Jahrhunderts erkauft hatte: dem Verzicht auf Atomwaffen. England und Frankreich haben ihre Nuklearstreitmacht ja auch nur aus diesem Grund geschaffen – in der „Praxis" eines Atomkrieges wären sie bedeutungslos gewesen.

So stellte sich schon unmittelbar nach dem Mai 1955 in Bonn die Frage, ob es bei den Absichten und Formulierungen der „Pariser Verträge" langfristig bleiben konnte, positiv gewendet: wie mußte die Staatsräson eines Landes definiert werden, das expressis verbis nicht Atommacht war und auch in Zukunft nicht werden konnte? Mit dieser Frage haben sich Konrad Adenauer und sein zweiter Verteidigungsminister, Franz Josef Strauß, ständig herumgeschlagen. Beide Männer waren im Innersten davon überzeugt, daß der Verzicht auf nukleare Teilhabe nur durch die rasche politische Integration Europas „aufgehoben" werden konnte. Anders gewendet: Sollte Europa nicht kommen – so mußte sich die atomare Frage für die Bundesrepublik wie von selbst neu stellen. Die Prioritäten waren klar: Die Deutschen mußten nach dem Mai 1955 noch intensiver auf das vereinte Europa lossteuern, sollte die Außen- und Sicherheitspolitik des Landes langfristig nicht zum Problem werden.

Aus diesen Erkenntnissen und aus dieser Zwangslage heraus ergaben sich die Leitlinien, aber auch Verwerfungen sowohl der inneren wie der äußeren Politik der nachfolgenden Jahre. Das ungelöste Problem der „Deutschen Frage" wirkte dabei als ständiger Antrieb und Hemmschuh zugleich, und nur selten gelang die Formulierung einer wirklich einheitlichen, in sich stimmigen, logischen Gesamtpolitik. Das sollte das Prestige des Kanzlers und „seiner" Partei langsam erodieren, wie umgekehrt die SPD, frei von Verantwortung für die unvermeidlichen Paradoxien der deutschen Politik, in aller Ruhe neue Grundkonzeptionen auf der Basis der gewonnenen Souveränität und auch Sicherheit entwickeln konnte. Es war daher nur eine Frage der Zeit, bis der Paradigmawechsel in Form eines Regierungswechsels eintrat – das ahnte niemand genauer als Konrad Adenauer. Deswegen stemmte er sich mit der Leidenschaft eines sehr alten Mannes gegen diese Entwicklung. Das war, von ihm aus betrachtet, verständlich, aber vergeblich, und deswegen überschattet die letzte Phase seiner Regierung ein Hauch von Tragik (aber auch nicht mehr).

Davon war bis 1957 freilich noch nichts zu spüren, im Gegenteil, die Wahlen vom September dieses Jahres gewann er mit absoluter Mehrheit – das war auch Folge der seit 1956 etwas flexibleren deutschen Ostpolitik. So sehr nämlich die Mehrheit der Deutschen den Zug nach Europa bejahte – es gab immer mehr Deutsche, die sich fragten, ob man nicht doch auch ein paar neue Schneisen nach Osten schlagen sollte. Adenauers Moskaubesuch war ein Anfang, aber das reichte nicht. Von der Wiedervereinigung war meist nur noch in den Feiern zum 17. Juni die Rede; wenn Chruschtschow ganz offen von den „beiden deutschen Staaten" sprach, regte dies niemanden im Westen sonderlich auf. Man wollte bessere Beziehungen mit Moskau, vielleicht mit anderen Satellitenstaaten, mit der „Hallsteindoktrin" stellte man sich dann selbst ein Bein, wenngleich die psychologische Wirkung des Grundsatzes, daß die Bundesrepublik die diplomatischen Beziehungen zu jedem Staat abbrechen werde, der sie zur DDR aufnahm, für das „Offenhalten" der „Deutschen Frage" sicherlich nicht unwichtig war.

Zur „Deutschen Frage" gehörte damals auch ein ganz anderes territoriales Problem: das Saargebiet. Unmittelbar nach dem Kriegsende hatte Frankreich kaum ein Hehl daraus gemacht, daß es diese wichtige Wirtschaftsregion behalten wollte, und jede Versöhnung mit dem deutschen Nachbarn drohte an dieser starren französischen Haltung zu scheitern. Ein freiwilliger Verzicht der Bundesrepublik auf das Saargebiet als „Bauernopfer" für die deutsche-französische Aussöhnung: Adenauer hat sicherlich mit dem Gedanken gespielt, aber er war politisch sensibel genug, um die Risiken eines solchen Schrittes nicht zu verkennen. Das „Saarstatut" war denn auch keineswegs, wie seine Gegner meinten, die kaschierte Aufgabe des deutschen Anspruches, sondern in Adenauers Augen ein europäisches Minimodell – eine Art Reifeprüfung für die Deutschen in Sachen Europa.

Sie fielen mit Aplomb durch, besonders im Saarland selbst. Indem die Saarländer das Statut mit großer Mehrheit ablehnten, spielten sie Adenauer ein von Frankreich nicht aus der Hand zu schlagendes Argument zu: das des freien Selbstbestimmungsrechts der Völker, diesmal der von der Saar. Tatsächlich blieb Frankreich gar nichts anderes übrig, als in den sauren Apfel einer Rückgliederung des Saargebietes nach Deutschland zu beißen, das war weniger eine große Geste als eine unvermeidliche Notwendigkeit. Die glückliche Lösung der Saarfrage (natürlich kostete sie einiges) trug zum Ansehen Adenauers nichts bei, denn dieser wurde mit dem Saarstatut identifiziert – dennoch war sie entscheidend für den nun wirklich rasch in Gang kommenden Annäherungsprozeß zwischen Deutschland und Frankreich, der mit dem deutsch-französischen Vertrag von 1963 vorläufig abgeschlossen wurde. Auch dieser letzte große diplomatische Erfolg Adenauers war nicht ungetrübt, denn dem Bundestag war es beim Gedanken einer deutsch-französischen Allianz „durch dick und dünn", die Adenauer und de Gaulle mehrfach beschworen hatten, durchaus unwohl, und er setzte eine europafreundliche Präambel durch, die den Kanzler und de Gaulle erboste. Auch die Kritiker Adenauers verkannten den Wert der deutsch-französischen Annäherung nicht, sie wiesen aber nachdrücklich darauf hin, daß Westeuropa mehr sei als die Bundesrepublik und Frankreich, und Europa wiederum mehr als Westeuropa. Auf diese Weise wurde die deutsch-französische Politik relativiert, was sich längerfristig als durchaus positiv, vor allem im Hinblick auf Großbritannien, erweisen sollte.

England blieb nämlich auch nach 1955 das tertium comparationis jeder kontinentaleuropäischen Politik der Deutschen und Franzosen, und es gehörte zu den Absonderlichkeiten der Geschichte, daß ausgerechnet das Frankreich de Gaulles sich vehement gegen den Beitritt Englands zur EWG wandte. War nicht Frankreich wie kein anderes Land im letzten halben Jahrhundert auf England angewiesen gewesen? Waren es nicht die Franzosen, die das britische „no commitment" von 1919 ebenso wie die „Appeasementpolitik" von 1938 zutiefst bedauert hatten? Und wie fundamental mußte sich die englische Grundhaltung geändert haben, wenn es nun von sich aus auf den europäischen Kontinent drängte!

Die Querelen um den Beitritt Großbritanniens zur EWG, dann EG, zeigten, daß hinter dem alten Muster der Allianzen des 20. Jahrhunderts die noch älteren aus dem 17. bis 19. Jahrhundert aufschienen. Die beiden Weltkriege hatten sie nicht völlig ausgelöscht, und de Gaulle, ein ebenso geschichts- wie selbstbewußter Franzose, wohl immer noch vom arrogant-schnoddrigen Verhalten so mancher alliierter Verbündeter aus seiner Londoner Zeit verletzt, glaubte nicht nur das deutsch-französische, sondern eben auch das französisch-englische Verhältnis sub specie von Jahrhunderten „in Ordnung" bringen zu müssen – das aber brauchte Zeit, die wollte er den Engländern lassen, deswegen lehnte er mehrfach, gelegentlich in brüskierender Form, den Beitritt Englands zur EWG ab. Großbritannien wiederum – und das machte dessen Größe und Sinn für den langen Atem der Geschichte aus – reagierte auf diesen volkspädagogischen Affekt pragmatisch und prinzipiell: Pragmatisch war die Gründung der

Europäischen Freihandelszone EFTA, eines Gegenstücks zur EWG, prinzipiell war die Absicht, mit ihr nicht die Konfrontation, sondern die Kooperation mit der EWG zu suchen. Auch die EFTA besaß im übrigen ihre historischen Wurzeln, hatten doch schon in den dreißiger Jahren die sogenannten „Oslostaaten" einen wirtschaftlichen Verbund zwischen den skandinavischen und den Benelux-Staaten versucht, der an der Un-Politik Hitlers dann freilich zuschanden wurde.

Wirtschaftseuropa ging also voran, in Messina wurden der gemeinsame europäische Markt und eine europäische Atomgemeinschaft beschlossen. Gerade letzteres war für die innenpolitische Diskussion in der Bundesrepublik Deutschland wichtig, denn natürlich stellte sich praktisch vom ersten Tage der Souveränität an die Frage, ob der Verzicht auf ABC-Waffen auch einen solchen auf die friedliche Nutzung der Atomenergie einschlösse. Gewiß, formell war dies nicht der Fall, wer jedoch den engen Verbund zwischen der möglichen militärischen und der angestrebten zivilen Nutzung der Atomtechnologie kannte, der konnte sich schnell ausrechnen, daß die militärische Abstinenz noch keinerlei Garantie dafür sein konnte, daß Deutschland nie und nimmer Atommacht wurde.

Eben dies wußten Adenauer und die sich rasch herausbildende Atomlobby unter Franz Josef Strauß. Wenn dieser, durchaus in Übereinstimmung mit seinem Kanzler, als Verteidigungsminister nun die „atomare Bewaffnung der Bundeswehr" forderte, so war das nur konsequent, wenn Deutschland ein moderner Industriestaat und potenter atlantischer Partner sein wollte.

Hierüber entbrannte die zweite große Sicherheitsdebatte im Deutschen Bundestag. Die erste hatte sich um die Frage gedreht, ob die Bundesrepublik überhaupt und falls ja, in welcher Weise aufgerüstet werden sollte. Nachdem die deutsche Armee seit 1955 de facto existierte – nur um noch in der ersten Aufbauphase in eine schlimme Krise zu geraten –, ging es um die nukleare Komponente der Bundeswehr. NATO und WEU, also die Westeuropäische Union, forderten die Bundesrepublik auf, sich an den neuen strategischen Verteidigungskonzepten, die den Nukleareinsatz mit ins Kalkül zogen, mit allen Konsequenzen zu beteiligen. Dabei ging es in Bonn um das Problem, wie im Verteidigungsfall das deutsche Vaterland (der Osten also inklusive) vor der totalen atomaren Vernichtung geschützt werden konnte – denn daß Deutschland das nukleare Schlachtfeld sein würde, stand außer Frage. Damit aber war das Atomproblem auf eine andere, eine ethische Ebene gehoben. Hatte Kurt Schumacher im Vorfeld der Wiederbewaffnungsdebatte noch davon reden können, eine deutsche Armee müsse so stark sein, daß sie den Aggressor zurückwerfen und in einer Entscheidungsschlacht „zwischen Weichsel und Njemen" vernichten könne, so war an einen „siegreichen" Atomkrieg nun überhaupt nicht mehr zu denken – damit aber stellte sich die Frage nach der Räson der Atombewaffnung der Bundeswehr in existentieller Form.

Sie ist dank der politischen Leidenschaften von Franz Josef Strauß und der Unterstützung der NATO, vor allem auch der USA, zugunsten des Straußschen Modells entschieden worden – aber diese Entscheidung sollte einen Riß im gesellschaftlichen Gefüge der Bundesrepublik hervorrufen, der sich am Ende als Sollbruchstelle in der von der CDU geführten Regierung herausstellte. Zwar hatte die SPD in einem schmerzhaften Denkprozeß die Westorientierung der Bundesrepublik am Ende gebilligt und erklärt, sie werde daran auch festhalten, sollte sie an die Regierung kommen, aber die entsetzlichen potentiellen atomaren Folgen war sie mitzutragen nicht willens. Und eine ständig wachsende Zahl von Deutschen war der nämlichen Meinung. Wie im Mikrokosmos machte dies die zweite Berlinkrise vom November 1958 deutlich: diesmal drohte auf Grund des Chruschtschowschen Ultimatums eine unkalkulierbare Eskalation; auf dem Höhepunkt der Spannungen wurde Adenauer mit der atomaren Gretchenfrage konfrontiert, er beantwortete sie schweren Herzens: im Verteidigungsfall würde die Bundesrepublik notfalls dem Einsatz von Atombomben zustimmen!

Das wußten damals nur wenige, dennoch hätte es Adenauer zu denken geben müssen, daß viele Berliner die Krise diesmal nicht wie 1948 bravourös aushielten, sondern massenweise in den Westen strömten, während die Berliner Immobilienpreise in den Keller sackten. Die immer größere Perfektion des nuklearen Arsenals selbst war es, die seine Anwendung immer unmöglicher machte – die deutsche Öffentlichkeit hat dafür seit 1958 ein überraschend feines Gespür entwickelt, die Regierung Adenauer wirkte demgegenüber immer hilfloser beim Versuch, die Abschreckung glaubhaft zu halten und die Bevölkerung gleichzeitig zu beruhigen.

Den dramatischen Höhepunkt dieser unvermeidlichen politischen Hilflosigkeit, die die Menschen in Deutschland ihm dennoch übelnahmen, bildete der Abschluß der Berlinkrise, die von vielen, die das lange Ringen seit dem Moskauer Ultimatum vom 10. November 1958 nicht mehr so genau verfolgt hatten, eher als Auftakt zu einer neuen Krisenkette angesehen wurde. Der Bau der Berliner Mauer am 13. August 1961 wirkte auch deswegen als Schock, weil er die Ausweglosigkeit des West-Ost-Konfliktes in denkbar drastischer Weise unterstrich. Man baut Mauern, wenn alle Argumente verbraucht sind. Hatten die Touristen am Rhein seit jeher über das mittelalterliche Mauerstück zwischen den Burgen der „feindlichen Brüder“ geschmunzelt, so verging ihnen am Morgen des 13. August das Lachen gründlich. Das Gefühl der Resignation war um so stärker, als sich in den vorangegangenen Monaten viele Hoffnungen auf den jugendlich strahlenden Präsidenten John F. Kennedy gerichtet hatten, der den alten Haudegen aus dem Zweiten Weltkrieg, Dwight D. Eisenhower, in sensationeller Weise als Präsident der Vereinigten Staaten abgelöst hatte. Zum ersten Mal schien eine junge, für die Politik aus der Zeit vor und während des Zweiten Weltkrieges nicht mehr verantwortliche Politikergeneration herangewachsen zu sein; daß Amerika auch auf diesem Feld den Anfang machte, wurde von vielen als selbstverständlich angesehen. Kennedy, der flugs zum jugendlichen Helden gestempelte Präsident, wurde mit Vorschußlorbeeren überhäuft, daran änderten auch nichts seine kapitalen diplomatischen Fehler im Umgang mit Chruschtschow, der nach dem berüchtigten U 2-Zwischenfall, der freilich noch in die Amtszeit von Eisenhower gefallen war, mit Wonne und Genugtuung die Pariser Gipfelkonferenz platzen ließ und Kennedy wie einen kleinen Jungen abkanzeln zu können glaubte.

Wie sollte man zu „neuen Grenzen“ aufbrechen, wie es Kennedy versprochen hatte, wenn man gleichzeitig der Errichtung einer absurden Grenze mitten in einer der bedeutendsten Metropolen Europas achselzuckend zusah? Das Desaster des 13. August aber schob man in Deutschland eher Adenauer in die Schuhe, der verhielt sich zudem taktisch ungeschickt und mußte dafür mit herben Verlusten bei der nächsten Bundestagswahl büßen.

Die Reaktionen in der deutschen Bevölkerung auf den Bau der Mauer machten zweierlei deutlich: Zum einen brannte noch immer das Feuer unter der Asche der Wiedervereinigungsträume, die Menschen waren erschüttert, die Bilder von einem in letzter Minute sich durch einen Sprung über den Stacheldraht in die Freiheit rettenden NVA-Soldaten, sich über Häuserfassaden in der Bernauer Straße in den Westen hinunterhangelnden Flüchtlingen brannte sich tief ins kollektive Bewußtsein ein; die Unmenschlichkeiten und Toten an dieser „Schandmauer“, wie man diese „sozialistische Errungenschaft“ zu nennen sich gewöhnte, trugen wie nichts sonst dazu bei, den Unrechtscharakter des Ulbrichtregimes im Urteil der Westdeutschen und der Westberliner immer aufs neue zu unterstreichen. Die populären Parolen „Macht das Tor auf!“ und „Die Mauer muß weg“ nützten in den nächsten Jahrzehnten anscheinend nichts. Selbst als der amerikanische Präsident Ronald Reagan im Angesicht des vermauerten Brandenburger Tores, zwei Jahre, bevor es sich tatsächlich öffnete, an den sowjetischen Staatspräsidenten Michail Gorbatschow appellierte: „Öffnen Sie dieses Tor!“, meinten viele schlaue Interpreten, der amerikanische Präsident habe sich nur in hilfloser Nachahmung versucht – denn inzwischen war der berühmte Satz, den John F. Kennedy unter dem Eindruck der Teilung der Stadt in Berlin ausgerufen hatte, zu einer Legende geworden: „Ich bin ein Berliner“. Das knüpfte an die amerikanischen Heldentaten von 1948, an Lucius D. Clay und Ernst Reuter an.

Es gab also diese geistige Dimension des Berlin- und Deutschlandproblems, auch wenn viele „Realpolitiker“, die sich schon zur Übernahme der Macht in Westdeutschland rüsteten, dies nicht wahrhaben mochten, zumal sie mit statistischen und demoskopischen Mitteln nicht greifbar war. Die andere Reaktion auf den Mauerbau unterstrich diesen pragmatischen Realismus: Adenauer erhielt seinen Denkzettel, aber die Septemberwahlen von 1961 bestätigten den Trend von 1953: Wie damals nach dem Volksaufstand in der DDR, so gab auch nun eine überwältigende Mehrheit per Wahlzettel zu verstehen, daß man am Kurs der Westintegration selbst dann festzuhalten gewillt war, wenn dies die Hinausschiebung, ja sogar den Verzicht auf die Wiedervereinigung bedeutete. Und schon gab es kluge Philosophen wie Karl Jaspers, die die Dichotomie zwischen Freiheit und Einheit zugunsten ersterer wortgewaltig auflösten.

Die Menschen waren die Deutschland- und Berlinkrisen satt, wieder schien, gerade auch in Westberlin, das sich nun sicherer fühlen konnte, Ruhe die erste Bürgerpflicht. Die westlichen Alliierten taten in den nur noch psychologisch kritischen Monaten nach dem 13. August das ihrige, um den Westdeutschen zugleich das Gefühl der Sicherheit und des Selbstbewußtseins zu geben. Wer den frenetischen Jubel beobachtete, der die mit großen Aplomb inszenierten Staatsbesuche Kennedys, der Königin Elisabeth, vor allem de Gaulles in der Bundesrepublik begleitete, dem wurde schnell klar, daß sich die überwältigende Mehrheit der Westdeutschen mit dem Status quo abzufinden bereit war.

Anderes geriet gerade jetzt erst richtig in Bewegung. Die frühen sechziger Jahre waren eine Transitionsphase; in der „Kanzlerdämmerung“ von 1961 bis 1963 formierten sich auf vielen gesellschaftlichen Ebenen neue Denk- und Handlungsmuster, die immer heftiger nach Verwirklichung drängten.

Die an sich festgefügte Parteienlandschaft zeigte Risse. Die Bonner Koalition bildete nicht mehr überall das einzig denkbare Modell, es gab Experimente, zuerst glückten sie, 1966, in Nordrhein-Westfalen. Die FDP entsann sich ihres janusköpfigen politischen Antlitzes und wurde zum Ferment der Unruhe und Dissoziation, mit Argwohn und intrigenreich verfolgte Adenauer den Weg des kleinen Koalitionspartners, der von ihm weg und eher zur sich wandelnden SPD wies. Nach dem Tod Ollenhauers tauchte am politischen Firmament überdies ein neuer Stern auf; der Berliner Regierende Bürgermeister Willy Brandt schien das genaue Gegenstück zum Mythos Kennedy zu werden, es war Adenauers

Art, diesen sofort als gefährlich eingestuften Rivalen nach Möglichkeit durch Umarmung und Verunglimpfung unschädlich zu machen. Aber das Scheitern aller Adenauerschen Sondierungen und Bemühungen um eine Große Koalition bildete den Auftakt zum Fundamentalwandel – das spürte der Alte von Rhöndorf damals besser als viele Weggefährten und Parteifreunde. Wie einst Bismarck, sollte es auch Konrad Adenauer nicht gelingen, einen allseits akzeptierten, vor allem aber von ihm selbst akzeptierten Nachfolger aufzubauen. Daß Ludwig Erhard, der Wirtschaftswundermann par excellence, immer nur die eine Seite der bundesrepublikanischen Staatsräson repräsentieren konnte – die ökonomische nämlich –, damit aber tatsächlich ungeeignet war, um auch die andere glaubwürdig mitzuvertreten – die geistige –, war Adenauer klarer als allen anderen Politikern der Zeit, deswegen war die scharfe Ablehnung einer Bundeskanzlerschaft Ludwig Erhards durch Adenauer ebenso berechtigt wie aussichtslos.

Denn immer mehr Menschen wollten das, was Egon Bahr am 15. Juli 1963 in die griffige Formel „Wandel durch Annäherung" gegossen hatte. Damit war nicht, wie 26 Jahre später, eine grundsätzliche „Wende" gemeint, sondern eine alle Bereiche der Innen-, Sozial- und Außenpolitik umfassende Konvergenz. Dies war ein für die deutsche Geschichte typischer Prozeß: Nachdem der „Patriarch" Adenauer sichtbar ans Ende seiner innenpolitischen Möglichkeiten gelangt war und endlich – endlich! – seinen Rücktritt für die Mitte der Legislaturperiode ankündigte, schienen sich die Chancen für ein parteipolitisches „renversement des alliances" deutlich zu verbessern – freilich nur dann, wenn die SPD auf dem Marsch nach „rechts" blieb, die FDP auf dem nach „links" und die CDU/CSU sich ins konservative Gehege sperren ließ. Kein Mensch wollte eine „Revolution", schon 1963 zeichnete sich ein „friedlicher" Übergang von der Ära Adenauers in eine Ära – ja welche? ab. Erhard konnte es nicht sein, Willy Brandt war noch mit der Etablierung der eigenen Machtposition beschäftigt, Franz Josef Strauß galt zwar schon als die größte politische Potenz, bewies aber in der „Spiegelaffäre", daß er dem Geist der Zeit, der Einigkeit und Recht und Freiheit auf der Basis des kleinsten gemeinsamen politischen Nenners wollte, vielleicht doch nicht gewachsen war. Seitdem war dieser Mann, bis zum Ende seines Lebens, ein Politiker, über den jedermann sprach, der die Geister sich scheiden ließ, ohne jemals das werden zu können, was er allein immer werden wollte: Bundeskanzler.

Seit Ende 1963 war absehbar, daß den Deutschen der Lackmustest ihrer immer noch jungen Demokratie in Kürze bevorstehen würde: der den verfassungspolitischen Regeln entsprechende Übergang von der einen, der konservativ-liberalen zur sozial-liberalen Regierung. Bisher war alles ja, wie sich Adenauer auszudrücken pflegte, „gut gegangen", aber es gab in der Übergangsphase des letzten Kabinetts Adenauer, Erhard und dann Kiesinger keinerlei Garantie, daß die westdeutsche Demokratie auch ohne eine väterliche Leitfigur und in zunehmend stürmischeren Zeiten funktionieren würde. An Auguren, die das Schlimmste befürchteten, herrschte kein Mangel, um so verständlicher war das ängstliche Aneinanderrücken der demokratischen Kräfte. Dieses aber sollte Reaktionen provozieren, die nach dem Prinzip der sich selbst erfüllenden Prophezeiung die Bundesrepublik seit 1966 in eine schwere Krise geraten ließen.

Die 1966 deutlich werdende wirtschaftliche Stagnation, ein in der Geschichte der Bundesrepublik bisher unbekanntes Phänomen, weckte rasch völlig übertriebene Zweifel an der Effektivität der sozialen Marktwirtschaft, der Kompetenz der schwächer werdenden Regierungskoalition und böse Erinnerungen an jene große Krise am Ende der Weimarer Republik, die in der zeitgenössischen Literatur sehr häufig als causa prima der NS-Diktatur dingfest gemacht wurde. Das „Enrichessez-vous" schien nicht mehr zu funktionieren, die Regierung begann vorsichtig, einige allzu weit gehende soziale Wohltaten wieder einzusammeln, gleichzeitig konstatierten bestellte und selbsternannte Experten bedenkliche Defizite im Bildungswesen, was zwar flugs zur Gründung neuer Universitäten und einer seitdem nicht mehr abreißenden Flut von gutgemeinten Reformvorschlägen führte, vor allem aber zu einer sozialen Malaise, die insbesondere das Bildungsbürgertum und dessen Jugend ergriff.

Bonn schien „abgewirtschaftet" zu haben. Gleichzeitig richtete sich der Blick der noch verhinderten Opposition nach Osten:

Dort hatte nach dem Paukenschlag des Mauerbaus anscheinend eine Phase der Konsolidierung eingesetzt. Das war natürlich, denn der Flüchtlingsstrom von Ost nach West, der bis zum 12. August 1961 reißende Ausmaße angenommen und die Binnen- und Sozialstruktur der DDR ernsthaft erschüttert hatte, war gewaltsam gestoppt worden. Unverdrossen begann man, vor allem in West-Berlin selbst nach Lösungen zu suchen, die nicht mehr auf den Status quo ante, sondern auf das Prinzip der „friedlichen Koexistenz" hinauslaufen sollten. Ungeachtet der brutalen Kollektivierungs- und Sozialisierungspolitik der SED glaubten einige, auch im Osten einen Wandel zum Positiven ausmachen zu können, die ersten eher kläglichen Passierscheinabkommen zu hohen Fest- und Feiertagen, von der – noch – reichen Bundesrepublik fürstlich honoriert, dann das Rentnerabkommen, das den alten „unproduktiven" Volksgenossen den Weg in den goldenen Westen öffnete, schienen Egon Bahrs Formel zu bestätigen. Das „Neue ökonomische System der Planung und Leitung" (NÖSPL) deutete auf einen zaghaften ökonomischen Reformwillen in der DDR hin. Dort ging es anscheinend wirtschaftlich bergauf, in der Bundesrepublik bergab – auch das führte zu vermeintlichen Konvergenzen. Da die Sowjetunion, sowohl unter Chruschtschow wie unter dessen Nachfolgern, deutlicher denn je zu verstehen gab, daß an der Zweistaatlichkeit nicht mehr zu rütteln sei – in einem Freundschafts- und Beistandsabkommen wurde 1964 die „Unantastbarkeit" der DDR zum Prinzip erhoben –, schien es, von Westen aus gesehen, nur realistisch, sich den realpolitischen Verhältnissen anzupassen. Flugs fand man auch das moralische Alibi: es bestand in der Behauptung, daß man die stück- und schrittweise de-facto-Anerkennung der DDR nur deswegen betreibe, ja geradezu verpflichtet sei zu betreiben, um das Los der „Brüder und Schwestern in der DDR" (nicht mehr: „Zone") zu erleichtern. „Menschliche Erleichterungen": das wurde bis in die achtziger Jahre hinein, bis zu dem famosen Milliardenkredit, den Strauß an die DDR 1983 vermitteln sollte, zum politischen Standardargument der westdeutschen DDR-Politik.

Bis Mitte der sechziger Jahre war darüber freilich der systemische Gegensatz niemals vergessen oder übertüncht worden, und das nationale Negativ-Symbol der Mauer trug dazu bei, daß eine Mehrheit der Bevölkerung an dieser Überzeugung unverbrüchlich festhielt.

In den politischen Eliten freilich begann eine grundsätzlich andere Diskussion. Gewiß, daß im „anderen deutschen Staat" von Staats wegen Unrecht begangen wurde, wagte niemand zu leugnen – aber immer öfter war man mit dem „tu-quoque"-Prinzip zur Hand: War es denn Recht, was die Bundesregierung trieb? Verriet nicht auch sie deutsche Interessen? Saß man im Westen nicht in einem Glashaus und tat gut daran, keine Steine gen Osten zu werfen?

Ein Teil der Medien schwenkte auf diese anscheinend „objektive" Diskussion ein, das Bild, das sie sich von „drüben" machte, gewann freundlichere Farben, schon glaubte die SPD, durch einen großangelegten Redneraustausch mit der SED die Deutsche Frage auf eine andere Ebene gehoben zu haben – da zuckten die durch diese Umarmungstaktik zutiefst verunsicherten SED-Funktionäre zurück, sehr zum Glück für die SPD und deren weiteres politisches Schicksal.

Das entschied sich nun nämlich rasch: Was Adenauer befürchtet hatte, trat früher als erwartet ein: Es gelang Ludwig Erhard, obwohl mit einer komfortablen Regierungsmehrheit ausgestattet, zu keinem Zeitpunkt, die latenten Sollbruchstellen in der CDU/FDP-Koalition zu kitten, mit dem Austritt der Liberalen aus der Koalition zerbrach diese, die Gründe waren eher unbedeutend. Entscheidend war das weitverbreitete Empfinden, daß die Regierung Erhard mit den ungewohnten Herausforderungen im Inneren und in der äußeren Politik nicht fertig zu werden vermochte. Daß diese als existentiell empfunden wurden, ergab sich aus der Bereitschaft der SPD zu einer Großen Koalition. War das Vaterland wirklich in Gefahr? Von später aus gesehen sicherlich nicht – wer aber hätte am 1. Dezember 1966, als Kurt Georg Kiesinger zum Kanzler der CDU/SPD-Regierung gekürt wurde, das voraussehen können? Die bundesrepublikanische Gesellschaft war tief zerstritten, insgesamt unsicher und ängstlich; da große Koalitionen seit jeher in der deutschen Parteien- und Verfassungsgeschichte als letztes Mittel zur Abwehr großer Gefahren angesehen wurden, muß die Bedrohung wohl als groß empfunden worden sein. Mit Willy Brandt als Vizekanzler war die SPD nun zum ersten Mal auf den Zug zur Macht aufgesprungen; als ein „Stück Machtwechsel“ sollte wenig später Gustav Heinemann seine Wahl zum Bundespräsidenten bezeichnen, das galt schon für den Tag, an dem die Große Koalition gebildet wurde. Der Zug setzte sich seit Beginn des Jahres 1967 rascher in Bewegung, als die Architekten der Großen Koalition, vor allem Herbert Wehner, sich das gedacht hatten. Manche ahnten schon am Jahresende, daß der SPD wieder einmal in der deutschen Geschichte die Macht hinterhergeworfen würde. Die Partei war diesmal bereit, sie zu ergreifen, das wenigstens hatte sie aus der Geschichte gelernt.

4. Transit: Die große Koalition

Der Machtwechsel erfolgte nicht abrupt. Sah es zunächst nicht eher nach einem Machtkartell aus? Eine ernstzunehmende Opposition gab es im Deutschen Bundestag nicht mehr – war das Experiment der Demokratie in Deutschland damit nicht schon im ersten Anlauf gescheitert? War die Bundesrepublik überhaupt noch ein freiheitlich-demokratischer Rechtsstaat? Drohte nicht eine moderne Form des Faschismus? „Wer hat uns verraten – Sozialdemokraten“ – solche Sprüche wurden aus der historischen Mottenkiste geholt. Schlimmer: Wollte, anscheinend auf Druck der Alliierten, die einen Teil ihrer sicherheitspolitischen Verantwortung für die „BRD“ loszuwerden trachteten, diese Große Koalition in Wirklichkeit aus finsterer Freude an der Macht nicht Notstandsgesetze erlassen, die in bestimmten Fällen Eingriffe in die grundgesetzlich garantierten Freiheiten erlaubten? „Wehret den Anfängen!“ Das war ein anderes Schlag-tot-Argument aus der besagten Mottenkiste. Natürlich stand „der Feind“ wieder „rechts“ – war Bonn doch Weimar?

Es waren unausgegorene dumpfe Ängste, die sich seit Bildung der großen Koalition außerhalb des Parlaments mit orthodoxen kommunistischen Maximen, pseudo-sozialistischen Doktrinen und Philosophemen sowie blankem totalitärem Machtwillen, diesmal von linksaußen, zu einer unheiligen, unheimlichen Allianz, einer gleichsam negativen „Großen Koalition" zusammenfanden – der „Außerparlamentarischen Opposition", der „APO".

Die Bundesrepublik und die etablierten Parteien erschienen den Wortführern, durch den einen oder anderen berühmten Philosophen oder Soziologen, vornehmlich der „Frankfurter Schule" unterstützt, als ausbeuterische, „faschistoide" Gebilde, die von der „Basis" her angeprangert, lächerlich, reif für die Revolution gemacht werden mußten. Aus der „außerparlamentarischen" wurde nun rasch eine „antiparlamentarische" Opposition; die Befreiungsbewegungen in der „Dritten Welt", die Bürgerrechtskämpfe in den Vereinigten Staaten bildeten in den theoretischen Schriften von Adorno und agitatorischen Manifesten von Fanon, Rudi Dutschke, Bernd Rabehl und anderen ein einheitliches Aktionsfeld, das durch lautstarke, ständig militanter werdende Anti-Vietnam-Demonstrationen aufbereitet werden sollte. Die Verstrickungen Amerikas in den Dschungeln Südostasiens, die mythische Heldenfigur eines Che Guevara in Mittelamerika, die hochstilisierte Geistigkeit eines Ho Tschi Minhs oder Mao Tse Tungs ließen sich leicht mit den verführerischsten Produkten des Zeitgeistes, der Hippie-Bewegung, Flower-Power und der in Mode kommenden Drogenszene zu einem bunten Blumenstrauß binden, aus dessen Mitte freilich dann bald die Kalaschnikow herauswuchs. Wie stets lief auch dieser möglichen Revolution eine Welle unerhört neuer Denk- und Verhaltensweisen voraus; binnen weniger Jahre wandelten sich die bürgerlichen Moralvorstellungen grundlegend, der vermeintliche „Muff von tausend Jahren" sollte in einer fröhlichen akademischen Massenbewegung davongeblasen werden. Goins, Sit-ins, Love-ins, alles vermeintliche Adaptionen des gewaltlosen Widerstandes à la Ghandi, sollten die verkrustete, überlebte, sich in der Großen Koalition zum Machtkartell einigende bürgerliche Gesellschaft überwinden. Daß die Bewegung schwerpunktmäßig von Universitäten und Kindern aus gutbürgerlichen Elternhäusern ausging, war, wie in anderen Phasen revolutionärer Aufbrüche auch, keineswegs verwunderlich. Weil aber die etablierten bürgerlichen Schichten samt ihren Institutionen von der Schule und der Universität bis hin zu den Kirchen und Gewerkschaften alles andere als schwach, überlebt und korrupt waren (was im Einzelfall natürlich doch möglich war), war die Bewegung „der Achtundsechziger“ von Anfang an wohl auf Sand gebaut. Weder in den USA und den großen westlichen Staaten wie England und Frankreich, noch in der Bundesrepublik gab es auch nur ansatzweise eine revolutionsreife Situation wie 1789 oder 1848, und die Bewegung kam wesentlich über das Gehege des Universitätscampus nicht hinaus.

Bewegt hat sie dennoch mehr, als den Zeitgenossen am Ende der sechziger Jahre bewußt war. Tatsächlich hat diese versuchte und gescheiterte Aufstandsbewegung die politische und geistige Landschaft Deutschlands und Europas wie durch ein Erdbeben verändert. Das galt für nahezu alle Bereiche der Kultur-, Bildungs- und Wissenschaftspolitik, es galt für die großen Konfessionen, es galt für den wirtschaftlichen und politischen Stil. Die junge Generation schüttelte den Geist der Nachkriegsjahre ab, später ist das Rock-Festival von Woodstock zum Symbol dieses Wandels, dieses Aufbruchs ins neue Unbekannte geworden.

Von vielleicht ausschlaggebender Bedeutung wurde die Erosion, dann Überwindung jahrtausendealter Vorstellungen und Vorschriften im Bereich des zwischenmenschlichen Mit- und Gegeneinanders. In dramatisch kurzer Zeit verloren die Kirchen die Macht über die Seelen ihrer Gläubigen, die sich fröhlich zur Ungläubigkeit bekannten. Die sexuellen Repressionen der Vergangenheit wurden als solche erkannt, angeprangert, der Lächerlichkeit anheimgegeben und von der Elite der akademischen Jugend, später der Masse der Gesellschaft schlicht weggewischt. Die Tabus stürzten reihenweise, das entband neue künstlerische und wissenschaftliche Kräfte, paßte die bundesrepublikanische Kultur jetzt endgültig der der westlichen Zivilisationen an. Das Amerika, das die Vietnamkriegsdemonstranten nicht müde wurden zu verteufeln, lieferte gleichzeitig die attraktivsten Blaupausen für die Lebenspläne der jungen Generation. Überall wurden die Autoritäten von einst von den Sockeln geholt, bohrende Fragen richteten sich an die Generation der Väter – waren sie nicht doch Schuld auch am Ersten Weltkrieg? Hatten sie die NS-Zeit nicht verharmlost? War es nicht der alte braune Ungeist, der einen Globke zur grauen Eminenz der Adenauerzeit gemacht hatte? Und war es nun nicht endlich Zeit, daß man sich der freiheitlich-revolutionären Alternativen aus der deutschen Geschichte entsann? Was eigentlich war 1918 geschehen? War die Reichsgründung von 1871, der man 1971 lahm genug im bürgerlichen Lager gedachte, nicht doch der falsche Weg gewesen?

Nein, es war keine Umwertung aller Werte, die sich seit 1967 vollzog, es war ein zwar sehr rasch ablaufender, dennoch die Kontinuitäten niemals völlig leugnender Modernisierungsprozeß, der nur gelingen konnte, weil die Gesellschaft in der Ära Adenauer (aber auch Heuss, Schumacher und Ollenhauer) sich als grundsätzlich vernünftig, effektiv, sozial erwiesen hatte. Eben daran sollten sich schon die „Achtundsechziger", später dann die Edel-Terroristen die Zähne ausbeißen: Anders als in den glorreichen Zeiten der großen Revolutionen des 18. und 19. Jahrhunderts lieferte weder ein verlorener Krieg noch eine zusammenbrechende Wirtschaft den Nährboden für den wirklichen Umsturz – auch wenn manche Kassandra das leichte Gekräusel auf der Oberfläche der Konjunktursee schon als veritablen Vorboten des Taifuns mißdeutete.

Das System, das man zerschlagen wollte, ging durch die Angriffe, denen es ausgesetzt war, gestärkt und verwandelt hervor – von dieser Dialektik haben die Theoretiker aus Frankfurt, Marburg, Berlin damals nichts geahnt. Die APO erwies sich als Sauerteig im Brei der träge gewordenen gesellschaftlichen Masse, sie war der Chor, der das Drama des „Machtwechsels" von 1967 bis 1969 nach dem uralten Prinzip des „épater le bourgeois" kommentierte und dafür sorgte, daß die dramatis personae über ihre Rollen tatsächlich neu nachzudenken begannen. Es war dies ein unvermeidlicher, ja begrüßenswerter Emanzipationsprozeß von der patriarchalischen Ära Adenauer.

Nun war all dies nicht plötzlich vom politisch-gesellschaftlichen Himmel gefallen. Gewiß, viele Anstöße kamen von außen –

Ho Chi Minh, Martin Luther King, Che Guevara mögen als Symbolfiguren genügen –, vieles war aber auch Produkt der inneren und äußeren, der Wirtschafts- und Sozialpolitik der jüngsten Vergangenheit.

Innenpolitisch lösten sich die tradierten Koalitions- und Oppositionsmuster auf. Plötzlich waren große Koalitionen ebenso vorstellbar wie sozial-liberale oder Dreiparteien-Koalitionen, also unter Einschluß der FDP. Auf weltanschauliche Grundlagen mochten sich die Parteien – vielleicht mit Ausnahme der CSU – überhaupt nicht mehr berufen, in einem Parteigesetz attestierten sie sich selbst die staatstragende Funktion. Die CDU hatte den Klerikalismus über Bord gehen lassen, die SPD den Sozialismus, die FDP ihren nationalistischen Touch aus der Ära Mende. Es gab keine Weltanschauungsparteien mehr, nur noch „Volksparteien". Damit wurde der vernünftige Pragmatismus in den Mittelpunkt des politischen Denkens und Handelns gerückt. Für die bisherigen Regierungsparteien war das weniger neu als für die SPD. Diese hatte, im nachhinein folgerichtig, zuerst ihr Parteiprogramm revidiert, dann ihren Frieden mit der West- und Sicherheitspolitik der Bundesrepublik gemacht und sich den Prinzipien der sozialen Marktwirtschaft angepaßt. Damit war sie für die Übernahme von Regierungsverantwortung im politischen System der Bundesrepublik reif. Die revolutionäre (oder pseudorevolutionäre?) Jugendbewegung verlor gleichzeitig ihren idealen Richtpunkt, die SPD bot für weltanschaulich begründete Systemveränderer keine Plattform mehr – das löste Ärger, Frustrationen, schließlich blanken Haß aus. Konsequent trennte sich die „Mutterpartei" von den ungeratenen Jugendorganisationen, zuerst dem SDS, dann auch dem SHB. Das waren harte Schnitte, die der SPD in den Augen vieler Junger die politische Unschuld raubten. Daß dann Willy Brandt unter Kiesinger Vizekanzler wurde, verstörte das Weltbild der Achtundsechziger endgültig – aber es kam, in ihren Augen, noch viel schlimmer.

Die größten Kontroversen, an denen sich der revolutionäre Funken entzünden sollte, verbanden sich mit der Notstandsgesetzgebung. Es nutzte dem Lager der Großen Koalition nichts, wenn es auf die Unvermeidlichkeit dieses Gesetzgebungswerkes hinwies, das der Republik ein weiteres Stück Souveränität ermöglichen sollte. Die APO sah in diesem Vorhaben nur den ersten Schritt auf dem Marsch in ein faschistisches Regime. Das hätten die „Macher" der Notstandsgesetze aus SPD und CDU wohl noch gelassen hinnehmen können – als jedoch der Deutsche Gewerkschaftsbund ebenfalls in die Front der Gegner der Notstandsgesetze einschwenkte, schwankte das gesellschaftliche Gefüge der Bundesrepublik zum ersten Mal seit 1949 tatsächlich bedenklich. Denn nun schien das eintreten zu können, was die Wortführer der Bewegung, an ihrer Spitze der ebenso wortgewaltige wie intelligente Rudi Dutschke – die überhaupt einzige einigermaßen charismatische Leitfigur der „Achtundsechziger" –, ständig herbeiwünschten: eine breite Solidarität zwischen der akademischen und der „arbeitenden Klasse".

Da verdarben der überzogene Machtwille und der fehlende Realitätssinn der APO-Rädelsführer das schöne Konzept: Hatte nach den Demonstrationen gegen den Schah, dann jenen nach dem Tod von Benno Ohnesorg, dem ersten Opfer der Bewegung, es durchaus Ansätze zu weiterreichenden Sympathien mit den APO-Leuten gegeben, so zerstörte deren zunehmend militanter werdendes Gebaren, das subtil zwischen „Gewalt gegen Sachen" und „Gewalt gegen Menschen" unterscheiden zu können glaubte, jegliche mögliche gemeinsame Vertrauensbasis zwischen „den" Arbeitern und „den" Akademikern. Besonders tragisch mußte in deren Augen natürlich das Attentat auf Rudi Dutschke wirken: Wer anständig dachte, verdammte die Bluttat, gleichgültig, in welchem politischen Lager er sich befand – aber mit Dutschke trat tatsächlich die größte revolutionäre Potenz von der Bühne ab. Die Osterunruhen von 1968, die nun zum ersten Mal einen wirklichen Hauch der Revolution spüren ließen – vor allem in Paris, wo die Lage so kritisch wurde, daß de Gaulle sich außerhalb des Landes militärisch beraten ließ –, lösten in der Masse der Bevölkerung nur Angst und keinerlei revolutionären Enthusiasmus aus. Und als die Große Koalition erstaunlich fest blieb und die Notstandsgesetze gegen alle Proteste, die der Gewerkschaften miteingeschlossen, doch verabschiedete, war aus dem revolutionären Versuchsballon die Luft endgültig herausgelassen. Was blieb, waren einige versprengte Desperados, die noch zehn Jahre lang mit terroristischen Mitteln das Unmögliche möglich zu machen suchten: Es war ebenso hoffnungslos wie hinterhältig; die erste Terrorwelle führte zum genauen Gegenteil des von Ulrike Meinhof und Andreas Baader Erhofften: einer breiten Solidarisierung fast aller politischen und gesellschaftlichen Kräfte in der Bundesrepublik.

Wenn die APO scheiterte, so aber auch aus deutschlandpolitischen Gründen. Von Anfang an stellte sich ihr nämlich die Frage, wie sie es mit dem zweiten deutschen Staat halten sollte. Wenn man das kapitalistische System in der Bundesrepublik überwinden wollte – bot dann die DDR mit ihrer schon wieder revidierten Verfassung nicht ein denkbares Modell? Und tendierten nicht gerade die aufständischen Staaten in der Dritten Welt nach Moskau und Ostberlin?

Gemeinsames Handeln zwischen DDR und APO kam nicht zustande. Zum einen entlarvte sich das Ulbricht- und Honecker-Regime 1968 selbst, als deutsche NVA-Soldaten mitmarschierten, um den „Prager Frühling" zu ersticken – das verschlug auch den größten westdeutschen Rabulisten damals die Sprache –, zum anderen konnten sich das Politbüro und die SED von einem Umsturz im Sinne der 68er-Parolen nun wirklich nichts erhoffen. Was im Osten Deutschlands praktiziert wurde, war ja alles andere als Sozialismus; wenn es so etwas wie „faschistoides" Denken tatsächlich gab, dann in den Kadern der Staatssicherheit und der SED – was Wunder, wenn von dieser Seite kein großes Interesse an einer ernsthaften Unterstützung der APO bestand.

Zumal aus Bonn verheißungsvolle Signale kamen, die auch dazu beitrugen, der APO den Wind aus den Segeln zu nehmen.

Obwohl die DDR 1967 und 1968 demonstrativ ihre Eigenstaatlichkeit unterstrich – etwa im Staatsbürgergesetz oder in den mit Polen, der CSSR und Ungarn abgeschlossenen „Freundschaftsverträgen" –, gab es sowohl von Ostberlin wie von Bonn erste vorsichtige Sondierungen, die man als Vorstufe einer für beide Seiten einträglichen „Normalisierung" des Verhältnisses interpretieren konnte. Immer unter den stereotyp vorgetragenen Vorbehalten, daß die Frage bis zum Abschluß eines Friedensvertrages „offen“ bzw. die DDR ein zweiter deutscher Staat sei, ließen Kiesinger auf der einen, Willi Stoph, der DDR-Ministerpräsident, auf der anderen Seite, in Erklärungen, Verlautbarungen, ja einem Briefwechsel ihr Interesse an einer besseren Zusammenarbeit erkennen. Die Zeit der puren Polemik, der immer wieder Perioden der Sprachlosigkeit gefolgt waren, näherte sich ihrem Ende. Zwar stoppte die tschechische Krise vom August 1968 dann noch einmal alle Initiativen, die DDR demonstrierte nach außen wie nach innen – vermittelst sogenannter „Volkskammerwahlen“ mit über 99 %igem Ausgang nach totalitärem Vorbild – Stärke, dennoch war beiden Seiten klar, daß man wieder miteinander ins Gespräch kommen mußte. Daß die SPD sich dabei leichter tat als die CDU, lag auf der Hand; daß die SPD damit ihre deutschlandpolitische Unschuld endgültig verlieren mußte, wurde ihren Anhängern allerdings erst allmählich klar. Kurz und gut: Obwohl dahinter kein Plan und keine Strategie standen: Die tatsächliche Deutschland- und Außenpolitik Bonns entzauberte die APO ebenfalls.

Auch mit der großen Wirtschaftskrise, die manche Medien genüßlich herbeizuschreiben suchten, wurde es nichts. Die Große Koalition erwies sich vielmehr als erstaunlich tatkräftig, indem sie auch propagandistisch geschickt verbrämte Konjunkturprogramme auflegte. „Plisch und Plumm“, die Minister für Wirtschaft und Finanzen, Karl Schiller und Franz Josef Strauß, brachten eine „Konzertierte Aktion“ auf den Weg, der der ökonomische Erfolg nicht versagt blieb. Was viele für unmöglich gehalten hatten, wurde Ereignis: Die Wirtschaft lenkte ein SPD-Minister – und sie blühte wieder auf. Spätestens seitdem war auch für die Masse der konservativ-bürgerlichen Gesellschaftsschicht die SPD „wählbar“ – und für die APO-Rezepte nicht mehr zu gebrauchen.

Die Wahlen zum 6. Deutschen Bundestag führten zu einem folgerichtigen Ergebnis: Zwar blieb die CDU stärkste Partei – da aber die FDP das Lager zu wechseln gewillt war, verfügte eine sozial-liberale Koalition über eine wenn auch dünne Mehrheit. Sanfter konnte der „Machtwechsel“ kaum erfolgen, es war, wie man nun erkennen konnte, ein äußerst geschmeidiger Übergang von der Ära Adenauer zur Ära Brandt gelungen, und von diesem Ergebnis her betrachtet waren die Turbulenzen der vergangenen beiden Jahre doch eher ein Sturm im Wasserglas. Denkt man an andere politische „Übergänge“ vergleichbaren Kalibers, so war der von 1969 der „zahmste“. Der notwendige Transformationsprozeß von der Nachkriegs- zur Friedensgesellschaft – schon Erhard hatte das formelle „Ende der Nachkriegszeit“ verkündet – war geglückt, von einer revidierten, nicht grundsätzlich neuen Plattform aus konnte die Bundesrepublik nun zu neuen Ufern aufbrechen. Adenauer hat diesen Epocheneinschnitt nicht mehr erlebt, er starb am 19. April 1967.

5. Der Blick nach Osten: Die sozial-liberale Koalition

Daß man in zwölf Jahren eine Welt verwandeln und zerstören kann, hatte nicht zuletzt die deutsche Geschichte blutig erwiesen, und so sind die 13 Jahre, in denen die sozial-liberale Koalition die Geschicke Westdeutschlands bestimmte, weit mehr als eine Episode geblieben. Vom Ende her betrachtet, also vom Datum des 3. Oktober 1990, erstaunt die nahezu perfekte Symmetrie, die unter den Bundeskanzlern Willy Brandt und Helmut Schmidt im Hinblick auf die deutsche Ostpolitik angestrebt wurde. Sicherlich: Dem dummen Gerede von einer „Äquidistanz“ zwischen Washington und Moskau, en miniature Bonn und Pankow, hat die liberal-soziale Koalition nie ihre Reverenz erwiesen, dennoch war das, was sie innerhalb weniger Jahre auf dem Feld der, wie man es nannte, „Normalisierung“ in den Beziehungen zu nahezu allen Staaten des „Ostblocks“ zustande brachte, ein notwendiges Ausbalancieren der deutschen Existenz im Rahmen Europas und der ganzen Welt. Es sollte am Ende gelingen – freilich erst, als die meisten der für die Einleitung dieses Wandlungsprozesses Verantwortlichen die Verantwortung nicht mehr trugen. Und es bleibt richtig, daß die großen Entscheidungen von 1970 bis 1972 damals noch keineswegs ihre Folgen erkennen ließen; die heftigen Auseinandersetzungen zwischen Regierung und Opposition um die Ostverträge, besser: Die Räson der Ostverträge erinnerte in mancherlei Hinsicht an die frühen fünfziger Jahre – nur daß das Spiel nun mit gleichsam vertauschten Rollen inszeniert wurde. Hatten seinerzeit die Westverträge die Zweifel und Ängste der SPD geschürt, so lösten nun die Ostverträge analoge Befürchtungen bei der CDU aus. Aber so wie die SPD unter Politikern wie Erich Ollenhauer, Carlo Schmid, Fritz Erler sich der Westpolitik am Ende angeschlossen, ja sie mitgetragen hatte, sollte auch die CDU, wenn zuerst auch zähneknirschend, den kühnen Schritten des Gespanns Brandt/Scheel folgen. Damit war nun zum zweiten Mal in der Geschichte der Bundesrepublik bewiesen, daß die großen Parteien ihre Lektion gelernt hatten und das Prinzip der Vernunft ihr Handeln bestimmte. Natürlich war das im Pulverqualm der Parlamentarischen Schlachten um die Ostverträge damals nur schwer erkennbar, zumal die Emotionen hoch und höher schäumten – dennoch gab die Standfestigkeit der Brandt-Regierung der der frühen Adenauers in nichts nach. Was auf dem Feld der Innen-, Wirtschafts- und Sozialpolitik schon in der Phase der Großen Koalition deutlich geworden war, bestätigte sich nun auf dem der Außenpolitik: die SPD hatte ihre alten Traumata endlich überwunden, sie war zur wirklichen Alternative im demokratischen System geworden. In einem entscheidenden Punkt hatte es die deutsche Ostpolitik wesentlich leichter als die frühe Westpolitik Adenauers. Die Bundesrepublik war inzwischen zu einem allseits respektierten, wirtschaftlich führenden Land geworden; das politische und ökonomische Eigengewicht Westdeutschlands ließ sich nun in die Waagschale der Argumente legen, wenn es die Westmächte oder die Partner in der EG zu überzeugen galt.

Die „Europäische Gemeinschaft" hatte inzwischen die alte „EWG" überwunden. Indem die bis dahin nebeneinanderstehenden europäischen Gemeinschaften miteinander verschmolzen wurden, ein gemeinsamer Agrarmarkt ebenso wie ein einheitliches Zollsystem entstand, war Europa einen wesentlichen Schritt auf dem Weg zur Integration vorangekommen. Natürlich war er mit Stolpersteinen übersät, verständlich war das wieder wachsende Mißtrauen Frankreichs dem allzu mächtigen östlichen Nachbarn gegenüber – aber außer einigen Gesten, die sich auf Organisationsfragen in der NATO, die Selbständigkeit der Währung und das Prestigeobjekt der „force de frappe" bezogen, blieb auch Frankreich EG und NATO verbunden, das war entscheidend. Ungleich wichtiger sollte es dann werden, daß nach dem Tod de Gaulles einer Erweiterung der Gemeinschaft durch England sowie Norwegen und Dänemark (die Iren lehnten zunächst ab) nichts mehr im Wege stand. Aus dem europäischen „Kern" der sechs EWG-Länder (Frankreich, Italien, Bundesrepublik, Benelux) war nun die Gemeinschaft der 9 geworden. Das war nicht nur eine rein quantitative Aufstockung, das war etwas qualitativ Neues: Zum ersten Mal in der europäischen Geschichte hatten sich die drei europäischen Großmächte England, Deutschland, Frankreich zu einer Allianz vereinigt, die zwar auch gemeinsamen Sicherheitsinteressen dienen sollte, grundsätzlich jedoch in der Absicht geschlossen wurde, ein vereintes Europa zu schaffen.

Die Fortschritte in der Europapolitik provozierten wie in einem System kommunizierender Röhren neue Initiativen des Ostblocks, die zwei Ziele verfolgten: Zum einen galt es aus der Sicht Breschnews, des neuen starken Mannes im Kreml, die eigenen Bataillone in Europa zu formieren und zu stärken, zum anderen mußte sondiert werden, ob man mit diesem immer stärker werdenden Westeuropa nicht doch irgendwie ins Geschäft kommen konnte. Das erste Ziel wurde hart und brutal durch das umschrieben, was man die „Breschnew-Doktrin" nennen sollte. Sie besagte, daß es keine unbeschränkte Souveränität der sozialistischen Länder gebe – wie man in Prag gesehen und bewiesen habe. Das zweite hatte Signalcharakter: Im „Budapester Appell" schlug die Sowjetunion zum ersten Mal den Zusammentritt einer „Konferenz über Sicherheit und Zusammenarbeit in Europa" vor. Das Ereignis ist damals im politischen Alltagsgetriebe untergegangen, erst später wurde es als das erkennbar, was es wirklich war: der Ausgangspunkt für die KSZE, die einmal berufen sein sollte, den Kalten Krieg und den Antagonismus der Systeme in ganz Europa zu überwinden. Natürlich wäre es monokausal und „von rückwärts" gedacht, wollte man in dieser ersten Initiative, der viele weitere folgen sollten, schon die Weitsichtigkeit eines Systems erkennen, das sich am Ende selbst zu überwinden trachtete; tatsächlich sprach viel für die im Westen sofort geäußerte Vermutung, daß dieser Appell nur Reaktion auf die westlichen Fortschritte in der Europafrage sei, ganz ähnlich jenen Angeboten, die in den fünfziger Jahren die Einbindung Westdeutschlands in das westliche Verteidigungssystem hatten hintertreiben wollen.

Der atmosphärische Wandel im Ost-Westverhältnis machte sich auch auf dem Feld der Nuklearpolitik bemerkbar. Zwar pflegten die Rüstungskontrollverhandlungen, sei es im bilateralen Rahmen USA-SU, sei es in dem der UNO oder der nun schon jahrelang tagenden Genfer Abrüstungskonferenz, zu nichts zu führen, dennoch entwickelten sich in einem sehr mühseligen Prozeß einige neue Grundsätze, die mit den Kürzeln „ABM" (Anti-Ballistic-Missiles), „MBFR" (Mutual Balanced Forces Reduction) und „SALT" (Strategic Arms Limitation Talks) neue Plattformen für das nukleare Denken schufen. Der Übergang von der Politik der „massiven Vergeltung" zur „flexiblen Reaktion" eröffnete neue Handlungsspielräume für die Atomgilde, und da diese zunehmend um ihre Exklusivität bangte – nach England und Frankreich bombte auch Rotchina sich in den Club der Atommächte –, lag es auf der Hand, den anderen Nationen den Zugriff auf Atomwaffen zu verwehren. Tatsächlich mußten die Gefahren unkalkulierbar werden, wenn das komplizierte Atomschach nicht mehr bloß von zwei Mächten (samt ihren Adlati), sondern einer großen Zahl gespielt wurde. Zur Genesis des Atomsperrvertrages gehörte also auch, wohl in erster Linie sogar, die Überlegung, den atomaren Frieden nur dadurch gewährleisten zu können.

Aber damit waren nun erneut, wie schon 1955, für Westdeutschland existentielle Fragen aufgeworfen: Trat man dem Atomsperrvertrag bei, so zementierte man den Status der minder-souveränen Macht auf unabsehbare Zeit. War das mit der Staatsräson der Republik, einem ökonomischen Riesen, überhaupt noch vereinbar? In seiner plastisch-übertreibenden Art hat Franz Josef Strauß diesen Vertrag denn auch als ein „Versailles von kosmischen Ausmaßen" bezeichnet.

Es zeugt für die Reife deutschen politischen Denkens, daß die Bundesrepublik den Atomsperrvertrag dennoch unterzeichnete und damit die vier Siegermächte erneut auf ihre Verantwortung für den Frieden in Europa und die Deutsche Frage aufmerksam machte. Die Masse der westdeutschen Bevölkerung hat diese Entscheidung übrigens begrüßt: Eindrucksvoller konnte die Überwindung der alten nationalistischen und chauvinistischen Denkmuster in der Gesellschaft kaum demonstriert werden. Das schuf Vertrauen, dies brauchte die Bundesregierung, denn nun brach sie zu ihren ostpolitischen Abenteuern auf.

Es waren Abenteuer, denn niemand konnte 1969/70 wissen, wie die Großmächte auf die deutschen Versuche reagieren würden, ihr Schicksal nun wenigstens partiell in die eigene Hand zu nehmen. Man war bislang mit der Maxime, daß die westlichen Siegermächte für alles verantwortlich seien, was sich jenseits der Elbe und jenseits der Oder-Neiße-Linie vollzog, nicht schlecht gefahren. Aber eines war schon vor der Bonner Wende von 1969 klar: Die deutschen Ostgebiete blieben verloren, nirgendwo war auch nur im entferntesten etwas zu erkennen, das in diesem Punkt zu Hoffnungen berechtigt hätte. Selbst de Gaulle, der gegen Ende seiner Amtszeit das „Europa der Vaterländer" vom Atlantik bis zum Ural propagiert hatte, ließ keinerlei Zweifel daran, daß die aktuellen Grenzen Polens unverrückbar seien. Das trug ihm in Bonn offiziellen Unmut ein, intern hatte man sich damit längst abgefunden.

Allein dieser Realismus nun gab die Basis ab, auf der die sozialliberale Ostpolitik in die Wege geleitet werden konnte. Es war also eine Politik des „als ob": Offiziell tat man so, als ob die Frage der Oder-Neiße-Grenze offen blieb – das baute die innenpolitische Brücke nach rechts –, intern tat man so, als ob man auf die deutschen Ostgebiete schon verzichtet hätte – das baute die Brücke nach Moskau, vor allem aber nach Warschau (später auch Prag). Hätte man überall knallharte Prinzipienpolitik betrieben – nichts wäre zustande gekommen, die Konfrontation hätte sich verhärtet. Natürlich kostete diese Art von Politik in der Öffentlichkeit ein Stück Glaubwürdigkeit – aber dieser Verlust war unvermeidlich, denn die Alternativen waren unakzeptabel und wären auch von den westlichen Verbündeten nie akzeptiert worden. Man erkennt auch auf diesem Feld des Prozeduralen deutlich die Parallelen zur Adenauerschen Westpolitik von 1949 bis 1955 – hatte damals die SPD die „Kanzlerdemokratie“ angeprangert, so übte Willy Brandt sie nun in ungleich schärferer Form – natürlich zeterte die CDU.

Aber nicht zu laut. Im Grunde knüpfte Brandt an jene Initiativen aus der Zeit der Großen Koalition an, die schon in der Ära des Außenministers Gerhard Schröder in die Wege geleitet wurden. Auch wenn die Propagandisten in der SPD gerne betonten, man steuere einen völlig neuen Kurs zu völlig neuen Ufern – Brandt verstand dies hervorragend vor allem der Jugend zu „verkaufen“ –, so hatte doch schon der alte Adenauer die Notwendigkeit des Wandels in der Ostpolitik eingesehen, und in den Jahren nach dem Mauerbau war es zu einer Fülle von Abmachungen unterhalb der großen diplomatischen Ebene gekommen, die sich nunmehr als wichtige Voraussetzungen für den zügigen Fortgang und Abschluß der Ostverträge erwiesen. Zunächst kam es darauf an, mit den beiden Staaten einig zu werden, die wesentlich die Deutschlandpolitik mitzubestimmen hatten: der Sowjetunion und Polen. Erstere war als Siegermacht trotz allem immer noch für ganz Deutschland, Berlin eingeschlossen, mitverantwortlich, letztere war für ein wie und wann immer vereintes Deutschland der entscheidende Nachbar.

Schon 1950 hatte die scheinsouveräne DDR mit Polen im Görlitzer Vertrag auf die deutschen Ostgebiete verzichtet. Das besaß in den Augen der Westmächte keinerlei Rechtskraft, hatte jedoch zu einer Entspannung des Verhältnisses DDR-Polen beigetragen. Dies war wiederum für die Sowjetunion von ausschlaggebender Bedeutung, denn der als hoch eingestufte materielle und militärische Wert des Satelliten DDR bemaß sich nicht zuletzt aus der Qualität des ostdeutsch-polnischen Verhältnisses. Sowjetrußland war auf die Transitwege durch Polen existentiell angewiesen, sollte es zur großen militärischen Konfrontation auf dem europäischen Kontinent kommen.

Diese Beziehungen machten für Brandt und Scheel die parallele Verhandlung mit Moskau unabdingbar – denn es wäre ja ein diplomatisches Nullsummenspiel gewesen, hätte man die Beziehungen zu Polen „normalisiert" und dies mit einer Verschärfung des Verhältnisses zur Sowjetunion und der DDR erkauft. Es gehörte zu den Grunderkenntnissen der neuen Ostpolitik, daß sie gar nicht erst den Versuch unternahm, das alte diplomatische Spiel zu wagen, das in dem Nachbarn des Nachbarn den potentiellen Verbündeten sah. Die im August und Dezember 1970 geschlossenen Verträge von Moskau und Warschau waren alles andere als perfekt, zu Recht verwies die Opposition in der mit Leidenschaft geführten Debatte im Parlament auf eine Reihe von professionellen Fehlern und inhaltlichen Bedenklichkeiten. Möglicherweise hätte man mehr „herausholen" können, wenn die deutschen Unterhändler nicht ebenso wie ihre Verhandlungspartner auf hohes Tempo gedrängt hätten – aber zum einen gab das Beispiel des überperfekt ausgehandelten EVG-Vertrages zu denken, der nicht zuletzt an dieser Perfektion gescheitert war, zum anderen sollte jene Partei, die die Brandt/Scheel-Regierung ob ihres vermeintlich überhasteten Engagements schalt, zwanzig Jahre später ungleich wichtigere Verträge in ungleich rascherem Tempo durchjagen. Was für 1990 galt, galt für 1970: Es gibt in der Geschichte Momente, in denen man nicht zögern darf – wer will wissen, wie die letzte große Krise im West-Ostverhältnis, die sich ab 1979 abzuzeichnen begann, ausgegangen wäre, hätte es die Fundamente dieser Verträge sowie des Grundlagenvertrages mit der DDR und das alliierte Berlinabkommen von 1971 nicht gegeben!

Der Grundlagenvertrag gehörte notwendig in das gesamte Vertragsensemble, dennoch war er von besonderer Qualität. Dies ergab sich nur zum Teil aus nüchternen diplomatischen Gründen. Wichtiger war das politische „Ambiente", waren die Stimmungen diesseits und jenseits von Mauer und Stacheldraht. Das von vielen als bedenklich empfundene Treffen Willy Brandts mit Stoph in Erfurt entband wieder, wie schon am 17. Juni 1953 oder am 13. August 1961, eine Welle gesamtdeutscher Emotionen; jenes Bild, das Willy Brandt am Fenster des „Erfurter Hofes" stehend und zaghaft den Landsleuten zuwinkend zeigt, riß mit einem Schlag das deutsch-deutsche Problem wieder auf. Es war hervorragend als Palliativ gegen jede allzu smarte Entspannungs- und Anerkennungspolitik „bestehender Tatsachen" geeignet. Es erfüllte damit eine Funktion, die dem Bild von Brandts Kniefall im Warschauer Ghetto durchaus entsprach. Dies waren im übrigen nur zwei Beispiele für einen in diesen Jahren vehement einsetzenden Wandel in der Perzeption politischer und gesellschaftlicher Vorgänge: es begann das Zeitalter der „Telekratie", auf das sich die Protagonisten allesamt nun einzustellen hatten.

Wie alle Abmachungen mit der DDR, war auch der Grundlagenvertrag ein zweischneidiges Schwert: Zum einen diente er tatsächlich einer (mäßigen) Verbesserung der Lage der Menschen in der DDR, zum anderen stärkte er das Prestige des Regimes, in dem inzwischen Honecker Ulbricht abgelöst hatte, der ganz am Ende seiner Karriere doch noch in Ungnade gefallen war. Es sollte in den nächsten zwanzig Jahren zu einer ständigen Diskussion führen, ob man mit einer Politik der „Kleinen Schritte" und der menschlichen Erleichterungen die deutsche Einheit am Ende nicht für ein Linsengericht zu verkaufen drohte.

Aber das war eine deutsche Diskussion. Im befreundeten Ausland und in vielen Staaten der „Dritten Welt" richteten sich bewundernde Blicke nach Bonn: Nach der Ermordung von John F. Kennedy, die allenthalben in der Welt als Schock gewirkt hatte, schien Willy Brandt in die Rolle des charismatischen Führers hineinzuwachsen. Nichts unterstrich dies eindrucksvoller als die Auszeichnung des deutschen Kanzlers mit dem Friedensnobelpreis. Die Botschaft war klar: es ging bei allem, was unter dieser Regierung in Europa auf den Weg gebracht wurde, keineswegs in erster Linie um die Lösung der Deutschen Frage im Sinne des Wiedervereinigungsgebotes des Grundgesetzes. Es ging um die Erhaltung des Friedens, der sicherer werden sollte. Man spürte es schon: Die europäischen Nationen hatten den Kalten Krieg gründlich satt; nachdem man der atomaren Apokalypse in der Kubakrise noch einmal knapp entronnen war, vor allem aber, nachdem die Supermacht Amerika in Vietnam das Handtuch geworfen hatte, war niemandem mehr das mindeste daran gelegen, durch irgendwelche querelles allemandes erneut in gefährliche Konfrontationen zu geraten. Deswegen vollzog sich nun der

Prozeß der Anerkennung der DDR geradezu rasend: England und Frankreich, wenig später die USA, nahmen diplomatische Beziehungen zu Ostberlin auf, Breschnew besuchte Bonn, Brandt hatte dem roten Zaren auf der Krim, nicht unweit des schicksalsschweren Ortes Jalta, seine Aufwartung gemacht, am 18. September 1973 wurden die Bundesrepublik Deutschland und die Deutsche Demokratische Republik als gleichberechtigte Mitglieder in die Vereinten Nationen aufgenommen, die Zeit der diplomatischen „Katzentische" schien schon unendlich lange vorbei. Folgerichtig traten die beiden deutschen Staaten nun auch untereinander in diplomatische Beziehungen, den „Ständigen Vertretungen" der DDR in Bonn und der Bundesrepublik in Ostberlin fehlte einzig und allein der formale Status von Botschaften. Bis Mitte der siebziger Jahre war die Idee der Wiedervereinigung fast verblaßt, einige Rituale, zunehmend hohler wirkend, änderten nichts daran, daß man sich mehrheitlich in Deutschland wie in Europa und der Welt an den Zustand zweier Staaten auf deutschem Boden gewöhnt hatte. Wissenschaft und Publizistik taten das ihre, um diesen Zustand als ebenso „normal" wie im Grunde wünschenswert erscheinen zu lassen. Unterdessen starben weiter Deutsche an der Mauer, verbluteten im Stacheldraht, wurden durch Minen an der innerdeutschen Grenze verstümmelt, ersannen abenteuerliche Fluchten, durch Tunnel, durch professionelle Fluchthelfer, sogar mit einem Ballon. Es waren wohl in erster Linie solche spektakulären „Zwischenfälle", die in den folgenden Jahren doch immer wieder dafür sorgten, daß die Wunden der Teilung nicht völlig vernarbten.

Aber auch die DDR-Oberen trugen durch ein selten dummes Gemisch aus Schikanen und Spionageaffären dazu bei, daß es auch dem DDR-Regime eher wohlgesonnenen Intellektuellen schwer fiel, in Ostdeutschland Liebenswertes zu entdecken. Wer immer nach Berlin wollte, sah sich trotz Transit- und Besucherregelungen demütigenden Kontrollen bornierter Grenzwächter ausgesetzt, die Sicherheitsorgane ließen die westlichen Besucher auf Schritt und Tritt spüren, daß alles nur von ihrer Gnade abhing. Wer Gelegenheit hatte, die sozialistischen Errungenschaften aus der Nähe zu betrachten, kam in der Regel ernüchtert in den Westen zurück. Selbst die fulminanten sportlichen Erfolge der von „drüben“ vermochten am schlechten Image des Honecker-Systems kaum etwas zu ändern. Der Gipfel der Ungeschicklichkeit wurde dann in der berüchtigten Guillaume-Affäre erreicht: Daß sich die DDR nicht schämte, auf den frischgebackenen Friedensnobelpreisträger, den Mann, auf dem so viele Hoffnungen ruhten, eine Figur, die wie keine andere weit über Deutschland hinaus Anerkennung und Respekt erheischte, einen Top-Spion fast bis ins Bett hinein anzusetzen – das mochte zwar ein Geniestreich der Staatssicherheit gewesen sein, für das Renommee der DDR war es verheerend. Der Sturz des Kanzlers, zumindest in den Medien ursächlich auf die Guillaume-Affäre zurückgeführt, erwies sich für die Initiatoren als wahrer Pyrrhus-Sieg – seitdem war es mit dem, was manche als „Kumpanei“ zwischen den Regierungsvertretern aus Ost- und Westdeutschland beargwöhnten, schlagartig vorbei – man weiß heute noch nicht, wozu das gut war.

Die Bundesrepublik wurde durch diesen Skandal innenpolitisch erschüttert, nachdem es Brandt mit knapper Not, verfassungspolitischen Tricks und einer gehörigen Portion Glück 1972 gelungen war, die gegen ihn inszenierte Posse eines konstruktiven Mißtrauensvotums zu überstehen und die nach dem Verlust der Regierungsmehrheit notwendig werdenden Bundestagswahlen noch einmal zu gewinnen. Diesmal half ihm nichts und niemand, aber der Nachfolger setzte mit womöglich noch größerer Energie die Brandtsche Außenpolitik fort. Helmut Schmidt galt in der Öffentlichkeit schon sehr früh als „Macher“, als glänzender Rhetor („Schmidt Schnauze“), anders als Brandt verfügte er auch über die Gabe, Anhänger aus den Lagern der Oppositionsparteien und vieler gesellschaftlicher Gruppen zu gewinnen, denen die etwas esoterisch-prinzipielle Art Brandts immer suspekt geblieben war. Einen besonderen „Glücksfall“ für Schmidt hatte die große Sturmflutkatastrophe von 1962 dargestellt: dem Hamburger Innensenator war es damals gelungen, sich als großer Krisenmanager zu bewähren, ihm war es zu verdanken, daß mit dem von ihm organisierten Einsatz der Bundeswehr zur

Katastrophenabwehr zum ersten Mal eine weiterreichende Integration des Militärs in die bisher eher distanziert wirkende Gesellschaft gelang. Unter dem Verteidigungsminister Schmidt hatte die SPD endgültig ihren Frieden mit der bewaffneten Macht der Republik gemacht – das sollte sich knappe zehn Jahre später mit Zins und Zinseszins auszahlen.

Hatten sich die gesellschaftlichen Gegensätze in der Bundesrepublik in der Schlußphase der Ära Brandt laufend verschärft, wozu eine oft ideologisch angehauchte Reformpolitik vor allem im Bereich des Schul- und Bildungswesens beitrug, so sah sich die Republik nunmehr einer bisher ganz unbekannten Gefahr ausgesetzt, die die Gesellschaft in raschem Prozeß wieder einte, das kleinliche Parteiengezänk wenigstens vorübergehend verstummen ließ und zu einer allgemeinen Rückbesinnung auf die Grundwerte der „freiheitlich demokratischen Grundordnung" führte.

Der Grund lag in den maßlosen Angriffen linksextremer kleiner terroristischer Gruppierungen auf die „FDGO", wie sie das höhnisch nannten. Schon seit 1968 hatte es hier und da terroristische Anschläge, Geiselnahmen, Flugzeugentführungen gegeben – das war ein internationales Phänomen, viele meinten, eine Folge des Vietnamkriegs, der permanenten Nahost-Krise und der Korruptionsaffäre, die unter dem Namen des Washingtoner Hotels „Watergate" weltweit ihre Kreise ziehen sollte. Tatsächlich bildete der Terrorismus in der Bundesrepublik nur den letzten hilflos-aggressiven Nachklapp zur Achtundsechziger Bewegung. Was damals mit revolutionären Massenmitteln mißglückt war, sollte nun herbeigebombt werden. So unsinnig und aussichtslos ein solches Unterfangen auch sein mochte – wenigstens ansatzweise schaffte es die erste Generation der Terroristen zwischen 1972 und 1977 doch, das äußere Antlitz der Republik in einigen markanten Punkten zu verändern: es war die Zeit, als um die Ministerien hohe Stacheldrahtverhaue gezogen, BMW-Fahrer, wenn sie Pech hatten, gleich mehrmals täglich kontrolliert wurden (diese Automarke war bei den Terroristen offensichtlich beliebt), „Body-Guards" zum vertrauten Umgang der durch Anschläge gefährdeten Politiker wurden. Die gezielte Ermordung von herausragenden Persönlichkeiten des öffentlichen Lebens – Drenkmann, Buback, Ponto, Schleyer – sollte allgemeine Unsicherheit hervorrufen und den Staat zu überzogenen Reaktionen veranlassen, die dann als „Beweis" für dessen „faschistoiden" Charakter genommen werden sollten. Tatsächlich war es seitdem mit dem fröhlichen politischen Festefeiern aus, die Distanzen zwischen dem „Volk" und seinen „Führern" vergrößerten sich – die Terroranschläge mit dem Höhepunkt des „Deutschen Herbstes" im Jahr 1977, als es zu einem dramatischen Count-Down bei der Entführung einer Lufhansamaschine nach Mogadischu kam, führten aber nur zu parteiübergreifenden Solidarisierungseffekten, es trat also genau das Gegenteil von dem ein, was die Terroristen erhofft hatten.

Die Terrorwelle, die Deutschland 1977 überflutete, besaß freilich auch eine internationale Dimension. Die Deutschen hatten sie schon 1972 und 1973 am eigenen Leib zu spüren bekommen. Der schändliche Anschlag arabischer Terroristen auf die israelische Olympiamannschaft verdüsterte 1972 nicht nur den Himmel über München. Bis zu diesem Zeitpunkt hatten die meisten Deutschen dem arabisch-israelischen Konflikt, der sich in drei Kriegen entlud, eher desinteressiert zugesehen, auch wenn die Sympathien zumeist den Israelis galten. Das war natürlich auch Folge aller Bemühungen in Deutschland, mit der entsetzlichen Vergangenheit des „Holocaust" fertig zu werden. Dieses Wort, Titel eines amerikanischen Fernsehfilms, brannte sich zum ersten Mal trotz aller wissenschaftlichen Aufklärung, an der kein Mangel war, in die Herzen vieler ein. Der Auschwitzprozeß trug zur Katharsis bei, „Eichmann in Jerusalem" machte deutlich, daß das Land Israel eben doch kein Land wie irgendein anderes war. Der von Adenauer und Ben Gurion schon in den fünfziger Jahren eingeleitete Prozeß einer vorsichtigen Annäherung zwischen Deutschen und Israelis trug zweifellos Früchte, als der Staat Israel in den sechziger und siebziger Jahren um seine Existenz kämpfte; daß dabei die traditionelle deutsch-arabische Freundschaft beschädigt werden konnte, haben die meisten Deutschen, wenn auch bedauernd, akzeptiert. Auch in diesem Punkt zeigte sich, daß die Staatsräson der Bundesrepublik auch über eine moralische Komponente verfügte, die selbst hartgesottene Politiker mit ins Kalkül ziehen mußten.

Der arabische Ölboykott im Gefolge des Yom-Kippur-Krieges konfrontierte 1973 die Masse der westdeutschen Bevölkerung dann zum ersten Mal mit zwei Phänomenen, die bis dahin nahezu unbekannt geblieben waren: dem Mangel und der Solidarität. Natürlich gab es keinen echten Ölmangel, die Ölkrise war bloß eine Ölpreiskrise, dennoch sorgte das von der Bundesregierung verhängte Sonntagsfahrverbot für einen Denkanstoß, der Folgen haben sollte: Mit der unbedachten Verschwendung von Energie war es seitdem aus, von den autofreien Sonntagen zu einem ziemlich sensiblen Energiebewußtsein, das fast alle Bereiche der Wirtschaft und Gesellschaft erfaßte, führte eine gerade Linie. Auch diese war mit Problemen belastet, stand es doch außer Frage, daß die nun besonders favorisierte Atomstromenergie an einen anderen Angstkomplex aus der Vergangenheit gekoppelt war. Der Kampf um die Atomkraftwerke – Whyl und Brokdorf sollten dafür zum Symbol werden – verknüpfte sich rasch mit anderen gesellschaftlichen Konflikten, die Ende der siebziger, Anfang der achtziger Jahre zu einem großen psychologischen Krisenszenario zusammengemischt wurden.

Daß Ökonomie und Ökologie zusammengehörten wie Kette und Schuß: das war die eine große Lehre aus der Ölpreiskrise von 1973. Die andere bestand im Erstaunen darüber, daß das alte Europa tatsächlich noch in der Lage war, mit ungewöhnlichen Herausforderungen, die durchgehend als Unrecht empfunden wurden, geschickt fertig zu werden. Der Ölboykott wurde nämlich ein voller Schlag ins Wasser, von dem sich die mächtige OPEC nie mehr richtig erholte. Man besann sich in ganz Westeuropa seiner technologischen Fähigkeiten, binnen weniger Monate gelang die Prospektierung neuer Ölquellen, vor allem in der Nordsee und der Norwegensee, in Windeseile wurden Energiesparprogramme aufgelegt – und von den Verbrauchern willig akzeptiert, kurzum: die Europäer zeigten „den Arabern" die Zähne. Diese Erfahrungen sollten das Selbstbewußtsein Europas, auch den USA und Japan gegenüber, stärken; hatten kurze Zeit zuvor noch manche Experten vor der baldigen „Übernahme“ Europas durch amerikanische Manager und japanische Konzerne gewarnt, so kam Europa wieder auf die eigenen Füße; die auch späterhin immer wieder beschworene „Eurosklerose“ (Giersch) trat nie ein.

Wirtschaftliche Probleme gab es natürlich dennoch in Hülle und Fülle – so zumindest empfanden es die Bundesbürger, denen beim Anblick eines immer mächtiger anschwellenden Arbeitslosenheeres – die Quote betrug im Januar 1969 5,9 Prozent – ungute Erinnerungen kamen. Die SPD/FDP-Regierung war mit dem Anspruch eines tiefgreifenden sozialen Reformwillens angetreten, tatsächlich wurde die Masse der Steuerzahler entlastet, wurden neue Arbeitsprogramme aufgelegt, neue soziale Einrichtungen geschaffen, alte besser unterstützt, Schulen und Universitäten mit Geld fast überhäuft. Schon frühzeitig gab es unter den volkswirtschaftlichen Experten Warnungen vor einem Überborden der Wohltaten von Staats wegen, aber auch der spektakuläre Rücktritt des Wirtschafts- und Finanzministers Karl Schiller änderte an der Wirtschafts- und Finanzpolitik der Bundesregierung, genauer: der SPD-Fraktion nichts. Damals war zuerst vom „sozialen Netz“ die Rede, das es enger zu knüpfen gelte, „Chancengleichheit“ führte als Prinzip zu ständig neuen Reformbemühungen, die betriebliche „Mitbestimmung“ oder das „Hochschulrahmengesetz“ sollten den Umbau der Gesellschaft fördern – aber alles kostete Geld, dieses wurde zunehmend knapper, die Tage der überhitzten Hochkonjunktur waren vorbei, an sich hätte man den Gürtel enger schnallen müssen.

Dazu war die SPD strukturell unfähig, das kostete sie schließlich das Vertrauen des kleinen Koalitionspartners und leitete die erneute Wende ein. Dabei war gar nicht zu leugnen, daß zahlreiche Maßnahmen der Regierung auf dem Feld der Sozialpolitik überfällig waren, die Einführung der bruttolohnbezogenen Rente sollte die älteren Mitbürger besser als bisher an den wirtschaftlichen Erfolgen teilhaben lassen, diese aber wurden zweifellos überschätzt, wenn es mächtigen Gewerkschaften wie der ÖTV unter Kluncker gelang, zweistellige Lohnsteigerungsraten gegen den Willen der Regierung und die Vernunft der Ökonomie durchzusetzen. Und wenn dann noch unverantwortliches Gerede vom „Austesten der Belastbarkeit der Wirtschaft" hinzukam, schwand auch in der breiteren Öffentlichkeit das Zutrauen zur wirtschaftlichen Kompetenz der Regierung. Natürlich waren dann flugs wieder neunmalkluge Auguren zur Hand, die „den Sozis" überhaupt die Fähigkeit absprachen, mit dem Geld der Bürger umgehen zu können – solche tief in der Geschichte verwurzelten Vorurteile halten sich zäh.

Probleme gab es auch auf dem Feld der Sicherheitspolitik, sie trugen entscheidend zum Ende der sozialliberalen Koalition bei. Anders als Willy Brandt hatte sich Helmut Schmidt immer rückhaltlos zu den Grundprinzipien der westlichen Verteidigungspolitik und den strategischen Doktrinen der NATO bekannt. Gute Europäer waren zwar alle, aber wenn dieses Europa zur westlichen Sicherheit beitragen sollte, erhoben sich allenthalben Bedenken, und zwar quer durch die EG. Die atomare Präponderanz, wenn nicht Dominanz der USA in Europa entpuppte sich dabei als ständige Quelle neuer Irritationen, es fiel den Mitgliedern der „Eurogroup" in der NATO immer schwerer, den von den Amerikanern aufgespannten Atomschirm festzuhalten, ohne ausreichend an den Entscheidungsprozessen beteiligt zu sein.

Das galt im besonderen Maße für die Bundesrepublik, die inzwischen über die stärksten konventionellen Kräfte im westlichen Teil des Kontinents verfügte, ohne auch nur einen Schritt auf dem Feld der atomaren Mitbestimmung vorangekommen zu sein. Die deutliche Zurückhaltung, mit der auch die SPD/FDP-Regierung das brisante Thema der atomaren Mitbestimmung behandelte, war freilich schon ein Erbteil aus der Adenauerzeit. Es war ja auch nicht unsinnig, denn die Glaubhaftigkeit der Abschreckung mußte leiden, wenn das Land, das automatisch zum atomaren Schlachtfeld werden mußte, im Krisenfall selbst darüber hätte bestimmen können, ob Atomwaffen eingesetzt werden sollten oder nicht. Solches Denken war „sophisticated" und der Öffentlichkeit praktisch nicht zu vermitteln; weil diese nicht begriff, worum es ging, geriet die Regierung Schmidt ab 1979 in eine Krise, die eher harmlos begann, um schließlich zum Zusammenbruch der Koalition und zur stärksten Erschütterung des gesellschaftlichen Gefüges in der Bundesrepublik zu führen.

Helmut Schmidt war es, der wohl als erster auf ein Phänomen aufmerksam gemacht hatte, das die Europäer zunehmend beunruhigen mußte: Zwar hatten die Sowjetunion und die USA mit dem ABM (Anti-Ballistic-Missile)-Vertrag sowie den Abmachungen zu SALT I und SALT II praktische Rüstungskontrollvereinbarungen für die strategischen, also die interkontinentalen Atomraketen getroffen, darüber hinaus gab es Absprachen und Vorsorgen, die einen „zufälligen" Atomkrieg zuverlässig ausschließen sollten – aber unter dieser amerikanisch-russischen atomaren „Käseglocke" entwickelten sich seit 1979 bedenkliche Prozesse im „mittleren" Bereich: Die Sowjetunion ging daran, mit großem technischen, finanziellen und militärischen Aufwand neue Mittelstreckenraketen vom Typ SS-20 auf ihrem Territorium zu installieren, die von ihrer Reichweite und ihrer Kapazität her ohne weiteres in der Lage gewesen wären, den europäischen Kontinent, England inklusive, atomar zu zerstören – ohne daß damit der modus vivendi auf dem Feld der Interkontinentalraketen prinzipiell berührt worden wäre.

Nun glaubte inzwischen auch in Europa niemand mehr daran, daß Moskau tatsächlich einen realen Atomkrieg in Europa plante – aber die Räson der sowjetischen Mittelstreckenrüstung schien deutlich genug: Die Europäer sollten erpreßbar werden, während Amerikaner und Russen ihr prekäres strategisches Gleichgewicht wechselseitig kontrollieren und aufrechterhalten konnten. Gewiß ließen die US-Strategen und -Politiker niemals einen Zweifel daran, daß der Bündnisfall nach dem NATO-Vertrag automatisch eintreten werde, sollte die Sowjetunion in Europa angreifen – aber wie glaubwürdig waren solche Versicherungen, wenn es eine Chance gab, der wechselseitigen garantierten Vernichtung der beiden „Sanktuarien", wie es im Atom-Jargon hieß, also der USA und der Sowjetunion, vielleicht doch zu entrinnen? Schon frühzeitig hatten die Europäer vor einer „Abkoppelung" Europas im Krisenfall gewarnt, das Prinzip der flexiblen Reaktion drohte aber unglaubwürdig zu werden, wenn der Westen auf die Mittelstreckenraketendrohung nur mit dem „big stick" der Amerikaner reagieren konnte.

Die Entwicklung wirkte um so befremdlicher, als sie in diametralem Gegensatz zu den zahlreichen Entspannungssignalen stand, die in ununterbrochenem Strom aus Moskau kamen. Sollte Westeuropa dadurch isoliert werden? Sorgenvoll blickten die Militärs auch auf die See: Unter der zupackenden, manchen an Tirpitz erinnernden Leitung des Admirals Gortschkoff baute die Sowjetunion in atemberaubendem Tempo eine moderne Hochseeflotte, die das bisher immer noch bestehende Monopol der Westmächte auf den Ozeanen binnen weniger Jahre brechen zu können schien. Was einst Stalin mißglückt war – der Aufbau einer strategischen Flotte –, schien nun zu gelingen. Es lag auf der Hand, daß der Druck der Sowjetunion auf die europäischen Mächte um so schärfer werden konnte, je effektiver Rußland Amerika auf den Ozeanen binden konnte. Selbst auf dem tiefgeheimen Feld der strategischen atomaren Unterseeboote zog die Sowjetunion gleich; sollte der weit im Atlantik vor der amerikanischen Küste installierte strategische Schirm aber einmal unterlaufen werden – die Techniker arbeiteten fieberhaft an diesem Problem –, drohte das ganze Gebäude der wechselseitigen Abschreckung in sich zusammenzubrechen.

An die prinzipiell friedlichen Absichten der Sowjetunion zu glauben, fiel seit dem Weihnachtsfest 1979 um so schwerer, als der völkerrechtswidrige Einmarsch der Roten Armee in Afghanistan nur fadenscheinig gerechtfertigt wurde. Breschnew und die ihn beratende Kamarilla im Kreml schienen eine Doppelstrategie zu verfolgen, die für die Zukunft Europas nichts Gutes verhieß.

Es blieben zwei Auswege: Entweder es gelang, die Sowjetunion auf dem Feld echter Abrüstungsverhandlungen zu stellen, das heißt: die SS-20 mußten verschwinden – oder aber der Westen mußte unterhalb des strategischen Atomschirms einen kleineren aufspannen, also nachrüsten. Technisch war der Westen dazu in der Lage, Pershing II-Raketen und Cruise-Missiles galten als adäquate „Antwort“ auf die mobilen SS-20.

Anfangs hatte mit diesem „Doppelbeschluß“ kaum jemand Schwierigkeiten, zumal der „gesunde Menschenverstand“ davon ausging, daß die Sowjetunion sich eher auf Verhandlungen als auf ein unkalkulierbares Wettrüsten einlassen würde – denn daß man in Moskau auf die „Antwort" eine „Gegenantwort" parat gehabt hätte, daraus machten die Propagandisten im Kreml kein Hehl. Die auf dem Feld der interkontinentalen Waffen so mühsam ausgehandelte Balance drohte von einer neuen „Rüstungsspirale" „von unten" zerstört zu werden. Schon begannen sich amerikanische Senatoren zu weigern, an die Ratifizierung von SALT II zu denken, der ABM-Vertrag geriet ins Zwielicht, noch geschah nichts Wesentliches: es war die Stille vor dem Sturm.

Die „Friedensbewegung" hat ihn dann entfesselt, sicherlich in bester Absicht, wer auch hätte leugnen wollen, daß der Frieden der Güter höchstes war. Die Friedensbewegung hatte in der Vergangenheit Vorläufer gehabt, von der „Ohne-mich-Bewegung" bis zum „Kampf gegen den Atomtod" oder den „Ostermarschierern". Inzwischen hatten sich solche Tendenzen mit ökologischen verbunden; eine neue Bewegung, die dann zur Partei der „Grünen" wurde, schickte sich an, als Sammelbecken für alle zu werden, die – aus oft unterschiedlichen Gründen – gegen Atomkraftwerke, für den ökologischen Umbau der Gesellschaft, gegen die „Nachrüstung" und für eine „Nullösung" waren. Das Unbehagen an den etablierten Parteien, die mit den ökologischen Problemen nur schwer zu Rande kamen, trug zur Attraktion dieser Bewegung bei. Anders freilich als in den sechziger Jahren gelang es dieser niemals, einen oder mehrere charismatische Führungspersönlichkeiten hervorzubringen; es gehörte zu den liebenswertesten Facetten der „Grünen", daß sie dies auch gar nicht wollten.

Bedenklich war das, was sich da auf den Straßen und bei AKW-Demonstrationen zeigte, dennoch. Wieder einmal stand der demokratisch-parlamentarische Grundkonsens zur Diskussion, favorisierten die frühen Grünen doch Politikmodelle, die in mancherlei Hinsicht an rätedemokratische Vorbilder anknüpften; imperatives Mandat und Rotationsprinzip widersprachen eindeutig Text und Geist des Grundgesetzes – da alles aber mit gelben Sonnenblumen, fröhlichen Zusammenkünften, ganz unprätentiös und erfrischend jugendlich garniert wurde, schien alles nicht so schlimm zu sein. Und daß man den elitären Politmanagern in Bonn Beine machen wollte – das fand Zustimmung auch in breiten bürgerlichen Schichten.

Die Friedensbewegung griff über die der Grünen rasch hinaus, ja drückte diese an die Wand. Sie gewann ihre Anziehungskraft aus einem grandiosen Mißverständnis der Dynamik des nuklearen Gleichgewichts. Sie behauptete, es drohe ein Atomkrieg, wenn man nachrüste, ihn mit allen Mitteln zu verhindern, sei eines jeden Bürgers Pflicht.

Das schien einleuchtend, weil es einfach war, das trieb der Friedensbewegung vor allem in den Ländern, die dazu ausersehen waren, im Falle der Nachrüstung Pershings und Cruise Missiles zu stationieren, die Menschen, meist Jugendliche, massenweise zu. Die Demonstrationen wuchsen lawinenartig an, auf dem Höhepunkt der Bewegung versammelten sich im Bonner Hofgarten zwischen 200000 und 300000 Menschen – keiner kannte die genaue Zahl.

Denkt man an die Macht, die die schiere Anzahl von Demonstranten auszuüben vermag – hier sollte das Jahr 1989 das eindrucksvollste Beispiel liefern –, so wird verständlich, daß diese Friedensdemonstrationen mehr waren als die üblichen demokratischen Arabesken im Zuge von Entscheidungsfindungsprozessen. Der Druck der Straße mußte auf die großen Parteien nicht ohne Eindruck bleiben – tatsächlich formierten sich seit 1981 in der Nachrüstungsfrage die politischen Kräfte auch im Parlament neu: während die CDU trotz mancherlei Bedenken hinsichtlich einiger allzu forscher und törichter Töne aus den USA an der Räson des Doppelbeschlusses festhalten, notfalls also „nachrüsten" wollte, gelang es Helmut Schmidt immer weniger, die Parteibasis, aber auch die SPD-Parteitage von seiner Marschrichtung zu überzeugen. Obwohl der Kanzler unmißverständlich sein politisches Schicksal mit der Zustimmung seiner Partei zum Doppelbeschluß verknüpfte, wuchs der Widerstand innerhalb der SPD; Blitzbesuche Brandts und Schmidts in Moskau, Gespräche mit Honecker am Werbellinsee sollten die „Sprachlosigkeit", in die die Supermächte verfallen waren, überwinden helfen – all dies fand weltweit durchaus Anerkennung, in der Bundesrepublik wuchs das Mißtrauen in die Zuverlässigkeit der SPD, und zwar in erster Linie in der CDU, in zweiter in der FDP. Helmut Schmidt fiel die Domptierung des Parteivolks immer schwerer, es bedurfte seiner ganzen Autorität, um die SPD 1982 noch einmal zum Aufschub ihrer Entscheidung zu bewegen –, aber jedermann konnte klar erkennen, daß längst die Mehrheit der SPD sich auf die Seite der Nachrüstungsgegner geschlagen hatte, Schmidt liefen die Bataillone reihenweise davon. Wie einst bei den Notstandsgesetzen, schwenkte auch jetzt darüber hinaus der Deutsche Gewerkschaftsbund auf die Gegenseite, zumindest seitdem war das Ende der sozialliberalen Koalition eingeläutet.

Den Todesstoß hat ihr dann die FDP, genauer: Graf Lambsdorff versetzt, der in einem Grundsatzpapier der angeblich uferlosen Politik des Schuldenmachens den Kampf ansagte. Das Ende der Regierung Schmidt/Genscher war unvermeidlich geworden, nachdem die Gemeinsamkeiten zwischen den Koalitionsfraktionen restlos aufgebraucht waren und das Meinungsbild in der Bundesrepublik eindeutig nach rechts zur CDU tendierte. 1982 hatte eine Serie von Landtagswahlen zum Verlust der SPD-Mehrheit im Bundesrat geführt, in einigen Landtagen setzten sich die „Grünen" durch, auch der wortgewaltige Bundeskanzler konnte nicht mehr damit rechnen, die Sicherheits- und Wirtschaftspolitik erfolgreich fortzuführen. Es war daher vernünftig, daß zum zweiten Mal in der Geschichte der Bundesrepublik mit Hilfe eines konstruktiven Mißtrauensvotums und Neuwahlen ein politischer Übergang in die Wege geleitet wurde. Schmidt hat wohl selbst erkannt, daß es im Interesse der Bundesrepublik besser war, wenn nun die CDU durchzusetzen versuchte, was auch er für unabdingbar gehalten hatte: den NATO-Doppelbeschluß und die Sanierung der Staatsfinanzen. Da die FDP an der Regierung blieb, mit Hans Dietrich Genscher, dem Außenminister, im entscheidenden Punkt die Kontinuität gewahrt war, bestanden Aussichten, die schwere innenpolitische Krise, die in die globale Krise des Sicherheitssystems eingebettet war, erfolgreich zu überwinden. Gewiß war die sozial-liberale Koalition, landläufig betrachtet, am Ende „gescheitert" – aber gehörte dies nicht zum immanenten Prozeß der Demokratie selbst? Tatsächlich hatte die SPD 13 Jahre lang in der politischen Verantwortung für den

Bund bewiesen, daß sie Politik und Geschichte nicht nur zu verwalten, sondern auch zu machen verstand. Gerade deswegen konnte die Regierung Kohl nicht etwa da anknüpfen, wo die Regierungen Erhard und Kiesinger 1967 bzw. 1969 hatten abbrechen müssen. Deutschland und Europa waren erneut verwandelt, und wieder war alles ohne Katastrophen abgegangen. Die Menschen empfanden dies als normal, darin lag der eigentliche Fortschritt.

6. Spuren ins Heute: Die Lösung der Deutschen Frage

Der Regierungswechel in Bonn fügte sich in einen internationalen Trend, der in den wichtigsten Hauptstädten der westlichen Welt konservative Eliten an die Macht brachte. Die Präsidentschaft von Ronald Reagan in den Vereinigten Staaten wirkte wie ein Fanal. Die USA, tief vom Trauma des unglückseligen und verlorenen Vietnamkrieges gezeichnet, durch die Watergateaffäre immer noch moralisch geschüttelt, waren willig und bereit, sich der „leadership" eines Mannes anzuvertrauen, der zwar als eher mittelmäßiger Filmschauspieler, aber ansonsten gerade als Prototyp des politischen selfmademans galt. Die Menschen waren der endlosen Debatten um Recht oder Unrecht des Vietnameinsatzes überdrüssig, nicht minder langweilte sie das unendliche Abrüstungshickhack, bei dem am Ende doch nichts herauszukommen schien. Amerika wieder groß, stark, selbstbewußt zu machen und „die Russen" totzurüsten – das war zwar Stammtischniveau, sicherte Reagan jedoch breite Zustimmung über die Grenzen der eigenen republikanischen Partei hinaus. Die einhellige Ablehnung, ja Verdammung der politischen Philosophie Reagans durch die Intellektuellen im gesamten Abendland provozierte nur Trotz. Die Dinge sollten wieder einfach sein, schwarz schwarz, weiß weiß, es war typisch für den Geist der frühen Reaganzeit, daß das für die Masse ohnehin unverständliche Atomschach durch die ebenso schlichte wie faszinierende Idee eines lasergestützten Raketenabwehrsystems im

Weltraum (SDI) zumindest ergänzt, wenn nicht ersetzt werden sollte. Daß die prinzipielle Verwundbarkeit auch der atomaren Supermächte für das Gleichgewicht des Schreckens und damit die Erhaltung des Friedens schlechthin konstitutiv war, konnte den Menschen weder in Amerika noch Europa vermittelt werden; nicht mehr mit dem Florett, fortan sollte mit Säbeln und das mit gleichsam geschlossenem Visier gefochten werden.

Wer denken konnte, den schauderte es, und die veröffentlichte Meinung ging in der Kritik an Reagans Plänen weit über alles Maß hinaus. Anfang der achtziger Jahre war ja auch noch nicht abzusehen, daß diese neue Methode der inneren und äußeren Politik gerade da Wirkung zeigte, wo dies die wenigsten erwartet hatten: in der Sowjetunion. Die holzschnittartige und zugleich muskelspielende Demonstrationspolitik sollte zum Ende des Wettlaufes der Supermächte führen, genauer: zum Zusammenbruch des einen Partners, der Sowjetunion.

Natürlich war es, als Reagan sein Amt antrat, soweit noch lange nicht, es war die Zeit, in der der schon von Alter und Krankheit gezeichnete Breschnew seinerseits die Muskeln spielen ließ. Aber es hätte doch aufmerken lassen müssen, daß in Polen kein zweites Prag inszeniert wurde, als die seit 1956 nie ganz unterdrückte Freiheitsbewegung, nun unter dem zündenden Namen „Solidarität" sich anschickte, das verkrustete kommunistische System in Polen anzugreifen. Zwar verstand es die dortige Kommunistische Partei vermittelst des Kriegsrechts des Aufbegehrens äußerlich Herr zu werden – aber die sofort geäußerten Befürchtungen des Westens, die Sowjetunion werde ebenso militärisch in Polen eingreifen wie einst in Ungarn und der CSSR, erwiesen sich als verfehlt. Im nachhinein war es erkennbar: das Machtgefüge des Kremls zeigte erste feine Risse.

Hatte sich die kommunistische Nomenklatura in der Ära Brandt, Carter, Wilson darauf verlassen können, mit den Westmächten immer dann, wenn ihr dies genehm war, ins Gespräch zu kommen – ärgerlich war ihr nur das obstinate Festhalten von Jimmy Carter an der Idee der Menschenrechte, und das sollte bekanntlich ungeahnte Folgen haben –, so gaben die neuen konservativen Sterne am politischen Himmel Englands und Frankreichs und nun auch der Bundesrepublik zu verstehen, daß mit ihnen nicht zu spaßen sei: überall rückten die politischen Systeme deutlich nach rechts, ins National-Konservative, an Valéry Giscard d'Estaing und Margaret Thatcher mußte auch Breschnew sich die Zähne ausbeißen. Der Nachrüstungsbeschluß schien unerschütterlich, die denkbare Einbruchstelle in Westdeutschland war mit dem Regierungswechsel verstopft – die Sowjetunion hatte bis 1983 offensichtlich alles noch einmal auf eine Karte gesetzt, die Rüstung bis ins Aberwitzige hinein forciert, auf Kosten der Infrastruktur und des Wohlergehens der Untertanen das Land an den Rand des ökonomischen Ruins gebracht – als nun die Hoffnung auf den Lohn der geschürten Angst im Westen dahinschwand, bedeutete dies den Anfang vom Ende des Systems, genauer: eines ganzen säkularen Zeitalters. Der Tod Breschnews symbolisierte diesen Niedergang, in den folgenden drei Jahren gelang es der Sowjetunion nicht mehr, eine wirklich fähige, den westlichen Staatsmännern ebenbürtige Führungsfigur auf den Schild zu heben. Das erwies sich in den Augen der Kommunistischen Partei der Sowjetunion als zusätzliches Handicap, als die Verhandlungen um die Nachrüstung seit 1983 in ihr entscheidendes Stadium traten.

Wie in Amerika, so reagierte auch in Deutschland die Bevölkerung auf die Phase innen- und sicherheitspolitischer Verunsicherung nicht mit Angst, obwohl diese von interessierter Seite lebhaft geschürt wurde, sondern mit Trotz – anders konnte man das Ergebnis der vorgezogenen Bundestagswahlen vom März 1983 nicht interpretieren. Die SPD erlitt die herbsten Verluste, die CDU und ihr frischgebackener Kanzler Helmut Kohl triumphierten: fortan wog das deutsche Urteil in der Nachrüstungssache schwer, genauer: mit dieser Wahl war entschieden, daß der Westen am Doppelbeschluß unverbrüchlich festhalten würde. Das bedeutete für die Sowjetunion das Aus in dem jahrelangen Pokerspiel mit der Angst. Der Bundestag stimmte am 22. November der Stationierung der US-Mittelstreckenraketen zu. Damit waren die innenpolitischen Auseinandersetzungen zwar nicht beendet – die Besetzung einer Kaserne im Stationierungsort Mutlangen mag hier für eine Reihe vergleichbarer Aktionen stehen –, aber sie berührten nicht mehr die Existenz des bundesrepublikanischen Systems und Selbstverständnisses.

Zeichnete sich auf dieser höchsten Ebene des West-Ost-Antagonismus nach der dramatischen Konfrontationsphase seit 1984 eine deutliche Entspannung ab, so galt dies auch im Binnenbereich der deutsch-deutschen Politik.

Das lag freilich zum wenigsten an der Führung der DDR, denn Erich Honecker, der sich seit dem Mauerbau von 1961 immer weiter in den Vordergrund geschoben und Ulbricht schließlich „beerbt" hatte, vertrat wie eh und je das Prinzip der Eigenstaatlichkeit der DDR und ließ sich in seiner starren Haltung auch durch den in seinem Land spürbar werdenden Unmut nicht irremachen. Er konnte seiner Sache um so sicherer sein, als in der Bundesrepublik die Front der Anerkennungsgegner sichtbar zusammenbrach. Als unter Vermittlung des bayerischen Ministerpräsidenten Franz Josef Strauß ein Milliardenkredit für die DDR ausgehandelt wurde, dem wenig später weitere finanzielle Kredite in Milliardenhöhe folgten, schien alles entschieden: Die DDR konnte sich mit Hilfe des „kapitalistischen" Westens dauerhaft konsolidieren, die Gegenleistungen blieben lächerlich gering – da genügte es, die automatischen Todesschußanlagen an der Grenze zu beseitigen. Niemand erregte sich, als an deren Stelle ein solider Metallgitterzaun installiert wurde, der Fluchtversuche womöglich noch aussichtsloser machte als das alte Sperrsystem. Und nachdem Honecker höchstpersönlich mit allen Ehren in der Bundesrepublik empfangen worden war, haben wohl die allermeisten Deutschen dessen Sentenz, die Mauer werde auch in hundert Jahren noch bestehen, für bare Münze genommen.

Aber gerade diese Mauer erwies sich in den späten achtziger Jahren als der eigentliche Schönheitsfehler im anscheinend so perfekten System des DDR-Sozialismus. Es begann die Zeit, als mehr und mehr Menschen in den westdeutschen Vertretungen in Ostberlin und Prag Zuflucht suchten, was allen Beteiligten höchst unangenehm war; es war die Zeit, als die Friedensbewegung in der DDR ständig anwuchs. Waren deren Ansätze von 1982/83 in der Bundesrepublik jäh gestoppt, so entwickelte sich die Friedensbewegung in der DDR nach und nach zu einem echten Massenphänomen. Dieses mußten auch die herrschenden Funktionäre ernst nehmen, denn es verknüpfte sich mit kirchlichen, wissenschaftlichen, künstlerischen Dissidentenbewegungen, deren Einfluß weit in die Gesellschaft der schweigenden Mehrheit hineinreichte. Entscheidend für die Durchschlagskraft der Bewegung war der tiefe Ernst, mit dem das Prinzip der Gewaltfreiheit nicht nur propagiert, sondern in der Praxis verwirklicht wurde. „Schwerter zu Pflugscharen": Das war ein genialer Slogan, bündelten sich in ihm doch alle traditionellen pazifistischen, kirchlichen, humanen Überzeugungen großer Teile der DDR-Bevölkerung, und zwar quer durch alle Bildungs- und Altersklassen. Eben dies unterschied die Friedensbewegung in der DDR fundamental von der in Westdeutschland, die im Grunde eine Jugend- und Intellektuellenbewegung geblieben war.

Freilich hätte noch 1987 niemand zu ahnen gewagt, was sich dann binnen zweier Jahre aus alledem entwickeln sollte.

Die große Wende ging nicht von Deutschland aus. Wie so oft in der deutschen Geschichte, bedurfte es erst kräftiger revolutionärer Anstöße von außen, um die den Deutschen offensichtlich eingeborene politische Trägheit zu überwinden. Wie 1848 und 1918 lieferte das europäische Ausland die Blaupausen für eine fundamentale Umgestaltung. Die überaus enge Verflechtung des deutschen politischen Schicksals mit dem der anderen Nationen Europas war den Deutschen nach 1945 mehr denn je bewußt geworden; die politische Kultur der Adenauerzeit schon basierte auf dieser Erkenntnis, und die seit 1967 nach Osten gerichtete Entspannungspolitik gehorchte der nämlichen Idee. Es gehörte zu den großen nationalen Lernprozessen, es niemals wieder mit politischer „Autarkie" oder, ins Aggressive gewendet, „Hegemonie" in Europa zu versuchen. Das war die Basis, auf der die Europapolitik seit 1950 auf den Weg gebracht worden war.

Diese erwies sich in der Folgezeit als außerordentlich kontinuierlich. Die zahlreichen Querelen, Rückschritte, Abbrüche änderten doch nichts daran, daß der Rahmen der EG ständig erweitert, die europäischen Infrastrukturen weiter verbessert wurden. Gewiß war dafür ein immenser bürokratischer Aufwand vonnöten, der im Zusammenhang mit einer der europäischen Hauptstädte, Brüssel, geradezu sprichwörtlich wurde. Die Schwerfälligkeit der „Eurokratie“ wurde zur Quelle permanenten Bürger-Ärgers und zum gefundenen Fressen für alle professionellen Kritiker; mit „Brüssel“ verknüpfte sich im öffentlichen Bewußtsein kaum noch eine europäische Zukunftsvision, sondern Frustrationen von Bauern, kleinen Gewerbetreibenden, LKW-Fahrern – denn inzwischen „regelte“ „Brüssel“ nahezu alles, und wenn dürregeschädigte Landwirte in Schleswig-Holstein ihr hungerndes Vieh auf von „Brüssel“ stillgelegte Weideflächen treiben wollten, so konnte das „Brüssel“ auch verbieten – all dies trug nicht dazu bei, Europa für die Menschen attraktiver zu machen.

Seit den siebziger Jahren hat das im Grunde auch niemand mehr zu tun versucht – eben deswegen wurde Europa bis zum Ende der achtziger Jahre ein Erfolg. Denn wie im Ostblock, der lange schon seinen monolithischen Charakter verloren hatte, entwich auch im westlichen Lager nach und nach aller ideologische Dampf, immer weniger ging es um heroische „Prinzipien“, überall ersetzte Nüchternheit die Euphorie, das ließ so manchen alten Glanz verblassen und die Europafahne matter wehen.

Weil das Interesse an Europa als einer „Idee“ merklich nachließ, erhielten die „Eurokraten“ und die Regierungen die Chance, Europa auf solidere Füße zu stellen. Das zeigte sich mit der Einführung der Direktwahlen zum Europaparlament: Das wäre in den fünfziger, auch noch in den sechziger Jahren als eine Sensation empfunden worden, die politischen Leidenschaften hätten sich daran entzündet – jetzt nahmen die Bürger Europas das eher achselzuckend hin. Ja, sie wählten, aber ohne rechte Lust und Laune. Eben dies ermöglichte es dem Europaparlament in Straßburg, sich in aller Ruhe auf den langen Marsch zur politischen Integration zu machen. Es ging dabei zu wie bei der Echternacher Springprozession: voran kam man dennoch, wenn auch langsam.

Natürlich konnten die für die Zukunft Europas Verantwortlichen nicht alles der wohltätigen Zeit überlassen, es bedurfte von Zeit zu Zeit deutlicher Anstöße. Die Entscheidung, ab 1993 den gemeinsamen Binnenmarkt zu wagen und das Ziel der realen politischen Union anzustreben, war ein solcher Anstoß, die Abmachungen von Schengen und Maastricht erfüllten die nämliche Funktion. Immer kam es darauf an, den Weg zum Vereinten Europa irreversibel zu machen. Aber je enger Europa zusammenwuchs, desto schroffer artikulierten sich regionale Besonderheiten, es kam zu einer Rückbesinnung auf nationale Identitäten, es zeigte sich, daß Europa eine höhere Stufe der politischen Dialektik war: es kam nicht darauf an, alte Traditionen, Strukturen „abzuschaffen", etwa im Bereich der Währung anstelle der D-Mark den „Ecu" zu setzen, sondern auf einer höheren Ebene „aufzuheben".

Das war kompliziert, aber nicht aussichtslos, zumal im Rahmen der nuklearen Abschreckungspolitik die Welt schon eine Lektion in politischer Dialektik einigermaßen gelernt hatte. Gerade diese verknüpfte sich seit Mitte der achtziger Jahre enger mit dem europäischen Problem; unter den vielen Kürzeln dieser Jahre gewann eines zunehmend an Gewicht.

Die „Konferenz für Sicherheit und Zusammenarbeit in Europa" hatte sich inzwischen von einer Propagandaveranstaltung des Ostblocks zu einer ernstzunehmenden Alternative des traditionellen West-Ost-Konfrontationsmusters gemausert. Der Name der finnischen Hauptstadt Helsinki stand für einen Prozeß, der am Ende die Organisationen des Ostblocks und des Warschauer Pakts überwinden, NATO und WEU in das „europäische Haus" einladen sollte.

Man darf bezweifeln, daß diese Entwicklung von der Sowjetunion unter Breschnew und seinen beiden Nachfolgern Andropow und Tschernenko von Anfang an gewollt worden ist. Wahrscheinlicher bleibt die Deutung, daß die UdSSR mit Hilfe der KSZE im westlichen Lager Zwietracht säen wollte, um die Nachrüstungsdebatte zu ihren Gunsten zu entscheiden. Nun sollte jedoch so etwas wie ein Zauberlehrlingseffekt eintreten: die Geister, die der Kreml rief, wurde er nicht mehr los. Indem die Sowjetunion den in „Korb drei" verankerten Prinzipien der Menschenrechte zustimmte – zustimmen mußte, um alles zu retten –, setzte sie ungewollt einen Mechanismus in Gang, der ihre Herrschaft in Europa zerstörte, am Ende sie selbst. Was der seinerzeit vielbelächelte amerikanische Präsident Jimmy Carter zu einer Sache des Weltgewissens gemacht hatte, wurde nun politisch relevant, die Menschen entsannen sich ihrer unverbrüchlichen Menschenrechte und suchten sie protestierend und demonstrierend durchzusetzen – das erinnerte an Entwicklungen, wie man sie in der Startphase der amerikanischen, dann der großen französischen Revolution auch hatte beobachten können. Nur daß diesmal nicht bloß ein Staat betroffen war, sondern die gesamte Staatengemeinschaft des Warschauer Paktes. Dem war damit das Todesurteil gesprochen.

Michail Gorbatschow mußte also nicht bei Null anfangen, auch er stand mitten im Strom der Geschichte. Wie einst Bismarck, mußte auch der noch junge, dynamische Generalsekretär dem Prinzip des „unda fert nec regitur" gehorchen – aber daß die Welle ihn am Ende verschlingen sollte, das hat er 1985, als er an die Macht kam, sicherlich nicht vorausgesehen.

Auch „der Westen" begriff lange nicht, daß man seit 1985 vor einer Zeitenwende säkularen Zuschnitts stand. Ganz im Gegenteil: Die sichtbaren Schwächeanzeichen waren auf das Unvermögen der alten Riege im Kreml zurückgeführt worden; nach dem Tod Tschernenkos schien nun endlich wieder ein kraftvoller Politiker dort das Heft in die Hand zu nehmen. Mochte dieser schon ganz am Anfang seiner Herrschaft davon sprechen, es gelte „Glasnost" und „Perestroika" zu Maximen der politischen Kultur in der Sowjetunion zu machen – Reagan, Thatcher, Kohl witterten dahinter nur propagandistische Tricks – à la Goebbels, wie der historisch angeblich beschlagene deutsche Bundeskanzler sogar meinte.

Solches Mißtrauen war aufgrund der Erfahrungen aus der Vergangenheit sicherlich nicht unangebracht, hatten sich Reform- und Entspannungsphänomene in der UdSSR doch immer noch als ephemer erwiesen. Die KPdSU und ihr Herrschaftsapparat schienen unerschütterlich fest im Sattel zu sitzen – gerade darum war man den Staaten des Ostblocks von westlicher Seite immer wieder resignierend entgegengekommen.

Diese begannen sich seit Mitte der achtziger Jahre in oft dramatischem Prozeß von der Sowjetunion zu distanzieren, politisch zu emanzipieren; in ganz Osteuropa setzte ein Veränderungsprozeß ein, der zunehmend revolutionäre Charakterzüge annahm. Wegbereiter war erneut Polen, das die Diktatur der kommunistischen Partei zuerst in Frage stellte, dann konsequent abschüttelte. Das streifte, wie manche westliche Beobachter befürchteten, oft hart an den Rand des Krieges, war die berüchtigte Breschnew-Doktrin formell doch immer noch in Kraft, und immer noch hätte der Westen sich gehütet, militärisch einzugreifen, wenn die Freiheitsbewegung in Polen, dann auch schon Ungarn, von der Roten Armee im Blut erstickt worden wäre. Es war also keineswegs die Hoffnung auf einen tatkräftigen Westen, die den Erosionsprozeß auslöste, ausschlaggebend wurde vielmehr die Politik der Sowjetunion, genauer: die von Gorbatschow.

Dieser verstand es, zwei Dinge gleichzeitig zu tun: Im Inneren riß er rasch und konsequent eine Machtposition nach der anderen an sich, am Ende war er auch Staatspräsident – diese Machtfülle aber war Voraussetzung für die Einleitung eines fundamentalen Reformprozesses, wie ihn die Sowjetunion seit Lenins Zeiten noch niemals erlebt hatte. Die List der Vernunft leitete Gorbatschow dann zu ganz anderen Zielen als denen, die er in zahlreichen Büchern und Reden propagiert hatte: Er wurde zum Getriebenen, nahm die Herausforderung jedoch an, er verweigerte sich dem Fortschritt nicht, suchte sich an seine Spitze zu setzen und löste damit jene Lawine aus, die das kommunistische System schließlich begrub. Der ehrlich gemeinte Versuch einer Reform der KPdSU an Haupt und Gliedern erwies die Unmöglichkeit der Reform der Partei. Es gab hier nichts zu reformieren. Gorbatschow machte eine Erfahrung, die in der Geschichte ihre Beispiele besaß; so wenig das ancien régime in Frankreich, das zaristische in Rußland, das osmanische in der Türkei sich hatten reformieren lassen, so wenig das bolschewistische in den Republiken der Sowjetunion. Die Ideen und Ideologien des Marxismus erwiesen sich als unfruchtbar, auch in der DDR war Honeckers Manöver des letzten Augenblickes, das einen eigenen Weg zum Sozialismus propagierte – konsequenterweise ohne Reformen –, zum Scheitern verurteilt.

Was einst, 1755, das Erdbeben von Lissabon für das ancien régime, der Untergang der „Titanic" 1912 für den Hochimperialismus gewesen waren, sollte die Reaktorkatastrophe von Tschernobyl 1986 für das sowjetische System werden: ein weithallendes Symbol für den Niedergang einer Ideologie, die den unablässigen „Fortschritt" zum Prinzip erhoben hatte und an der gesellschaftlichen Wirklichkeit spektakulär gescheitert war. Freilich resultierte aus dem Unglück in der Ukraine keine westliche Schadenfreude, zumal die Explosion des Raumgleiters „Challenger" auch den Westen schockierte und viele Menschen nachdenklich stimmte. Die Verletzlichkeit des Raumschiffs Erde drang mit den erschreckenden Meßergebnissen in der irdischen Lufthülle ins allgemeine Bewußtsein. „Ozonloch": das konnte zum „Wort des Jahres" 1987 werden.

Die Schatten einer drohenden ökologischen Katastrophe wurden länger, in Deutschland und Europa bestimmte das Ende der achtziger Jahre eine Revolution, die wohl rein zufällig genau zweihundert Jahre nach dem Beginn der großen Französischen Revolution ausbrach.

Die Ursachen für diese Revolution lagen ähnlich komplex wie die der großen historischen Umwälzungen des 18. und 19. Jahrhunderts; vieles mußte zusammenkommen, um die „mutatio rerum" in Gang zu setzen.

Der Zusammenbruch der sowjetischen Rüstungsspirale in der Amtszeit von Reagan war eine davon, hatte sich die Staatsräson der Sowjetunion in der Vergangenheit doch nahezu ausschließlich um die Hochtechnologie einer hypertrophen Rüstung gedreht, der alles andere rigoros untergeordnet worden war. Was an finanziellen und ökonomischen Ressourcen in dem roten Riesenreich verfügbar war, ist in den absurden Versuch gesteckt worden, den Westen militärisch zu überflügeln, wobei es bis heute durchaus unklar ist, ob dieses Wettrüsten mit dem Ziel einer Weltherrschaft oder der Überwindung eines bloß völlig überzogenen Angsttraumas verfolgt wurde. Sicher scheint, daß das Scheitern dieses gigantischen Projekts die inneren Strukturen der kommunistischen Herrschaft endgültig und irreversibel erschütterte, und dies sowohl auf den Feldern der Wirtschaft und

Finanzen wie im Reich der Stimmungen und Mentalitäten. Gorbatschows Reformkurs ist deswegen oft als eine Art Flucht nach vorne gedeutet worden. Tatsächlich war der Zusammenbruch der Sowjetunion seit 1984 nicht mehr aufzuhalten; Gorbatschow hat ihn keineswegs ausgelöst, sondern ganz im Gegenteil eine „sanfte Landung" versucht. Diese sollte nur auf Kosten der Existenz der Sowjetunion selbst am Ende möglich sein, es bedurfte eines langen, schmerzhaften Lernprozesses, in dessen Mittelpunkt neben Gorbatschow Persönlichkeiten wie Schewardnadse und Boris Jelzin standen, um die sich hieraus ergebenden Konsequenzen zu akzeptieren. Daß der Dissoziationsprozeß alles in allem friedlich verlief, war durchaus überraschend, denn Umwälzungen dieser Größenordnung pflegten in der Weltgeschichte zumeist mit Bürgerkriegen und äußeren Konflikten einherzugehen. Es scheint, als habe auch hier die Präsenz der Atombombe den Ausschlag gegeben.

Das Machtzentrum Sowjetunion zerfiel, das entband endgültig alle Kräfte in Osteuropa, die bisher unterdrückt und verfolgt worden waren. Der Ostblock zerbrach, die einstigen Satellitenstaaten emanzipierten sich, aber auch das koloniale Vorfeld der Sowjetunion löste sich ab, zuerst im Baltikum, dann in Weißrußland, der Ukraine, viele andere „autonome Republiken" folgten; so wie einst dem britischen Empire ein lockerer Staatenverband, das „Commonwealth of Nations", gefolgt war, sollte die „Gemeinschaft der unabhängigen Staaten" ein loses Band um die ehemaligen Sowjetterritorien legen – aber allein die widersinnige Bezeichnung „Gemeinschaft unabhängiger Staaten" läßt vermuten, daß dieser Versuch bald scheitern wird.

Die Loslösung der einzelnen Staaten des ehemaligen Ostblocks erfolgte nicht gleichzeitig, sondern nacheinander, auch dies ließ den Transformationsprozeß weniger abrupt erscheinen, als er es in Wirklichkeit war. Wie nahezu immer in der Vergangenheit, besaß die Freiheitsbewegung in Polen und Ungarn eine besondere Qualität, die übrigen Staaten, so die Tschechoslowakei, Bulgarien und Rumänien, wurden in die revolutionäre Bewegung hineingezogen, einzig und allein die DDR erschien bis 1989 als „rocher de bronce" des kommunistischen Systems –

tatsächlich vermochte auch im Westen sich kaum jemand vorzustellen, daß dieser getreueste Satellit Moskaus auch noch abtrünnig werden könnte. Solange die gebeutelte Sowjetunion aber an der Elbe auch militärisch präsent war – solange konnte von einer wirklichen Revolution in Europa keine Rede sein. Viele zitierten Lenins bekannte Maxime, die immer noch Gültigkeit zu beanspruchen schien: wer Deutschland besaß, beherrschte Europa – wer das halbe Deutschland besaß, konnte immerhin noch Osteuropa beherrschen.

Es war daher kein Wunder, daß den überall aufbrandenden Freiheitsbewegungen in den übrigen Ostblockstaaten eine solche in der DDR anscheinend nicht folgen wollte. Außerdem stand es mit dem revolutionären Image der Deutschen seit jeher schlecht – daß Ruhe die erste Bürgerpflicht sei, schien weiter zu gelten, in der Bundesrepublik wußten viele gescheite Feuilletonisten messerscharf zu beweisen, daß das für die Deutschen auch am besten sei.

Die Dissidenten- und Friedensbewegung in der DDR wurde daher in Westdeutschland kaum zur Kenntnis genommen, immer noch schien es vielen Intellektuellen „vernünftiger" zu sein, mit dem Honeckerregime zu verhandeln, der „Sonderzug nach Pankow" stand ständig unter Dampf, kurz und gut: die Westdeutschen hatten mit der osteuropäischen Revolution nicht nur nichts zu tun, die Ostdeutschen schienen zum Hort des Konservativismus in Europa zu werden. Und brach rings um die Deutschen eine Welt auseinander – sie blieben dem alten Adenauerschen Slogan verpflichtet: „Keine Experimente".

Vom Oktober 1990 her gesehen kann man das alles kaum noch glauben. Wohl niemals zuvor in der deutschen Geschichte haben sich die „Experten" blamabler geirrt als in den letzten Monaten, die dem Umsturz in der DDR vorausgingen.

Dabei standen seit dem Frühherbst 1989 die Menetekel überdeutlich an der Wand: das mit verkrampftem Bombast gefeierte Jubiläum zum 40. Geburtstag der DDR wirkte gespenstig und lächerlich, unübersehbar wurde die Distanz zwischen Honeckers Ostberlin und dem Moskau Gorbatschows, dessen sibyllinischer Glückwunsch: „Wer zu spät kommt, den bestraft das Leben", jedermann in Ost und West aufhorchen ließ.

Für das Regime im Osten läutete die Öffnung des Eisernen Vorhanges durch Ungarn dann das Ende ein. Dem war eine dramatisch anschwellende Fluchtbewegung vorausgegangen, der die Machthaber in der DDR völlig ratlos gegenüberstanden. Vergeblich suchten sich in Ostberlin die „Falken" durchzusetzen, nicht Großzügigkeit und Großmut, nicht auch Einsicht ins Unvermeidliche führten dazu, die Botschaftsflüchtlinge aus Warschau und Prag passieren zu lassen – es war die pure Hilflosigkeit eines Systems, das trotz einer grotesk aufgeblähten „Staatssicherheit" keine Ahnung davon hatte, was im Land vor sich ging. Die Anwendung von Gewalt gegen die Montag für Montag in Leipzig und zahlreichen anderen Städten der DDR demonstrierenden und protestierenden Menschenmassen konnte das Regime um so weniger wagen, als diese Demonstrationen so demonstrativ gewaltlos waren, daß daran jede Staatsgewalt zuschanden werden mußte. Seit den sagenhaft fernen Tagen Gandhis hatte es das nicht mehr gegeben: Hunderttausende von Menschen, oft mit brennenden Kerzen in der Hand, gingen auf die Straßen, tief durchdrungen von der Gerechtigkeit ihrer Sache, unendlich stark im Angesicht einer Staatsmacht, die darauf nichts mehr zu antworten wußte. Die brutale Niederschlagung der chinesischen Freiheitsbewegung in Peking, von Honecker und Konsorten begrüßt und gelobt, machte freilich auch die Montagsdemonstrationen für die Menschen zu einer unkalkulierbaren Gefahr, tatsächlich wurde im Politbüro der SED mehr als einmal eine „chinesische Lösung" erwogen. Es war die schiere Masse und der wundersame Mut der Masse, die alle Repressionsmittel wirkungslos machten – das unterschied diese deutsche Revolution von allen vorangegangenen, das war das endgültige Entrée der deutschen Geschichte in den Kreis der revolutionären Völker Europas.

Derweil sahen die saturierten, satten, von der NATO gesicherten Westdeutschen dem Geschichtsdrama von „drüben" mit wachsender Ungläubigkeit via Fernsehschirm zu. Auch im Herbst 1989, in den kritischen ersten Oktobertagen, als alles auf des Messers Schneide zu stehen schien, rührte sich hier keine Hand, der Intellektuellenszene verschlug es buchstäblich die

Sprache, als in Leipzig und Ostberlin hunderttausendfach der Ruf erscholl: „Wir sind das Volk“, und noch unfaßbarer reagierten sie, als daraus „Wir sind ein Volk“ wurde. Die „Brüder und Schwestern im Osten“ waren und blieben auf sich selbst gestellt, deswegen war das, was 1989 geschah, zwar eine veritable deutsche Revolution – aber eine gleichsam „halbe“ deutsche Revolution.

Und dennoch: das Stillhalten der Bundesrepublik, das vorsichtig geschickte Lavieren und Taktieren, in dessen Mittelpunkt der in Halle geborene dienstälteste Außenminister der Welt, Hans-Dietrich Genscher, stand, war möglicherweise effektiver, als es eine emotionale Volksbewegung im Westen hätte sein können. Die unaufhaltsam revolutionären Veränderungsprozesse mußten auf höchster diplomatischer Ebene abgesichert werden – und zwar sowohl nach Osten wie nach Westen. Immer noch war die Bundesrepublik nicht im vollen Sinne souverän, immer noch oblag den vier alliierten „Siegermächten“ – so nannte man sie nun wieder – die Verantwortung für ganz Deutschland; sollte die „Deutsche Frage“, seit 1815 ständig auf der Tagesordnung der Geschichte, diesmal endgültig gelöst werden, so konnte dies niemals nach den Mustern und Modellen der Vergangenheit gelingen. Weder ein „Deutscher Bund“ noch ein Bismarckreich konnten Pate stehen – diesmal hing alles davon ab, ob das seit 1945 so mühsam und zäh gezimmerte europäische Fundament tragfähig war. Gorbatschows Idee des „Europäischen Hauses“ bettete nun aber auch vom „Osten“ her das deutsche Problem in einen weiten Bezugsrahmen, weiter als je zuvor in der deutschen Geschichte.

Etwas anderes kam hinzu: Die Deutschen hatten gelernt, daß Begriffe wie „Entspannungspolitik“, „friedliche Koexistenz“, „Wandel durch Annäherung“ nur dann erfolgversprechend sein konnten, wenn an den real existierenden Machtverhältnissen in Europa nicht prinzipiell gerüttelt wurde. Der Grundsatz des friedlichen Wandels war den Deutschen als Kernstück ihrer eigenen Staatsräson fünfundvierzig Jahre lang in immer neuen Variationen eingehämmert worden. Deswegen schien es auch im Herbst 1989 vernünftig, nicht etwa auf einen Staatsumsturz in der DDR, gar auf den Untergang dieses Staates hinzuwirken, sondern den friedlichen Reformkräften – wie in Polen, Ungarn, der CSSR – zum Durchbruch zu verhelfen. Noch einige Wochen nach dem 9. November 1989 hielt die Bundesrepublik an dieser Idee fest, lediglich eine lockere „Vertragsgemeinschaft“ oder „Konföderation“ sollte die beiden deutschen Staaten miteinander verbinden.

In der Nacht vom 9. zum 10. November 1989 brach dieses Gerüst aus historischer Erfahrung und politischer Vernunft krachend zusammen – wie die Mauer in Berlin selbst.

Die in alle Welt transportierten Fernsehbilder machten schlagartig eins deutlich: entgegen aller Analysen aus der Vergangenheit, entgegen auch aller klugen Rezepte aus den sechziger und siebziger Jahren brach sich das Einheitsgefühl der Deutschen so elementar Bahn, daß niemand mehr in der Lage gewesen wäre, den Wiedervereinigungsprozeß aufzuhalten. Keine Auguren und keine Demoskopen, keine Politologen und keine Soziologen hatten das vorausgesehen und für möglich gehalten. Die ungeheure Wucht, mit der in den dem 9. November 1989 folgenden Tagen und Wochen die deutsche Geschichte fortgerissen wurde, erlaubte nur noch atemloses Hinterherhecheln derjenigen, die politisch verantwortlich waren. Mit letzter Kraft, so scheint es, haben sie den Zug zur Deutschen Einheit noch erreicht, mit äußersten Anstrengungen nur gelang es wieder einmal in der Geschichte der Bundesrepublik, einen unvermeidlichen Wandel – diesmal den größten aller anzunehmenden – geschmeidig und damit doch noch kontrolliert durchzusetzen. Das war die Frucht eines vierzigjährigen demokratisch-freiheitlichen Lernprozesses.

Schon oft hatte sich in Deutschland und Europa die Geschichte dramatisch beschleunigt – das war zwischen 1792 und 1815 ebenso wie 1848, 1864–1871, 1914–1918 und 1933 bis 1945 der Fall gewesen. Rascher freilich als 1989/90 hat sich ein fundamentaler Wandel noch niemals vollzogen. Was in „normalen“ Zeiten Jahre und Jahrzehnte beansprucht hätte, vollzog sich nun innerhalb weniger Wochen und Monate; noch war kein Jahr seit der Öffnung der Mauer vergangen, als Deutschland wiedervereinigt,

Europa nach 1990

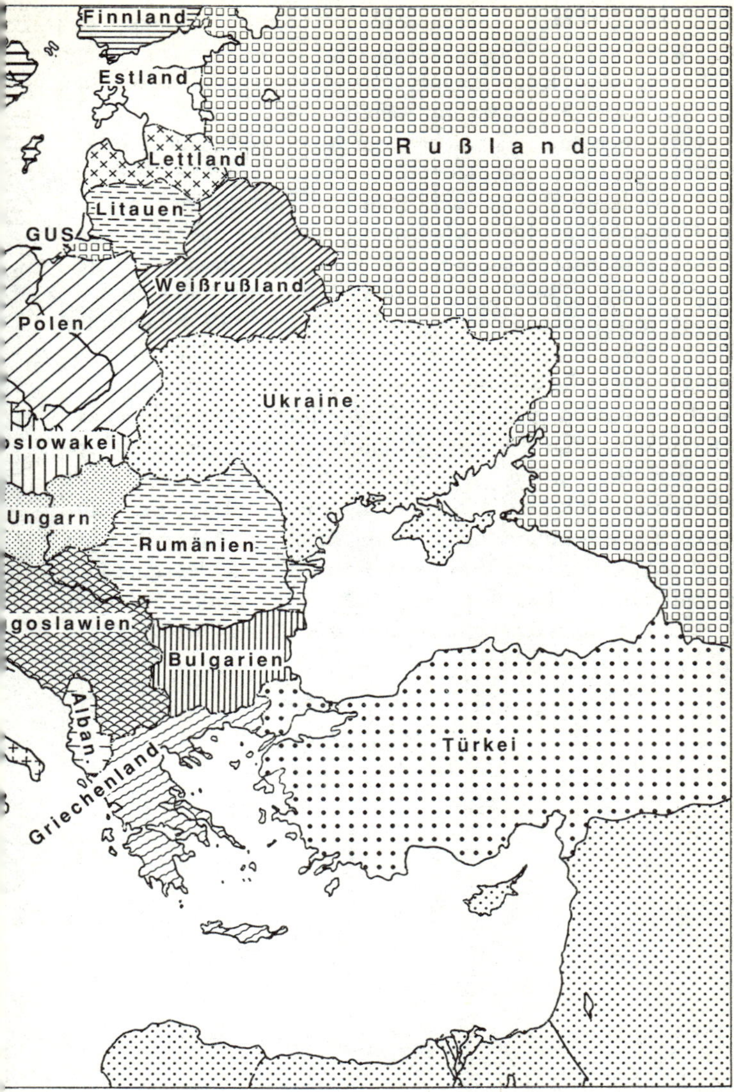
Finnland
Estland
Rußland
Lettland
Litauen
GUS
Weißrußland
Polen
Ukraine
slowakei
Ungarn
Rumänien
goslawien
Bulgarien
Alban.
Türkei
Griechenland

die „Deutsche Frage“ abschließend gelöst war. Vielen ist dies damals wie ein Traum vorgekommen, wie eine Vision, die sich verwirklichte, selbst kaltschnäuzig-schnoddrigen Kabarettisten fiel nur noch das Wort „Wahnsinn!“ ein.

Man braucht nun nicht mehr zu schildern, wie zuerst die Westmächte, dann auch die Sowjetunion Gorbatschows den Weg zur deutschen Einheit freigemacht haben, wie unter dem Eindruck der siegreich fortschreitenden Revolutionsidee die alten Konfrontationsmuster zusammenbrachen, in den „Vier plus Zwei“-Gesprächen die Bedingungen für die Wiedervereinigung ausgehandelt wurden. Soviel ist sicher: Nach 1945 bildete das Jahr 1989/90 für die Geschichte Deutschlands und des größten Teiles Europas die wichtigste Zäsur des Jahrhunderts, man kann darüber sinnieren, ob wir nicht schon zehn Jahre vor seinem kalendermäßigen das Ende des 20. Jahrhunderts miterlebt haben. Wer den Blick in die Vergangenheit richtete, dem mochte es scheinen, als schließe sich ein gewaltiger Bogen. Das durch mindestens drei Jahrhunderte sich hindurchziehende Ringen um den Platz Deutschlands in Europa ist beendet – die deutsche Geschichte aber, so hat, wie erinnerlich, es der Bundespräsident Richard von Weizsäcker einmal ausgedrückt, „geht weiter“.

Zeittafel

von Rüdiger Wenzel

Deutscher Vormärz

8. Juni 1815	Mit der Bundesakte konstituiert sich der Deutsche Bund, unter Leitung Österreichs gebildet von 37 souveränen Fürsten und 4 freien Städten.
1815	Gründung der Jenaischen Burschenschaft (Urburschenschaft mit den Farben schwarz-rot-gold).
1817	Wartburgfest der deutschen Burschenschaften.
1818	Konstitutionelle Verfassungen in Bayern und Baden.
August 1819	Karlsbader Beschlüsse: Verbot der Burschenschaft, Vorzensur für Zeitungen und Druckschriften, Entlassung „revolutionärer" Hochschullehrer.
8. Juli 1820	Wiener Schlußakte.
1821–1829	Griechischer Unabhängigkeitskrieg.
1828/29	Russisch-Türkischer Krieg.
1830	Julirevolution in Frankreich.
ab August	Revolution in Brüssel führt zur Unabhängigkeit Belgiens.
1830/31	Nach der französischen Julirevolution Unruhen in einigen deutschen Bundesstaaten.
27. Mai 1832	Hambacher Fest.
4. Juni	Parlamentsreform in Großbritannien konsolidiert die zentrale Stellung des Unterhauses.
1833	Deutscher Zollverein: wirtschaftlicher Zusammenschluß der meisten deutschen Staaten unter Führung Preußens, unter Ausschluß von Österreich.
3. April	Frankfurter Wachensturm.
1835	Erste deutsche Eisenbahn zwischen Nürnberg und Fürth.
1835–1848	Kaiser Ferdinand I. von Österreich.
1836–1841	Kölner Kirchenstreit fördert die Politisierung des Katholizismus.
1837	Auflösung der Personalunion zwischen Hannover und Großbritannien.
1837–1914	Viktorianisches Zeitalter in Großbritannien, 1837– 1901 Königin Viktoria.
1839	Verbot der Kinderarbeit in Preußen, Beginn der Arbeitsschutzpolitik.

1839–1841	Orientalische Krise.
1840–1861	König Friedrich Wilhelm IV. von Preußen.
1844	Weberaufstand in Schlesien.
1847	Allgemeines deutsches Sängerfest in Lübeck.

Die Revolution 1848/49

Februar 1848	Revolutionäre Aufstände führen in Frankreich zur Abdankung des Königs und der Einführung der Republik.
Februar	Kommunistisches Manifest.
Februar/März	Märzrevolution in mehreren süddeutschen Staaten.
13.–15. März	Aufstand in Wien, Sturz von Klemens Fürst Metternich, seit 1809 österreichischer Außenminister und seit 1821 Staatskanzler.
18. März	Unruhen in Berlin.
20. März	Abdankung des bayerischen Königs Ludwig I. zugunsten von Maximilian II. (1848–1864).
31. März	Zusammentritt des Vorparlaments in Frankfurt.
April	Eine republikanische Erhebung in Baden (F. Hecker, G. v. Struve, G. Herwegh) wird schnell unterdrückt.
12. April	Bundestag beschließt die gewaltsame Räumung Schleswigs von dänischen Truppen.
3. April–8. Mai	Ausarbeitung einer erbkaiserlich-föderativ-konstitutionellen Verfassung.
18. Mai	Deutsche Nationalversammlung in der Frankfurter Paulskirche eröffnet.
29. Juni	Die Deutsche Nationalversammlung wählt Erzherzog Johann von Österreich zum Reichsverweser.
22. Juli	Konstituierung des österreichischen Reichstages.
23. August–3. September	Erster Allgemeiner Deutscher Arbeiterkongreß in Berlin, Leitung Stephan Born.
21.–25. September	2. badischer Aufstand.
2. Dezember	Abdankung Kaiser Ferdinand I. von Österreich, Franz Joseph I. Kaiser von Österreich 1848–1916.
5. Dezember	Auflösung der preußischen Nationalversammlung und Oktroyierung einer Verfassung.
10. Dezember	Louis Napoleon Bonaparte siegt bei den Präsidentschaftswahlen in Frankreich.
4. März 1849	Auflösung des österreichischen Reichstages und Oktroyierung einer Verfassung, die die Erhaltung des österreichischen Gesamtstaates voraussetzt.
April/Mai	Mairevolution.
9.–15. Mai	Einsetzen der preußischen Unionspolitik.
30. Mai	Verlegung des Rumpfparlaments nach Stuttgart, dort am 18. Juni gewaltsam aufgelöst.

Juni/Juli	Niederwerfung der Badener Aufständischen.
29. November 1850	Olmützer Punktation zwischen Österreich und Preußen.
Mai 1851	Wiederherstellung des Deutschen Bundes.
1851/52	Sylvesterpatent: Errichtung einer neoabsolutistischen Regierungsweise in Österreich.
2. Dezember 1852	Louis Bonaparte besteigt als Napoleon III. den Thron von Frankreich.
1854	Prinz Wilhelm Regent in Preußen, 1861–1888 als Wilhelm I. König von Preußen und ab 1871 zugleich Deutscher Kaiser.
1853–1856	Krimkrieg.
1859/60	Österreich verliert die Lombardei und muß das absolutistische Herrschaftssystem aufgeben.
1861	Manifest über die Bauernbefreiung in Rußland.
1862–1866	Verfassungskonflikt in Preußen.
23. September 1862	Ernennung Otto von Bismarcks zum Preußischen Ministerpräsidenten.
1863	Gründung des Allgemeinen deutschen Arbeitervereins.
22. Januar 1863	Polnischer Aufstand.
1864	Krieg Österreichs und Preußens gegen Dänemark, 18. April Erstürmung der Düppeler Schanzen.
30. Oktober	Frieden von Wien: Dänemark tritt Schleswig, Holstein und Lauenburg an Preußen und Österreich ab.
1865	Vertrag von Gastein: Die Ausübung der gemeinsamen Rechte in den Herzogtümern steht in Holstein Österreich, in Schleswig Preußen zu.
15. Juni–26. Juli 1866	„Deutscher Krieg“ um die Vorherrschaft in Deutschland der kleineren norddeutschen Staaten mit Preußen gegen die süddeutschen und Österreich.
23. August	Frieden von Prag: Österreich stimmt der Auflösung des Deutschen Bundes zu. Ausschluß von der Bildung des deutschen Nationalstaates, Verlust von Venetien an Italien.
20. September	Preußen annektiert Hannover, Kurhessen Nassau und Frankfurt a. M.
1866/67	Gründung des Norddeutschen Bundes unter Führung von Preußen, 12. Februar 1967 Konstituierung des norddeutschen Reichstages.
15. August 1867	Zweite Wahlrechtsreform in Großbritannien.
1867	Sog. Ausgleich: Umgestaltung Österreichs in die Doppelmonarchie Österreich-Ungarn.
1867/68	Deutscher Zollverein: durch Zollbundesrat und Zollparlament politische Verklammerung von Norddeutschem Bund und den vier süddeutschen Staaten.

8. September 1869	„Empire libéral“: Beginn der Parlamentarisierung in Frankreich.
1869/70	1. Vatikanisches Konzil: Dogma der päpstlichen Unfehlbarkeit.
1869	Gründung der Sozialdemokratischen Arbeiterpartei in Eisenach (A. Bebel und W. Liebknecht).

Das Deutsche Reich unter Führung von Bismarck 1867/1871–1890

13. Juli 1870	Emser Depesche.
1870/71	Deutsch-Französischer Krieg.
1. September	Schlacht bei Sedan, Napoleon III. gerät in Gefangenschaft.
4. September	Sturz des französischen Kaisertums, Frankreich wird Republik.
9. Oktober	Rom wird Hauptstadt des geeinten Italien.
18. Januar 1871	Ausrufung von Wilhelm I. von Preußen zum Deutschen Kaiser in Versailles.
10. Mai	Frieden von Frankfurt a. M.: Frankreich tritt Elsaß und Lothringen ab.
28. Mai	Fall der Pariser Kommune.
1872	Preußisches Schulaufsichtsgesetz: Verstaatlichung der Schulaufsicht, Ausschluß katholischer Ordensangehöriger vom Lehrberuf.
1873	Wirtschaftskrise nach den „Gründerjahren“.
22. Oktober	Dreikaiserabkommen zwischen Österreich, Rußland und dem Deutschen Reich.
1875	Brotkorbgesetz: Sperrung staatlicher Zuschüsse an die Katholische Kirche.
Juni 1878	Berliner Kongreß.
21. Oktober	Sozialistengesetz: Ausnahmegesetz „gegen die gemeingefährlichen Bestrebungen der Sozialdemokratie“.
1879	Zweibund: Verteidigungsbündnis Österreichs mit dem Deutschen Reich gegen Rußland.
1881	Dreikaiservertrag: Geheimes Neutralitätsabkommen zwischen dem Deutschen Reich, Österreich-Ungarn und Rußland auf 3 Jahre.
1882	Geheimer Dreibundvertrag zwischen dem Deutschen Reich, Österreich-Ungarn und Italien.
1883	Einführung der Krankenversicherung.
1884	Unfallversicherungsgesetz.
6. Dezember	Dritte Wahlrechtsreform in Großbritannien öffnet der Arbeiterschaft die politische Mitbestimmung.
1884/85	Gründung deutscher Kolonien.

1887	Rückversicherungsvertrag: Geheimes Neutralitätsabkommen zwischen Rußland und dem Deutschen Reich.
1888	Dreikaiserjahr, nach Wilhelm I. folgt Kaiser Friedrich III. und schon nach drei Monaten sein Sohn als Kaiser Wilhelm II. bis 1918.
1889	Einführung der Alters- und Invaliditätsversicherung.
20. März 1890	Entlassung Bismarcks.

Das Zeitalter Kaiser Wilhelms II. 1890–1914

1890–1894	Reichskanzler Leo Graf von Caprivi.
1. Juli 1890	Helgoland-Sansibar-Abkommen: deutsch-britische Annäherung.
1890	Zusammenschluß der sozialistischen Gewerkschaften zur Freien Gewerkschaft Deutschlands, Vorsitzender Karl Legien.
1890/91	Arbeiterschutzgesetzgebung.
1891	Sozialenzyklika „Rerum Novarum".
1892	Russisch-französische Militärkonvention.
1894–1900	Reichskanzler Clodwig Fürst zu Hohenlohe-Schillingsfürst.
1898	Erstes Flottengesetz: Ausbau der deutschen Kriegsflotte.
1898/99	Dreyfus-Affäre in Frankreich.
1899	Erste Haager Friedenskonferenz, Gründung des Haager Schiedsgerichts.
1899–1902	Burenkrieg.
1900–1909	Reichskanzler Graf Bernhard von Bülow.
1900–1913	Ausbau der Sozialgesetzgebung mit Zustimmung der SPD.
1902	Geheimvertrag Frankreichs mit Italien.
1904	Entente cordiale Frankreich–Großbritannien.
1904/05	Russisch-japanischer Krieg.
1905/06	Erste Marokkokrise: Beginn der deutsch-britischen Flottenrivalität.
1907	Zweite Haager Friedenskonferenz, Erlaß der Haager Landkriegsordnung.
28. Oktober 1908	Daily-Telegraph-Affäre.
1909–1917	Reichskanzler Theobald von Bethmann Hollweg.
1909	Reichsfinanzreform.
1911	Zweite Marokkokrise.
1911/12	Italienisch-türkischer Krieg.
1912	Französisch-russische Marinekonvention.
1912/13	Balkankriege.

Der Erste Weltkrieg

28. Juni 1914	Die Ermordung des österreichischen Thronfolgers durch großserbische Nationalisten löst den Ersten Weltkrieg aus.
28. Juli	Österreich erklärt Serbien den Krieg.
1. August	Deutschland erklärt Rußland am 3. August den Krieg, dann Frankreich.
4. August	Kriegseintritt Englands nach deutscher Verletzung der belgischen Neutralität.
4. August	Alle Parteien im Reichstag bewilligen die Kriegskredite, innenpolitischer Burgfriede.
26.–30. August	Schlacht bei Tannenberg.
5.–12. September	Schlacht an der Marne.
Februar–Juli 1916	Verdun-Offensive.
31. Mai/1. Juni	Skagerrakschlacht.
Juni–November	Schlacht an der Somme.
12. Dezember	Friedensdeklaration der deutschen Reichsleitung.
12. März 1917	Russische Februarrevolution.
6. April 1917	Kriegserklärung der USA an das Deutsche Reich.
11. April	Abspaltung der USPD von der SPD.
19. Juli	Friedensresolution der Reichstagsmehrheit.
7. November	Oktoberrevolution in Rußland.
15. Dezember	Waffenstillstand zwischen Rußland und dem Deutschen Reich.
8. Januar 1918	US-Präsident Wilson gibt 14 Punkte bekannt, die als Richtlinie für den Frieden dienen sollten.
3. März	Frieden von Brest-Litowsk zwischen Rußland und den Mittelmächten.
8.–11. August	Schlacht bei Amiens.
21. Oktober	Revolution in Wien, 30. Oktober Gründung Deutsch-Österreichs.
3. November	Waffenstillstand zwischen Österreich-Ungarn und den Alliierten.
3./4. November	Aufstand der Matrosen in Kiel.
7. November	Revolution in München.
9. November	Abdankung des Kaisers, Revolution in Berlin, Ausrufung der Republik durch Philipp Scheidemann, Übertragung der Regierungsgeschäfte an den Vorsitzenden der SPD, Friedrich Ebert.
10. November	Bildung des Rates der Volksbeauftragten.
11. November	Waffenstillstand von Compiègne.

Die Weimarer Republik

1919/1920	Friedenskonferenz in Paris.
6.–15. Januar 1919	Spartakusaufstand in Berlin.
15. Januar	Ermordung von Rosa Luxemburg und Karl Liebknecht.
19. Januar	Wahlen zur Nationalversammlung.
11. Februar	Friedrich Ebert Reichspräsident.
13. Februar	Philipp Scheidemann (SPD) Reichskanzler.
29. April	Verfassung des Völkerbundes angenommen.
21. Juni	Gustav Bauer (SPD) Reichskanzler.
28. Juni	Deutsche Unterzeichnung des Versailler Friedensvertrages.
11. August	Weimarer Reichsverfassung in Kraft.
September	Erzbergersche Reichsfinanzreform.
10. September	Österreich unterzeichnet den Friedensvertrag mit den Alliierten.
10. Februar 1920	Volksabstimmung in Nordschleswig, die erste Zone fällt an Dänemark.
März–Oktober	Russisch-polnischer Krieg.
13.–17. März	Kapp-Lüttwitz-Putsch, am passiven Widerstand der Ministerialbürokratie und am Generalstreik der Gewerkschaften gescheitert.
27. März	Hermann Müller (SPD) Reichskanzler.
25. Juni	Konstantion Fehrenbach (Z) Reichskanzler.
15. November–18. Dezember	Erster Zusammentritt der Völkerbundversammlung in Genf.
1921	Washingtoner Konferenz.
27. April	Festsetzung der Reparationen auf 132 Mrd. Goldmark.
2. Mai	Beginn der Kämpfe um Oberschlesien (Korfanty).
10. Mai 1921	Joseph Wirth (Z) Reichskanzler.
10. April–19. Mai 1922	Konferenz von Genua.
16. April	Deutsch-sowjetischer Sondervertrag von Rapallo.
August	Beginn der Hyperinflation.
28. Oktober	„Marsch auf Rom“ Beginn der faschistischen Machtergreifung in Italien.
November–Juli 1923	Friedenskonferenz in Lausanne.
22. November	Wilhelm Cuno Reichskanzler.
11. Januar 1923	Einmarsch der Franzosen ins Ruhrgebiet, Beginn des Ruhrkampfes, abgebrochen am 12. August.
13. August	Gustav Stresemann (DVP) Reichskanzler.
21. Oktober	Ausrufung der Rheinischen Republik in Aachen.

8./9. November	Hitler-Putsch in München.
15. November	Ende der Inflation, Einführung der Rentenmark.
23. November	Wilhelm Marx (Z) Reichskanzler.
9. April 1924	Vorlage des Dawesplans.
16. August	Londoner Abkommen.
29. August	Dawesplan vom Reichstag angenommen.
15. Januar 1925	Hans Luther Reichskanzler.
28. Februar	Tod des Reichspräsidenten Friedrich Ebert.
26. April	Generalfeldmarschall Paul v. Hindenburg zum Reichspräsidenten gewählt.
14. Juli	Beginn der Räumung des Ruhrgebietes.
5.–16. Oktober	Konferenz von Locarno.
24. April 1926	Freundschafts- und Neutralitätsvertrag mit der Sowjetunion.
26. Mai	Wilhelm Marx erneut Reichskanzler.
20. Juni	Volksentscheid über die entschädigungslose Enteignung der Fürsten gescheitert.
8. September	Aufnahme des Deutschen Reiches in den Völkerbund.
18. November	Gründung des British Commonwealth of Nations.
4.–23. Mai 1927	Weltwirtschaftskonferenz in Genf.
16. Juli	Gesetz zur Zwangsversicherung gegen Arbeitslosigkeit.
28. Juni 1928	Hermann Müller erneut Reichskanzler.
27. August	Unterzeichnung des Kelloggpakts: Verzicht auf Krieg als Werkzeug internationaler Politik.
9. Februar 1929	Litwinow-Protokoll: Nichtangriffspakt zwischen der Sowjetunion, Rumänien, Polen, Lettland, Estland.
7. Juni	Young-Plan zur endgültigen Regelung der Reparationsfrage, angenommen im Januar 1930.
25. Oktober	Schwarzer Freitag an der New Yorker Börse leitet die Weltwirtschaftskrise ein.
22. Dezember	Volksentscheid über den Youngplan gescheitert.
3.–20. Januar 1930	Zweite Haager Konferenz: Regelung der Reparationsfrage auf Grundlage des Youngplans.
27. März	Sturz der Regierung Müller (SPD), der letzten parlamentarischen Regierung der Weimarer Republik.
29. März	Heinrich Brüning (Z) Reichskanzler.
14. September	Bei den Reichstagswahlen wird die NSDAP zweitstärkste Fraktion.
13. Juli 1931	Zusammenbruch der Darmstädter- und Nationalbank: allgemeiner Bankkrach in Deutschland.
11. Oktober	Bildung der Harzburger Front, Neuformierung der nationalistischen Opposition.
16. Dezember	Bildung der Eisernen Front.
Ende Dezember	5,66 Mio Arbeitslose.

10. April 1932	Wiederwahl v. Hindenburgs im 2. Wahlgang zum Reichspräsidenten.
13. April	Verbot von SA und SS, aufgehoben am 14. Juni.
1. Juli	Franz von Papen Reichskanzler.
9. Juli	Konferenz von Lausanne: Ablösung der deutschen Reparationsschuld durch einmalige Abfindungssumme.
17. Juli	Altonaer Blutsonntag.
20. Juli	„Preußenputsch", die geschäftsführende Regierung Braun (SPD) in Preußen wird ihres Amtes enthoben.
3. Dezember	General Kurt von Schleicher Reichskanzler.
11. Dezember	Konferenz der Großmächte in Lausanne: Deutschlands Rüstungsgleichberechtigung wird anerkannt.

Deutschland unter der Herrschaft der Nationalsozialisten

30. Januar 1933	Nationalsozialistische Machtergreifung, Adolf Hitler wird Reichskanzler.
27. Februar	Reichstagsbrand.
Februar–Oktober	Genfer Abrüstungskonferenz.
24. März	Ermächtigungsgesetz.
2. Mai	Auflösung der Gewerkschaften.
14. Oktober	Deutschlands Austritt aus dem Völkerbund.
26. Januar 1934	Nichtangriffspakt zwischen Polen und dem Deutschen Reich.
30. Juni	Sogenannter „Röhm-Putsch".
2. August	Reichspräsident von Hindenburg stirbt. Hitler wird Staatsoberhaupt als Führer und Reichskanzler.
13. Januar 1935	Nach Volksabstimmung Rückgabe des Saargebiets an Deutschland.
16. März	Allgemeine Wehrpflicht in Deutschland.
11.–14. April	Konferenz in Stresa.
18. Juni	Deutsch-britisches Flottenabkommen.
September	Beginn der Abessinienkrise.
15. September	Die „Nürnberger Gesetze" leiten die Entrechtung der jüdischen Bürger ein.
15. Januar 1936	Londoner Flottenkonferenz.
7. März	Deutsche Truppen rücken in das entmilitarisierte Rheinland ein.
18. Juli	Beginn des Bürgerkriegs in Spanien.
25. Oktober	Deutsch-italienischer Vertrag begründet die „Achse Berlin–Rom".
25. November	Antikomiternpakt zwischen Deutschland und Japan.
7. Juli 1937	Beginn des japanisch-chinesischen Krieges.

12. März 1938	Einmarsch deutscher Truppen in Österreich, Anschluß am 13. März.
April	Beginn der Zuspitzung der sudetendeutschen Frage.
29. September	Konferenz in München. Großbritannien und Frankreich geben den deutschen Forderungen nach Abtretung der sudetendeutschen Gebiete der Tschechoslowakei nach.
1. Oktober	Einmarsch deutscher Truppen ins Sudetenland.
9. November	Nationalsozialistische Ausschreitungen gegen die Juden in Deutschland („Reichskristallnacht").
15. März 1939	Einmarsch deutscher Truppen in die Tschechoslowakei.
16. März	Erlaß über das Protektorat Böhmen und Mähren.
23. März	Wiedervereinigung des Memelgebietes mit dem Deutschen Reich.
31. März	Britisch-französische Garantieerklärung für Polen.
22. Mai	Militärbündnis Deutschland–Italien (Stahlpakt).
23. August	Abschluß des deutsch-sowjetischen Nichtangriffspaktes (Hitler–Stalin–Pakt).
25. August	Britisch-polnischer Bündnisvertrag.

Der Zweite Weltkrieg

1. September	Beginn des deutschen Angriffs auf Polen. Eroberung am 1. November 1939 abgeschlossen.
3. September	Großbritannien und Frankreich erklären Deutschland den Krieg .
17. September	Einrücken der Roten Armee in Ostpolen entsprechend den Vereinbarungen des deutsch-sowjetischen Paktes vom 25. August.
25. Oktober	Einrichtung des Generalgouvernements für die besetzten polnischen Gebiete.
30. November	Angriff der Roten Armee führt zum Winterkrieg der Sowjetunion mit Finnland.
1939–1958	Papst Pius XII.
9. April 1940	Beginn der Besetzung Dänemarks und Norwegens.
10. Mai	Beginn des Westfeldzuges.
14. Juni	Besetzung von Paris.
22. Juni	Deutsch-französischer Waffenstillstand, Frankreich wird teilweise besetzt.
1. Juli	Die französische Regierung Pétain errichtet in Vichy ihren Sitz.
13. August	Beginn der Luftschlacht gegen Großbritannien.
15. September	Höhepunkt der Luftschlacht über England.
27. September	Dreimächtepakt zwischen Deutschland, Italien und Japan.
28. Oktober	Beginn des italienischen Angriffs auf Griechenland.
11. März 1941	US Lend-Lease-Act.

30. März	Angriff des deutschen Afrikakorps unter Rommel.
6. April	Beginn des deutschen Angriffs auf Jugoslawien und Griechenland.
13. April	Neutralitätsvertrag zwischen Japan und der Sowjetunion.
22. Juni	Deutscher Überfall auf die Sowjetunion. Beginn der systematischen Ausrottung der Juden in den eroberten Gebieten.
2. Oktober	Beginn des deutschen Angriffs auf Moskau.
5. Dezember	Beginn einer sowjetischen Gegenoffensive markiert das Scheitern des Unternehmens „Barbarossa".
7. Dezember	Japan eröffnet den Pazifik-Krieg mit dem Überfall auf die US Flotte in Pearl Harbor.
11. Dezember	Hitler erklärt den USA den Krieg.
1. Januar 1942	Pakt der Vereinten Nationen: 26 Nationen bekennen sich zu den Prinzipien der Atlantik-Charta.
20. Januar	Wannseekonferenz: Beschluß zur Deportation und Ausrottung aller Juden im deutsch beherrschten Europa, der „Endlösung" fallen ca. 5,5 Mill. Juden zum Opfer.
28./29. März	Beginn des britischen Flächenbombardements auf deutsche Großstädte mit der Zerstörung der Lübecker Innenstadt.
3.–7. Juni	See-Luftschlacht bei Midway markiert die Wende im Pazifikkrieg.
8. November	Amerikanische und britische Truppen landen in Nordafrika.
11. November	Das unbesetzte Frankreich wird besetzt.
22. November	Einschluß der 6. deutschen Armee in Stalingrad, die am 31. Januar bzw. 2. Februar 1943 kapituliert.
24. Januar 1943	Konferenz in Casablanca zwischen Roosevelt und Churchill: Verkündigung der Formel von der bedingungslosen Kapitulation.
18. Februar	Goebbels verkündet im Berliner Sportpalast den „totalen Krieg".
19. April–19. Mai	Aufstand im Warschauer Ghetto.
13. Mai	Kapitulation der deutschen Heeresgruppe Afrika.
24. Mai	Wende im U-Boot-Krieg, Abbruch der Schlacht im Atlantik.
10. Juli	Landung alliierter Verbände auf Sizilien.
25. Juli	Zusammenbruch des faschistischen Systems in Italien.
9. September	Landung der 5. US Armee bei Salerno.
28. November–1. Dezember	Konferenz der Großen Drei – Roosevelt, Stalin, Churchill – in Teheran.
15. Januar 1944	Die „Europäische Beratende Kommission" in London legt einen Entwurf zur Aufteilung Deutschlands in Besatzungszonen vor.

6. Juni	Beginn der alliierten Invasion an der Normandie-Küste.
10. Juni	Vernichtung des französischen Dorfes Oradour-sur-Glâne und seiner Einwohner durch SS-Einheiten.
20. Juli	Gescheitertes Attentat auf Hitler.
1.–22. Juli	Konferenz in Bretton Woods: Regelung der Währungsfragen der Nachkriegszeit.
1. August	Aufstand der national-polnischen Heimatarmee.
25. August	Befreiung von Paris.
16. Dezember	Beginn der Ardennenoffensive.
4.–11. Februar 1945	Konferenz der Großen Drei – Stalin, Roosevelt, Churchill – in Jalta.
13. April	Wien von der Roten Armee erobert.
25. April	Treffen von US Truppen und Roter Armee bei Torgau an der Elbe.
18./19. April	Letzter alliierter Luftangriff auf Berlin.
30. April	Selbstmord Hitlers in Berlin.
1. Mai	Großadmiral Karl Dönitz übernimmt die Nachfolge als Staatsoberhaupt, Sitz der geschäftsführenden Reichsregierung ist seit dem 2. Mai Flensburg.
7. Mai	Deutsche Gesamtkapitulation in Reims vor den Westalliierten.
9. Mai	Wiederholung der Unterzeichnung der Kapitulation im sowjetischen Hauptquartier in Berlin-Karlshorst.
6. August	Abwurf einer Atombombe auf Hiroshima, am 9. August über Nagasaki.
2. September	Bedingungslose Kapitulation Japans.

Die Teile und das Ganze 1945–1950

1945

23. Mai	Verhaftung der Regierung Dönitz in Flensburg.
5. Juni	Juni-Deklaration: Übernahme der obersten Gewalt in Deutschland durch die Alliierten, Aufteilung Deutschlands in 4 Besatzungszonen, Berlins in 4 Sektoren.
9. Juni	Bildung der Sowjetischen Militäradministration Deutschland (SMAD).
1.–3. Juli	Rückzug der amerikanischen und britischen Truppen aus Sachsen, Mecklenburg und Thüringen.
17. Juli–2. August	Konferenz der Alliierten in Potsdam.
8. August	Londoner Vier-Mächte-Abkommen über die Verfolgung der Hauptkriegsverbrecher und Einsetzung des Internationalen Militärgerichtshofes.

27. August–12. Dezember	Zulassung von demokratischen Parteien in den Westzonen.
3.–11. September	Bodenreform in der SBZ: Enteignung des Großgrundbesitzes über 100 ha.
10. September–2. Oktober	Erste Konferenz des Rates der Außenminister der vier Alliierten in London.
19. September	Bayern, Württemberg-Baden und Groß-Hessen als Länder von der US-Militärregierung gebildet.
18. Oktober	Prozeßbeginn des Internationalen Militärgerichtshofes gegen die deutschen Hauptkriegsverbrecher.

1946

19./20. April	Die Parteitage der KPD und SPD beschließen in Berlin ihre Vereinigung zur SED.
25. April–16. Mai	Dritte Konferenz des Rates der Außenminister der 4 Alliierten in Paris.
9.–11. Mai	1. Parteitag der SPD in Hannover, Kurt Schumacher wird zum Vorsitzenden gewählt.
30. Juni	Wahlen zu den verfassungsgebenden Landesversammlungen in den Ländern der US-Zone.
19. September	Winston Churchill fordert in seiner Züricher Rede die Vereinigten Staaten von Europa.
1. November	Bildung des Landes Niedersachsen.
4. November–2. Dezember	Vierte Konferenz des Rates der Außenminister in New York.
2. Dezember	Großbritannien und die USA vereinbaren den Zusammenschluß ihrer Besatzungszonen zur Bizone zum 1. Januar 1947.
22. Dezember	Einbeziehung des Saarlandes in das französische Wirtschaftsgebiet.

1947

1. Januar	Einrichtung der Bizone.
1. Januar–3. Februar	Verabschiedung des Ahlener Programms der CDU.
10. Februar	Pariser Friedensvertrag der Alliierten mit Italien.
25. Februar	Preußen durch Kontrollratsgesetz Nr. 46 formell aufgelöst.
10. März–4. April	Fünfte Konferenz des Rates der Außenminister in Moskau.
12. März	Trumandoktrin: Hilfe der USA für die in ihrer Freiheit bedrohten Völker.

22.–25. April	Gründungskongreß des DGB in der britischen Zone, Hans Böckler wird Vorsitzender.
6. Juni	Der amerikanische Außenminister Georg C. Marshall verkündet den Plan für die wirtschaftliche Erneuerung Europas: European Recovery Program – ERP (Marshall-Plan).
6.–9. Juni	Treffen aller deutschen Ministerpräsidenten in München, die sowjetzonalen verlassen die Konferenz vorzeitig.
10. Juni	Einrichtung des Wirtschaftsrates und der Zentralverwaltungen der Bizone.
25. November–15. Dezember	Sechste Konferenz des Rates der Außenminister in London.

1948

9. März	Die Deutsche Wirtschaftskommission (DWK) übernimmt die Leitung der Wirtschaft in der SBZ.
20. März	Die Sowjets verlassen den Alliierten Kontrollrat.
16. April	Gründung der Organisation für Europäische Wirtschaftliche Zusammenarbeit (OEEC) in Paris.
21. Juni	Währungsreform in den drei westlichen Besatzungszonen.
24.–26. Juni	Währungsreform in der SBZ.
26. Juni	Berlin-Blockade bis zum 12. Mai 1949. Luftbrücke nach Westberlin (Erste Berliner Krise).
1. Juli	Frankfurter Dokumente: Ankündigung eines Besatzungsstatuts, Ermächtigung zur Einberufung einer Verfassungsgebenden Nationalversammlung, Überprüfung der Ländergrenzen.
3. Juli	Bildung der Kasernierten Volkspolizei in der SBZ.
1. August	Erweiterung der Bizone zur Trizone.
10.–23. August	Verfassungskonvent auf Herrenchiemsee arbeitet einen Entwurf des Grundgesetzes aus.
1. September	Konstitutierung des Parlamentarischen Rates in Bonn.
20. November	Generalstreik in der Trizone mit mehr als 9 Millionen Beteiligten.
30. November	Ost-Berlin erhält einen eigenen Magistrat: Spaltung Berlins vollzogen.
21. Dezember	Konstituierung der Drei-Mächte-Kommandantur in West-Berlin.

1949

28. Januar	Beschluß zur Bildung des Europarates.
19. März	Der Deutsche Volksrat billigt die Verfassung für eine „Deutsche Demokratische Republik“.

4. April	Abschluß des Nordatlantik-Vertrages und Gründung der NATO.
23. April	Ruhrstatut in Kraft.
4. Mai	Jessup-Malik-Abkommen: Blockade gegen West-Berlin wird aufgehoben.
5. Mai	Unterzeichnung der Satzung des Europarates.
8. Mai	Grundgesetz vom Parlamentarischen Rat angenommen.
18.–20. Mai	Bis auf Bayern ratifizieren alle Länder der Trizone das Grundgesetz.
23. Mai	Verkündigung des Grundgesetzes der Bundesrepublik.
29. Mai–3. Juni	III. Volkskongreß: Annahme einer Verfassung für die Deutsche Demokratische Republik.
14. August	Wahl zum 1. Bundestag: CDU/CSU 31 %, SPD 29,2 %, FDP 11,9 %, KPD 5,7 %, BP 4,2 %, DP 4,0 %, Zentrum 3,1 %, Sonst. 10,9 %.
12. September	Theodor Heuss von der Bundesversammlung zum Bundespräsidenten gewählt.
15. September	Konrad Adenauer (CDU) zum Bundeskanzler gewählt.
21. September	Besatzungsstatut in Kraft, Auflösung der Militärregierungen.
7. Oktober	Gründung der DDR – der Volksrat wird Provisorische Volkskammer.
11. Oktober	Wilhelm Pieck Präsident der DDR.
3. Oktober	Gründung des deutschen Gewerkschaftsbundes, Vorsitzender Hans Böckler.
3. November	Der Bundestag bestimmt Bonn zum Regierungssitz.
22. November	Petersberger Abkommen zwischen der Bundesrepublik und den westlichen Alliierten.
31. Dezember	Im Laufe des Jahres flüchten 125 245 Menschen aus Ostdeutschland.

1950

1. Mai	Wegfall der letzten Lebensmittelrationierungen.
9. Mai	Veröffentlichung des Schumanplans.
25. Juni	Beginn des Koreakrieges, beendet am 27. Juli 1953.
6. Juli	Unterzeichnung eines Abkommens über die Oder-Neiße-Grenze zwischen Polen und der DDR.
8. Juli	Der Europarat nimmt die Bundesrepublik als assoziiertes Mitglied auf.
29. September	Aufnahme der DDR in den Rat für gegenseitige Wirtschaftshilfe (RGW, Comecon).
4. November	Europäische Konvention zum Schutz der Menschenrechte und Grundfreiheiten.
31. Dezember	197 788 Personen flüchten 1950 aus der DDR.

1951

30. Januar	Appell der Volkskammer der DDR „Deutsche an einen Tisch“ mit dem Vorschlag zur Einberufung eines Gesamtdeutschen Konstituierenden Rates.
15. März	Wiedererrichtung des Auswärtigen Amtes.
10. April	Verabschiedung des Gesetzes über die Mitbestimmung der Arbeitnehmer in den Aufsichtsräten und Vorständen der Unternehmen des Bergbaues und der Eisen und Stahl erzeugenden Industrie.
18. April	Vertrag über die Errichtung der Europäischen Gemeinschaft für Kohle und Stahl (Montan-Union), Sitz: Luxemburg, Mitglieder: Bundesrepublik, Frankreich, Italien und Benelux-Staaten.
20. September	Interzonenhandelsabkommen zwischen der Bundesrepublik und der DDR.
28. September	Konstituierung des Bundesverfassungsgerichts in Karlsruhe.
16. November	Die Bundesregierung beantragt beim Bundesverfassungsgericht das Verbot der SRP und KPD.
31. Dezember	165 648 Personen flüchten 1951 aus der DDR.

1952

10. März	„Stalin-Note“: Die UdSSR bietet Wiedervereinigung bei Neutralität an.
25. April	Konstitutierung von Baden-Württemberg.
26. Mai	Verordnung der DDR über eine 5 km breite Sperrzone entlang der Demarkationslinie zur Bundesrepublik.
26. Mai	Unterzeichnung des Deutschland- oder Generalvertrages.
27. Mai	Unterzeichnung des Vertrages über die Einrichtung einer Europäischen Verteidigungsgemeinschaft.
10. Juli	Verabschiedung des Lastenausgleichgesetzes.
19. Juli	Verabschiedung des Betriebsverfassungsgesetzes.
10. September	Wiedergutmachungsvertrag mit Israel.
31. Dezember	182 393 Personen flüchten 1952 aus der DDR.

1953

8. Februar	Beschluß des Bundestages über die Leistung eines deutschen Verteidigungsbeitrages.
27. Februar	Londoner Schulden-Abkommen: Regelung der Vor- und Nachkriegsschulden.

5. März	Tod Josef Stalins.
25. März	Verabschiedung des Bundesvertriebenengesetzes.
10. Mai	Chemnitz wird in Karl-Marx-Stadt umgetauft.
28. Mai	Verordnung über erhöhte Arbeitsnormen in der DDR.
16. Juni	Streik der Bauarbeiter in der Stalinallee in Ost-Berlin.
17. Juni	Volksaufstand in Ost-Berlin und der DDR, Niederschlagung durch sowjetische Truppen.
11. Juli	Beendigung des Ausnahmezustandes in Ost-Berlin.
6. September	Wahl zum 2. Bundestag: CDU/CSU 45,2 %, SPD 28,8 %, FDP 9,5 %, GB/BHE 5,9 %, DP 3,3 %.
31. Dezember	391 390 Personen flüchten 1953 aus der DDR.

1954

25. Januar–18. Februar	Außenministerkonferenz der vier Alliierten in Berlin.
17. Juli	Wiederwahl von Theodor Heuss zum Bundespräsidenten.
21. Juli	Beendigung des Indochina-Krieges.
30. August	Die Europäische Verteidigungsgemeinschaft wird von der französischen Nationalversammlung abgelehnt.
28. September–3. Oktober	„Londoner Akte" der Neun-Mächte-Konferenz: Neuregelung der Westintegration der Bundesrepublik nach dem Scheitern des EVG-Vertrages.
19.–23. Oktober	Pariser Viermächte-Konferenz: die Bundesrepublik tritt der WEU bei, damit ist ihre Westintegration vollzogen; Beendigung des Besatzungsregimes.
31. Dezember	184 198 Personen flüchten 1954 aus der DDR.

1955

25. Januar	Die UdSSR erklärt die Beendigung des Kriegszustandes mit Deutschland.
18. Februar	Die Volkskammer schlägt gesamtdeutsche Wahlen unter internationaler Kontrolle vor.
18.–24. April	Konferenz von Bandung.
5. Mai	Proklamation der vollen Souveränität der Bundesrepublik, Auflösung der Alliierten Hohen Kommission.
9. Mai	Die Bundesrepublik tritt der NATO bei.
11.–14. Mai	Abschluß des Warschauer Paktes.
15. Mai	Unterzeichnung des österreichischen Staatsvertrages.
18.–23. Juli	Deutschland-Konferenz der Regierungschefs der vier Alliierten in Genf endet ohne Resultate.

9.–13. September	Staatsbesuch Adenauers in Moskau.
22. September	Formulierung der Hallstein-Doktrin.
23. Oktober	Ablehnung des Saarstatuts.
27. Oktober–16. November	Außenministertagung in Genf.
31. Dezember	252 870 Personen flüchten 1955 aus der DDR.

1956

18. Januar	Die Vokskammer beschließt die Schaffung einer „Nationalen Volksarmee" (NVA).
27. Januar	Beitritt der DDR zum Warschauer Pakt.
7. Juli	Einführung der allgemeinen Wehrpflicht und des Rechtes auf Wehrdienstverweigerung.
17. August	Verbot der KPD.
25. Oktober	Volksaufstand in Ungarn.
31. Dezember	279 189 Personen flüchten 1956 aus der DDR.

1957

1. Januar	Das Saarland tritt nach Art. 23 GG der Bundesrepublik bei und wird das 11. Bundesland.
25. März	Gründung der Europäischen Wirtschaftsgemeinschaft (EWG) und der Europäischen Atomgemeinschaft (Euratom) durch die Römischen Verträge, am 1. 1. 1958 in Kraft getreten.
15. September	Wahl zum 3. Bundestag: CDU/CSU 50,2 %, SPD 31,8 %, FDP 7,7 %, GB/BHE 4,6 %, DP 3,4 %.
1. Oktober	Bundesrepublik Mitglied der Internationalen Atomenergie-Organisation.
19. Oktober	Abbruch der diplomatischen Beziehungen zu Jugoslawien: erste Anwendung der Hallstein-Doktrin.
31. Dezember	261 622 Personen flüchten 1957 aus der DDR.

1958

1. Januar	Inkrafttreten der Römischen Verträge über EWG und EURATOM.
19.–21. März	Konstituierende Sitzung des Europäischen Parlaments in Straßburg, Präsident wird Robert Schuman.
28. September	Beginn V. Republik in Frankreich.
28. Oktober	Kardinal Roncalli wird zum Papst Johannes XXIII. gewählt.

10. November	Chruschtschow verkündet Berlin-Ultimatum: Aufhebung des Viermächtestatus.
27. November	Ultimativer Abzug der Westmächte aus Berlin von der UdSSR gefordert (2. Berlinkrise).
21. Dezember	Wahl von Charles de Gaulle zum französischen Staatspräsidenten.
29. Dezember	Das Europäische Währungsabkommen tritt in Kraft und löst die Europäische Zahlungsunion ab.
31. Dezember	204 092 Personen flüchten 1958 aus der DDR.

1959

11. Mai–20. Juni	Deutschlandkonferenz der Außenminister der Alliierten in Genf, Teilnahme der Bundesrepublik und DDR als Beobachter.
1. Juli	Heinrich Lübke Bundespräsident.
1. Oktober	Volkskammer beschließt neues Staatswappen und Staatsflagge mit Hammer und Zirkel.
13.–15. November	Godesberger Programm der SPD.
31. Dezember	143 917 Personen flüchteten 1959 aus der DDR.

1960

4. Januar	Unterzeichnung des Übereinkommens zur Errichtung der Europäischen Freihandelsassoziation (EFTA).
30. Juni	Die SPD akzeptiert die Westintegration der Bundesrepublik.
29. August	Einschränkungen im Reiseverkehr zwischen Ost- und West-Berlin führen zur Kündigung des Interzonenabkommens, das am 1. Januar 1961 wieder in Kraft gesetzt wird.
12. September	Nach dem Tod von DDR-Präsident Pieck Konstituierung des Staatsrates, Vorsitzender: Ulbricht.
14. Dezember	Unterzeichnung des Übereinkommens über die Organisation für wirtschaftliche Zusammenarbeit und Entwicklung (OECD).
31. Dezember	199 188 Personen flüchten 1960 aus der DDR.

1961

20. Januar	John F. Kennedy, Präsident der USA.
20./21. Juli	Bildung der kleinen Freihandelszone (EFTA) aus: Großbritannien, Dänemark, Norwegen, Schweden, Österreich, Portugal, Schweiz.

13. August	Bau der Berliner Mauer.
17. August	Wahl zum 4. Bundestag: CDU/CSU 45,4 %, SPD 36,2 %, FDP 12,8 %.
25. Dezember	Einberufung des Zweiten Vatikanischen Konzils.
31. Dezember	159730 Personen der DDR flüchten bis zum 15. August 1961 aus der DDR.

1962

18. März	Der Vertrag von Evian beendet den französischen Algerienkrieg.
22. August	Sowjetische Stadtkommandantur in Ostberlin aufgelöst.
22. Oktober	Kubakrise.
26. Oktober	„Spiegelaffäre".
18. Dezember	Exportverbot für Stahlröhren in die UdSSR.

1963

22. Januar	Vertrag über die deutsch-französische Zusammenarbeit.
7. März	Unterzeichnung des deutsch-polnischen Handelsabkommens und die Errichtung einer Handelsvertretung.
16. Mai	Ratifizierung des Elysée-Vertrages.
21. Juni	Wahl von Kardinal Montini zum Papst Paul VI.
16. Oktober	Ludwig Erhard (CDU) Bundeskanzler.
7. Dezember	Erstes Passierscheinabkommen zwischen dem Senat von West-Berlin und der DDR.

1964

2. Januar	Ausgabe neuer Personalausweise in der DDR mit dem Vermerk „Bürger der Deutschen Demokratischen Republik".
1. Juli	Wiederwahl von Heinrich Lübke zum Bundespräsidenten.
7. August	Beginn des umfangreichen militärischen Eingreifens der USA in Vietnam.
15. Oktober	Chruschtschow wird in der UdSSR aus seinen Ämtern entfernt.
25. November	Zwangsumtausch für westliche Reisende in die DDR festgesetzt.

1965

13. Mai	Aufnahme diplomatischer Beziehungen zu Israel.
19. September	Wahl zum 5. Bundestag: CDU/CSU 47,6 %, SPD 39,3 %, FDP 9,5 %.
25. November	Passierscheinabkommen für Weihnachten und Neujahr 1965/66 mit der DDR vereinbart.

1966

28./29. Januar	Der Kompromiß von Luxemburg beseitigt die schwere Krise der EWG durch Einführung des Prinzips der Einstimmigkeit von Beschlüssen.
7. März	Frankreich tritt aus der militärischen NATO-Integration aus.
7. März	Passierscheinregelung für Ostern und Pfingsten mit der DDR unterzeichnet.
26. Mai	Das ZK der SED schlägt der SPD einen Redneraustausch vor.
29. Juni	Absage des Redneraustausches von der SED.
19. Juli	Das Bundesverfassungsgesetz erklärt die Parteienfinanzierung für unzulässig.
1. Dezember	Kurt Georg Kiesinger (CDU) Bundeskanzler, Bildung der „Großen Koalition" von CDU/CSU und SPD.

1967

1. Januar	Einführung der 40 Stunden-Woche in der Metallindustrie.
31. Januar	Aufgabe der Hallstein-Doktrin mit der Aufnahme diplomatischer Beziehungen zu Rumänien.
20. Februar	Beschluß des „Gesetzes über die Staatsbürgerschaft der DDR".
1. Juli	Vereinigung der Europäischen Gemeinschaft für Kohle und Stahl (EGKS), der Europäischen Wirtschaftsgemeinschaft (EWG) und der Europäischen Atomgemeinschaft (Euratom) zur Europäischen Gemeinschaft (EG).

1968

9. April	Eine neue sozialistische Verfassung tritt in der DDR in Kraft.
11. April	Studentische Unruhen in der Bundesrepublik nach dem Attentat auf den SDS-Führer Rudi Dutschke.
29. Mai	Bundestag verabschiedet die Notstandsverfassung.
10.–11. Juni	Einführung des Paß- und Visazwanges in Reise- und Transitverkehr zwischen der Bundesrepublik und West-Berlin durch Beschluß der Volkskammer.
1. Juli	Zollunion der EG: Aufhebung der Binnenzölle für gewerbliche und industrielle Güter.
20.–21. August	Einheiten der Nationalen Volksarmee der DDR beteiligen sich an der Okkupation der CSSR durch 5 Warschauer-Pakt-Staaten.

1969

5. März	Gustav Heinemann Bundespräsident.
27. April	Rücktritt des französischen Staatspräsidenten Charles de Gaulle.
29. September	Wahl zum 6. Bundestag: CDU/CSU 46,1 %, SPD 42,7 %, FDP 5,8 %.
22. Oktober	Willy Brandt (SPD) Bundeskanzler.

1970

19. März	Treffen von Bundeskanzler Willy Brandt mit dem Vorsitzenden des Ministerrates der DDR Willi Stoph in Erfurt.
26. März	Beginn der Vier-Mächte-Verhandlungen über Berlin.
21. Mai	Treffen von Brandt und Stoph in Kassel.
12. August	Vertrag der Bundesrepublik mit der UdSSR über Gewaltverzicht und Normalisierung der Beziehungen.
7. Dezember	Vertrag der Bundesrepublik mit Polen über die Grundlagen der Normalisierung ihrer Beziehungen (Warschauer Vertrag).

1971

3. Mai	Walter Ulbricht von seiner Funktion als Generalsekretär der SED entbunden, Nachfolger wird Erich Honecker.

3. September	Viermächteabkommen über Berlin: Bestätigung der Bindung West-Berlins an die Bundesrepublik und Gewährleistung des freien Zugangs.
10. Dezember	Bundeskanzler Willy Brandt erhält den Friedensnobelpreis.
17. Dezember	Unterzeichnung des Abkommens über den Transitverkehr nach West-Berlin.

1972

22. Januar	Großbritannien, Irland, Norwegen und Dänemark treten der EG bei, im September spricht sich in einer Volksabstimmung Norwegen gegen den EG-Beitritt aus.
21. März	Einführung der europäischen Währungsschlange.
19. April	Gründung des Europäischen Hochschulinstituts in Florenz.
27. April	Konstruktives Mißtrauensvotum gegen Bundeskanzler Brandt gescheitert.
17. Mai	Der Bundestag billigt den Moskauer und Warschauer Vertrag.
26. Mai	Abkommen über die Begrenzung der strategischen Rüstung (SALT I).
3. Juni	Nach der Ratifizierung Inkrafttreten der „Ost-Verträge".
19. November	Wahl zum 7. Bundestag: SPD 45,8 %, CDU/CSU 44,9 %, FDP 8,4 %.
21. Dezember	Grundlagenvertrag zwischen der Bundesrepublik und der DDR.

1973

21. Juni	Inkrafttreten des Grundlagenvertrages mit der DDR.
3. Juli	Beginn der Konferenz über Sicherheit und Zusammenarbeit in Europa (KSZE) in Helsinki.
18. September	Aufnahme der Bundesrepublik und der DDR in die Vereinten Nationen.
17. Oktober	Erster Ölpreisschock durch den Ölboykott der OPEC gegen israelfreundliche westliche Staaten.

1974

2. Mai	Eröffnung der „Ständigen Vertretungen" der beiden deutschen Staaten in Bonn und Ost-Berlin.
6. Mai	Rücktritt von Bundeskanzler Brandt.

15. Mai	Walter Scheel Bundespräsident.
16. Mai	Helmut Schmidt (SPD) Bundeskanzler.
10./11. März	Erste Tagung des Europäischen Rates in Dublin.
21. Mai	Beginn des „Baader-Meinhof-Prozesses".
30. Juli/ 1. August	Unterzeichnung der Schlußakte der KSZE in Helsinki.

1976

3. Oktober	Wahl zum 8. Bundestag: CDU/CSU 48,6 %, SPD 42,6 %, FDP 7,9 %.
16. November	Dem Liedermacher Wolf Biermann wird das Recht auf Aufenthalt in der DDR entzogen.

1977

7. April	Generalbundesanwalt Buback von Terroristen ermordet.
26. September	Honecker verteidigt die Intershop-Läden als Devisenbringer und kündigt den Ausbau der Exquisit-Läden in der DDR an.
4. Oktober	Beginn der ersten KSZE-Folgekonferenz in Belgrad.
13.–18. Oktober	Entführung einer Lufthansa-Maschine; Befreiung der Geiseln in Mogadischu durch die GSG 9; Ermordung des Arbeitgeberpräsidenten Schleyer; Selbstmord von 3 RAF-Mitgliedern.

1978

26. August	Kardinal Luciani wird zum Papst Johannes Paul I. gewählt.
16. Oktober	Wahl des polnischen Kardinals Wojtyla als Papst Johannes Paul II.
5. Dezember	Beschluß des Europäischen Rates zur Einführung des Europäischen Währungssystems (EWS).
17. Dezember	Zweiter Ölpreisschock durch massive Preiserhöhung der OPEC.

1979

23. Mai	Karl Carstens Bundespräsident.
7.–10. Juni	Erste Direktwahl zum Europäischen Parlament.
15.–18. Juni	SALT-II-Abkommen.
3. Juli	Aufhebung der Verjährbarkeit von Mord und Völkermord in der Bundesrepublik.

12. Dezember — NATO-Doppelbeschluß über die Aufstellung von Mittelstreckenraketen in Europa.
27. Dezember — Sowjetischer Truppeneinmarsch in Afghanistan.

1980

12./13. Januar — Gründungskongreß der „Grünen" Partei.
3. Juli — Seit 1964 sind 13000 politische DDR-Häftlinge durch „besondere" Bemühungen der Bundesrepublik vorzeitig entlassen sowie 30000 DDR-Bürger im Rahmen der Familienzusammenführung in die Bundesrepublik ausgereist.
5. Oktober — Wahl zum 9. Bundestag: CDU/CSU 44,5 %, SPD 42,9 %, FDP 10,6 %.

1981

1. Januar — Griechenland wird 10. Mitglied der EG.
11.–13. Dezember — Bundeskanzler Helmut Schmidt führt Gespräche mit Generalsekretär Erich Honecker am Werbellinsee.

1982

14. Februar — Friedensforum mit 5000 Anhängern der unabhängigen Friedensbewegung in der Kreuzkirche in Dresden.
17. September — Ende der sozialliberalen Koalition.
1. Oktober — Der CDU-Vorsitzende Helmut Kohl zum Bundeskanzler gewählt.
17. Dezember — Bundeskanzler Kohl verliert verabredungsgemäß bei der Abstimmung über die von ihm gestellte Vertrauensfrage, was zur Auflösung des Bundestages und Neuwahlen führt.
31. Dezember — 13200 Personen erhielten 1982 eine Ausreisegenehmigung aus der DDR.

1983

6. März — Wahlen zum 10. Bundestag: CDU/CSU 48,8 %, SPD 38,2 %, FDP 7,0 %, Grüne 5,6 %.
29. Juni — Die Bundesregierung übernimmt die Bürgschaft für einen von Franz Josef Strauß eingefädelten Milliardenkredit an die DDR.

3. Juli	„Friedenswerkstatt" der unabhängigen Friedensbewegung der DDR mit 3000 Teilnehmern in Ost-Berlin.
31. Dezember	11300 Personen erhielten 1983 eine Ausreisegenehmigung aus der DDR.

1984

17. Januar	Eröffnung der Konferenz über Vertrauensbildung und Abrüstung in Stockholm.
23. Mai	Richard von Weizsäcker, Bundespräsident.
17. Juni	Zweite Direktwahl zum Europäischen Parlament.
27. Juni	Flucht von DDR-Bürgern in die Ständige Vertretung der Bundesrepublik in Ost-Berlin um ihre Ausreise zu erzwingen.
30. November	Abbau der DDR-Selbstschußanlagen an der Grenze zur Bundesrepublik beendet.
31. Dezember	40900 Personen erhielten 1984 eine Ausreisegenehmigung aus der DDR.

1985

8. Mai	Rede des Bundespräsidenten v. Weizsäcker aus Anlaß des 40. Jahrestages der deutschen Kapitulation.
31. Dezember	24900 Personen erhalten 1985 eine Ausreisegenehmigung aus der DDR.

1986

26. April	Reaktorkatastrophe im sowjetischen Kernkraftwerk Tschernobyl.

1987

25. Januar	Wahlen zum 11. Bundestag: CDU/CSU 46,8 %, SPD 34,5 %, FDP 9,1 %, Grüne 8,3 %.
5. September	Friedensdemonstration der unabhängigen Friedensbewegung der DDR.
7.–11. September	Offizieller Besuch des Staatsratsvorsitzenden der DDR und Generalsekretärs der SED, Erich Honecker, in der Bundesrepublik.
19. Oktober	Der „Schwarze Montag" an der New Yorker Börse löst eine weltweite Baisse aus.
8.–10. Dezember	Die USA und die UdSSR schließen einen Vertrag über die Beseitigung der Mittelstreckenwaffen (INF-Vertrag).

1988

17. Januar	Verhaftung von Angehörigen der Friedens- und Menschenrechtsbewegung in der DDR.
31. Dezember	39 832 Übersiedler kamen 1988 aus der DDR.

1989

15. Januar	Anläßlich des 70. Jahrestages der Ermordung von Rosa Luxemburg und Karl Liebknecht finden in Leipzig Demonstrationen für das Recht auf Meinungs-, Versammlungs- und Pressefreiheit statt, die gewaltsam aufgelöst werden.
6. Februar	Chris Gueffroy wird an der Berliner Mauer erschossen, das letzte Opfer.
7. Mai	Bei den Kommunalwahlen in der DDR registrieren Oppositionelle vielerorts Wahlfälschungen und machen dies publik.
23. Mai	Wiederwahl von Bundespräsident Richard von Weizsäcker.
8. Juni	Die Volkskammer billigt das Massaker in Peking als Niederschlag einer Konterrevolution.
8. August	Die Ständige Vertretung der Bundesrepublik wird wegen Zuflucht ausreisewilliger DDR-Bürger geschlossen.
13. August	Die Botschaft der Bundesrepublik in Ungarn wird von ausreisewilligen DDR-Bürgern bestürmt.
2. September	Mehr als 3500 DDR-Bürger warten in Ungarn auf die Ausreise.
10./11. September	Ungarn läßt alle Fluchtwilligen aus der DDR in den Westen ausreisen, bis Ende September über 25 000 Personen.
11. September	Massenverhaftungen nach Demonstrationen und dem Friedensgebet in Leipzig.
12. September	Die DDR-Bürgerbewegung „Demokratie jetzt" verabschiedet Gründungsaufruf.
19. September	Die DDR-Oppositionsgruppe „Neues Forum" beantragt offizielle Zulassung.
30. September	Die 5500 DDR-Flüchtlinge in der Botschaft der Bundesrepublik in Prag erhalten die Ausreisegenehmigung, ebenso wie die 800 in der Botschaft in Warschau.
2. Oktober	20 000 Menschen demonstrieren in Leipzig bei der Montagsdemonstration für Reformen in der DDR.
4. Oktober	Die Bürgerbewegungen „Neues Forum", „Demokratie jetzt" und „Demokratischer Aufbruch" verlangen freie Wahlen. Die Botschaftsflüchtlinge werden über das Terri-

	torium der DDR mit Sonderzügen in die Bundesrepublik gebracht.
5. Oktober	Gewaltsame Auflösung von Massendemonstrationen in Magdeburg und Dresden.
6./7. Oktober	Feierlichkeiten zum 40. Jahrestag der DDR-Gründung werden von Demonstrationen für Reformen begleitet.
9. Oktober	70 000 Demonstranten bei der Montagsdemonstration in Leipzig.
18. Oktober	Das ZK der SED entbindet Honecker von allen Ämtern, Egon Krenz wird neuer Generalsekretär der SED.
23. Oktober	Hunderttausende demonstrieren in den Städten der DDR für freie Wahlen.
3. November	Die DDR ermöglicht den Ausreisewilligen, die sich in der CSSR aufhalten, die Ausreise.
4. November	Eine Million Menschen demonstrieren in Ost-Berlin für Demokratie.
6. November	Demonstration von Hunderttausenden in Leipzig.
7. November	Geschlossener Rücktritt der DDR-Regierung.
8. November	Rücktritt des Politbüros der SED.
9. November	Öffnung der Grenzen zur Bundesrepublik und West-Berlin.
13. November	Hans Modrow (SED) wird zum Vorsitzenden des Ministerrates der DDR gewählt.
27. November	Auf der Leipziger Montagsdemonstration wird die Wiedervereinigung gefordert.
28. November	10-Punkte Plan von Bundeskanzler Kohl zur Deutschlandpolitik.
6. Dezember	Egon Krenz legt seine staatlichen Ämter nieder.
7. Dezember	Erste Sitzung des „runden Tisches" in Ost-Berlin.
18. Dezember	Der „runde Tisch" spricht sich für eine Vertragsgemeinschaft zwischen der DDR und der Bundesrepublik aus.
23. Dezember	Öffnung des Brandenburger Tores.
31. Dezember	343 854 Übersiedler kamen 1989 aus der DDR in die Bundesrepublik.

1990

15. Januar	Sturm und Verwüstung der ehemaligen Zentrale des Staatssicherheitsdienstes der DDR.
4. Februar	SED-PDS benennt sich in PDS um, Gründungsparteitag der FDP in der DDR.
18. März	Erste freie Volkskammerwahlen: Allianz für Deutschland 48,1 % davon: CDU 40,8 %, DA 0,9 % und DSU 6,3 %, SPD 21,9 %, BFD 5,3 %, Grüne und Frauen 2,0 %, Bündnis 90 2,9 %, PDS 16,4 %, Sonst. 3,5 %.

12. April	Bildung einer Koalitionsregierung unter Ministerpräsident Lothar de Maizière (CDU) aus: CDU, DSU, DA, BFD, DFP, FDP und SPD.
19. April	In der Regierungserklärung nennt de Maizière als Ziel die Erringung der deutschen Einheit.
21. April	Zustimmung der EG zur Eingliederung der DDR in die Bundesrepublik.
24. April	Vereinbarung einer Wirtschafts-, Währungs- und Sozialunion beider deutschen Regierungschefs.
27. April	Verhandlungsbeginn über den Einigungsvertrag.
28. April	Außerordentlicher EG-Gipfel billigt die deutsche Wiedervereinigung.
5. Mai	Beginn der „Zwei-plus-vier-Gespräche" der Außenminister der Siegermächte und der beiden deutschen Außenminister.
12. Juni	Erste gemeinsame Sitzung des West-Berliner Senats und des Ost-Berliner Magistrats.
13. Juni	DDR-Grenztruppen beginnen mit dem Abriß der Mauer in Berlin.
21. Juni	Bundestag und Volkskammer verabschieden den Staatsvertrag und die Erklärung zur Endgültigkeit der polnischen Westgrenze.
1. Juli	Inkrafttreten der Wirtschafts-, Währungs- und Sozialunion, damit ist die DM einziges Zahlungsmittel in beiden deutschen Staaten.
6. Juli	Beginn der Verhandlungen über den Einigungsvertrag.
14.–16. Juli	Bundeskanzler Kohl erhält die Zustimmung des sowjetischen Staatspräsidenten Gorbatschow zur NATO-Mitgliedschaft des vereinigten Deutschlands.
19. August	Die DDR-SPD verläßt die Regierungskoalition.
23. August	Beschluß der Volkskammer zum Beitritt der DDR zur Bundesrepublik.
31. August	Unterzeichnung des Einigungsvertrages, der am 20. September von beiden Parlamenten ratifiziert wird.
12. September	Die vier Siegermächte, die Bundesrepublik und die DDR unterzeichnen in Moskau den „Vertrag über die abschließende Regelung in Bezug auf Deutschland", mit dem das vereinte Deutschland die „volle Souveränität über seine inneren und äußeren Angelegenheiten" erhält.
3. Oktober	Die DDR tritt dem Geltungsbereich des Grundgesetzes bei.
2. Dezember	Wahlen zum 12. Bundestag: CDU/CSU 43,8 %, SPD 33,5 %, FDP 11,0 %, PDS/LL 2,4 %, B 90/Die Grünen 1,2 %, Grüne 3,8 %.

Register

Deutsche Geschichte 1800–1945

Thomas Nipperdey
Deutsche Geschichte 1800–1866
Bürgerwelt und starker Staat
6., durchgesehene Auflage. 1993. 838 Seiten.
Leinen

Thomas Nipperdey
Deutsche Geschichte 1866–1918
Band 1: Arbeitswelt und Bürgergeist
3., durchgesehene Auflage. 1993. 885 Seiten.
Leinen

Thomas Nipperdey
Deutsche Geschichte 1866–1918
Band II: Machtstaat vor der Demokratie
2., durchgesehene Auflage. 1993. 948 Seiten.
Leinen

Hans-Ulrich Wehler
Deutsche Gesellschaftsgeschichte
Band 2: Von der Reformära bis zur industriellen und politischen „Deutschen Doppelrevolution" 1815–1845/49
2. Auflage. 1989. XII, 914 Seiten.
Leinen

Gordon Alexander Craig
Deutsche Geschichte 1866–1945
Vom Norddeutschen Bund bis zum Ende des Dritten Reiches
Aus dem Englischen übersetzt von Karl Heinz Siber, München.
59.–66. Tausend Auflage. 1989. 806 Seiten.
Leinen
Beck's Historische Bibliothek